Leopold von Ranke

Die römischen Päpste in den letzten vier Jahrhunderten

Erster Band

Leopold von Ranke

Die römischen Päpste in den letzten vier Jahrhunderten

Erster Band

ISBN/EAN: 9783959138413

Auflage: 1

Erscheinungsjahr: 2018

Erscheinungsort: Treuchtlingen, Deutschland

Literaricon Verlag UG (haftungsbeschränkt), Uhlbergstr. 18, 91757 Treuchtlingen. Geschäftsführer: Günther Reiter-Werdin, www.literaricon.de. Dieser Titel ist ein Nachdruck eines historischen Buches. Es musste auf alte Vorlagen zurückgegriffen werden; hieraus zwangsläufig resultierende Qualitätsverluste bitten wir zu entschuldigen.

Printed in Germany

Cover: Pompeo Batoni, Papst Benedict XIV. präsentiert die Enzyklika

RANKES MEISTERWERKE
SECHSTER BAND
Die römischen Päpste in den letzten vier Jahrhunderten
Erster Band

DUNCKER & HUMBLOT
MÜNCHEN UND LEIPZIG 1915

RANKES MEISTERWERKE WURDEN IN DER PIERERSCHEN HOF-BUCHDRUCKEREI STEPHAN GEIBEL & CO. IN ALTENBURG IN ZEHN BÄNDEN FÜR DIE VERLAGSBUCHHANDLUNG DUNCKER & HUMBLOT IN MÜNCHEN UND LEIPZIG GEDRUCKT. — AUSSER DER WOHLFEILEN WURDE EINE VORZUGSAUSGABE AUF REINEM HADERNPAPIER ABGEZOGEN, VON DER 200 IM ERSTEN BANDE VON 1—200 NUMERIERTE EXEMPLARE IN DEN HANDEL KOMMEN. IHRE AUSSTATTUNG ÜBERNAHM HANS VON WEBER IN MÜNCHEN. DIE KARTONAGEN, HALBFRANZ- UND GANZLEDERBDE. DIESER AUSGABE WURDEN VON DER HANDBUCHBINDEREI VON H. FIKENTSCHER IN LEIPZIG HERGESTELLT. — DIE EINBANDENTWÜRFE DER WOHLFEILEN AUSGABE STAMMEN VON MINNA VOLLNHALS IN MÜNCHEN.

Vorrede.

Jedermann kennt die Macht von Rom in alten und mittleren Zeiten; auch in den neueren hat es eine große Epoche verjüngter Weltherrschaft erlebt. Nach dem Abfall, den es in der ersten Hälfte des 16. Jahrhunderts erfuhr, hat es sich noch einmal zum Mittelpunkt des Glaubens und Denkens der südeuropäischen, romanischen Nationen zu erheben gewußt und kühne, nicht selten glückliche Versuche gemacht, sich die übrigen wieder zu unterwerfen.

Diesen Zeitraum einer erneuerten kirchlich=weltlichen Macht, ihre Verjüngung und innere Ausbildung, ihren Fortschritt und Verfall habe ich die Absicht wenigstens im Umriß darzustellen.

Ein Unternehmen, das, so mangelhaft es auch ausfallen mag, doch nicht einmal versucht werden könnte, hätte ich nicht Gelegenheit gefunden, mich einiger bisher unbekannter Hilfsmittel zu bedienen. Ich habe wohl vor allem die Pflicht, diese Hilfsmittel und ihre Provenienz im allgemeinen zu bezeichnen.

Anderweit gab ich bereits an, was unsere Berliner Handschriften enthalten.

Aber um wieviel reicher ist schon Wien an Schätzen dieser Art als Berlin!

Neben seinem deutschen Grundbestandteil hat Wien noch ein europäisches Element: die mannigfaltigsten Sitten und Sprachen begegnen sich von den obersten bis in die untersten Stände, und namentlich tritt Italien in lebendiger Repräsentation auf. Auch die Sammlungen haben einen umfassenden Charakter. Er schreibt sich von der Politik und Weltstellung des Staates, der alten Verbindung desselben mit Spanien, Belgien, der Lombardei, dem genauen nachbarlichen und kirchlichen Verhältnisse zu Rom unmittelbar her. Von jeher liebte man dort, herbeizubringen, zu haben, zu besitzen. Schon die ursprünglichen und einheimischen Sammlungen der k. k. Hofbibliothek sind deshalb von großem Wert. Später sind einige fremde dazu erworben worden. Aus Modena hat man eine Anzahl Bände, unseren Informationi ähnlich, von dem Hause Rangone, aus Venedig die unschätzbaren Handschriften des Dogen Marco Foscarini angekauft, darunter die Vorarbeiten des Eigentümers zur Fortsetzung seines literarischen Werkes, italienische Chroniken, von denen sich nirgends eine weitere Spur findet; aus dem Nachlaß des Prinzen Eugen ist eine reiche Sammlung historisch-politischer Manuskripte, die dieser auch als Staatsmann ausgezeichnete Fürst mit allgemeinem Überblick angelegt hatte, herübergekommen. Mit Vergnügen und Hoffnung sieht man die Kataloge durch: bei der Unzulänglichkeit der meisten gedruckten Werke über die neuere Geschichte so viele noch nicht gehobene Kenntnis, eine Zukunft von Studien! Und doch bietet Wien, wenige Schritte weiter, noch bedeutendere Subsidien dar. Das kaiserliche Archiv enthält, wie man von selbst erachtet, die wichtigsten und zuverlässigsten Denkmale für deutsche, allgemeine und besonders auch italienische Geschichte. Zwar ist von dem venezianischen Archive bei weitem der größte Teil nach mancherlei Wanderungen wieder nach Venedig zurückgekommen; aber eine nicht unbedeutende Masse venezianischer Papiere findet man noch immer in Wien: Depeschen im Original oder in der Abschrift; Auszüge daraus, zum Gebrauche des Staates verfaßt, genannt Rubrikarien; Relationen, nicht selten in dem einzigen Exemplar, welches existieren mag, und von hohem Wert; amtliche Register der Staatsbehörden; Chroniken und Tagebücher. Die Nachrichten, die man in dem vorliegenden Bande über Gregor XIII. und Sixtus V. finden wird, sind größtenteils aus dem Wiener Archive geschöpft. Ich kann die unbedingte Liberalität, mit der man mir den Zutritt zu demselben verstattet hat, nicht genug rühmen.

Überhaupt sollte ich wohl an dieser Stelle die mannigfaltige Förderung, die mir bei meinem Vorhaben sowohl zu Hause als in der Fremde zuteil geworden, im einzelnen aufführen. Ich trage jedoch, ich weiß nicht ob mit Recht, Bedenken. Allzuviele Namen müßte ich nennen und darunter sehr bedeutende; meine Dankbarkeit würde fast ruhmredig herauskommen und einer Arbeit, die alle Ursache hat, bescheiden aufzutreten, einen Anstrich von Prunk geben, den sie nicht vertragen möchte.

Nach Wien war mein Augenmerk noch vorzüglich auf Venedig und auf Rom gerichtet.

In Venedig hatten einst die großen Häuser fast sämtlich die Gewohnheit, sich neben einer Bibliothek auch ein Kabinett von Handschriften anzulegen. Die Natur der Sache bringt es mit sich, daß sich diese vornehmlich auf die Angelegenheiten der Republik bezogen: sie repräsentierten den Anteil, welchen die Familie an den öffentlichen Geschäften genommen; als Denkmale des Hauses, zur Unterweisung seiner jüngeren Mitglieder, wurden sie aufbewahrt. Von solchen Privatsammlungen bestehen noch immer einige; eine und die andere war mir zugänglich. Ungleich mehrere dagegen sind in dem Ruin des Jahres 1797 und seitdem zugrunde gegangen. Wenn davon doch noch mehr erhalten worden ist, als man vermuten sollte, so hat man dies vorzüglich den Bibliothekaren von S. Marco zu danken, die in dem allgemeinen Schiffbruche soviel zu retten suchten, als nur immer die Kräfte des Institutes erlaubten. In der Tat bewahrt diese Bibliothek einen ansehn= lichen Schatz von Handschriften, welche für die innere Geschichte der Stadt und des Staates unentbehrlich und selbst für die europäischen Verhältnisse von Be= deutung sind. Nur muß man nicht zu viel er= warten. Es ist ein ziemlich neuer Besitz, aus Privat= sammlungen zufällig erwachsen, ohne Vollständigkeit oder durchgreifenden Plan. Nicht zu vergleichen ist er mit den Reichtümern des Staatsarchives, zumal wie dies heutzutage eingerichtet ist. Bei Gelegenheit einer Untersuchung über die Verschwörung im Jahre 1618 habe ich das venezianische Archiv bereits geschildert und will mich nicht wiederholen. Für meinen römischen Zweck mußte mir vor allem an den Relationen der Gesandten, die von Rom zurückgekommen, gelegen sein. Sehr erwünscht war es mir doch, auch hiefür noch andere Sammlungen benutzen zu können; Lücken sind nirgends zu vermeiden; und dies Archiv hat bei so vielen Wanderungen gar mancherlei Verluste erleiden müssen. An den verschiedenen Stellen brachte ich achtundvierzig Relationen über Rom zusammen: die älteste vom Jahre 1500, neunzehn für das 16., einundzwanzig für das 17. Jahrhundert — eine beinahe vollständige, nur noch hie und da unterbrochene Reihe —, für das 18. zwar nur acht, aber auch diese sehr belehrend und willkommen. Bei weitem von den meisten sah und benutzte ich das Original. Sie enthalten eine große Menge wissenswürdiger, aus unmittelbarer Anschauung hervorgegangener, mit dem Leben der Zeitgenossen verschwundener Notizen, die mir zu einer fortlaufenden Darstellung zuerst die Aussicht und den Mut gaben.

Sie zu bewähren, zu erweitern, ließen sich, wie sich versteht, nur in Rom die Mittel finden.

War es aber zu erwarten, daß man hier einem Fremden, einem Andersgläubigen in den öffentlichen

Sammlungen freie Hand lassen würde, um die Geheimnisse des Papsttums zu entdecken? Es wäre vielleicht so ungeschickt nicht, wie es aussieht; denn keine Forschung kann etwas Schlimmeres an den Tag bringen, als die unbegründete Vermutung annimmt und als die Welt nun einmal für wahr hält. Jedoch ich kann mich nicht rühmen, daß es geschehen sei. Von den Schätzen des Vatikans habe ich Kenntnis nehmen und eine Anzahl Bände für meinen Zweck benutzen können; doch ward mir die Freiheit, die ich mir gewünscht hätte, keineswegs gewährt. Glücklicherweise aber eröffneten sich mir andere Sammlungen, aus denen sich eine, wenn nicht vollständige, doch ausreichende und authentische Belehrung schöpfen ließ. In den Zeiten der blühenden Aristokratie — das ist hauptsächlich in dem 17. Jahrhundert — behielten in ganz Europa die vornehmen Geschlechter, welche die Geschäfte verwalteten, auch einen Teil der öffentlichen Papiere in den Händen. Nirgends mag das wohl so weit gegangen sein wie in Rom. Die herrschenden Nepoten, die allemal die Fülle der Gewalt besaßen, hinterließen den fürstlichen Häusern, die sie gründeten, in der Regel auch einen guten Teil der Staatsschriften, die sich während ihrer Verwaltung bei ihnen angesammelt, als einen immerwährenden Besitz. Es gehörte das mit zur Ausstattung einer Familie. In dem Palaste, den sie sich erbaute, blieben immer ein paar Säle, gewöhnlich in den obersten Räumen, für Bücher und Handschriften vorbehalten, die dann würdig, wie es bei den Vorgängern geschehen, ausgefüllt sein wollten. Die Privatsammlungen sind hier in gewisser Hinsicht zugleich die öffentlichen, und das Archiv des Staates zerstreute sich, ohne daß jemand Anstoß daran genommen hätte, in die Häuser der verschiedenen Familien, welche die Geschäfte verwaltet hatten, ungefähr ebenso, wie der Überschuß des Staatsvermögens den papalen Geschlechtern zugute kam, wie sich die vatikanische Galerie, obwohl ausgezeichnet durch die Wahl der Meisterstücke, die sie enthält, doch in Umfang und historischer Bedeutung mit einigen privaten, wie der Galerie Borghese oder Doria, nicht messen kann. So kommt es, daß die Manuskripte, welche in den Palästen Barberini, Chigi, Altieri, Albani, Corsini aufbewahrt werden, für die Geschichte der römischen Päpste, ihres Staates und ihrer Kirche von unschätzbarem Werte sind. Das Staatsarchiv, das man noch nicht sehr lange eingerichtet hat, ist besonders durch die Sammlung der Regesten für das Mittelalter wichtig; ein Teil der Geschichte dieses Zeitraums wird hier noch des Entdeckers harren; doch soweit meine Kenntnis reicht, muß ich glauben, daß es für die neueren Jahrhunderte nicht viel sagen will. Es verschwindet, wenn ich nicht mit Absicht getäuscht worden bin, vor dem Glanz und Reichtum der Privatsammlungen. Von diesen umfaßt eine jede, wie sich versteht, vor allem die Epoche, in welcher der Papst des Hauses regierte; aber da die Nepoten auch noch nachher eine bedeutende Stelle einnahmen, da jedermann eine einmal angefangene Sammlung zu erweitern und zu ergänzen beflissen ist und sich in Rom, wo sich ein literarischer Verkehr mit Handschriften gebildet hatte, hiezu Gelegenheit genug fand, so ist keine, die nicht auch andere, nähere und fernere Zeiten mit erfreulichen Erläuterungen berührte. Von allen die reichste — infolge einiger auch in diesem Stück einträglichen Erbschaften — ist die Barberiniana; die Corsiniana hat man gleich von Anfang mit der meisten Umsicht und Auswahl angelegt. Ich hatte das Glück, diese Sammlungen alle und noch einige andere von minderem Belang, zuweilen mit unbeschränkter Freiheit, benutzen zu können. Eine unverhoffte Ausbeute von zuverlässigen und zum Ziele treffenden Materialien boten sie mir dar: Korrespondenzen der Nuntiaturen mit den Instruktionen, die mitgegeben, den Relationen, die zurückgebracht wurden; ausführliche Lebensbeschreibungen mehrerer Päpste, um so unbefangener, da sie nicht für das Publikum bestimmt waren; Lebensbeschreibungen ausgezeichneter Kardinäle; offizielle und private Tagebücher; Erörterungen einzelner Begebenheiten und Verhältnisse, Gutachten, Ratschläge; Berichte über die Verwaltung der Provinzen, ihren Handel und ihr Gewerbe; statistische Tabellen, Berechnungen von Ausgabe und Einnahme: — bei weitem zum größten Teile noch durchaus unbekannt, gewöhnlich von Männern verfaßt, welche eine lebendige Kenntnis ihres Gegenstandes besaßen, und von einer Glaubwürdigkeit, die zwar Prüfung und sichtende Kritik keineswegs ausschließt, aber wie sie Mitteilungen wohlunterrichteter Zeitgenossen allemal in Anspruch nehmen. Von diesen Schriften betrifft die älteste, die ich zu benutzen fand, die Verschwörung des Porcari wider Nikolaus V.; für das 15. Jahrhundert kamen mir nur noch ein paar andere vor; mit dem Eintritt in das 16. werden sie mit jedem Schritte umfassender, zahlreicher; den ganzen Verlauf des 17., in welchem man von Rom so wenig Zuverlässiges weiß, begleiten sie mit Belehrungen, die eben deshalb doppelt erwünscht sind: seit dem Anfang des 18. dagegen nehmen sie an Zahl und innerem Werte ab. Hatten doch damals auch Staat und Hof von ihrer Wirksamkeit und Bedeutung bereits nicht wenig verloren. Ich werde diese römischen Schriften wie die venezianischen zum Schluß ausführlich durchgehen und alles nachtragen, was mir darin noch denkwürdig vorkommen möchte, ohne daß ich es im Laufe der Erzählung hätte berühren können.

Denn für diese ergibt sich, schon wegen der ungemeinen Masse des Stoffes, die sich nun in so vielen ungedruckten und den gedruckten Schriften vor Augen legt, eine unerläßliche Beschränkung.

Ein Italiener oder Römer, ein Katholik würde die Sache ganz anders angreifen. Durch den Ausdruck persönlicher Verehrung, oder vielleicht, wie jetzt die Sachen stehen, persönlichen Hasses, würde er seiner

Arbeit eine eigentümliche, ich zweifle nicht, glänzendere Farbe geben; auch würde er in vielen Stücken ausführlicher, kirchlicher, lokaler sein. Ein Protestant, ein Norddeutscher kann hierin nicht mit ihm wetteifern. Er verhält sich um vieles indifferenter gegen die päpstliche Gewalt; auf eine Wärme der Darstellung, wie sie aus Vorliebe oder Widerwillen hervorgeht, wie sie vielleicht einen gewissen Eindruck in Europa machen könnte, muß er von vornherein verzichten. Für jenes kirchliche oder kanonische Detail geht uns am Ende auch die wahre Teilnahme ab. Dagegen ergeben sich uns auf unserer Seite andere und, wenn ich nicht irre, reiner historische Gesichtspunkte. Denn was ist es heutzutage noch, das uns die Geschichte der päpstlichen Gewalt wichtig machen kann? Nicht mehr ihr besonderes Verhältnis zu uns, das ja keinen wesentlichen Einfluß weiter ausübt, noch auch Besorgnis irgendeiner Art; die Zeiten, wo wir etwas fürchten konnten, sind vorüber; wir fühlen uns allzu gut gesichert*). Es kann nichts sein, als

---

*) So schrieb ich im Jahre 1834, einer Zeit, in welcher zwischen Rom und Deutschland Friede war oder doch zu sein schien. Die Vorrede, die ich hier reproduziere, wohl auch das Buch selbst, enthält den Ausdruck der Stimmung jener Epoche. Aber wie sehr hat sich seitdem alles verändert! Indem ich 40 Jahre nach dem ersten Erscheinen eine sechste Auflage veranstalte, ist der Streit, der damals ruhte, wieder in volle Flammen ausgebrochen. Es versteht sich von selbst, daß in dem Buche deshalb kein Wort geändert werden durfte; aber ich kann mir doch auch nicht verhehlen, daß eine neue Epoche des Papst-

ihre weltgeschichtliche Entwickelung und Wirksamkeit. Nicht so unwandelbar, wie man annimmt, war doch die päpstliche Gewalt. Sehen wir von den Grundsätzen ab, welche ihr Dasein bedingen, die sie nicht fallen lassen kann, ohne sich selbst dem Untergange preiszugeben, so ist sie übrigens von den Schicksalen, welche die europäische Menschheit betroffen haben, immer nicht weniger bis in ihr inneres Wesen berührt worden als jede andere. Wie die Weltgeschicke gewechselt, eine oder die andere Nation vorgeherrscht, sich das allgemeine Leben bewegt hat, sind auch in der päpstlichen Gewalt, ihren Maximen, Bestrebungen, Ansprüchen, wesentliche Metamorphosen eingetreten und hat vor allem ihr Einfluß die größten Veränderungen erfahren. Sieht man das Verzeichnis so vieler gleichlautender Namen durch, alle die Jahrhunderte herab, von jenem Pius I. in dem zweiten bis auf unsere Zeitgenossen in dem 19., Pius VII. und VIII., so macht das wohl den Eindruck einer un-

---

tums eingetreten ist. Ich habe den Fortgang derselben nur im allgemeinen andeuten können, immer unter Wahrung des objektiven Standpunktes, den ich von Anfang an einzunehmen gesucht hatte, und es selbst ratsam gefunden, dem gegenwärtigen Pontifikate in demselben Sinne meine Aufmerksamkeit zuzuwenden. Demgemäß habe ich den ursprünglichen Titel, durch welchen das Buch an eine andere Publikation angeknüpft und auf das sechzehnte und siebzehnte Jahrhundert beschränkt wurde, nicht mehr wiederholen können, sondern einen umfassenderen gewählt. (Anmerkung der sechsten Auflage, 1874 erschienen.)

unterbrochenen Stetigkeit; doch muß man sich davon nicht blenden lassen: in Wahrheit unterscheiden sich die Päpste der verschiedenen Zeitalter nicht viel anders als die Dynastien eines Reiches. Für uns, die wir außerhalb stehen, ist gerade die Beobachtung dieser Umwandlungen von dem vornehmsten Interesse. Es erscheint in ihnen ein Teil der allgemeinen Geschichte, der gesamten Weltentwickelung: nicht allein in den Perioden einer unbezweifelten Herrschaft, sondern vielleicht noch mehr alsdann, wenn Wirkung und Gegenwirkung aufeinander stoßen, wie in den Zeiten, die das gegenwärtige Buch vornehmlich umfassen soll, in dem 16. und 17. Jahrhundert, wo wir das Papsttum gefährdet, erschüttert, sich dennoch behaupten und befestigen, ja aufs neue ausbreiten, eine Zeitlang vordringen, endlich aber wieder einhalten und einem abermaligen Verfalle zuneigen sehen: Zeiten, in denen sich der Geist der abendländischen Nationen vorzugsweise mit kirchlichen Fragen beschäftigte und jene Gewalt, die von den einen verlassen und angegriffen, von den anderen festgehalten und mit frischem Eifer verteidigt wurde, notwendig eine hohe allgemeine Bedeutung behauptete. Sie von diesem Gesichtspunkte aus zu fassen, fordert uns unsere natürliche Stellung auf und will ich nun versuchen.

Ich beginne billig damit, den Zustand der päpstlichen Gewalt in dem Anfange des 16. Jahrhunderts und den Gang der Dinge, der zu demselben geführt hatte, ins Gedächtnis zurückzurufen.

Inhalt.

	Seite
Vorrede	VII

Erstes Buch. Einleitung. ... 1
  Erstes Kapitel. Epochen des Papsttums ... 3
    Das Christentum in dem römischen Reiche ... 3
    Das Papsttum in Vereinigung mit dem fränkischen Reiche ... 13
    Verhältnis zu den deutschen Kaisern. Selbständige Ausbildung der Hierarchie ... 23
    Gegensätze des 14. und 15. Jahrhunderts ... 34
  Zweites Kapitel. Die Kirche und der Kirchenstaat im Anfange des 16. Jahrhunderts ... 45
    Erweiterung des Kirchenstaates ... 45
    Verweltlichung der Kirche ... 57
    Geistige Richtung ... 61
    Opposition in Deutschland ... 74
      Reuchlin. Erasmus. Luther.
  Drittes Kapitel. Politische Verwickelungen. Zusammenhang der Reformation mit denselben ... 79
    Unter Leo X. ... 80
    Unter Adrian VI. ... 90
    Unter Klemens VII. ... 96
      Kardinal Campeggis Entwurf 109.

Zweites Buch. Anfänge einer Regeneration des Katholizismus ... 127
    Analogien des Protestantismus in Italien ... 130
      Oratorium der göttlichen Liebe. Gaspar Contarini. Poole 131. — Buch „Von der Wohltat Christi" 135. — Bernardino Ochino 139.
    Versuche innerer Reformen und einer Aussöhnung mit den Protestanten ... 142

	Seite
Das Regensburger Gespräch von 1541: 148. — Persönlichkeit Gaspar Contarinis 149.	
Neue Orden	164
Camaldulenser montis coronae 166. — Gaetano da Thiene, Johann Peter Caraffa. Orden der Theatiner 168. — Regularkleriker bi Somasca 170. — Barnabiten 171.	
Ignatius Loyola.	172
Studium in Paris 182. — Gründung der Kompagnie Jesu 186. — Bestätigung 188.	
Erste Sitzungen des tridentinischen Konziliums	190
Inquisition	199
Die Regeln Kardinal Caraffas 202.	
Ausbildung des jesuitischen Institutes	208
In Italien 208, Spanien und Portugal 209, in den Niederlanden 210. — Geistliche Koadjutoren 211. — Weltliche 212. — Stellung des Generals 213. — Unterricht 217. — Beichte 218. — Das Buch der geistlichen Übungen 219. — Ausbreitung in den Kolonien 223. — Provinzen des Ordens 223. — Schluß	225
Drittes Buch. Die Päpste um die Mitte des sechzehnten Jahrhunderts	227
Paul III.	231
Julius III. Marcellus II.	260
Paul IV.	269
Bemerkung über den Fortgang des Protestantismus während dieser Regierung 296.	
Pius IV.	303
Karl Borromeo 309 (vgl. S. 349).	
Die späteren Sitzungen des Konziliums von Trient	313
Kardinal Morone und Kaiser Ferdinand 321. — Die Reformen des Konziliums 333.	
Pius V.	337
Viertes Buch. Staat und Hof. Die Zeiten Gregors XIII. und Sixtus' V.	361
Verwaltung des Kirchenstaates	364
Finanzen	385

                                          Seite
Die Zeiten Gregors XIII. und Sixtus' V. . . 402
  Gregor XIII. 402
  Sixtus V. 418
    Ausrottung der Banditen 429.
    Momente der Verwaltung 433.
    Kongregationen der Kardinäle 439.
  Finanzen 442.
  Bauunternehmungen Sixtus' V. 451.
    Die Aqua Felica 455. — Aufstellung des
    Obelisken 458.
Veränderung der geistigen Richtung überhaupt . 463
  Zurücktreten des Studiums der Alten 463. —
  Naturerkenntnis 464. — Dichtung 467. —
  Philosophie 470. — Kirche und Poesie. Torquato
  Tasso 472. — Malerei 474. — Baukunst 477.
  — Musik 478. — Palestrina 479.
Die Kurie 481
  Filippo Neri 485. — Roms Bevölkerung 489.

Erstes Buch.

Einleitung.

Erstes Kapitel.
Epochen des Papsttums.
Das Christentum in dem römischen Reiche.

Überblicken wir den Umkreis der alten Welt in den früheren Jahrhunderten, so finden wir ihn mit einer großen Anzahl unabhängiger Völkerschaften erfüllt. Um das Mittelmeer her, soweit von den Küsten die Kunde in das innere Land reicht, wohnen sie: mannigfaltig gesondert, ursprünglich alle eng begrenzt, in lauter freien und eigentümlich eingerichteten Staaten. Die Unabhängigkeit, die sie genießen, ist nicht allein politisch: allenthalben hat sich eine örtliche Religion ausgebildet; die Ideen von Gott und göttlichen Dingen haben sich gleichsam lokalisiert; nationale Gottheiten von den verschiedensten Attributen nehmen die Welt ein; das Gesetz, das ihre Gläubigen beobachten, ist mit dem Staatsgesetz unauflöslich vereinigt. Wir dürfen sagen: diese innige Vereinigung von Staat und Religion, diese zwiefache Freiheit, die nur etwa durch leichte Verpflichtungen der Stammesverwandtschaft beschränkt wurde, hatte den größten Anteil an der Bildung des Altertums. Man war in enge Grenzen eingeschlossen; aber innerhalb derselben konnte sich die ganze Fülle eines jugendlichen, sich selber überlassenen Daseins in freien Trieben entwickeln.

Wie wurde dies alles so ganz anders, als die Macht von Rom emporkam! Alle die Autonomien, welche die Welt erfüllen, sehen wir eine nach der andern sich beugen und verschwinden: wie ward die Erde plötzlich so öde an freien Völkern!

Zu anderen Zeiten sind die Staaten erschüttert worden, weil man aufgehört hatte, an die Religion zu glauben: damals mußte die Unterjochung der Staaten den Verfall ihrer Religionen nach sich ziehen. Mit Notwendigkeit, im Gefolge der politischen Gewalt, strömten sie nach Rom zusammen: welche Bedeutung aber konnte ihnen noch beiwohnen, sobald sie von dem Boden losgerissen wurden, auf dem sie einheimisch waren? Die Verehrung der Isis hatte vielleicht einen Sinn in Ägypten, sie vergötterte die Naturkräfte, wie sie in diesem Lande erscheinen: in Rom ward ein Götzendienst ohne allen Sinn daraus. Indem dann die verschiedenen Mythologien einander berührten, konnten sie nicht anders als sich wechselseitig bestreiten und auflösen. Es war kein Philosophem zu erdenken, das ihren Widerspruch zu beseitigen vermocht hätte.

Wäre dies aber auch möglich gewesen, so hätte es dem Bedürfnis der Welt schon nicht mehr genügt.

Bei aller Teilnahme, die wir dem Untergange so vieler freien Staaten widmen, können wir doch nicht leugnen, daß aus ihrem Ruin unmittelbar ein neues

Leben hervorging. Indem die Freiheit unterlag, fielen zugleich die Schranken der engen Nationalitäten. Die Nationen waren überwältigt, zusammen erobert worden, aber eben dadurch vereinigt, verschmolzen. Wie man das Gebiet des Reiches den Erdkreis nannte, so fühlten sich die Einwohner desselben als ein einziges, ein zusammengehörendes Geschlecht. Das menschliche Geschlecht fing an, seiner Gemeinschaftlichkeit inne zu werden.

In diesem Moment der Weltentwickelung ward Jesus Christus geboren.

Wie so unscheinbar und verborgen war sein Leben, seine Beschäftigung, Kranke zu heilen, ein paar Fischern, die ihn nicht immer verstanden, andeutend und in Gleichnissen von Gott zu reden; er hatte nicht, da er sein Haupt hinlegte; — aber auch auf dem Standpunkte dieser unserer weltlichen Betrachtung dürfen wir es sagen: unschuldiger und gewaltiger, erhabener, heiliger hat es auf Erden nichts gegeben, als seinen Wandel, sein Leben und Sterben; in jedem Hauch seiner Sprache wehet der lautere Gottes-Odem; es sind Worte, wie Petrus sich ausdrückt, des ewigen Lebens; das Menschengeschlecht hat keine Erinnerung, welche dieser nur von fern zu vergleichen wäre.

Wenn die nationalen Verehrungen je ein Element wirklicher Religion in sich eingeschlossen haben, so war dies damals vollständig verdunkelt; sie hatten, wie gesagt, keinen Sinn mehr: in dem Menschensohn, Gottessohn, erschien ihnen gegenüber das ewige und allgemeine Verhältnis Gottes zu der Welt, des Menschen zu Gott.

In einer Nation ward Christus geboren, die sich durch ein einseitiges strenges Ritualgesetz von allen anderen am entschiedensten absonderte, die sich aber das unermeßliche Verdienst erworben, den Monotheismus, den sie von Anbeginn bekannte, unwandelbar festzuhalten, sich ihn nie entreißen zu lassen. Allerdings dachte sie ihn eben auch als einen nationalen Dienst; nunmehr aber bekam er eine ganz andere Bedeutung. Christus löste das Gesetz auf, indem er es erfüllte; der Menschensohn erwies sich nach seinem Ausspruch als Herr auch des Sabbats; er entfesselte den ewigen Inhalt der von einem engen Verstand unbegriffenen Formen. Aus dem Volke, das bisher durch unübersteigliche Schranken der Gesinnung und der Sitte von allen anderen getrennt war, erhob sich dann mit der Kraft der Wahrheit ein Glaube, der sie alle einlud und aufnahm. Es ward der allgemeine Gott verkündigt, durch den, wie Paulus den Athenern predigte, von einem Blut aller Menschen Geschlechter über den Erdboden wohnen. Für diese erhabene Lehre war, wie wir sahen, eben der Zeitpunkt eingetreten: es gab ein Menschengeschlecht, sie zu fassen. Wie ein Sonnenblick, sagt Eusebius, leuchtete sie über die Erde dahin. In kurzer Zeit sehen wir sie von dem Euphrat bis an den Atlantischen Ozean, längs des Rheines und der Donau, über die gesamten Grenzen des Reiches ausgebreitet.

So harmlos und unschuldig sie aber auch war, so mußte sie doch der Natur der Sache nach starken Widerstand in den bestehenden Diensten finden, die sich an die Gewohnheiten und Bedürfnisse des Lebens, an alle alten Erinnerungen anschlossen und jetzt eine Wendung genommen hatten, durch die sie der Verfassung des Reiches doch auch wieder entsprachen.

Der politische Geist der antiken Religionen versuchte sich noch einmal in einer neuen Bildung. Die Summe aller jener Autonomien, welche einst die Welt erfüllt, ihr Gesamtinhalt war einem Einzigen zuteil geworden: es gab nur noch eine einzige Gewalt, die von sich selber abhängig zu sein schien; die Religion erkannte dies an, indem sie dem Imperator göttliche Verehrung widmete. Man richtete ihm Tempel auf, opferte ihm auf Altären, schwur bei seinem Namen und feierte ihm Feste; seine Bildnisse gewährten ein Asyl. Die Verehrung, die dem Genius des Imperators erwiesen wurde, war vielleicht die einzige allgemeine, die es in dem Reiche gab. Alle Götzendienste bequemten sich ihr: sie war eine Stütze derselben.

Dieser Dienst des Cäsars und die Lehre Christi hatten im Verhältnis zu den lokalen Religionen eine gewisse Ähnlichkeit; aber zugleich standen sie auch in einem Gegensatz, der sich nicht schärfer denken läßt.

Der Imperator faßte die Religion in dem weltlichsten Bezuge — an die Erde und ihre Güter gebunden: ihm seien dieselben übergeben, sagt Celsus;

was man habe, komme von ihm. Das Christentum faßte sie in der Fülle des Geistes und der überirdischen Wahrheit.

Der Imperator vereinigte Staat und Religion; das Christentum trennte vor allem das, was Gottes, von dem, was des Kaisers ist.

Indem man dem Imperator opferte, bekannte man sich zur tiefsten Knechtschaft. Eben darin, worin bei der früheren Verfassung die volle Unabhängigkeit bestand, in der Vereinigung der Religion und des Staates, lag bei der damaligen die Besiegelung der Unterjochung. Es war ein Akt der Befreiung, daß das Christentum den Gläubigen verbot, dem Kaiser zu opfern.

Der Dienst des Imperators war endlich auf die Grenzen des Reiches, des vermeinten Erdkreises, beschränkt; das Christentum war bestimmt, den wirklichen zu umfassen, das gesamte Menschengeschlecht. Das ursprüngliche älteste religiöse Bewußtsein, wenn es wahr ist, daß ein solches allem Götzendienst vorangegangen, oder wenigstens ein unbedingt reines, durch keine notwendige Beziehung auf den Staat getrübtes, suchte der neue Glaube in den Nationen zu erwecken und setzte es dieser weltherrschenden Gewalt entgegen, die nicht zufrieden mit dem Irdischen, auch das Göttliche unterwerfen wollte. Dadurch bekam der Mensch ein geistiges Element, in dem er wieder selbständig, frei und persönlich unüberwindlich wurde; es kam Frische und neue Lebensfähigkeit in den Boden der

Welt; sie wurde zu neuen Hervorbringungen befruchtet.

Es war der Gegensatz des Irdischen und des Geistigen, der Knechtschaft und der Freiheit, allmählichen Absterbens und lebendiger Verjüngung.

Hier ist nicht der Ort, den langen Kampf dieser Prinzipien zu beschreiben. Alle Lebenselemente des römischen Reiches wurden in die Bewegung gezogen und allmählich von dem christlichen Wesen ergriffen, durchdrungen, in diese große Richtung des Geistes fortgerissen. Von sich selber, sagt Chrysostomus, ist der Irrtum des Götzendienstes erloschen. Schon ihm erscheint das Heidentum wie eine eroberte Stadt, deren Mauern zerstört, deren Hallen, Theater und öffentliche Gebäude verbrannt, deren Verteidiger umgekommen seien; nur unter den Trümmern sehe man noch ein paar Alte, ein paar Kinder stehen.

Bald waren auch diese nicht mehr, und es trat eine Verwandlung ohne Gleichen ein.

Aus den Katakomben stieg die Verehrung der Märtyrer hervor; an den Stellen, wo die olympischen Götter angebetet worden, aus den nämlichen Säulen, die deren Tempel getragen, erhoben sich Heiligtümer zum Gedächtnis derjenigen, die diesen Dienst verschmäht und darüber den Tod erlitten hatten. Der Kultus, den man in Einöden und Gefängnissen begonnen, nahm die Welt ein. Man wundert sich zuweilen, daß gerade ein weltliches Gebäude der Heiden, die Basilika, in eine Stätte christlicher Verehrung umgewandelt worden. Es hat dies doch etwas sehr Bezeichnendes. Die Apsis der Basilika enthielt ein Augusteum, die Bilder eben jener Cäsaren, denen man göttliche Ehre erwies. An die Stelle derselben trat, wie wir es in so vielen Basiliken noch heute sehen, das Bild Christi und der Apostel; an die Stelle der Weltherrscher, die selber als Götter betrachtet wurden, trat der Menschensohn, Gottessohn. Die lokalen Gottheiten wichen, verschwanden. An allen Landstraßen, auf der steilen Höhe des Gebirges, in den Pässen durch die Talschluchten, auf den Dächern der Häuser, in der Mosaik der Fußböden sah man das Kreuz. Es war ein entschiedener, vollständiger Sieg. Wie man auf den Münzen Konstantins das Labarum mit dem Monogramm Christi über dem besiegten Drachen erblickt, so erhoben sich über dem gefallenen Heidentum Verehrung und Name Christi.

Auch von dieser Seite betrachtet, wie unendlich ist die Bedeutung des römischen Reiches! In den Jahrhunderten seiner Erhebung hat es die Unabhängigkeit gebrochen, die Völker unterworfen; es hat jenes Gefühl der Selbständigkeit, das in der Sonderung lag, vernichtet: dagegen hat es dann in seinen späteren Zeiten die wahre Religion aus seinem Schoße hervorgehen sehen — den reinsten Ausdruck eines gemeinsamen Bewußtseins, welches weit über seine Grenzen reicht, des Bewußtseins der Gemeinschaft in dem einen wahren Gott. Dürfen wir sagen, daß das Reich durch diese Entwickelung seine eigene Notwendigkeit aufhob? Das Menschengeschlecht war nunmehr seiner selbst innegeworden: es hatte seine Einheit in der Religion gefunden.

Dieser Religion gab nun auch überdies das römische Reich ihre äußere Gestalt.

Die heidnischen Priestertümer waren wie bürgerliche Ämter vergeben worden, in dem Judentum war ein Stamm mit der geistlichen Verwaltung beauftragt; es unterscheidet das Christentum, daß sich in demselben ein besonderer Stand, aus Mitgliedern zusammengesetzt, die ihn frei erwählten, durch Handauflegung geheiligt, von allem irdischen Tun und Treiben entfernt, „den geistlichen und göttlichen Geschäften" zu widmen hatte. Anfangs bewegte sich die Kirche in republikanischen Formen; aber sie verschwanden, je mehr der neue Glaube zur Herrschaft gelangte. Der Klerus setzte sich nach und nach den Laien vollständig gegenüber.

Es geschah dies, dünkt mich, nicht ohne eine gewisse innere Notwendigkeit. In dem Emporkommen des Christentums lag eine Befreiung der Religion von den politischen Elementen. Es hängt damit zusammen, daß sich dem Staate gegenüber ein abgesonderter geistlicher Stand mit einer eigentümlichen Verfassung ausbildete. In dieser Trennung der Kirche von dem Staate besteht vielleicht die größte, am durchgreifendsten wirksame Eigentümlichkeit der christlichen Zeiten überhaupt. Die geistliche und weltliche Gewalt können einander nahe berühren, in der engsten Gemeinschaft stehen; völlig zusammenfallen können sie höchstens ausnahmsweise und auf kurze Zeit. In ihrem Verhältnis, ihrer gegenseitigen Stellung zueinander beruht seitdem eines der wichtigsten Momente aller Geschichte.

Zugleich mußte aber dieser Stand seine Verfassung nach dem Muster des Reiches gestalten. Der Stufenfolge der bürgerlichen Verwaltung entsprechend erhob sich die Hierarchie der Bischöfe, Metropolitane, Patriarchen. Es dauerte nicht lange, so nahmen die römischen Bischöfe den obersten Rang ein. Zwar ist es ein eitles Vorgeben, daß denselben in den ersten Jahrhunderten und überhaupt jemals ein allgemeiner, von Osten nach Westen anerkannter Primat zugestanden habe; aber allerdings erlangten sie sehr bald ein Ansehen, durch das sie über alle anderen kirchlichen Gewalten hervorragten. Es kam vieles zusammen, um ihnen ein solches zu verschaffen. Wenn sich schon allenthalben aus der größeren Bedeutung einer Provinzialhauptstadt ein besonderes Übergewicht für den Bischof derselben ergab, wieviel mehr mußte dies bei der alten Hauptstadt des gesamten Reiches, von der es seinen Namen führte, der Fall sein! Rom war einer der vornehmsten apostolischen Sitze; hier hatten die meisten Märtyrer geblutet; während der Verfolgungen hatten sich die Bischöfe von Rom vorzüglich wacker gehalten, und oft waren sie einander nicht sowohl im Amte, als im Märtyrertume und im Tode nachgefolgt. Nun fanden aber überdies die

Kaiser geraten, das Emporkommen einer großen patriarchalen Autorität zu begünstigen. In einem Gesetz, das für die Herrschaft des Christentums entscheidend geworden ist, gebietet Theodosius der Große, daß alle Nationen, die von seiner Gnade regiert werden, dem Glauben anhangen sollen, der von dem heiligen Petrus den Römern verkündet worden. Valentinian III. untersagte den Bischöfen sowohl in Gallien als in anderen Provinzen, von den bisherigen Gewohnheiten abzuweichen, ohne die Billigung des ehrwürdigen Mannes, des Papstes der heiligen Stadt. Unter dem Schutze der Kaiser selbst erhob sich demnach die Macht des römischen Bischofs. Eben in diesem politischen Verhältnis aber lag zugleich eine Beschränkung derselben. Wäre ein einziger Kaiser gewesen, so würde der allgemeine Primat sich haben festsetzen können: die Teilung des Reiches trat demselben entgegen. Unmöglich konnten die morgenländischen Kaiser, die sich ihre kirchlichen Rechte so eifersüchtig vorbehielten, die Ausdehnung der Gewalt des abendländischen Patriarchen in ihrem Gebiete begünstigen. Die Verfassung der Kirche entsprach auch hierin der Verfassung des Reiches.

Das Papsttum in Vereinigung mit dem fränkischen Reiche.

Kaum war diese große Veränderung vollbracht, die christliche Religion gepflanzt, die Kirche gegründet, so traten neue Weltgeschicke ein: das römische Reich, das so lange gesiegt und erobert hatte, sah sich nun auch seinerseits von den Nachbarn angegriffen, überzogen, besiegt.

In dem Umsturz aller Dinge wurde selbst das Christenthum noch einmal erschüttert. In den großen Gefahren erinnerten sich die Römer noch einmal der etrurischen Geheimnisse, die Athenienser glaubten von Achill und Minerva gerettet worden zu sein, die Karthager beteten zu dem Genius Cölestis, — doch waren dies nur vorübergehende Regungen; während das Reich in den westlichen Provinzen zerstört wurde, erhielt sich daselbst der gesamte Bau der Kirche.

Nur kam auch sie, wie unvermeidlich war, in mannigfaltige Bedrängnis und in eine durchaus veränderte Lage. Eine heidnische Nation nahm Britannien ein; arianische Könige eroberten den größten Teil des übrigen Westens; in Italien, vor den Toren von Rom, gründeten sich die Lombarden, lange Zeit Arianer und immer gefährliche feindselige Nachbarn, eine mächtige Herrschaft.

Indem nun die römischen Bischöfe, von allen Seiten eingeengt, sich bemühten — und zwar schon mit aller der Klugheit und Hartnäckigkeit, die ihnen seitdem eigen geblieben, — wenigstens in ihrem alten patriarchalen Sprengel wieder Meister zu werden, traf sie ein neues, noch größeres Mißgeschick. Die Araber, nicht allein Eroberer wie die Germanen, sondern von einem positiven, stolzen, dem Christentume von Grund aus entgegengesetzten Glauben bis zum Fanatismus durchdrungen, ergossen sich über den Okzident wie über den Orient: in wiederholten Anfällen nahmen sie Afrika, in einem einzigen Spanien ein; Musa rühmte sich, durch die Pforten der Pyrenäen über die Alpen nach Italien vordringen zu wollen, um Mohammeds Namen am Vatikan ausrufen zu lassen.

Die Lage, in welche hiedurch die abendländisch-römische Christenheit geriet, war um so gefährlicher, da in diesem Augenblicke die Bewegungen des Bilderstreites in die gehässigsten Feindseligkeiten ausschlugen. Der Kaiser zu Konstantinopel hatte eine andere Partei ergriffen, als der Papst zu Rom; er trachtete demselben sogar mehr als einmal nach dem Leben. Die Lombarden sahen bald, wie vorteilhaft ihnen diese Entzweiung war. Ihr König Aistulph nahm Provinzen ein, die den Kaiser bis dahin noch immer anerkannten: er rückte wider Rom heran und forderte unter heftigen Bedrohungen auch diese Stadt auf, ihm Tribut zu zahlen, sich ihm zu ergeben.

In der römischen Welt war keine Hilfe zu finden, nicht einmal gegen die Lombarden, noch viel weniger aber wider die Araber, die indes das Mittelmeer zu beherrschen anfingen und der Christenheit mit einem Krieg auf Leben und Tod drohten.

Glücklicherweise jedoch war diese nicht mehr auf die römische Welt beschränkt.

Schon lange war das Christentum, seiner ursprünglichen Bestimmung gemäß, über die Grenzen derselben vorgedrungen; es hatte im Westen vor allen die germanischen Völker ergriffen; ja, eine christliche Macht hatte sich bereits in deren Mitte erhoben, nach welcher der Papst nur die Hände auszustrecken brauchte, um bereitwillige Bundesgenossen gegen alle Feinde und die nachdrücklichste Unterstützung zu erlangen.

Von allen germanischen Nationen war allein die fränkische, gleich bei ihrer ersten Erhebung in den Provinzen des römischen Reiches, katholisch geworden. Dies ihr Bekenntnis hatte ihr zu großer Förderung gereicht. In den katholischen Untertanen ihrer arianischen Feinde, der Burgunder und Westgoten, fanden die Franken natürliche Verbündete. Wir lesen so viel von den Wundern, die dem Chlodwig begegnet sein sollen, wie ihm St. Martin durch eine Hündin die Furt über die Vienne gezeigt, wie ihm St. Hilarius in einer Feuersäule vorangegangen: wir werden schwerlich irren, wenn wir vermuten, daß in diesen Sagen die Hilfe versinnbildet worden, welche die Eingeborenen einem Glaubensgenossen leisteten, dem sie, wie Gregor von Tours sagt, „mit begieriger Neigung" den Sieg wünschten.

Diese katholische Gesinnung aber, durch so großartige Erfolge gleich anfangs bestätigt, war zuletzt durch eine sehr eigentümliche Einwirkung von einer anderen Seite her erneuert und mächtig verstärkt worden.

Papst Gregor der Große sah einst Angelsachsen auf dem Sklavenmarkte zu Rom, die seine Aufmerksamkeit erregten und ihn bestimmten, der Nation, der sie angehörten, das Evangelium verkündigen zu lassen. Nie mag sich ein Papst zu einer folgenreicheren Unternehmung entschlossen haben. Mit der Lehre ward in dem germanischen Britannien zugleich eine Verehrung für Rom und den heiligen Stuhl einheimisch, wie sie bisher noch nie und nirgend stattgefunden hatte. Die Angelsachsen fingen an, nach Rom zu pilgern; sie sandten ihre Jugend dahin, um aus ihr Geistliche zu erziehen; zur Erleichterung der Pilger führte König Offa den Peterspfennig ein, die Vornehmeren wanderten nach Rom, um daselbst zu sterben und dann von den Heiligen im Himmel vertraulicher aufgenommen zu werden. Es war, als übertrüge diese Nation den alten deutschen Aberglauben, daß die Götter einigen Orten näher seien als anderen, auf Rom und die christlichen Heiligen.

Dazu kam aber, was noch viel wichtiger war, daß die Angelsachsen diese ihre Sinnesweise nun auch auf das feste Land und die fränkischen Gebiete fortpflanzten. Der Apostel der Deutschen war ein Angelsachse. Bonifazius, erfüllt wie er war von der Verehrung seiner Nation für St. Peter und dessen Nachfolger, leistete von allem Anfang das Versprechen, sich treulich an die Einrichtungen des römischen Stuhles zu halten. Auf das strengste kam er dieser Zusage nach. Der deutschen Kirche, die er stiftete, legte er einen ungewöhnlichen Gehorsam auf. Die Bischöfe mußten ausdrücklich geloben, gegen die römische Kirche, den heiligen Peter und dessen Stellvertreter bis ans Ende ihres Lebens in Unterwürfigkeit zu verharren. Und nicht allein die Deutschen wies er hiezu an. Die Bischöfe von Gallien hatten bisher eine gewisse Unabhängigkeit von Rom behauptet. Bonifazius, welcher die Synoden derselben einigemal zu leiten bekam, fand dabei Gelegenheit, auch diesen westlichen Teil der fränkischen Kirche nach denselben Ideen einzurichten; die gallischen Erzbischöfe nahmen seitdem ihr Pallium von Rom. Über das gesamte fränkische Reich breitete sich dergestalt eine der angelsächsischen verwandte Unterwürfigkeit aus.

Und dieses Reich nun war jetzt der Mittelpunkt der gesamten germanisch-westlichen Welt. Es hatte ihm nicht geschadet, daß das alte Königshaus, das merovingische Geschlecht, sich selbst durch entsetzensvolle Mordtaten zugrunde richtete; an der Stelle desselben erhob sich ein anderes zur höchsten Gewalt: alles Männer voll Energie, von gewaltigem Willen und erhabener Kraft. Indem die übrigen Reiche zusammenstürzten und die Welt ein Eigentum des moslimischen Schwertes zu werden drohte, war es dies Geschlecht, das Haus der Pippine von Heristall, nachmals das karolingische genannt, welches den ersten und den entscheidenden Widerstand leistete.

Eben dieses Geschlecht begünstigte zugleich die sich vollziehende religiöse Entwickelung; wir finden es sehr früh in gutem Vernehmen mit Rom; Bonifazius arbeitete in dem besonderen Schutze Karl Martells und Pippins des Kleinen.

Man denke sich nun die Weltstellung der päpstlichen Gewalt: auf der einen Seite das oströmische Kaisertum, verfallend, schwach, unfähig, das Christentum in seinem alten Bestand gegen den Islam zu behaupten, unvermögend, auch nur seine eigenen Landschaften in Italien gegen die Lombarden zu verteidigen, und dabei mit dem Anspruch einer oberherrlichen Einwirkung selbst in geistlichen Sachen; — auf der anderen die germanischen Nationen, lebenskräftig, gewaltig, siegreich über den Islam; der Autorität, deren sie noch bedurften, mit der ganzen Frische jugendlicher Begeisterung ergeben; erfüllt von einer unbedingten freiwilligen Devotion.

Schon Gregor II. fühlte, was er gewonnen hatte. „Alle Abendländer," schreibt er voll Selbstgefühl an jenen ikonoklastischen Kaiser, Leo den Isaurier, „haben ihre Augen auf unsere Demut gerichtet, sie sehen uns für einen Gott auf Erden an." Aber immer mehr bemerkten seine Nachfolger die Notwendigkeit, sich von einer Gewalt abzusondern, die ihnen nur Pflichten auferlegte und keinen Schutz gewährte: die Suggestion des römischen Namens und Reiches konnte sie nicht binden; dagegen wendeten sie ihr Augenmerk auf die, von denen sie allein Hilfe erwarten konnten: mit den großen Oberhäuptern des Westens, mit den fränkischen Fürsten, schlossen sie eine Verbindung, die von Jahr zu Jahr enger wurde, beiden Teilen zu großem Vorteil gereichte und zuletzt eine umfassende weltgeschichtliche Bedeutung entfaltete.

Als der jüngere Pippin, nicht zufrieden mit dem Wesen der königlichen Gewalt, auch den Namen derselben besitzen wollte, bedurfte er — er fühlte es wohl — einer höheren Sanktion: der Papst gewährte sie ihm. Dafür übernahm dann der neue König, den Papst, „die heilige Kirche und Republik Gottes" gegen die Lombarden zu verteidigen. Zu verteidigen, genügte seinem Eifer noch nicht. Gar bald zwang er die Lombarden, auch das dem oströmischen Reiche in Italien entrissene Gebiet, den Exarchat, herauszugeben. Wohl hätte die Gerechtigkeit verlangt, daß es dem Kaiser, dem es gehörte, zurückgestellt würde, und man machte Pippin den Antrag. Er erwiderte, „nicht zugunsten eines Menschen sei er in den Kampf gegangen, sondern allein aus Verehrung für St. Peter, um die Vergebung seiner Sünden zu erwerben". Auf den Altar St. Peters ließ er die Schlüssel der gewonnenen Städte niederlegen. Es ist dies die Grundlage der ganzen weltlichen Herrschaft der Päpste.

In so lebhafter gegenseitiger Förderung bildete sich diese Verbindung weiter aus. Der seit so langer Zeit beschwerlichen und drückenden Nachbarschaft lombardischer Fürsten entledigte endlich Karl der Große den Papst. Er selber zeigte die tiefste Ergebenheit: er kam nach Rom; die Stufen von St. Peter küssend, stieg er den Vorhof hinan, wo ihn der Papst erwartete; er bestätigte ihm die Schenkungen Pippins. Dagegen war auch der Papst sein unerschütterlicher Freund; die Verhältnisse des geistlichen Oberhaupts zu den italienischen Bischöfen trugen dazu bei, daß Karl der Lombarden Herr wurde und ihr Reich an sich brachte.

Und zugleich sollte dieser Gang der Dinge zu einem noch größeren Erfolge führen.

In seiner eigenen Stadt, in der sich die entgegengesetzten Faktionen mit heftiger Wut bekämpften, konnte der Papst nicht mehr ohne auswärtigen Schutz bestehen. Noch einmal machte sich Karl nach Rom auf, ihm denselben zu gewähren. Der alte Fürst war nun erfüllt mit Ruhm und Siegen. In langen Kämpfen hatte er nach und nach alle seine Nachbarn überwunden und die romanisch-germanisch-christlichen Nationen beinahe sämtlich vereinigt; er hatte sie zum Siege wider ihre gemeinsamen Feinde geführt; man bemerkte, daß er alle Sitze der abendländischen Imperatoren in Italien, Gallien und Germanien, und ihre Gewalt innehabe. Zwar waren diese Länder seitdem eine vollkommen andere Welt geworden; aber sollten sie diese Würde ausschließen? So hatte Pippin das königliche Diadem bekommen: weil dem, der die Gewalt habe, nicht minder die Ehre gebühre. Auch diesmal entschloß sich der Papst. Von Dankbarkeit durchdrungen und, wie er wohl wußte, eines fortwährenden Schutzes bedürftig, krönte er Karl an jenem Weihnachtsfeste des Jahres 800 mit der kaiserlichen Krone des abendländischen Reiches.

Hiedurch wurden die Weltgeschicke, die seit den ersten

Einfällen der Germanen in das römische Reich sich zu entwickeln begannen, vollendet.

An die Stelle der weströmischen Imperatoren tritt ein fränkischer Fürst und übt alle seine Rechte aus. In den Landschaften, die Sankt Peter übergeben sind, finden wir Karl den Großen unzweifelhafte Akte einer höchsten Autorität vollziehen. Nicht minder setzt sein Enkel Lothar seine Richter daselbst ein und vernichtet Konfiskationen, die der Papst vorgenommen. Der Papst dagegen, Oberhaupt der Hierarchie in dem römischen Okzident, ist ein Mitglied des fränkischen Reiches geworden. Von dem Orient sondert er sich ab und hört allmählich auf, weitere Anerkennung daselbst zu finden. Seines patriarchalischen Sprengels im Osten hatten ihn die griechischen Kaiser schon längst beraubt. Dafür leisteten ihm die abendländischen Kirchen — die lombardische, auf welche die Institute der fränkischen übertragen worden, nicht ausgeschlossen — einen Gehorsam, wie er ihn früher niemals gefunden hatte. Wie er zu Rom die Schulen der Friesen, Sachsen, Franken aufgenommen, durch welche diese Stadt selbst germanisiert zu werden anfing, so ist er in die Verbindung germanischer und romanischer Elemente eingetreten, welche seitdem den Charakter des Abendlandes ausgemacht hat. In dem bedrängtesten Moment hat seine Gewalt in einem frischen Boden Wurzel geschlagen: als sie zu dem Untergange bestimmt schien, hat sie sich auf lange Zeiträume festgestellt. Die Hierarchie, in dem römischen Reiche geschaffen, hat sich in die germanische Nation ergossen; hier findet sie ein unendliches Feld für eine immer weiter schreitende Tätigkeit, in deren Fortgange sie selbst den Keim ihres Wesens erst vollkommen entfaltet.

Verhältnis zu den deutschen Kaisern. Selbständige Ausbildung der Hierarchie.

Wir lassen neue Jahrhunderte vorübergegangen sein, um uns den Punkt der Entwickelung, auf den sie geführt haben, desto deutlicher zu vergegenwärtigen.

Das fränkische Reich ist zerfallen: auf das gewaltigste hat sich das deutsche erhoben.

Niemals hat der deutsche Name in Europa mehr gegolten, als im 10. und 11. Jahrhundert unter den sächsischen und den ersten salischen Kaisern. Von den östlichen Grenzen, wo der König von Polen sich persönliche Unterwerfung und eine Teilung seines Landes hat gefallen lassen, wo der Herzog von Böhmen zur Haft verurteilt worden, sehen wir Konrad II. nach dem Westen aufbrechen, um Burgund, den Ansprüchen französischer Magnaten gegenüber, zu behaupten. In den Ebenen der Champagne überwindet er sie; über den Bernhard kommen ihm seine italienischen Vasallen zu Hilfe; er läßt sich krönen zu Genf und hält seine Landtage zu Solothurn. Unmittelbar hierauf begegnen wir ihm in Unteritalien. „An der Grenze seines Reiches," sagt sein Geschichtschreiber Wipo,

„in Capua und Benevent, hat er durch sein Wort die Zwistigkeiten geschlichtet." Nicht minder gewaltig herrschte Heinrich III. Bald finden wir ihn an der Schelde und Lys, siegreich über die Grafen von Flandern; bald in Ungarn, das er wenigstens auf eine Zeitlang zur Lehnspflicht nötigte, jenseit der Raab, und nur die Elemente setzen ihm Schranken. Der König von Dänemark sucht ihn zu Merseburg auf; einen der mächtigsten Fürsten von Frankreich, den Grafen von Tours, nimmt er als Vasallen an; die spanischen Geschichten erzählen, daß er von Ferdinand I. in Kastilien, so siegreich und mächtig dieser auch war, als Oberlehnsherr aller christlichen Könige anerkannt zu werden gefordert habe.

Fragen wir nun, worauf diese soweit ausgebreitete, einen europäischen Supremat in Anspruch nehmende Macht in ihrem Innern sich gründete, so finden wir, daß sie ein sehr bedeutendes kirchliches Element in sich schloß. Auch die Deutschen eroberten, indem sie bekehrten. Mit der Kirche rückten ihre Marken vorwärts, über die Elbe nach der Oder hin, die Donau hinunter; Mönche und Priester gingen dem deutschen Einfluß in Böhmen und Ungarn vorauf. Allenthalben ward deshalb den geistlichen Gewalten eine große Macht verliehen. In Deutschland erhielten Bischöfe und Reichsäbte nicht allein in ihren Besitztümern, sondern auch außerhalb derselben gräfliche, ja zuweilen herzogliche Rechte, und man bezeichnet die geistlichen Güter nicht mehr als in den Grafschaften, sondern die Grafschaften als in den Bistümern gelegen. Im oberen Italien kamen fast alle Städte unter die Vizegrafen ihrer Bischöfe. Man würde irren, wenn man glauben wollte, es sei hiemit den geistlichen Gewalten schon eine eigentliche Unabhängigkeit eingeräumt worden. Da die Besetzung der geistlichen Stellen den Königen zukam — die Stifter pflegten Ring und Stab ihrer verstorbenen Vorsteher an das Hoflager zurückzuschicken, wo sie dann aufs neue verliehen wurden —, so war es in der Regel sogar ein Vorteil für den Fürsten, den Mann seiner Wahl, auf dessen Ergebenheit er rechnen durfte, mit weltlichen Befugnissen auszurüsten. Dem widerspenstigen Adel zum Trotz setzte Heinrich III. einen ihm ergebenen Plebejer auf den ambrosianischen Stuhl zu Mailand; den Gehorsam, den er später in Oberitalien fand, hat er großenteils dieser Maßregel zu danken gehabt. Es erläutert sich wechselsweise, daß Heinrich II. von allen diesen Kaisern sich am freigebigsten gegen die Kirche bewies und dabei das Recht, die Bischöfe zu ernennen, am schärfsten in Anspruch nahm. Auch war dafür gesorgt, daß die Begabung der Staatsgewalt nichts entzog. Die geistlichen Güter waren weder von den bürgerlichen Lasten, noch selbst von der Lehenspflicht eximiert: häufig sehen wir die Bischöfe an der Spitze ihrer Mannen ins Feld rücken. Welch ein Vorteil war es dagegen, Bischöfe ernennen zu können, die, wie der Erzbischof von Bremen, eine höchste geistliche Gewalt in den skandinavischen Reichen und über viele wendische Stämme ausübten!

War nun in den Instituten des deutschen Reiches das geistliche Element so überaus bedeutend, so sieht man von selbst, wieviel auf das Verhältnis ankam, in welchem die Kaiser zu dem Oberhaupte aller Geistlichkeit, zu dem Papste in Rom, standen.

Das Papsttum war, wie mit den römischen Imperatoren, wie mit den Nachfolgern Karls des Großen, so auch mit den deutschen Kaisern in der engsten Verbindung. Seine politische Unterordnung war unbezweifelt. Wohl hatten die Päpste, ehe das Kaisertum entschieden an die Deutschen fiel, als es in schwachen und schwankenden Händen war, Akte einer höheren Autorität über dasselbe ausgeübt. Sowie aber die kräftigen deutschen Fürsten diese Würde erobert hatten, waren sie, wenn auch nicht ohne Widerspruch, doch in der Tat so gut wie die Karolinger, Oberherren des Papsttums. Mit gewaltiger Hand beschirmte Otto der Große den Papst, den er eingesetzt hatte; seine Söhne folgten seinem Beispiele; daß sich einmal die römischen Faktionen wieder erhoben und diese Würde nach ihren Familieninteressen annahmen, wieder abgaben, kauften und veräußerten, machte die Notwendigkeit einer höheren Dazwischenkunft nur um so einleuchtender. Man weiß, wie gewaltig Heinrich III. dieselbe ausübte. Seine Synode zu Sutri setzte die eingedrungenen Päpste ab; nachdem er erst den Patriziusring an seinen Finger gesteckt und die kaiserliche Krone empfangen hatte, bezeichnete er nach seinem Gutdünken denjenigen, der den päpstlichen Stuhl besteigen sollte. Es folgten einander vier deutsche Päpste, alle von ihm ernannt; bei der Erledigung der höchsten geistlichen Würde erschienen die Abgeordneten von Rom nicht anders als die Gesandten anderer Bistümer bei dem kaiserlichen Hoflager, um sich den Nachfolger bestimmen zu lassen.

Bei dieser Lage der Dinge war es dem Kaiser selbst erwünscht, wenn das Papsttum in bedeutendem Ansehen stand. Heinrich III. beförderte die Reformationen, welche die von ihm gesetzten Päpste unternahmen; der Zuwachs ihrer Gewalt erregte ihm keine Eifersucht. Daß Leo IX. dem Willen des Königs von Frankreich zum Trotz eine Synode zu Reims hielt, französische Bischöfe einsetzte und absetzte und die feierliche Erklärung empfing, der Papst sei der einzige Primas der allgemeinen Kirche, konnte dem Kaiser ganz recht sein, solange er nur selber über das Papsttum verfügte. Es gehörte dies zu dem obersten Ansehen, das er in Europa in Anspruch nahm. In ein ähnliches Verhältnis, wie durch den Erzbischof von Bremen zu dem Norden, kam er durch den Papst zu den übrigen Mächten der Christenheit.

Es lag aber hierin auch eine große Gefahr.

Ganz ein anderes Institut war der geistliche Stand in den germanischen und germanisierten Reichen geworden, als er in dem römischen gewesen. Es war ihm ein großer Teil der politischen Gewalt übertragen: er hatte fürstliche Macht. Wir sehen, noch hing er von dem Kaiser, von der obersten weltlichen Autorität ab: wie aber, wenn diese einmal wieder in schwache Hände geriet, — wenn dann das Oberhaupt der Geistlichkeit dreifach mächtig, durch seine Würde, der man eine allgemeine Verehrung widmete, den Gehorsam seiner Untergebenen und seinen Einfluß auf andere Staaten, den günstigen Augenblick ergriff und sich der königlichen Gewalt entgegensetzte?

In der Sache selbst lag mehr als eine Veranlassung hiezu. Das geistliche Wesen hatte doch in sich ein eigenes, einem so großen weltlichen Einfluß widerstrebendes Prinzip, welches es hervorkehren mußte, sobald es stark genug dazu geworden war. Auch lag, scheint mir, ein Widerspruch darin, daß der Papst eine höchste geistliche Gewalt nach allen Seiten hin ausüben und dabei dem Kaiser untertänig sein sollte. Etwas anderes wäre es gewesen, hätte es Heinrich III. wirklich dahin gebracht, sich zum Haupte der gesamten Christenheit zu erheben. Da ihm dies nicht gelang, so konnte sich der Papst bei einiger Verwickelung der politischen Verhältnisse durch seine untergeordnete Stellung zu dem Kaiser allerdings gehindert sehen, völlig frei der allgemeine Vater der Gläubigen zu sein, wie sein Amt es mit sich brachte.

Unter diesen Umständen stieg Gregor VII. auf den päpstlichen Stuhl. Gregor hatte einen kühlen, einseitigen, hochfliegenden Geist: folgerecht, man könnte sagen, wie ein scholastisches System das ist; unerschütterlich in der logischen Konsequenz und dabei ebenso gewandt, wahren und gegründeten Widerspruch mit gutem Schein zu eludieren. Er sah, wohin der Zug der Dinge führte; in all dem kleinlichen Treiben der Tageshändel nahm er die großen welthistorischen Möglichkeiten wahr; er beschloß, die päpstliche Gewalt von der kaiserlichen zu emanzipieren. Als er dies Ziel ins Auge gefaßt, griff er ohne alle Rücksicht, ohne einen Moment zu zögern, zu dem entscheidenden Mittel. Der Beschluß, den er von einer seiner Kirchenversammlungen fassen ließ, daß in Zukunft niemals wieder eine geistliche Stelle durch einen Weltlichen verliehen werden dürfe, mußte die Verfassung des Reiches in ihrem Wesen umstoßen. Diese beruhte, wie berührt worden, auf der Verbindung geistlicher und weltlicher Institute, das Band zwischen beiden war die Investitur: es kam einer Revolution gleich, daß dieses alte Recht dem Kaiser entrissen werden sollte.

Es ist offenbar: Gregor hätte dies nicht in Gedanken zu fassen, geschweige durchzusetzen vermocht, wären ihm nicht die Zerrüttung des deutschen Reiches während der Minderjährigkeit Heinrichs IV. und die Empörung der deutschen Stämme und Fürsten gegen diesen König zustatten gekommen. An den großen Vasallen fand er natürliche Verbündete. Auch sie fühlten sich von dem Übergewicht der kaiserlichen Gewalt gedrückt; auch sie wollten sich befreien. In gewisser Beziehung war ja auch der Papst ein Magnat des Reiches. Es stimmt sehr gut zusammen, daß der Papst Deutschland für ein Wahlreich erklärte, — die fürstliche Macht mußte dadurch unendlich wachsen — und daß die Fürsten so wenig dawider hatten, wenn der Papst sich von der kaiserlichen Gewalt freimachte. Selbst bei dem Investiturstreit ging ihr Vorteil Hand in Hand: der Papst war noch weit entfernt, die Bischöfe geradezu selbst ernennen zu wollen; er überließ die Wahl den Kapiteln, auf welche der höhere deutsche Adel den größten Einfluß ausübte. Mit einem Wort: der Papst hatte die aristokratischen Interessen auf seiner Seite.

Aber auch selbst mit diesen Verbündeten — wie lange und blutige Kämpfe hat es den Päpsten doch gekostet, ihr Unternehmen durchzusetzen! Von Dänemark bis Apulien, sagt der Lobgesang auf den heiligen Anno, von Karlingen bis nach Ungarn hat das Reich die Waffen gegen seine Eingeweide gekehrt. Der Widerstreit des geistlichen und des weltlichen Prinzipes, die früher Hand in Hand gegangen, spaltete die Christenheit in verderblicher Entzweiung. Oftmals mußten die Päpste selbst von ihrer Hauptstadt weichen und Gegenpäpste auf den apostolischen Stuhl steigen sehen.

Endlich aber war es ihnen doch gelungen. Nach langen Jahrhunderten der Unterordnung, nach anderen Jahrhunderten eines oft zweifelhaften Kampfes war die Unabhängigkeit des römischen Stuhles und seines Prinzipes endlich erlangt. In der Tat hatten die Päpste alsdann die großartigste Stellung. Die Geistlichkeit war völlig in ihren Händen. Es ist der Bemerkung wert, daß die entschlossensten Päpste dieses Zeitraumes, wie Gregor VII. selbst, Benediktiner waren. Indem sie den Zölibat einführten, verwandelten sie die ganze Weltgeistlichkeit in eine Art von Mönchsorden. Das allgemeine Bistum, das sie in Anspruch nahmen, hat eine gewisse Ähnlichkeit mit der Gewalt eines Cluniazenser-Abtes, welcher der einzige Abt in seinem Orden war: so wollten diese Päpste die einzigen Bischöfe der gesamten Kirche sein. Sie trugen kein Bedenken, in die Verwaltung aller Diözesen einzugreifen: haben sie doch ihre Legaten selbst mit altrömischen Prokonsuln verglichen. Während sich nun dieser eng zusammenschließende und über alle Länder verbreitete, durch seine Besitzungen mächtige und jedes Lebensverhältnis beherrschende Orden in dem Gehorsam eines einzigen Oberhauptes ausbildete, verfielen ihm gegenüber die Staatsgewalten. Schon im Anfange des 12. Jahrhunderts durfte der Propst Gerohus sagen: „es werde noch dahin kommen, daß die goldene Bildsäule des Königreichs ganz zermalmt und jedes große Reich in Vierfürstentümer aufgelöst werde; erst dann werde die Kirche frei und ungedrückt bestehen, unter dem Schutze des großen gekrönten Priesters". Es fehlte wenig, daß es wörtlich dahin gekommen wäre. Denn in der Tat, wer war in dem dreizehnten Jahrhundert mächtiger in England, Heinrich III. oder jene vierund-

zwanzig, welchen eine Zeitlang die Regierung auf=
getragen war? in Kastilien der König oder die Altos=
homes? Die Macht eines Kaisers schien fast entbehr=
lich zu sein, nachdem Friedrich den Fürsten des Reiches
die wesentlichen Attribute der Landeshoheit gewährt
hatte. Italien wie Deutschland waren mit unab=
hängigen Gewalten erfüllt. Eine zusammenfassende,
vereinigende Macht wohnte fast ausschließlich dem
Papste bei. So geschah es, daß die Unabhängigkeit
des geistlichen Prinzipes sich gar bald in eine neue
Art von Oberherrlichkeit umsetzte. Der geistlich=welt=
liche Charakter, den das Leben überhaupt ange=
nommen, der Gang der Ereignisse mußten ihm eine
solche an und für sich zuwege bringen. Wenn Länder,
so lange verloren wie Spanien, endlich dem Moham=
medanismus, — Provinzen, die noch nie erworben
gewesen, wie Preußen, dem Heidentume abgewonnen
und mit christlichen Völkern besetzt wurden; wenn
selbst die Hauptstädte des griechischen Glaubens sich
dem lateinischen Ritus unterwarfen, und noch immer
Hunderttausende auszogen, um die Fahne des Kreuzes
über dem heiligen Grabe zu behaupten: mußte nicht
der Oberpriester, der in allen diesen Unternehmungen
seine Hand hatte und den Gehorsam der Unter=
worfenen empfing, ein unermeßliches Ansehen ge=
nießen? Unter seiner Leitung, in seinem Namen
breiten sich die abendländischen Nationen, als wären
sie ein Volk, in ungeheuren Kolonien aus und suchen
die Welt einzunehmen. Man kann sich nicht wundern,

wenn er dann auch in dem innern eine allgewaltige Autorität ausübt, wenn ein König von England sein Reich von ihm zu Lehen nimmt, ein König von Aragon das seine dem Apostel Petrus aufträgt, wenn Neapel wirklich durch den Papst an ein fremdes Haus gebracht wird. Wunderbare Physiognomie jener Zeiten, die noch niemand in ihrer ganzen Fülle und Wahrheit vergegenwärtigt hat! Es ist die außerordentlichste Kombination von innerem Zwist und glänzendem Fortgang nach außen, von Autonomie und Gehorsam, von geistlichem und weltlichem Wesen. Wie hat doch die Frömmigkeit selbst einen so widersprechenden Charakter! Zuweilen zieht sie sich in das rauhe Gebirge, in das einsame Waldtal zurück, um alle ihre Tage in harmloser Andacht der Anschauung Gottes zu widmen: in Erwartung des Todes verzichtet sie schon auf jeden Genuß, den das Leben darbietet; oder sie bemüht sich, wenn sie unter den Menschen weilt, jugendlich warm, das Geheimnis, das sie ahnet, die Idee, in der sie lebt, in heiteren, großartigen und tiefsinnigen Formen auszusprechen; — aber gleich daneben finden wir eine andere, welche die Inquisition erdacht hat und die entsetzliche Gerechtigkeit des Schwertes gegen die Andersgläubigen ausübt: „keines Geschlechtes," sagt der Anführer des Zuges wider die Albigenser, „keines Alters, keines Ranges haben wir verschont, sondern jedermann mit der Schärfe des Schwertes geschlagen." Zuweilen erscheinen beide in dem nämlichen Moment. Bei dem Anblick von Jerusalem stiegen die Kreuzfahrer von den Pferden und entblößten ihre Füße, um als wahre Pilger an den heiligen Mauern anzulangen; in dem heißesten Kampfe meinten sie die Hilfe der Heiligen und Engel sichtbar zu erfahren. Kaum aber hatten sie die Mauern überstiegen, so stürzten sie fort zu Raub und Blut: auf der Stelle des salomonischen Tempels erwürgten sie viele tausend Sarazenen; die Juden verbrannten sie in ihrer Synagoge; die heiligen Schwellen, an denen sie anzubeten gekommen waren, befleckten sie erst mit Blut. Ein Widerspruch, der jenen religiösen Staat durchaus erfüllt und sein Wesen bildet.

Gegensätze des 14. und 15. Jahrhunderts.

An gewissen Stellen fühlt man sich besonders versucht, wenn wir es aussprechen dürfen, den Plänen der göttlichen Weltregierung, den Momenten der Erziehung des Menschengeschlechtes nachzuforschen.

So mangelhaft auch die Entwickelung sein mochte, die wir bezeichneten, so war sie doch notwendig, um das Christentum in dem Abendlande völlig einheimisch zu machen. Es gehörte etwas dazu, um die trotzigen nordischen Gemüter, die gesamten von althergebrachtem Aberglauben beherrschten Völkerschaften mit den Ideen des Christentums zu durchdringen. Das geistliche Element mußte eine Zeitlang vorherrschen, um das germanische Wesen ganz zu ergreifen. Hiedurch vollzog sich zugleich die Vereinigung germanischer und romanischer Elemente, auf welcher der Charakter des späteren Europa beruht. Es gibt eine Gemeinschaftlichkeit der modernen Welt, welche immer als eine Hauptgrundlage der gesamten Ausbildung derselben in Staat und Kirche, Sitte, Leben und Literatur betrachtet worden ist. Um sie hervorzubringen, mußten die westlichen Nationen einmal gleichsam einen einzigen weltlich-geistlichen Staat ausmachen.

Aber in dem großen Fortgange der Dinge war auch dies nur ein Moment. Nachdem die Umwandlung vollbracht worden, traten neue Notwendigkeiten ein.

Schon darin kündigte sich eine andere Epoche an, daß die Landessprachen fast allenthalben zur nämlichen Zeit emporkamen. Langsam, aber unaufgehalten drangen sie in die mannigfaltigen Zweige geistiger Tätigkeit ein; Schritt für Schritt wich ihnen das Idiom der Kirche. Die Allgemeinheit trat zurück; auf ihrer Grundlage ging eine neue Sonderung in einem höheren Sinne hervor. Das kirchliche Element hatte die Nationalitäten bisher überwältigt: — verändert, umgestaltet, aber wieder geschieden, traten diese in eine neue Bahn ein.

Es ist nicht anders, als daß alles menschliche Tun und Treiben dem leisen und der Bemerkung oft entzogenen, aber gewaltigen und unaufhaltsamen Gange der Dinge unterworfen ist. Die päpstliche Macht war von den früheren weltgeschichtlichen Momenten gefördert worden: die neuen traten ihr entgegen. Da die Nationen des Impulses der kirchlichen Macht nicht mehr in dem Maße wie früher bedurften, so leisteten sie demselben gar bald Widerstand. Sie fühlten sich in ihrer Selbständigkeit.

Es ist der Mühe wert, sich die wichtigeren Ereignisse ins Gedächtnis zu rufen, in denen diese Tatsache sich ausspricht.

Es waren, wie man weiß, die Franzosen, die den Anmaßungen des Papstes den ersten entschiedenen Widerstand leisteten. In nationaler Einmütigkeit setzten sie sich den Bannbullen Bonifaz' VIII. entgegen; in mehreren hundert Adhäsionsurkunden sprachen alle Gewalten des Volkes ihre Beistimmung zu den Schritten König Philipps des Schönen aus.

Es folgten die Deutschen. Als die Päpste das Kaisertum noch einmal mit der alten Leidenschaft angriffen, obwohl dasselbe die frühere Bedeutung bei weitem nicht mehr hatte, als sie hiebei fremdartigen Einwirkungen Raum gaben, — kamen die Kurfürsten am Ufer des Rheins bei ihren steinernen Sitzen auf jenem Acker von Rense zusammen, um eine gemeinschaftliche Maßregel zur Behauptung „der Ehren und Würden des Reiches" zu überlegen. Ihre Absicht war, die Unabhängigkeit des Reiches gegen die Eingriffe der Päpste durch einen feierlichen Beschluß festzusetzen. Bald hierauf erfolgte dieser in aller Form, von allen Gewalten, Kaiser, Fürsten und Kurfürsten zugleich: gemeinschaftlich stellte man sich den Grundsätzen des päpstlichen Staatsrechtes entgegen.

Nicht lange blieb England zurück. Nirgend hatten die Päpste größeren Einfluß gehabt, mit den Pfründen willkürlicher geschaltet; als Edward III. endlich den Tribut nicht mehr zahlen wollte, zu dem sich frühere Könige verpflichtet hatten, vereinigte sich sein Parlament mit ihm und versprach, ihn hiebei zu unterstützen. Der König traf Maßregeln, um den übrigen Eingriffen der päpstlichen Macht zuvorzukommen.

Wir sehen, eine Nation nach der anderen fühlt sich in ihrer Selbständigkeit und Einheit; von keiner höheren Autorität will die öffentliche Gewalt mehr wissen; in den mittleren Kreisen finden die Päpste keine Verbündeten mehr: ihre Einwirkungen werden von Fürsten und Ständen entschlossen zurückgewiesen.

Indem ereignete sich, daß das Papsttum selbst in eine Schwäche und Verwirrung geriet, welche den weltlichen Gewalten, die sich bis jetzt nur zu sichern gesucht, sogar eine Rückwirkung auf dasselbe möglich machte.

Das Schisma trat ein. Man bemerke, welche Folgen es hatte. Lange Zeit stand es bei den Fürsten, nach ihrer politischen Konvenienz dem einen oder dem anderen Papste anzuhangen, — in sich selbst fand die geistliche Macht kein Mittel die Spaltung zu heben, nur die weltliche Gewalt vermochte dies; — als man sich zu diesem Zwecke in Kostnitz versammelte, stimmte man nicht mehr, wie bisher, nach Köpfen, sondern nach den vier Nationen: jeder Nation blieb es überlassen, in vorbereitenden Versammlungen über das Votum zu beratschlagen, das sie zu geben hatte: — in Gemeinschaft setzten sie einen Papst ab; der neugewählte mußte sich zu Konkordaten mit den einzelnen verstehen, die wenigstens durch das Beispiel, das sie gaben, viel bedeuteten. Während des Baseler Konziliums und der neuen Spaltung hielten sich einige Reiche sogar neutral: nur die unmittelbare Bemühung der Fürsten vermochte diese zweite Kirchentrennung beizulegen. Es konnte nichts geben, was das Übergewicht der weltlichen Gewalt und die Selbständigkeit der einzelnen Reiche kräftiger befördert hätte.

Und nun war zwar der Papst neuerdings in großem Ansehen, er hatte die allgemeine Obedienz: der Kaiser führte ihm noch immer den Zelter; es gab Bischöfe nicht allein in Ungarn, sondern auch in Deutschland, die sich von des apostolischen Stuhles Gnaden schrieben; in dem Norden ward der Peterspfennig fortwährend eingesammelt; unzählige Pilger aus allen Ländern suchten bei dem Jubiläum von 1450 die Schwellen der Apostel auf: mit Bienenschwärmen, Zugvögelscharen vergleicht sie ein Augenzeuge, wie sie so kamen; — doch hatten trotz alledem die alten Verhältnisse bei weitem nicht mehr statt.

Wollte man sich davon überzeugen, so brauchte man sich nur den früheren Eifer, nach dem heiligen Grabe zu ziehen, ins Gedächtnis zu rufen und die Kälte dagegenzuhalten, mit der in dem 15. Jahrhundert jede Aufforderung zu einem gemeinschaftlichen Widerstand gegen die Türken aufgenommen wurde. Wieviel dringender war es, die eigenen Landschaften gegen eine Gefahr, die sich unaufhaltsam unzweifelhaft heranwälzte, in Schutz zu nehmen, als das heilige Grab in christlichen Händen zu wissen! Ihre beste Beredsamkeit wandten Aeneas Sylvius auf dem Reichstage, der Minorit Capistrano auf den Märkten der Städte bei dem Volke an, und die Geschichtschreiber erzählen von dem Eindruck, den die Gemüter davon empfingen; aber wir finden nicht, daß jemand darum zu den Waffen gegriffen hätte. Welche Mühe gaben sich nicht die Päpste! Der eine rüstete eine Flotte aus; der andere, Pius II., eben jener Aeneas Sylvius, erhob sich, so schwach und krank er auch war, selber zu dem Hafen, wo, wenn kein anderer, doch die Zunächstgefährdeten sich vereinigen sollten: er wollte dabei sein, um, wie er sagte, was er allein vermöge, während des Kampfes seine Hände zu Gott zu erheben, wie Moses; — aber weder Ermahnung noch Bitte noch Beispiel vermochten etwas über seine Zeitgenossen. Mit jenem jugendlichen Gefühl eines ritterlichen Christentums war es vorüber: kein Papst vermochte es wieder aufzuwecken.

Andere Interessen bewegten die damalige Welt. Es war die Periode, in welcher die europäischen Reiche nach langen inneren Kämpfen sich endlich konsolidierten. Den zentralen Gewalten gelang es, die Faktionen zu überwinden, welche bisher die Throne gefährdet, alle ihre Untertanen in erneuertem Gehorsam um sich zu versammeln. Sehr bald betrachtete man dann auch das Papsttum, das alles beherrschen wollte, sich in alles mischte, aus dem Standpunkte der Staatsgewalt. Das Fürstentum fing an, bei weitem größere Ansprüche zu machen als bisher.

Man denkt sich oft das Papsttum bis zur Reformation hin fast umumschränkt, in der Tat aber hatten während des 15., im Anfange des 16. Jahrhunderts die Staaten bereits einen nicht geringen Anteil an den geistlichen Rechten und Befugnissen an sich gebracht.

In Frankreich wurden die Eingriffe des römischen Stuhles durch die Pragmatische Sanktion, die man über ein halbes Jahrhundert als ein Palladium des Reiches ansah, größtenteils beseitigt. Zwar ließ sich Ludwig XI. durch eine falsche Religiosität — der er um so mehr ergeben war, je mehr es ihm an der wahren fehlte — zur Nachgiebigkeit in diesem Stücke fortreißen; allein seine Nachfolger kamen um so eifriger auf dies ihr Grundgesetz zurück. Wenn dann Franz I. sein Konkordat mit Leo X. schloß, so hat man wohl behauptet, der römische Hof sei hiedurch neuerdings zu dem alten Übergewicht gelangt. Auch ist es wahr, daß der Papst die Annaten wieder bekam. Allein er mußte dafür viele andere Gefälle missen, und, was die Hauptsache, er überließ dem

Könige das Recht, zu den Bistümern und allen höheren Pfründen zu ernennen. Es ist unleugbar: die gallikanische Kirche verlor ihre Rechte, aber bei weitem weniger an den Papst als an den König. Das Axiom, für das Gregor VII. die Welt bewegte, gab Leo X. ohne viele Schwierigkeit auf.

So weit konnte es nun in Deutschland nicht kommen. Die Baseler Beschlüsse, die in Frankreich zur Pragmatischen Sanktion ausgebildet worden, wurden in Deutschland, wo man sie anfangs auch angenommen, durch die Wiener Konkordate ungemein ermäßigt. Aber diese Ermäßigung selbst war doch nicht ohne Opfer des römischen Stuhles erworben worden. In Deutschland war es nicht genug, sich mit dem Reichsoberhaupte zu verständigen: man mußte die einzelnen Stände gewinnen. Die Erzbischöfe von Mainz und Trier erhielten das Recht, auch in den päpstlichen Monaten die erledigten Pfründen zu vergeben; der Kurfürst von Brandenburg erwarb die Befugnis, die drei Bistümer in seinem Lande zu besetzen; auch minder bedeutende Stände, Straßburg, Salzburg, Metz, erhielten Vergünstigungen. Doch war damit die allgemeine Opposition nicht gedämpft. Im Jahre 1487 widersetzte sich das gesamte Reich einem Zehnten, den der Papst auflegen wollte, und hintertrieb ihn. Im Jahre 1500 gestand das Reichsregiment den päpstlichen Legaten nur den dritten Teil des Ertrages der Ablaßpredigten zu; zwei Dritteile wollte es selber an sich nehmen und zu dem Türkenkriege verwenden.

In England kam man, ohne neues Konkordat, ohne Pragmatische Sanktion, über jene Zugeständnisse von Kostnitz weit hinaus. Das Recht, einen Kandidaten zu den bischöflichen Sitzen zu benennen, besaß Heinrich VII. ohne Widerspruch. Er war nicht zufrieden, die Beförderung der Geistlichen in seiner Hand zu haben, er nahm auch die Hälfte der Annaten an sich. Als hierauf Wolsey in den ersten Jahren Heinrichs VIII. zu seinen übrigen Ämtern auch die Würde eines Legaten empfing, waren die geistliche und weltliche Macht gewissermaßen vereinigt; noch ehe dort an Protestantismus gedacht wurde, schritt man zu einer sehr gewaltsamen Einziehung einer großen Anzahl von Klöstern.

Indessen blieben die südlichen Länder und Reiche nicht zurück. Auch der König von Spanien hatte die Ernennung zu den bischöflichen Sitzen. Die Krone, mit der die Großmeistertümer der geistlichen Orden verbunden waren, welche die Inquisition eingerichtet hatte und beherrschte, genoß eine Menge geistlicher Attribute und Gerechtsame. Den päpstlichen Beamten widersetzte sich Ferdinand der Katholische nicht selten.

Nicht minder, als die spanischen, waren auch die portugiesischen geistlichen Ritterorden, St. Jakob, Avis, der Christorden, dem die Güter der Templer zugefallen, Patronate der Krone. König Emanuel erlangte von Leo X. nicht allein den dritten Teil der Kruziata, sondern auch den Zehnten von den geistlichen Gütern, ausdrücklich mit dem Rechte, ihn nach Gutdünken und Verdienst zu verteilen.

Genug, allenthalben, durch die ganze Christenheit, im Süden wie im Norden, suchte man die Rechte des Papstes einzuschränken. Es waren besonders ein Mitgenuß der geistlichen Einkünfte und die Vergabung der geistlichen Stellen und Pfründen, was die Staatsgewalt in Anspruch nahm. Die Päpste leisteten keinen ernstlichen Widerstand. Sie suchten zu behaupten, soviel sie konnten: in dem übrigen gaben sie nach. Von Ferdinand, König in Neapel, sagt Lorenzo Medici bei Gelegenheit einer Irrung desselben mit dem römischen Stuhle, er werde keine Schwierigkeiten machen zu versprechen: bei der Ausführung seiner Verpflichtungen werde man ihm später doch nachsehen, wie es von allen Päpsten gegen alle Könige geschehe. Denn auch nach Italien war dieser Geist der Opposition gedrungen. Von Lorenzo Medici selbst werden wir unterrichtet, daß er hierin dem Beispiel der größeren Fürsten folgte und von den päpstlichen Befehlen so viel und nicht mehr gelten ließ, als er selber Lust hatte.

Es wäre ein Irrtum, in diesen Bestrebungen nur Akte der Willkür zu sehen. Die kirchliche Richtung hatte aufgehört, das Leben der europäischen Nationen so durchaus zu beherrschen, wie es früher geschah: die Entwickelung der Nationalitäten, die Ausbildung der Staaten trat mächtig hervor. Es war notwendig, daß hiernach auch das Verhältnis zwischen geistlicher und weltlicher Gewalt eine durchgreifende Umgestaltung erfuhr; war doch in den Päpsten selbst eine große Veränderung zu bemerken!

Zweites Kapitel.
Die Kirche und der Kirchenstaat im Anfange des 16. Jahrhunderts.
Erweiterung des Kirchenstaates.

Was man auch von den Päpsten früherer Zeit urteilen mag, so hatten sie immer große Interessen vor Augen: die Pflege einer unterdrückten Religion, den Kampf mit dem Heidentum, die Ausbreitung des Christentums über die nordischen Nationen, die Gründung einer unabhängigen hierarchischen Gewalt. Zu der Würde des menschlichen Daseins gehört es, daß man etwas Großes wolle, vollführe; diese ihre Tendenzen erhielten die Päpste in einem höheren Schwunge. Jetzt aber waren mit den Zeiten die Richtungen vorübergegangen: das Schisma war beigelegt, man mußte sich bescheiden, daß man es zu einem allgemeinen Unternehmen gegen die Türken doch nicht bringen werde. Es geschah, daß das geistliche Oberhaupt vor allem und entschiedener, als jemals bisher, die Zwecke seines weltlichen Fürstentums verfolgte und ihnen seine ganze Tätigkeit zuwendete.

Schon geraume Zeit lag dies in den Bestrebungen des Jahrhunderts. „Ehedem," sagte bereits ein Redner des Baseler Konziliums, „war ich der Meinung, es würde wohlgetan sein, die weltliche Gewalt ganz von der geistlichen zu trennen. Jetzt aber habe ich gelernt, daß die Tugend ohne Macht lächerlich ist, daß der römische Papst ohne das Erbgut der Kirche nur einen Knecht der Könige und Fürsten vorstellt." Dieser Redner, welcher doch in der Versammlung so viel Einfluß hatte, um die Wahl des Papstes Felix zu entscheiden, erklärt es für nicht so übel, daß ein Papst Söhne habe, die ihm gegen die Tyrannen beistehen können.

Von einer anderen Seite faßte man die Sache etwas später in Italien. Man fand es in der Ordnung, daß ein Papst seine Familie befördere und emporbringe; man würde es demjenigen verdacht haben, der es nicht getan hätte. „Andere," schreibt Lorenzo Medici an Innocenz VIII., „haben nicht so lange gewartet, Päpste sein zu wollen und sich wenig um die Ehrbarkeit und Zurückhaltung gekümmert, die Eure Heiligkeit so geraume Zeit behauptet hat. Jetzt ist Eure Heiligkeit nicht allein vor Gott und Menschen entschuldigt, sondern man könnte dieses ehrsame Betragen vielleicht gar tadeln und einem anderen Grunde zuschreiben. Eifer und Pflicht nötigen mein Gewissen, Eure Heiligkeit zu erinnern, daß kein Mensch unsterblich ist, daß ein Papst soviel bedeutet, als er bedeuten will; seine Würde kann er nicht erblich machen; nur die Ehre und die Wohltaten, die er den Seinen erweist, kann er sein Eigentum nennen." Solche Ratschläge gab der, welcher als der weiseste

Mann von Italien betrachtet ward. Er war dabei wohl auch selbst beteiligt: er hatte seine Tochter mit dem Sohne des Papstes verheiratet; aber niemals hätte er sich so freimütig und rücksichtslos ausdrücken können, wäre diese Ansicht nicht in der höheren Welt die unzweifelhaft gültige und verbreitete gewesen.

Es hat einen inneren Zusammenhang, daß zur nämlichen Zeit die europäischen Staaten dem Papst einen Teil seiner Befugnisse entwanden und dieser selbst sich in lauter weltlichen Unternehmungen zu bewegen anfing. Er fühlte sich zunächst als italienischer Fürst.

Noch nicht so lange war es her, daß die Florentiner ihre Nachbarn überwunden und das Haus Medici seine Gewalt über beide gegründet hatte; die Macht der Sforza in Mailand, des Hauses Aragon in Neapel, der Venezianer in der Lombardei waren alle bei Menschengedenken erworben und befestigt: sollte nicht auch ein Papst der Hoffnung Raum geben, in den Gebieten, welche als das Erbgut der Kirche betrachtet wurden, aber unter einer Anzahl unabhängiger Stadtoberhäupter standen, eine größere eigene Herrschaft zu gründen?

Zuerst mit selbstbewußter Absicht und nachwirkendem Erfolg schlug Papst Sixtus IV. diese Richtung ein; auf das gewaltigste und mit ungemeinem Glück verfolgte sie Alexander VI.; Julius II. gab ihr eine unerwartete, die bleibende Wendung.

Sixtus IV. (1471—1484) faßte den Plan, in den schönen und reichen Ebenen der Romagna für seinen

Neffen Girolamo Riario ein Fürstentum zu gründen. Schon stritten die übrigen italienischen Mächte um das Übergewicht in diesen Landschaften oder ihren Besitz, und wenn hier von Recht die Rede war, so hatte der Papst offenbar ein besseres Recht als die übrigen. Nur war er ihnen an Staatskräften und Kriegsmitteln bei weitem nicht gewachsen. Er trug kein Bedenken, seine geistliche Gewalt, ihrer Natur und Bestimmung nach erhaben über alles Irdische, seinen weltlichen Absichten dienstbar zu machen und in die Verwickelungen des Augenblicks, in welche ihn diese verflochten, herabzuziehen. Da ihm vorzüglich die Medici im Wege waren, ließ er sich in die florentinischen Irrungen ein und lud, wie man weiß, den Verdacht auf sich, als habe er um die Verschwörung der Pazzi gewußt, um den Mordanfall, den diese vor dem Altare einer Kathedrale ausführten, als habe er um so etwas mitgewußt, er der Vater der Gläubigen. — Als die Venezianer aufhörten, die Unternehmungen des Neffen zu begünstigen, wie sie eine Zeitlang getan hatten, war es dem Papste nicht genug, sie in einem Kriege zu verlassen, zu dem er sie selber angetrieben hatte; er ging so weit, sie zu exkommunizieren, als sie denselben fortsetzten. — Nicht minder gewaltsam verfuhr er in Rom. Die Gegner des Riario, die Colonna, verfolgte er mit wildem Ingrimme; er entriß ihnen Marino; den Protonotar Colonna ließ er überdies in seinem eigenen Hause bestürmen, gefangen nehmen und hin=

Die Kirche und der Kirchenstaat im Anfange des 16. Jahrh. 49

richten. Dessen Mutter kam nach St. Celso in Banchi, wo die Leiche lag; bei den Haaren erhob sie den abgehauenen Kopf und rief: „das ist das Haupt meines Sohnes: das ist die Treue des Papstes. Er versprach, wenn wir ihm Marino überließen, würde er meinen Sohn freigeben; nun hat er Marino: in unseren Händen ist auch mein Sohn, aber tot! Siehe da, so hält der Papst sein Wort."

So viel gehörte dazu, damit Sixtus IV. den Sieg über seine Feinde innerhalb und außerhalb des Staates davontrüge. In der Tat gelang es ihm, seinen Neffen zum Herrn von Imola und Forli zu machen; doch ist wohl keine Frage, daß, wenn sein weltliches Ansehen hierbei gewann, das geistliche unendlich viel mehr verlor. Es ward ein Versuch gemacht, ein Konzilium wider ihn zu versammeln.

Indessen sollte Sixtus gar bald bei weitem überboten werden. Bald nach ihm (1492) nahm Alexander VI. den päpstlichen Stuhl ein.

Alexander hatte all seine Lebtage nur die Welt zu genießen, vergnügt zu leben, seine Gelüste, seinen Ehrgeiz zu erfüllen getrachtet. Es schien ihm der Gipfel der Glückseligkeit, daß er endlich die oberste geistliche Würde besaß. In diesem Gefühl schien er täglich jünger zu werden, so alt er auch war. Kein unbequemer Gedanke dauerte ihm über Nacht. Nur darauf sann er, was ihm Nutzen verschaffen, wie er seine Söhne zu Würden und Staaten bringen könne: nie hat ihn etwas anderes ernstlich beschäftigt.

Seinen politischen Verbindungen, die einen so
großen Einfluß auf die Weltbegebenheiten gehabt
haben, lag diese einzige Rücksicht ausschließend zugrunde; wie ein Papst seine Kinder verheiraten, ausstatten, einrichten wollte, ward ein wichtiges Moment
für alle politischen Verhältnisse von Europa.

Cesar Borgia, Alexanders Sohn, trat in die Fußtapfen des Riario. Er begann an dem nämlichen
Punkte: eben das war seine erste Unternehmung,
daß er die Witwe Riarios aus Imola und Forli
verjagte. Mit herzloser Rücksichtslosigkeit schritt er
weiter: was jener nur versucht, nur begonnen hatte,
setzte er ins Werk. Man betrachte, welchen Weg er
hiebei einschlug: mit ein paar Worten läßt es sich
sagen. Der Kirchenstaat war bisher von den beiden
Parteien der Guelfen und der Gibellinen, der Orsinen und der Colonna in Entzweiung gehalten worden. Wie die anderen päpstlichen Gewalten, wie noch
Sixtus IV., verbanden sich auch Alexander und sein
Sohn anfangs mit der einen von beiden, mit der orsi-
nisch-guelfischen. In diesem Bunde gelang es ihnen
bald, aller ihrer Feinde Herr zu werden. Sie verjagten die Sforza von Pesaro, die Malatesta von
Rimini, die Manfreddi von Faenza; sie nahmen diese
mächtigen, wohlbefestigten Städte ein: schon gründeten sie hier eine bedeutende Herrschaft. Kaum aber
waren sie soweit, kaum hatten sie ihre Feinde beseitigt, so wandten sie sich wider ihre Freunde. Dadurch unterschied sich die borgianische Gewalt von

den früheren, welche immer selber wieder von der Partei, der sie sich angeschlossen, waren gefesselt worden. Cesar griff ohne Bedenken oder Zaudern auch seine Verbündeten an. Den Herzog von Urbino, der ihm bisher Vorschub geleistet, hatte er, ehe dieser das Mindeste ahnte, wie mit einem Netz umgeben: kaum entrann ihm derselbe, in seinem eigenen Lande ein verfolgter Flüchtling. Vitelli, Baglioni, die Häupter der Orsinen, wollten ihm hierauf wenigstens zeigen, daß sie ihm Widerstand leisten könnten. Er sagte: es ist gut, die zu betrügen, welche die Meister aller Verrätereien sind; mit überlegter, von fern her berechneter Grausamkeit lockte er sie in seine Falle: ohne Erbarmen entledigte er sich ihrer. Nachdem er dergestalt beide Parteien gedämpft hatte, trat er an ihre Stelle: ihre Anhänger, die Edelleute von niederem Range, zog er nun an sich und nahm sie in seinen Sold: die Landschaften, die er erobert, hielt er mit Schrecken und Strenge in Ordnung.

Und so sah Alexander seinen lebhaftesten Wunsch erfüllt, die Barone des Landes vernichtet, sein Haus auf dem Wege, eine große erbliche Herrschaft in Italien zu gründen. Allein schon hatte er selbst zu fühlen bekommen, was die aufgeregten Leidenschaften vermögen. Mit keinem Verwandten noch Günstling wollte Cesar diese Gewalt teilen. Seinen Bruder, der ihm im Wege stand, hatte er ermorden und in die Tiber werfen lassen; auf der Treppe des Palastes ließ er seinen Schwager anfallen. Den Verwundeten pflegten die Frau und die Schwester desselben: die Schwester kochte ihm seine Speisen, um ihn vor Gift sicherzustellen: der Papst ließ sein Haus bewachen, um den Schwiegersohn vor dem Sohne zu schützen. Vorkehrungen, deren Cesar spottete. Er sagte, „was zu Mittag nicht geschehen, wird sich auf den Abend tun lassen": als der Prinz schon wieder in der Besserung war, drang er in dessen Zimmer ein, trieb die Frau und die Schwester hinaus, rief seinen Henker und ließ den Unglücklichen erwürgen. Denn auf die Person seines Vaters, in dessen Dasein und Stellung er nichts als das Mittel erblickte, selber mächtig und groß zu werden, war er nicht gemeint im übrigen die mindeste Rücksicht zu nehmen. Er tötete den Liebling Alexanders, Peroto, indem sich dieser an den Papst anschmiegte, unter dem pontifikalen Mantel: das Blut sprang dem Papst ins Gesicht.

Einen Moment hatte Cesar Rom und den Kirchenstaat in seiner Gewalt. Der schönste Mann: so stark, daß er im Stiergefecht den Kopf des Stiers auf einen Schlag herunterhieb; freigebig, nicht ohne Züge von Großartigkeit, wollüstig, mit Blut besudelt. Wie zitterte Rom vor seinem Namen! Cesar brauchte Geld und hatte Feinde: alle Nächte fand man Erschlagene. Jedermann hielt sich still; es war niemand, der nicht gefürchtet hätte, auch an ihn komme die Reihe. Wen die Gewalt nicht erreichen konnte, der wurde vergiftet.

Es gab nur eine Stelle auf Erden, wo so etwas möglich war. Nur da war es das, wo man zugleich die Fülle der weltlichen Gewalt hatte und das oberste geistliche Gericht beherrschte. Diese Stelle nahm Cesar ein. Auch die Ausartung hat ihre Vollendung. So viele päpstliche Nepoten haben ähnliche Dinge versucht: so weit aber hat es nie ein anderer getrieben. Cesar ist ein Virtuos des Verbrechens.

War es nicht von allem Anfang an eine der wesentlichsten Tendenzen des Christentums, eine solche Gewalt unmöglich zu machen? Jetzt mußte es selbst, die Stellung des Oberhauptes der Kirche mußte dazu dienen, sie hervorzubringen.

Da brauchte in der Tat nicht erst Luther zu kommen, um in diesem Treiben den geraden Gegensatz alles Christentums darzulegen. Gleich damals klagte man, der Papst bahne dem Antichrist den Weg, er sorge für die Erfüllung des satanischen, nicht des himmlischen Reiches.

Den Verlauf der Geschichte Alexanders wollen wir hier nicht ins einzelne begleiten. Er beabsichtigte einst, wie es nur allzugut bezeugt ist, einen der reichsten Kardinäle mit Gift aus dem Wege zu schaffen; aber dieser wußte durch Geschenke, Versprechungen und Bitten den päpstlichen Küchenmeister zu erweichen: das Konfekt, das man für den Kardinal zubereitet, ward dem Papst vorgesetzt; er selber starb an dem Gifte, mit dem er einen anderen umbringen wollte. Nach seinem Tode entwickelte sich aus seinen Unternehmungen ein ganz anderer Erfolg, als den er im Auge gehabt.

Die päpstlichen Geschlechter hofften jedesmal sich Herrschaften für immer zu erwerben; aber mit dem Leben des Papstes ging in der Regel auch die Macht der Nepoten zu Ende, und sie verschwanden, wie sie emporgekommen. Wenn die Venezianer den Unternehmungen Cesar Borgias ruhig zusahen, so hatte das zwar auch noch andere Gründe: einer der vornehmsten aber lag in der Bemerkung dieses Ganges der Dinge. Sie urteilten, „es sei doch alles nur ein Strohfeuer: nach Alexanders Tode werde sich der alte Zustand von selbst wiederherstellen".

Diesmal aber täuschten sie sich in ihrer Erwartung. Es folgte ein Papst, der sich zwar darin gefiel, im Gegensatz mit den Borgia zu erscheinen, aber darum doch ihre Unternehmungen fortsetzte; er tat es nur in einem anderen Sinne. Papst Julius II. (1503 bis 1513) hatte den unschätzbaren Vorteil, Gelegenheit zu finden, den Ansprüchen seines Geschlechts auf friedlichem Wege genugzutun: er verschaffte demselben die Erbschaft von Urbino. Hierauf konnte er sich, ungestört von seinen Angehörigen, der Leidenschaft überlassen, zu welcher Zeitumstände und Gefühl seiner Würde jetzt seine angeborene Neigung entflammten, der Leidenschaft, Krieg zu führen, zu erobern, — aber zugunsten der Kirche, des päpstlichen Stuhles selber. Andere Päpste hatten ihren Nepoten, ihren Söhnen Fürstentümer zu verschaffen gesucht: Julius II. ließ es seinen ganzen Ehrgeiz sein, den

Staat der Kirche zu erweitern. Er muß als der Gründer desselben betrachtet werden.

Er traf das gesamte Gebiet in der äußersten Verwirrung an. Es waren alle zurückgekommen, die vor Cesar noch hatten entfliehen können: Orsini und Colonnen, Vitelli und Baglioni, Varani, Malatesta und Montefeltri; in allen Teilen des Landes waren die Parteien erwacht: bis in den Borgo von Rom befehdeten sie sich. Man hat Julius mit dem virgilischen Neptun verglichen, der mit beruhigendem Antlitz aus den Wogen emporsteigt und ihr Toben besänftigt. Er war gewandt genug, um sich selbst Cesar Borgias zu entledigen und die Schlösser desselben an sich zu bringen; er nahm sein Herzogtum ein. Die minder mächtigen Barone wußte er im Zaume zu halten, wie ihm dieser denn den Weg dazu gebahnt: er hütete sich wohl, ihnen etwa in Kardinälen Oberhäupter zu geben, deren Ehrgeiz die alte Widerspenstigkeit hätte erwecken können: die mächtigeren, die ihm den Gehorsam versagten, griff er ohne weiteres an. Auch reichte seine Ankunft hin, um den Baglione, der sich Perugias wieder bemächtigt hatte, in die Schranken einer gesetzlichen Unterordnung zurückzuweisen; ohne Widerstand leisten zu können, mußte Johann Bentivoglio in hohem Alter von dem prächtigen Palast, den er sich zu Bologna gegründet, von jener Inschrift weichen, auf der er sich allzu früh glücklich gepriesen hatte; zwei so mächtige Städte erkannten die unmittelbare Herrschaft des päpstlichen Stuhles.

Jedoch war Julius damals noch lange nicht am Ziel. Den größten Teil der Küste des Kirchenstaates hatten die Venezianer inne: sie waren nicht gemeint, ihn gutwillig fahren zu lassen, und den Streitkräften des Papstes waren sie doch bei weitem überlegen. Er konnte sich nicht verbergen, daß er eine unabseh= liche europäische Bewegung erweckte, wenn er sie angriff. Sollte er es darauf wagen?

So alt Julius auch bereits war, so sehr ihn all der Wechsel von Glück und Unglück, den er in seinem langen Leben erfahren, die Anstrengung von Krieg und Flucht angegriffen haben mochten — Unmäßigkeit und Ausschweifungen kamen dazu, — so wußte er doch nicht, was Furcht und Bedenklichkeit war: in so hohen Jahren hatte er die große Eigenschaft eines Mannes, einen unbezwinglichen Mut. Aus den Fürsten seiner Zeit machte er sich nicht viel, er glaubte sie alle zu übersehen; gerade in dem Tumult eines allgemeinen Kampfes hoffte er zu gewinnen; er sorgte nur dafür, daß er immer bei Gelde war, um den günstigen Augenblick mit voller Kraft ergreifen zu können: er wollte, wie ein Venezianer treffend sagt, der Herr und Meister des Spieles der Welt sein; mit Ungeduld erwartete er die Erfüllung seiner Wünsche, aber er hielt sie in sich verschlossen. Betrachte ich, was ihm seine Haltung gab, so finde ich: es war vor allem, daß er seine Tendenz nennen, daß er sich. zu ihr bekennen, sich ihrer rühmen durfte. Den Kirchenstaat herstellen zu wollen, hielt die damalige

Welt für ein rühmliches Unternehmen: sie fand es selbst religiös; alle Schritte des Papstes hatten diesen einzigen Zweck: von dieser Idee waren alle seine Gedanken belebt, sie waren, ich möchte sagen, gestählt darin. Da er nun zu den kühnsten Kombinationen griff, da er alles an alles setzte — er ging selber zu Felde, und in Mirandola, das er erobert, ist er über den gefrorenen Graben durch die Bresche eingezogen, — da das entschiedene Unglück ihn nicht bewog nachzugeben, sondern nur neue Hilfsquellen in ihm zu erwecken schien, so gelang es ihm auch: er entriß nicht allein seine Ortschaften den Venezianern, in dem heißen Kampfe, der sich hierauf entzündete, brachte er zuletzt Parma, Piacenza, selbst Reggio an sich: er gründete eine Macht, wie nie ein Papst sie besessen. Von Piacenza bis Terracina gehorchte ihm das schönste Land. Er hatte immer als ein Befreier erscheinen wollen; seine neuen Untertanen behandelte er gut und weise: er erwarb ihre Zuneigung und Ergebenheit. Nicht ohne Furcht sah die übrige Welt so viel kriegerisch gesinnte Bevölkerungen in dem Gehorsam eines Papstes. „Sonst," sagt Machiavell, „war kein Baron klein genug, um die päpstliche Macht nicht zu verachten: jetzt hat ein König von Frankreich Respekt vor ihr."

Verweltlichung der Kirche.

Es ist an sich nicht anders denkbar, als daß das ganze Institut der Kirche in dieser Richtung, die das

Oberhaupt desselben genommen, teilhaben, sie mit hervorbringen und von ihr wieder mit fortgerissen werden mußte.

Nicht allein die oberste Stelle, auch alle anderen wurden als weltliches Besitztum betrachtet. Kardinäle ernannte der Papst aus persönlicher Gunst, oder um einem Fürsten gefällig zu sein, oder geradezu, was nicht selten war, für Geld. Konnte man vernünftigerweise erwarten, daß sie ihren geistlichen Pflichten genügen würden? Sixtus IV. gab eines der wichtigsten Ämter, die Penitenziaria, das einen großen Teil der dispensierenden Gewalt auszuüben hat, einem seiner Nepoten. Er erweiterte dabei die Befugnisse desselben: in einer besonderen Bulle schärfte er sie ein: alle, welche an der Rechtmäßigkeit solcher Einrichtungen zweifeln würden, schalt er Leute von hartem Nacken und Kinder der Bosheit. Es erfolgte, daß der Nepot sein Amt nur als eine Pfründe betrachtete, deren Ertrag er so hoch zu steigern habe als möglich.

In diesen Zeiten wurden bereits, wie wir sahen, die Bistümer an den meisten Orten nicht ohne einen großen Anteil der weltlichen Gewalt vergeben: nach den Rücksichten der Familie, der Gunst des Hofes, als Sinekuren wurden sie verteilt. Die römische Kurie suchte nur bei den Vakanzen und der Besetzung den möglichsten Vorteil zu ziehen. Alexander nahm doppelte Annaten: er machte sich zwei, drei Zehnten aus; es fehlte nicht viel an einem völligen Verkaufe.

Die Taxen der päpstlichen Kanzlei stiegen von Tag zu Tage; der Regens derselben sollte den Klagen abhelfen, aber gewöhnlich übertrug er eben denen die Revision, welche die Taxen festgesetzt hatten. Für jede Gunstbezeigung, welche das Amt der Dataria ausgehen ließ, mußte man ihr eine vorher bestimmte Summe zahlen. Der Streit zwischen Fürstentum und Kurie bezog sich in der Regel auf nichts anderes als auf diese Leistungen. Die Kurie wollte sie soweit als möglich ausdehnen: in jedem Lande wollte man sie soviel als möglich beschränken.

Mit Notwendigkeit wirkte dies Prinzip in den dergestalt Angestellten bis in die unteren Grade nach. Man verzichtete wohl auf sein Bistum, behielt sich aber die Einkünfte wenigstens zum größten Teile vor, zuweilen überdies die Kollation der von demselben abhängenden Pfarren. Selbst die Gesetze, daß niemals der Sohn eines Geistlichen das Amt seines Vaters erhalten, daß niemand seine Stelle durch ein Testament vererben solle, wurden umgangen; da ein jeder es dahin bringen konnte, wofern er sich nur das Geld nicht dauern ließ, zum Koadjutor zu bekommen, wen er wollte, so trat eine gewisse Art von Erblichkeit in der Tat ein.

Es folgte von selbst, daß hiebei die Erfüllung geistlicher Pflichten meistens unterblieb. Ich halte mich in dieser kurzen Darstellung an die Bemerkungen, die von wohlgesinnten Prälaten des römischen Hofes selber gemacht worden sind. „Welch ein Anblick," rufen sie aus, „für einen Christen, der die christliche Welt durchwandert: diese Verödung der Kirche: alle Hirten sind von ihren Herden gewichen, sie sind alle Söldnern anvertraut!"

Aller Orten waren Untaugliche, Unberufene, ohne Prüfung, ohne Wahl zu der Verwaltung der kirchlichen Pflichten gelangt. Da die Besitzer der Pfründen nur bedacht waren, die wohlfeilsten Verweser zu finden, so fanden sie hauptsächlich die Bettelmönche bequem. Unter dem in dieser Bedeutung unerhörten Titel von Suffraganen hatten diese die Bistümer, als Vikare hatten sie die Pfarreien inne.

Schon an sich besaßen die Bettelorden außerordentliche Privilegien. Sixtus IV selber ein Franziskaner, hatte sie ihnen noch vermehrt. Das Recht, Beichte zu hören, das Abendmahl auszuteilen, die letzte Ölung zu geben, auf dem Grund und Boden, ja in der Kutte des Ordens zu begraben — Rechte, die Ansehen und Vorteil brachten, — hatte er ihnen in aller ihrer Fülle gewährt und die Ungehorsamen, die Pfarrer, diejenigen, welche die Orden namentlich in Hinsicht der Verlassenschaften beunruhigen würden, mit dem Verluste ihrer Ämter bedroht.

Da sie nun zugleich auch die Bistümer, die Pfarren selbst zu verwalten bekamen, so sieht man, welch einen unermeßlichen Einfluß sie ausübten. Alle höheren Stellen und bedeutenden Würden, der Genuß der Einkünfte waren in den Händen der großen Geschlechter und ihrer Anhänger, der Begünstigten der

Höfe und der Kurie! Die wirkliche Amtsführung war in den Händen der Bettelmönche. Die Päpste beschützten sie dabei. Waren sie es doch, die unter anderem den Ablaß vertrieben, dem man in diesen Zeiten — erst Alexander VI. erklärte offiziell, daß er aus dem Fegefeuer erlöse — eine so ungemeine Ausdehnung gab. Aber auch sie waren in völlige Weltlichkeit versunken. Welch ein Treiben in den Orden um die höheren Stellen! Wie war man zur Zeit der Wahlen so eifrig, sich der Ungünstigen, der Gegner zu entledigen! Jene suchte man als Prediger, als Pfarrverweser auszusenden; gegen diese scheute man selbst Dolch und Schwert nicht: oft griff man sie mit Gift an! Indessen wurden die geistlichen Gnaden verkauft. Um schlechten Lohn gedungen, waren die Bettelmönche auf den zufälligen Gewinn begierig.

„Wehe," ruft einer jener Prälaten aus, „wer gibt meinem Auge den Quell der Tränen! Auch die Verschlossenen sind abgefallen, der Weinberg des Herrn ist verwüstet. Gingen sie allein zugrunde, so wäre es ein Übel, aber man könnte es erdulden; allein da sie die ganze Christenheit, wie die Adern den Körper, durchziehen, so bringt ihr Verfall den Ruin der Welt notwendig mit sich."

Geistige Richtung.

Könnten wir die Bücher der Geschichte, wie sie sich ereignet hat, aufschlagen, stünde uns das Vorübergehende Rede wie die Natur, wie oft würden wir, wie in dieser, in dem Verfalle, den wir betrauern, den neuen Keim wahrnehmen, aus dem Tode das Leben hervorgehen sehen!

So sehr wir diese Verweltlichung der geistlichen Dinge, diesen Verfall des religiösen Institutes beklagen, so hätte doch ohne denselben der menschliche Geist eine seiner eigentümlichsten, folgenreichsten Richtungen schwerlich ergreifen können.

Leugnen dürfen wir wohl nicht, daß, so sinnreich, mannigfaltig und tief die Hervorbringungen des Mittelalters auch sind, ihnen doch eine phantastische und der Realität der Dinge nicht entsprechende Weltansicht zugrunde liegt. Hätte die Kirche in voller, bewußter Kraft bestanden, so würde sie dieselbe streng festgehalten haben. Allein wie sie nun war, so ließ sie dem Geiste die Freiheit einer neuen, nach einer ganz anderen Seite hin gerichteten Entwickelung.

Man darf sagen, es war ein eng begrenzter Horizont, der während jener Jahrhunderte die Geister mit Notwendigkeit in seinem Umkreise beschlossen hielt; die erneuerte Kenntnis des Altertums bewirkte, daß er durchbrochen, daß eine höhere, umfassendere, größere Aussicht eröffnet ward.

Nicht als hätten die mittleren Jahrhunderte die Alten nicht gekannt. Die Begierde, mit der die Araber, von denen so viel wissenschaftliches Bestreben hernach in das Abendland überging, die Werke der Alten zusammenbrachten und sich aneigneten, wird dem Eifer, mit dem die Italiener des 15. Jahrhunderts das nämliche taten, nicht viel nachstehen, und Kalif Mamun läßt sich in dieser Hinsicht wohl mit Cosimo Medici vergleichen. Bemerken wir aber den Unterschied: so unbedeutend er scheinen möchte, so ist er, deucht mich, entscheidend. Die Araber übersetzten: sie vernichteten oft die Originale geradezu; da sie nun die Übertragungen mit ihren eigentümlichen Ideen durchdrangen, so geschah es, daß sie den Aristoteles, man möchte sagen, theosophierten, daß sie die Astronomie zur Sterndeuterei, diese auf die Medizin anwendeten, daß eben sie zur Bildung jener phantastischen Weltansicht vorzüglich beitrugen. Die Italiener dagegen lasen und lernten. Von den Römern gingen sie zu den Griechen fort: in unzähligen Exemplaren verbreitete die Buchdruckerkunst die Originale über die Welt. Der echte Aristoteles verdrängte den arabischen: aus den unveränderten Schriften der Alten lernte man die Wissenschaften, Geographie geradezu aus dem Ptolemäus, Botanik aus dem Dioskorides, die Wissenschaft der Medizin aus Galen und Hippokrates. Wie ward man da der Einbildungen, die bisher die Welt bevölkert, der Vorurteile, welche den Geist besingen, so rasch erledigt!

Wir würden indes zu viel sagen, wenn wir in dieser Zeit nun sofort von der Entwickelung eines selbsttätigen wissenschaftlichen Geistes, von der Entdeckung neuer Wahrheiten und der Hervorbringung großer Gedanken reden wollten: man suchte nur die Alten zu verstehen, man ging nicht über sie hinaus;

wirksam waren diese weniger, weil sie eine produktive wissenschaftliche Tätigkeit veranlaßt hätten, als durch die Nachahmung, die sie hervorriefen.

In dieser Nachahmung liegt eins der wichtigsten Momente für die Entwickelung jener Zeit.

Man wetteiferte mit den Alten in ihrer Sprache. Ein besonderer Gönner dieses Bestrebens war Papst Leo X. Den wohlgeschriebenen Eingang der Geschichte des Jovius las er selber seiner Gesellschaft vor: er meinte, seit Livius sei so etwas nicht geschrieben worden. Wenn er sogar lateinische Improvisatoren begünstigte, so kann man erachten, wie sehr ihn das Talent des Vida hinriß, welcher Dinge, wie das Schachspiel, in den vollen Tönen glücklich fallender lateinischer Hexameter zu schildern wußte. Einen Mathematiker, von dem man rühmte, daß er seine Wissenschaft in elegantem Latein vortrage, berief er aus Portugal zu sich; so wünschte er Jurisprudenz und Theologie gelehrt, die Kirchengeschichte geschrieben zu sehen.

Indes konnte man hiebei nicht stehen bleiben. Soweit man diese unmittelbare Nachahmung der Alten in ihrer Sprache auch trieb, so konnte man damit doch nicht das gesamte Gebiet des Geistes umfassen. Sie hat in sich selber etwas Unzureichendes, und allzu vielen teilte sie sich mit, als daß dies nicht hätte in die Augen springen sollen. Es entwickelte sich der neue Gedanke, die Alten in der Muttersprache nachzuahmen; man fühlte sich ihnen gegenüber wie die Römer den Griechen: nicht im einzelnen mehr, in der gesamten Literatur wollte man mit ihnen wetteifern: mit jugendlicher Kühnheit warf man sich in dies neue Feld.

Glücklicherweise gelangte eben damals die Sprache zu einer allgemein gültigen Ausbildung. Das Verdienst des Bembo wird weniger in seinem wohlstilisierten Latein, oder in den Proben italienischer Poesie liegen, die wir von ihm haben, als in dem wohlangelegten und glücklich durchgeführten Bemühen, der Muttersprache Korrektheit und Würde zu geben, sie nach festen Regeln zu konstruieren. Das ist, was Ariost an ihm rühmt; er traf gerade den rechten Zeitpunkt; seine Versuche dienten nur seinen Lehren zum Beispiel.

Betrachten wir nun den Kreis der Arbeiten, zu denen man dies in flüssiger Geschmeidigkeit und in Wohllaut unvergleichliche und nunmehr mit so vieler Einsicht vorbereitete Material nach dem Muster der Alten anwandte, so drängt sich uns folgende Bemerkung auf.

Nicht da war man glücklich, wo man sich sehr eng an sie anschloß. Tragödien, wie die Rosmunda Rucellais, die, wie die Herausgeber sagen, nach dem Modelle der Antike gearbeitet waren, Lehrgedichte, wie dessen Bienen, in denen gleich von vornherein auf Virgil verwiesen und dieser danach tausendfältig benutzt wird, machten kein Glück und hatten keine Wirkung. Freier bewegen sich schon die Komödien:

der Natur der Sache nach müssen sie die Farbe und den Eindruck der Gegenwart annehmen; allein fast immer legte man eine Fabel des Altertums, ein Plautinisches Stück zugrunde, und selbst so geistreiche Männer wie Bibiena und Machiavell haben ihren komischen Arbeiten die volle Anerkennung der späteren Zeiten nicht sichern können. In Werken anderer Gattung finden wir zuweilen einen gewissen Widerstreit der inneren Bestandteile. Wie sonderbar nimmt sich in der Arkadia des Sannazar die weitschweifige lateinartige Periodologie der Prosa neben der Einfalt, Innigkeit und Musik der Verse aus!

Wenn es nun hier, soweit man es auch brachte, nicht völlig gelang, so kann man sich nicht verwundern. Immer ward ein großes Beispiel gegeben, ein Versuch gemacht, der unendlich fruchtbar geworden ist; allein in den klassischen Formen bewegte sich das moderne Element nicht mit voller Freiheit. Der Geist wurde von einer außer ihm vorhandenen, nicht zum Kanon seiner Natur gewordenen Regel beherrscht.

Wie könnte man auch überhaupt mit Nachahmung ausreichen? Es gibt eine Wirkung der Muster, der großen Werke; aber sie ist eine Wirkung des Geistes auf den Geist. Heutzutage kommen wir alle überein, daß die schöne Form erziehen, bilden, erwecken soll: unterjochen darf sie nicht.

Die merkwürdigste Hervorbringung mußte es geben, wenn ein der Bestrebungen der damaligen Zeit teilhafter Genius sich in einem Werke versuchte, wo Stoff und Form vom Altertum abwich und nur die innerliche Wirkung desselben hervortreten konnte.

Das romantische Epos ist deshalb so eigentümlich, weil dies mit ihm der Fall war. Man hatte eine christliche Fabel geistlich heroischen Inhalts zum Stoff; die vornehmsten Gestalten mit wenig großen und starken allgemeinen Zügen waren gegeben; bedeutende Situationen, wiewohl wenig entwickelt, fand man vor; auch die poetische Form war vorhanden: unmittelbar aus der Unterhaltung des Volkes war sie hervorgegangen. Dazu kam nun die Tendenz des Jahrhunderts, sich an die Antike anzuschließen. Gestaltend, bildend, vermenschlichend tritt sie ein. Welch ein anderer ist der Rinald Bojardos, edel, bescheiden, voll freudiger Tatenlust, als der entsetzliche Haimonssohn der alten Sage! Wie ward das Gewaltige, Fabelhafte, Gigantische, das die alte Darstellung hatte, zu dem Begreiflichen, Anmutigen, Reizenden umgebildet! Auch die ungeschmückten alten Erzählungen haben in ihrer Einfachheit etwas Anziehendes, Angenehmes; welch ein anderer Genuß aber ist es, sich von dem Wohllaut Ariostischer Stanzen umspielen zu lassen, und in der Gesellschaft eines gebildeten heiteren Geistes von Anschauung zu Anschauung fortzueilen! Das Unschöne und Gestaltlose hat sich zu Umriß und Form und Musik durchgebildet.

Wenige Zeiten sind für die reine Schönheit der Form empfänglich: nur die begünstigtsten, glücklichsten Perioden bringen sie hervor. Das Ende des 15., der Anfang des 16. Jahrhunderts war eine solche. Wie könnte ich die Fülle von Kunstbestreben und Kunstübung, die darin lebte, auch nur im Umriß andeuten? Man kann kühnlich sagen, daß alles das Schöne, was in neueren Zeiten Architektur, Bildhauerkunst und Malerei hervorgebracht haben, in diese kurze Epoche fällt. Es war die Tendenz derselben, nicht im Raisonnement, sondern in der Praxis und Ausübung. Man lebte und webte darin. Ich möchte sagen: die Festung, die der Fürst dem Feinde gegenüber errichtet, die Note, die der Philologe an den Rand seines Autors schreibt, haben etwas Gemeinschaftliches. Einen strengen und schönen Grundzug haben alle Hervorbringungen dieser Zeit.

Dabei aber wird sich nicht verkennen lassen, daß, indem Kunst und Poesie die kirchlichen Elemente ergriffen, sie den Inhalt derselben nicht unangetastet ließen. Das romantische Epos, das eine kirchliche Sage vergegenwärtigt, setzt sich mit derselben in der Regel in Opposition. Ariost fand es nötig, seiner Fabel den Hintergrund zu nehmen, der ihre ursprüngliche Bedeutung enthält.

Früher hatte an allen Werken der Maler und Bildner die Religion so viel Anteil als die Kunst. Seit die Kunst von dem Hauche der Antike berührt worden, löste sie sich ab von den Banden der Glaubensvorstellungen. Wir können wahrnehmen, wie dies selbst in Raphael von Jahr zu Jahr entschieden der

Fall ist. Man mag dies tadeln, wenn man will: aber es scheint fast, das profane Element gehörte mit dazu, um die Blüte der Entwickelung hervorzubringen.

Und war es nicht sehr bedeutend, daß ein Papst selbst unternahm, die alte Basilika St. Peter, Metropole der Christenheit, in der jede Stätte geheiligt, in der die Denkmale der Verehrung so vieler Jahrhunderte vereinigt waren, niederzureißen, und an ihrer Stelle einen Tempel nach den Maßen des Altertums zu errichten? Es war ein rein künstlerisches Bestreben. Beide Faktionen, welche damals die so leicht in Eifersucht und Hader zu setzende Künstlerwelt teilten, vereinigten sich, Julius II. dazu zu bestimmen. Michel Angelo wünschte eine würdige Stelle für das Grabmal des Papstes zu haben, das er nach einem umfassenden Entwurf in aller der Großartigkeit auszuführen gedachte, wie er den Moses wirklich vollendet hat. Noch dringender ward Bramante. Er wollte den kühnen Gedanken ins Werk setzen, ein Nachbild des Pantheon in seiner ganzen Größe auf kolossalen Säulen in die Luft zu erheben. Viele Kardinäle widersprachen: es scheint, als hätte sich auch eine allgemeinere Mißbilligung gezeigt: es knüpft sich so viel persönliche Neigung an jede alte Kirche, unendlich viel mehr an dies oberste Heiligtum der Christenheit. Allein Julius II. war nicht gewohnt, auf Widerspruch zu achten; ohne weitere Rücksicht ließ er die Hälfte der alten Kirche niederreißen; er legte selber den Grundstein zu der neuen.

So erhoben sich in dem Mittelpunkt des christlichen Kultus die Formen wieder, in denen sich der Geist der antiken Dienste so eigen ausgesprochen hatte. Bei St. Pietro in Montorio baute Bramante über dem Blute des Märtyrers eine Kapelle in der heiteren und leichten Form eines Peripteros.

Liegt nun hierin ein Widerspruch, so stellte er sich zugleich in diesem gesamten Leben und Wesen dar.

Man ging nach dem Vatikan, weniger um bei den Schwellen der Apostel anzubeten, als um in des Papstes Hause die großen Werke der antiken Kunst, den belvederischen Apollo, den Laokoon zu bewundern.

Wohl ward der Papst auch damals so gut wie sonst aufgefordert, einen Krieg gegen die Ungläubigen zu veranstalten; ich finde das z. B. in einer Vorrede des Nabagero; allein des christlichen Interesses, der Eroberung des heiligen Grabes, gedenkt er hiebei nicht; seine Hoffnung ist, der Papst werde die verloren gegangenen Schriften der Griechen und selbst vielleicht der Römer wieder auffinden.

Mitten in dieser Fülle von Bestrebung und Hervorbringung, von Geist und Kunst, in dem Genuß der weltlichen Entwickelung der höchsten geistlichen Würde lebte nun Leo X. Man hat ihm die Ehre streitig machen wollen, daß er diesem Zeitalter den Namen gibt: und sein Verdienst mag es so sehr nicht sein. Allein er war nun der Glückliche. In den Elementen, die diese Welt bildeten, war er aufgewachsen: er besaß Freiheit und Empfänglichkeit des Geistes genug, ihre schöne Blüte zu befördern, zu genießen. Hatte er schon seine Freude an den lateinischen Arbeiten der unmittelbaren Nachahmer, so konnte er selbstständigen Werken seiner Zeitgenossen seine Teilnahme nicht entziehen. In seiner Gegenwart hatte man die erste Tragödie und, so vielen Anstoß bei dem Plautinisch-bedenklichen Inhalte das gab, auch die ersten Komödien in italienischer Sprache aufgeführt. Es ist fast keine, die er nicht zuerst gesehen hätte. Ariost gehörte zu den Bekannten seiner Jugend; Machiavell hat eins und das andere ausdrücklich für ihn geschrieben; ihm erfüllte Raphael Zimmer, Gallerie und Kapelle mit den Idealen menschlicher Schönheit und rein ausgesprochener Existenz. Leidenschaftlich liebte er die Musik, die sich in kunstreicherer Übung eben damals in Italien ausbreitete; täglich hörte man den Palast von Musik erschallen: murmelnd sang der Papst ihre Melodien nach. Es mag sein, daß dies eine Art geistiger Schwelgerei ist: es ist dann wenigstens die einzige, die einem Menschen ansteht. Übrigens war Leo X. voller Güte und persönlicher Teilnahme: nie oder nur in den glimpflichsten Ausdrücken schlug er etwas ab, obgleich es freilich unmöglich war, alles zu gewähren. „Er ist ein guter Mensch," sagt einer dieser aufmerksamen Gesandten, „sehr freigebig, von gutartiger Natur; wenn seine Verwandten ihn nicht dazu brächten, würde er alle Irrungen vermeiden." „Er ist gelehrt," sagt ein anderer, „ein Freund der Gelehrten, zwar religiös, doch will er leben." Wohl nicht immer behauptete er das päpstliche Dekorum. Zuweilen verließ er Rom, zum Schmerze des Zeremonienmeisters, nicht allein ohne Chorhemd, sondern, wie dieser in seinem Tagebuche bemerkt hat, „was das Ärgste ist, mit Stiefeln an seinen Füßen". Er brachte den Herbst mit ländlichen Vergnügungen zu, der Beize bei Viterbo, der Hirschjagd bei Corneto; der See von Bolsena gewährte das Vergnügen des Fischfangs; dann blieb er einige Zeit auf Malliana, seinem Lieblingsaufenthalte. Leichte rasche Talente, die jede Stunde zu erheitern vermögen, Improvisatoren, begleiteten ihn auch hier. Gegen den Winter kam man zur Stadt zurück. Sie war in großer Aufnahme. Die Zahl der Einwohner wuchs binnen wenigen Jahren um ein Dritteil. Das Handwerk fand hier seinen Vorteil, die Kunst ihre Ehre, jedermann Sicherheit. Nie war der Hof belebter, anmutiger, geistreicher gewesen: kein Aufwand für geistliche und weltliche Feste, Spiel und Theater, Geschenke und Gunstbezeigungen war zu groß: nichts ward gespart. Mit Freuden vernahm man, daß Juliano Medici mit seiner jungen Gemahlin seinen Wohnsitz in Rom zu nehmen gedenke. „Gelobt sei Gott," schreibt ihm Kardinal Bibbiena, „denn hier fehlt uns nichts als ein Hof von Damen."

Die Lüste Alexanders VI. muß man ewig verabscheuen: den Hofhalt Leos könnte man an sich nicht tadeln; doch wird man freilich nicht in Abrede stellen, daß er der Bestimmung eines Oberhauptes der Kirche nicht entsprach.

Leicht verdeckt das Leben die Gegensätze; aber sowie man sich zusammennahm und sie überlegte, mußten sie hervortreten.

Von eigentlich christlicher Gesinnung und Überzeugung konnte unter diesen Umständen nicht die Rede sein. Es erhob sich vielmehr ein gerader Widerspruch gegen dieselbe.

Die Schulen der Philosophen kamen in Streit, ob die vernünftige Seele zwar immateriell und unsterblich, aber eine einzige in allen Menschen, oder ob sie geradezu sterblich sei. Das letzte zu behaupten entschied sich der namhafteste der damaligen Philosophen, Pietro Pomponazzo. Er verglich sich mit dem Prometheus, dessen Herz der Geier fresse, weil er dem Jupiter sein Feuer stehlen wolle. Aber mit aller dieser schmerzvollen Anstrengung, mit allem diesem Scharfsinn gelangte er zu keinem anderen Resultat, „als daß, wenn der Gesetzgeber festgestellt, daß die Seele unsterblich, er dies getan habe, ohne sich um die Wahrheit zu bekümmern".

Man darf nicht glauben, diese Gesinnung sei nur wenigen eigen gewesen oder verheimlicht worden. Erasmus ist erstaunt, welche Gotteslästerungen er anzuhören bekam: man suchte ihm, einem Fremden, aus Plinius zu beweisen, zwischen den Seelen der Menschen und der Tiere gebe es keinen Unterschied.

Während das gemeine Volk in einen fast heidnischen

Aberglauben verfiel, der in einem schlecht begründeten Werkdienste sein Heil sah, wandten sich die höheren Stände zu einer antireligiösen Richtung ab.

Wie erstaunte der junge Luther, als er nach Italien kam! In dem Moment, daß das Meßopfer vollzogen wurde, stießen die Priester blasphemische Worte aus, mit denen sie es leugneten.

In Rom gehörte es zum guten Ton der Gesellschaft, den Grundsätzen des Christentums zu widersprechen. „Man galt," sagt P. Ant. Bandino, „nicht mehr für einen gebildeten Mann, wenn man nicht irrige Meinungen vom Christentum hegte." Am Hofe sprach man von den Satzungen der katholischen Kirche, von den Stellen der Heiligen Schrift nur noch scherzhaft; die Geheimnisse des Glaubens wurden verachtet.

Man sieht, wie sich alles bedingt, eines das andere hervorruft: die kirchlichen Ansprüche der Fürsten die weltlichen des Papstes, der Verfall der kirchlichen Institute die Entwickelung einer neuen geistigen Richtung, bis zuletzt in der öffentlichen Meinung der Grund des Glaubens selber angetastet ist.

Opposition in Deutschland.

Überaus merkwürdig finde ich nun das Verhältnis, in welches Deutschland namentlich zu dieser geistigen Entwickelung trat. Es nahm an ihr teil, aber auf eine durchaus abweichende Weise.

Wenn es in Italien Poeten wie Boccaz und Petrarca waren, die zu ihrer Zeit dieses Studium beförderten und den nationalen Antrieb dazu gaben, so ging es in Deutschland von einer geistlichen Brüderschaft, den Hieronymiten des gemeinsamen Lebens aus, einer Brüderschaft, welche Arbeitsamkeit und Zurückgezogenheit verband. Es war eines ihrer Mitglieder, der tiefsinnige unschuldige Mystiker Thomas von Kempen, in dessen Schule alle die würdigen Männer gebildet wurden, die von dem in Italien aufgegangenen Licht der alten Literatur zuerst dahin gezogen, dann zurückkehrten, um es auch in Deutschland auszubreiten.

Wie nun der Anfang, so unterschied sich auch der Fortgang.

In Italien studierte man die Werke der Alten, um die Wissenschaften aus ihnen zu erlernen: in Deutschland hielt man Schule. Dort versuchte man die Lösung der höchsten Probleme des menschlichen Geistes, wenn nicht auf selbständige Weise, doch an der Hand der Alten: hier sind die besten Bücher der Unterweisung der Jugend gewidmet.

In Italien war man von der Schönheit der Form ergriffen und fing an, die Alten nachzuahmen: man brachte es, wie wir berührten, zu einer nationalen Literatur. In Deutschland nahmen diese Studien eine geistliche Richtung. Man kennt den Ruhm des Reuchlin und des Erasmus. Fragt man nach, worin das vornehmste Verdienst des ersten besteht, so ist es, daß er die erste hebräische Grammatik schrieb, ein Denkmal, von dem er hofft, so gut wie die italienischen

Poeten, „daß es dauernder sein werde als Erz". Hat er hiemit das Studium des Alten Testaments zuerst möglich gemacht, so wendete Erasmus seinen Fleiß dem Neuen zu: er ließ es zuerst griechisch drucken; seine Paraphrase, seine Anmerkungen dazu haben eine Wirkung gehabt, welche selbst seine Absicht bei weitem übertraf.

Indem nun in Italien die Richtung, die man ergriff, sich von der Kirche trennte, sich ihr entgegensetzte, so geschah etwas ähnliches auch in Deutschland. Dort trat die Freigeisterei, welche niemals ganz unterdrückt werden kann, in die literarischen Elemente ein und bildete sich hier und da zu einem entschiedenen Unglauben aus. Auch eine tiefere Theologie, aus unbekannten Quellen entsprungen, hatte von der Kirche zwar beseitigt, aber niemals unterdrückt werden können. Diese trat zu den literarischen Bemühungen in Deutschland. In dieser Hinsicht finde ich merkwürdig, daß sich schon im Jahre 1513 die böhmischen Brüder dem Erasmus näherten, der doch sonst eine ganz andere Richtung hatte.

Und so führte die Entwickelung des Jahrhunderts jenseit und diesseit der Alpen zu einer Opposition wider die Kirche. Jenseit hing sie mit Wissenschaft und Literatur zusammen; diesseit entsprang sie aus geistlichen Studien und tieferer Theologie. Dort war sie negativ und ungläubig; hier war sie positiv und gläubig. Dort hob sie den Grund der Kirche vollends auf; hier stellte sie denselben wieder her. Dort war sie spöttisch, satirisch, und unterwarf sich der Gewalt; hier war sie voll Ernst und Ingrimm und erhob sich zu dem kühnsten Angriff, der je auf die römische Kirche geschehen.

Man hat es zufällig gefunden, daß dieser zuerst dem Mißbrauche galt, den man mit dem Ablaß trieb. Allein wie die Veräußerung des Innerlichsten, die der Ablaß in sich schloß, den schadhaften Punkt des ganzen Wesens, der in der Verweltlichung der geistlichen Elemente überhaupt bestand, gerade auf das schneidendste darstellte, so lief sie dem Begriffe, der sich in dem tieferen deutschen Theologen gebildet, am schärfsten entgegen. Ein Mensch wie Luther, von innerlich erlebter Religion, erfüllt mit den Begriffen von Sünde und Rechtfertigung, wie sie in dem Buche deutscher Theologie bereits vor ihm ausgesprochen waren, darin bestärkt durch die Schrift, die er mit durstendem Herzen in sich aufgenommen, konnte an nichts in der Welt einen so großen Anstoß nehmen wie an dem Ablaß. Von einer für Geld zu habenden Sündenvergebung mußte der auf das tiefste beleidigt werden, der eben von diesem Punkt aus das ewige Verhältnis zwischen Gott und Mensch inne geworden war und die Schrift selbst verstehen gelernt hatte.

Er setzte sich allerdings dem einzelnen Mißbrauche entgegen; aber schon der schlecht begründete und einseitige Widerspruch, den er fand, führte ihn Schritt für Schritt weiter: nicht lange verbarg sich ihm der Zusammenhang, in welchem jenes Unwesen mit dem gesamten Verfalle der Kirche stand: er war eine Natur, die vor keinem Äußersten zurückbebt. Das Oberhaupt selbst griff er mit unerschrockener Kühnheit an. Aus der Mitte der ergebensten Anhänger und Verfechter des Papsttums, den Bettelmönchen, erhob sich ihm der kühnste, gewaltigste Gegner, den es jemals gefunden. Da Luther einer so weit von ihrem Prinzip abgekommenen Macht eben dies mit großer Schärfe und Klarheit entgegenhielt, da er aussprach, wovon schon alle überzeugt waren, da seine Opposition, die noch nicht ihre gesamten positiven Momente entwickelt hatte, auch den Ungläubigen recht war und doch, weil sie dieselben in sich enthielt, dem Ernste der Gläubigen genugtat, so hatten seine Schriften eine unermeßliche Wirkung; in einem Augenblicke erfüllten sie Deutschland und die Welt.

Drittes Kapitel.
Politische Verwickelungen. Zusammenhang der Reformation mit denselben.

Mit den weltlichen Bestrebungen des Papsttums hatte sich dergestalt eine doppelte Bewegung erhoben: die eine auf dem eigentlich kirchlichen Gebiete, wo sich ein Abfall zu regen begann, der eine unermeßliche Zukunft in sich schloß; die andere von politischer Natur: die durch die Päpste in Kampf gesetzten Elemente waren noch in einer Gärung, welche neue Entwickelungen der allgemeinen Angelegenheiten erwarten ließ. Diese beiden Bewegungen, ihre Einwirkung aufeinander, die Gegensätze, die sie hervorriefen, haben dann die Geschichte des Papsttums jahrhundertelang beherrscht.

Wollte sich doch nie ein Fürst, ein Staat einbilden, daß ihm etwas zugute kommen könne, was er sich nicht selbst verdankt, was er nicht mit eigenen Kräften erworben hat!

Indem die italienischen Mächte mit Hilfe fremder Nationen eine die andere zu überwinden suchten, hatten sie die Unabhängigkeit, die sie während des 15. Jahrhunderts besessen, selber zerstört und ihr Land den übrigen als einen allgemeinen Kaufpreis dargestellt. Den Päpsten muß ein großer Anteil hieran zugeschrieben werden. Sie hatten nunmehr allerdings eine Macht erworben, wie der römische Stuhl sie nie besessen; allein nicht durch sich selber hatten sie das erreicht: sie verdankten es Franzosen, Spaniern, Deutschen, Schweizern. Ohne seinen Bund mit Ludwig XII. würde Cesar Borgia schwerlich viel ausgerichtet haben. So großartig die Absichten Julius' II., so heldenmütig seine Anstrengungen auch waren, so hätte er ohne die Hilfe der Spanier und der Schweizer unterliegen müssen. Wie konnte es anders sein, als daß die, welche den Sieg erfochten, auch das Übergewicht zu genießen suchten, das ihnen dadurch zufiel?

Schon Julius II. sah dies kommen: er faßte die Absicht, die übrigen in einem gewissen Gleichgewicht zu erhalten und sich nur der Mindestmächtigen, der Schweizer, zu bedienen, die er zu leiten hoffen durfte; aber ganz anders, als er dachte, begaben sich die Dinge.

Zwei große Mächte bildeten sich, welche, wenn nicht um die Weltherrschaft, doch um das oberste Ansehen in Europa kämpften, und denen nun kein Papst mehr gewachsen war: — auf italienischer Erde fochten sie ihren Wettstreit aus.

Zuerst erhoben sich die Franzosen. Nicht lange nach der Thronbesteigung Leos X. erschienen sie mächtiger, als sie bisher noch jemals die Alpen überstiegen, um Mailand wiederzuerobern: an ihrer

Spitze in ritterlichem Jugendmute Franz I. Es kam alles darauf an, ob ihnen die Schweizer widerstehen würden. Die Schlacht von Marignano ist darum so wichtig, weil die Schweizer völlig geschlagen wurden, weil sie seit dieser Niederlage nie wieder einen selbständigen Einfluß in Italien ausgeübt haben.

Den ersten Tag war die Schlacht unentschieden gewesen, und schon hatte man auf die Nachricht von einem Siege der Schweizer in Rom Freudenfeuer abgebrannt. Die früheste Meldung von dem Erfolg des zweiten Tages und dem wahren Ausgang bekam der Botschafter der Venezianer, die mit dem Könige verbündet waren und selber zur Entscheidung nicht wenig beigetragen. In aller Frühe begab er sich nach dem Vatikan, sie dem Papste mitzuteilen. Noch nicht völlig angekleidet, kam dieser zur Audienz heraus. „Ew. Heiligkeit," sagte der Botschafter, „gab mir gestern eine schlimme und zugleich falsche Nachricht; heute bringe ich derselben dafür eine gute und wahre: die Schweizer sind geschlagen." Er las ihm die Briefe vor, die hierüber an ihn gelangt waren, von Männern, die der Papst kannte, die keinen Zweifel übrig ließen. Der Papst verbarg seinen tiefen Schrecken nicht. „Was wird dann aus uns, was wird selbst aus euch werden?" „Wir hoffen für beide alles Gute." „Herr Botschafter," erwiderte der Papst, „wir müssen uns in die Arme des Königs werfen und Misericordia rufen."

In der Tat bekamen die Franzosen durch diesen

Sieg das entschiedene Übergewicht in Italien. Hätten sie ihn ernstlich verfolgt, so würden ihnen weder Toskana noch der Kirchenstaat, die so leicht in Rebellion zu setzen waren, viel Widerstand geleistet haben, und es sollte den Spaniern schwer geworden sein, sich in Neapel zu behaupten. „Der König," sagt Franz Vettori geradehin, „konnte Herr von Italien werden." Wieviel kam in diesem Augenblicke auf Leo an!

Lorenzo Medici sagte von seinen drei Söhnen, Julian, Peter und Johann: der erste sei gut, der andere ein Tor, der dritte, Johann, der sei klug. Dieser dritte ist Papst Leo X.; er zeigte sich auch jetzt der schwierigen Lage gewachsen, in die er geriet.

Wider den Rat seiner Kardinäle begab er sich nach Bologna, um sich mit dem Könige zu besprechen. Hier schlossen sie das Konkordat, in welchem sie die Rechte der gallikanischen Kirche unter sich teilten. Auch mußte Leo Parma und Piacenza aufgeben; aber übrigens gelang es ihm, den Sturm zu beschwören, den König zum Rückzuge zu bewegen und unangetastet im Besitze seiner Länder zu bleiben.

Welch ein Glück dies für ihn war, sieht man aus den Folgen, welche die bloße Annäherung der Franzosen unmittelbar nach sich zog. Es ist aller Anerkennung wert, daß Leo, nachdem seine Verbündeten geschlagen worden und ein Landesteil hatte abgetreten werden müssen, zwei kaum erworbene, der Unabhängigkeit gewohnte, mit tausend Elementen der

Empörung erfüllte Provinzen zu behaupten vermochte.

Man hat ihm immer seinen Angriff auf Urbino zum Vorwurf gemacht, auf ein Fürstenhaus, bei dem sein eigenes Geschlecht in der Verbannung Zuflucht und Aufnahme gefunden hatte. Die Ursache war: der Herzog von Urbino hatte Sold von dem Papste genommen und war ihm darauf im Augenblick der Entscheidung abtrünnig geworden. Leo sagte, „wenn er ihn nicht dafür bestrafe, so werde kein Baron im Kirchenstaate so ohnmächtig sein, um sich ihm nicht zu widersetzen. Er habe den Pontifikat in Ansehen gefunden und wolle ihn dabei behaupten". Da aber der Herzog wenigstens insgeheim Rückhalt an den Franzosen hatte, da er in dem ganzen Staate und selbst in dem Kardinalkollegium Verbündete fand, so war der Kampf noch immer gefährlich. Nicht so leicht war der kriegskundige Fürst zu verjagen: zuweilen sah man den Papst bei den schlechten Nachrichten erzittern und außer sich geraten: es soll darüber ein Komplott entstanden sein, ihn bei der Behandlung eines Leibschadens, an dem er litt, zu vergiften. Es gelang dem Papste, sich dieser Feinde zu erwehren; allein man sieht, wie schwer es ihm ward. Daß seine Partei von den Franzosen geschlagen war, wirkte ihm bis in seine Hauptstadt, bis in seinen Palast nach.

Indes aber hatte sich die zweite große Macht konsolidiert. Wie sonderbar es schien, daß ein und derselbe Fürst in Wien, Brüssel, Valladolid, Saragossa und Neapel und überdies noch in einem anderen Kontinent herrschen sollte, so war es doch durch eine leichte, kaum bemerkte Verflechtung von Familieninteressen dahin gekommen. Diese Erhebung des Hauses Österreich, die so verschiedene Nationen verknüpfte, war eine der größten und folgenreichsten Veränderungen, welche Europa überhaupt betroffen haben. In dem Moment, daß die Nationen sich von ihrem bisherigen Mittelpunkt absonderten, wurden sie durch ihre politischen Angelegenheiten in eine neue Verbindung, ein neues System verflochten. Die Macht von Österreich setzte sich dem Übergewicht von Frankreich auf der Stelle entgegen. Durch die kaiserliche Würde bekam Karl V. gesetzliche Ansprüche auf ein oberherrliches Ansehen wenigstens in der Lombardei. Über diese italienischen Angelegenheiten eröffnete sich ohne viel Zögern der Krieg.

Wie gesagt, die Päpste hatten durch die Erweiterung ihres Staates zu voller Unabhängigkeit zu gelangen gehofft. Jetzt sahen sie sich von zwei bei weitem überlegenen Gewalten in die Mitte genommen. Ein Papst war nicht so unbedeutend, bei dem Kampfe derselben neutral bleiben zu dürfen; auch war er nicht mächtig genug, ein entscheidendes Gewicht in die Wagschale zu werfen: er mußte sein Heil in geschickter Benutzung der Lage der Dinge suchen. Leo soll geäußert haben, wenn man mit der einen Partei abgeschlossen, so müsse man darum nicht ablassen, mit der anderen zu unterhandeln.

Eine so zweizüngige Politik entsprang ihm aus der Stellung, in der er sich befand.

Im Ernste konnte jedoch selbst Leo schwerlich zweifelhaft sein, zu welcher Partei er sich zu schlagen habe. Hätte ihm auch nicht unendlich viel daran liegen müssen, Parma und Piacenza wiederzuerlangen, hätte ihn auch nicht das Versprechen Karls V., einen Italiener in Mailand einzusetzen, das so ganz zu seinen Gunsten war, zu bestimmen vermocht, so gab es noch einen anderen, wie mich dünkt, entscheidenden Grund. Er lag in dem Verhältnis der Religion.

In der ganzen Periode, die wir betrachten, war den Fürsten in ihren Verwickelungen mit dem römischen Stuhle nichts so erwünscht gewesen, als demselben eine geistliche Opposition hervorzurufen. Wider Alexander VI. hatte Karl VIII. von Frankreich keinen zuverlässigeren Beistand, als den Dominikaner Hieronymus Savonarola in Florenz. Als Ludwig XII. jede Hoffnung zur Versöhnung mit Julius II. aufgegeben, berief er ein Konzilium nach Pisa: so wenig Sukzeß dasselbe hatte, so schien es doch zu Rom eine höchst gefährliche Sache. Wann aber stand dem Papst ein kühnerer, glücklicherer Feind auf, als Luther? Seine Erscheinung allein, seine Existenz, gab ihm eine wichtige politische Bedeutung. Von dieser Seite faßte Maximilian die Sache: er hätte nicht gelitten, daß dem Mönch Gewalt geschehe; er ließ ihn dem Kurfürsten von Sachsen noch besonders empfehlen: „man möchte seiner einmal bedürfen." Und seitdem war die Wirkung Luthers von Tag zu Tag gewachsen. Der Papst hatte ihn weder zu überzeugen, noch zu schrecken, noch in seine Hände zu bekommen vermocht. Man glaube nicht, daß Leo die Gefahr mißkannte! Wie oft hatte er die Talente, von denen er zu Rom umgeben war, auf diesen Kampfplatz zu ziehen versucht! Noch gab es aber auch ein anderes Mittel. So wie er, wenn er sich wider den Kaiser erklärte, zu fürchten hatte, eine so gefährliche Opposition beschützt und gefördert zu sehen, so konnte er hoffen, wenn er sich mit ihm verbinde, mit seiner Hilfe auch die religiöse Neuerung zu unterdrücken.

Auf dem Reichstage zu Worms im Jahre 1521 ward über die politischen und religiösen Verhältnisse unterhandelt. Leo schloß mit Karl V. einen Bund zur Wiedereroberung Mailands. Von dem nämlichen Tage, von welchem dies Bündnis ist, hat man auch die Achtserklärung datiert, welche über Luther erging. Es mögen zu dieser immerhin auch noch andere Beweggründe mitgewirkt haben; doch wird sich niemand überreden wollen, daß sie nicht mit dem politischen Traktat im nächsten Zusammenhange gestanden habe.

Und nicht lange ließ sich der doppelseitige Erfolg dieses Bundes erwarten.

Luther ward auf der Wartburg gefangen und verborgen gehalten. Die Italiener wollten nicht sogleich glauben, daß Karl ihn aus Gewissenhaftigkeit, um das sichere Geleit nicht zu brechen, habe ziehen lassen:

„da er bemerkte," sagen sie, „daß sich der Papst vor der Lehre Luthers fürchtete, so wollte er ihn mit derselben im Zaume halten." Wie dem auch sei, so verschwand Luther allerdings auf einen Augenblick von der Bühne der Welt; er war gewissermaßen außer dem Gesetz, und der Papst hatte auf jeden Fall eine entscheidende Maßregel wider ihn zuwege gebracht.

Indem waren auch die kaiserlich-päpstlichen Waffen in Italien glücklich. Einer der nächsten Verwandten des Papstes, Sohn des Bruders seines Vaters, Kardinal Julius Medici, war selbst im Felde und zog mit in das eroberte Mailand ein. Man behauptete in Rom, der Papst denke ihm dies Herzogtum zu. Ich finde dafür doch keinen rechten Beweis, und schwerlich möchte sich der Kaiser so leicht dazu verstanden haben. Allein auch ohne dies war der Vorteil nicht zu berechnen. Parma und Piacenza waren wieder erobert, die Franzosen entfernt: auf den neuen Fürsten in Mailand mußte der Papst unausbleiblich einen großen Einfluß erlangen.

Es war einer der wichtigsten Momente. Eine neue politische Entwickelung war begonnen, eine große kirchliche Bewegung eingetreten. Es war ein Augenblick, in welchem der Papst sich schmeicheln konnte, jene zu leiten, dieser Einhalt getan zu haben. Er war noch jung genug, um zu hoffen, ihn ganz zu benutzen.

Sonderbares, trügerisches Geschick des Menschen!

Leo war auf seiner Villa Malliana, als ihm die Nachricht von dem Einzuge der Seinen in Mailand gebracht ward. Er gab sich dem Gefühl hin, in das ein glücklich zu Ende geführtes Unternehmen zu versetzen pflegt. Mit Vergnügen sah er den Festlichkeiten zu, welche seine Leute deshalb anstellten: bis tief in die Nacht ging er zwischen dem Fenster und dem brennenden Kamin — es war im November — hin und her. Etwas erschöpft, aber überaus vergnügt kam er nach Rom. Da hatte man noch nicht das Siegesfest vollendet, als ihn der Anfall einer tödlichen Krankheit ereilte. „Betet für mich," sagte er zu seinen Dienern, „ich mache euch noch alle glücklich." Er liebte das Leben, sehen wir; doch war seine Stunde gekommen. Er hatte nicht Zeit, das Sakrament und die letzte Ölung zu empfangen. So plötzlich in so frühen Jahren, mitten in großen Hoffnungen, starb er, „wie der Mohn hinwelkt".

Das römische Volk konnte ihm nicht vergeben, daß er ohne die Sakramente verschieden war, daß er so viel Geld ausgegeben hatte und doch Schulden genug zurückließ. Es begleitete seine Leiche mit Schmähungen. „Wie ein Fuchs," sagten sie, „hast du dich eingeschlichen, wie ein Löwe hast du regiert, wie ein Hund bist du dahingefahren." Die Nachwelt dagegen hat ein Jahrhundert und eine große Entwickelung der Menschheit mit seinem Namen bezeichnet.

Glücklich haben wir ihn genannt. Nachdem er den ersten Unfall, der nicht sowohl ihn als andere Mitglieder seines Hauses traf, überstanden, trug ihn sein Geschick von Genuß zu Genuß, von Erfolg zu Erfolg. Gerade die Widerwärtigkeiten mußten dienen, ihn emporzubringen. In einer Art von geistiger Trunkenheit und immerwährender Erfüllung seiner Wünsche verfloß ihm sein Leben. Es gehörte dazu, daß er so gutmütig und freigebig, so bildungsfähig und voll Anerkennung war. Eben diese Eigenschaften sind die schönsten Gaben der Natur, Glücksgüter, die man sich selten erwirbt, und die doch allen Genuß des Lebens bedingen. Die Geschäfte störten ihn darin wenig. Da er sich nicht um das Detail bekümmerte, da er sie nur im großen ansah, so wurden sie ihm nicht drückend und beschäftigten ihm nur die edelsten Fähigkeiten des Geistes. Gerade darin, daß er ihnen nicht jeden Tag und alle Stunden widmete, mochte es für ihn liegen, daß er sie mit großer freier Übersicht behandelte, daß er in allen Verwirrungen des Augenblicks die leitenden, den Weg vorzeichnenden Gedanken im Auge behielt. Die vornehmste Richtung gab er doch immer selber an. In seinem letzten Moment trafen alle Bestrebungen seiner Politik in freudigem Gelingen zusammen. Wir können es sogar für ein Glück halten, daß er dann starb. Es folgten andere Zeiten, und es ist schwer zu glauben, daß er der Ungunst derselben einen glücklichen Widerstand entgegengesetzt haben würde. Seine Nachfolger haben ihre ganze Schwere empfunden.

Das Konklave zog sich sehr in die Länge. „Herren," sagte einst der Kardinal Medici, den die Rückkehr der Feinde seines Hauses nach Urbino und Perugia in Schrecken setzte, so daß er selbst für Florenz fürchtete, „Herren," sagte er, „ich sehe, daß von uns, die wir hier versammelt sind, keiner Papst werden kann. Ich habe euch drei oder vier vorgeschlagen; doch habt ihr sie zurückgewiesen: diejenigen, die ihr in Vorschlag bringt, kann ich dagegen auch nicht annehmen. Wir müssen uns nach einem umsehen, der nicht zugegen ist." Beistimmend fragte man ihn, wen er im Sinne habe. „Nehmt," rief er aus, „den Kardinal von Tortosa, einen ehrenwerten bejahrten Mann, den man allgemein für heilig achtet." Es war Adrian von Utrecht, früher Professor in Löwen, der Lehrer Karls V., durch dessen persönliche Zuneigung er zu dem Amt eines Gobernators von Spanien, zu der Würde eines Kardinals befördert worden war. Kardinal Cajetan, der sonst nicht zu der mediceischen Partei gehörte, erhob sich, den Vorgeschlagenen zu loben. Wer hätte glauben sollen, daß die Kardinäle, von jeher gewohnt, ihren persönlichen Vorteil bei einer Papstwahl in Anschlag zu bringen, auf einen Entfernten, einen Niederländer fallen würden, den die wenigsten kannten, von dem sich keiner einen Vorteil ausbedingen konnte? Sie ließen sich von dem unerwarteten Anstoß, den sie empfingen, dazu fortreißen. Als es geschehen war, wußten sie selbst nicht recht, wie sie dazu gekommen. Sie waren tot vor

Schrecken, sagt einer unserer Berichterstatter. Man behauptet, sie hätten sich noch einen Augenblick überredet, er würde es nicht annehmen. Pasquin spottete ihrer: er stellte den Gewählten als Präzeptor dar, die Kardinäle als die Schulknaben, die dieser züchtige.

Einen würdigeren Mann hatte aber die Wahl lange nicht getroffen. Adrian war von durchaus unbescholtenem Ruf: rechtschaffen, fromm, tätig; sehr ernsthaft, man sah ihn nie anders als leise mit den Lippen lächeln; aber voll wohlwollender, reiner Absichten: ein wahrer Geistlicher. Welch ein Gegensatz, als er nun dort einzog, wo Leo so prächtig und verschwenderisch Hof gehalten. Es existiert ein Brief von ihm, in welchem er sagt: er möchte lieber in seiner Propstei zu Löwen Gott dienen, als Papst sein. In dem Vatikan setzte er in der Tat sein Professorenleben fort. Es bezeichnet ihn, und man erlaube es uns anzuführen, daß er sich sogar seine alte Aufwärterin mitgebracht hatte, die ihm nach wie vor seine häuslichen Bedürfnisse besorgte. Auch in seiner sonstigen Lebensweise änderte er nichts. Mit dem frühesten Morgen stand er auf, las seine Messe und ging dann in der gewohnten Ordnung an seine Geschäfte, seine Studien, die er nur mit dem einfachsten Mittagsmahl unterbrach. Man kann nicht sagen, daß ihm die Bildung seines Jahrhunderts fremd gewesen sei; er liebte die niederländische Kunst und schätzte an der Gelehrsamkeit einen Anflug von Eleganz. Erasmus bekennt, vor allen von ihm gegen die Augriffe der zelotischen Scholastiker verteidigt worden zu sein. Nur die beinahe heidnische Richtung, der man sich damals zu Rom hingegeben, mißbilligte er, und von der Sekte der Poeten wollte er nichts wissen.

Niemand konnte ernstlicher wünschen als Adrian VI. — er behielt seinen Namen bei —, die Übelstände zu heilen, die er in der Christenheit antraf.

Der Fortgang der türkischen Waffen, der Fall von Belgrad und Rhodus gaben ihm noch einen besonderen Antrieb, um auf die Herstellung des Friedens zwischen den christlichen Mächten zu denken. Wiewohl er der Lehrer des Kaisers gewesen, nahm er doch sofort eine neutrale Stellung an. Der kaiserliche Gesandte, der ihn bei dem neu ausbrechenden Kriege zu einer entscheidenden Erklärung zugunsten seines Zöglings zu bewegen gehofft, mußte Rom unberrichteter Dinge verlassen. Als man dem Papst die Nachricht von der Eroberung von Rhodus vorlas, sah er zur Erde; er sagte kein Wort, er seufzte tief. Die Gefahr von Ungarn war einleuchtend. Er fürchtete selbst für Italien und für Rom. Sein ganzes Bemühen war, wenn nicht sogleich einen Frieden, doch zunächst einen Stillstand auf drei Jahre zustande zu bringen, um indessen einen allgemeinen Feldzug gegen die Türken vorzubereiten.

Nicht minder war er entschlossen, den Forderungen der Deutschen entgegenzukommen. Über die Mißbräuche, die in der Kirche eingerissen waren, kann man sich nicht entschiedener ausdrücken, als er selbst es tat. „Wir wissen," sagt er in der Instruktion für den Nuntius Chieregato, den er an den Reichstag sendete, „daß eine geraume Zeit daher viel Verabscheuungswürdiges bei dem heiligen Stuhle stattgefunden hat: Mißbräuche in geistlichen Dingen, Überschreitung der Befugnisse; alles ist zum bösen verkehrt worden. Von dem Haupte ist das Verderben in die Glieder, von dem Papste über die Prälaten ausgebreitet worden: wir sind alle abgewichen; es ist keiner, der Gutes getan, auch nicht einer." Er dagegen versprach nun alles, was einem guten Papste zukomme: die Tugendhaften und Gelehrten zu befördern, die Mißbräuche, wenn nicht auf einmal, doch nach und nach abzustellen; eine Reformation an Haupt und Gliedern, wie man sie oft verlangt hatte, ließ er hoffen.

Allein nicht so leicht ist die Welt ins Gleiche zu setzen. Der gute Wille eines einzigen, wie hoch er auch stehe, reicht dazu lange nicht hin. Zu tiefe Wurzeln pflegt der Mißbrauch zu schlagen, mit dem Leben selbst ist er verwachsen.

Es fehlte viel, daß der Fall von Rhodus die Franzosen bewogen hätte, Frieden einzugehen; sie sahen vielmehr, daß dieser Verlust dem Kaiser eine neue Beschäftigung geben werde, und faßten ihrerseits desto größere Absichten wider ihn. Nicht ohne Mitwissen desjenigen Kardinals, dem Adrian noch am meisten vertraute, knüpften sie Verbindungen in Sizilien an und machten einen Anschlag auf diese Insel. Der

Papst fand sich bewogen, zuletzt noch selbst einen Bund mit dem Kaiser einzugehen, der wesentlich wider Frankreich gerichtet war.

Auch den Deutschen war mit dem, was man sonst eine Reformation an Haupt und Gliedern genannt, nicht mehr zu helfen. Und selbst eine solche, wie schwer, fast unausführbar war sie!

Wollte der Papst bisherige Gefälle der Kurie aufheben, in denen er einen Schein von Simonie bemerkte, so vermochte er das nicht, ohne die wohlerworbenen Rechte derjenigen zu kränken, deren Ämter auf jene Gefälle gegründet waren, Ämter, die sie in der Regel gekauft hatten.

Beabsichtigte er, eine Veränderung in den Ehedispensen zu treffen und etwa einige bisherige Verbote aufzuheben, so stellte man ihm vor, daß die Kirchendisziplin damit nur verletzt und geschwächt werde.

Um dem Unwesen des Ablasses zu steuern, hätte er gern die alten Büßungen wieder hergestellt; allein die Penitenziaria machte ihn aufmerksam, daß er alsdann Gefahr laufe, indem er Deutschland zu behaupten suche, Italien zu verlieren.

Genug, bei jedem Schritte sah er sich von tausend Schwierigkeiten umgeben.

Dazu kam, daß er sich zu Rom in einem fremden Element befand, das er schon darum nicht beherrschen konnte, weil er es nicht kannte, seine inneren Lebenstriebe nicht verstand. Man hatte ihn mit Freuden empfangen; man erzählte sich, er habe bei 5000 erledigte Benefizien zu vergeben, und jedermann machte sich Hoffnung. Niemals aber zeigte sich ein Papst hierin zurückhaltender. Adrian wollte wissen, wen er versorge, wem er die Stellen anvertraue: mit skrupulöser Gewissenhaftigkeit ging er hierin zu Werke; er täuschte unzählige Erwartungen. Der erste Beschluß seines Pontifikats war gewesen, die Anwartschaften abzustellen, die man bisher auf geistliche Würden erteilt hatte; selbst die, welche schon verliehen worden, hatte er zurückgenommen. Es konnte nicht fehlen: als er diesen Beschluß in Rom publizierte, mußte er sich damit bittere Feindschaften in Menge zuziehen. Man hatte bisher an dem Hofe eine gewisse Freiheit des Redens, des Schreibens genossen; er wollte sie nicht ferner gestatten. Daß er bei der Erschöpfung der päpstlichen Kassen und dem wachsenden Bedürfnis einige neue Auflagen machte, fand man unerträglich von ihm, der so wenig aufwende. Alles ward mißvergnügt. Er empfand es wohl: es wirkte auf ihn zurück. Den Italienern traute er noch weniger als bisher: die beiden Niederländer, denen er Einfluß gestattete, Enkefort und Hezius, jener sein Datar, dieser sein Sekretär, waren der Geschäfte und des Hofes nicht kundig; er selbst konnte sie unmöglich übersehen, auch wollte er noch immer studieren, nicht allein lesen, sondern sogar schreiben; zugänglich war er nicht sehr: die Sachen wurden aufgeschoben, in die Länge gezogen, ungeschickt behandelt.

So kam es denn, daß in den wichtigsten allgemeinen Angelegenheiten nichts ausgerichtet wurde. Der Krieg ging in Oberitalien wieder an. In Deutschland trat Luther aufs neue hervor. In Rom, das überdies von der Pest heimgesucht worden war, bemächtigte sich ein allgemeines Mißvergnügen der Gemüter.

Adrian hat einmal gesagt: wieviel trägt es aus, in welche Zeiten auch der beste Mann fällt! Das ganze Gefühl seiner Stellung ist in diesem schmerzlichen Ausruf enthalten. Mit Recht hat man denselben auf seinem Denkmal in der deutschen Kirche zu Rom eingegraben.

Wenigstens ist es nicht allein der Persönlichkeit Adrians zuzuschreiben, wenn seine Zeiten unfruchtbar an Erfolgen blieben. Das Papsttum war von großen weltbeherrschenden Notwendigkeiten umgeben, die auch einem in den Geschäften desselben gewandteren, der Personen und der Mittel kundigeren Manne unendlich viel zu schaffen machen konnten.

Unter allen Kardinälen gab es keinen, der für die Verwaltung des Papsttums geeigneter, dieser Last mehr gewachsen zu sein geschienen hätte, als Julius Medici. Unter Leo hatte er schon den größten Teil der Geschäfte, das ganze Detail in den Händen gehabt. Selbst unter Adrian hatte er einen gewissen Einfluß behauptet. Diesmal ließ er sich die höchste Würde nicht wieder entgehen. Er nannte sich Klemens VII.

Mit vieler Sorgfalt vermied der neue Papst die Übelstände, die unter seinen beiden Vorgängern hervorgetreten waren: die Unzuverlässigkeiten, Vergeudungen und anstößigen Gewohnheiten Leos, sowie den Widerstreit, in den sich Adrian mit den Richtungen seines Hofes eingelassen hatte: es ging alles vernünftig her; wenigstens an ihm selber nahm man nichts als Unbescholtenheit und Mäßigung wahr; die pontifikalen Zeremonien wurden sorgfältig vollzogen, die Audienzen unermüdlich von früh bis Abend abgewartet, Wissenschaften und Künste in der Richtung, die sie nun einmal eingeschlagen hatten, befördert. Klemens VII. war sehr wohl unterrichtet. Mit ebensoviel Sachkunde, wie über philosophische und theologische Fragen, wußte er sich über Gegenstände der Mechanik und Wasserbaukunst zu unterhalten. In allen Dingen zeigte er ungewöhnlichen Scharfsinn: er penetrierte die schwierigsten Angelegenheiten und sah ihnen bis auf den Grund: man konnte niemanden mit größerer Gewandtheit diskurrieren hören. Unter Leo hatte er sich in klugem Rat und umsichtiger Ausführung unübertrefflich erwiesen.

Allein erst im Sturme bewährt sich der Steuermann. Er übernahm das Papsttum, wenn wir es auch nur als italienisches Fürstentum betrachten, in einer überaus bedenklichen Lage.

Die Spanier hatten zur Erweiterung und Behauptung des Kirchenstaates das meiste beigetragen; sie hatten die Medici in Florenz hergestellt. In diesem Bunde mit den Päpsten, mit dem Hause Medici waren sie dann selber in Italien emporgekommen. Alexander VI. hatte ihnen das untere Italien eröffnet; Julius hatte sie nach dem mittleren geführt; durch den mit Leo gemeinschaftlich unternommenen Angriff auf Mailand waren sie Herren in dem oberen geworden. Klemens selbst hatte sie hiebei mannigfach unterstützt. Es existiert eine Instruktion von ihm für einen seiner Gesandten an dem spanischen Hofe, in der er die Dienste aufzählt, die er Karl V. und seinem Hause geleistet habe. Er vor allem habe bewirkt, daß Franz I. bei seiner ersten Ankunft nicht nach Neapel vorgedrungen; durch ihn sei es geschehen, daß Leo der Wahl Karls V. zum Kaiser nichts in den Weg gelegt und die alte Konstitution, vermöge deren kein König von Neapel zugleich Kaiser sein dürfe, aufgehoben habe; trotz aller Versprechungen der Franzosen habe er doch die Verbindung Leos mit Karl zur Wiedereroberung von Mailand befördert und zu diesem Unternehmen weder das Vermögen seines Vaterlandes und seiner Freunde, noch seine eigene Person gespart; er habe Adrian VI. das Papsttum verschafft, und damals habe es fast kein Unterschied zu sein geschienen, ob man Adrian oder den Kaiser selbst zum Papst mache. Ich will nicht untersuchen, wieviel von der Politik Leos X. dem Ratgeber und wieviel dem Fürsten angehört: gewiß ist es, daß Kardinal Medici immer auf Seiten des Kaisers war.

Auch nachdem er Papst geworden, kam er den kaiserlichen Truppen mit Geld, Lebensmitteln und der Gewährung geistlicher Gefälle zu Hilfe: noch einmal verdankten sie ihren Sieg zum Teil seiner Unterstützung.

So eng war Klemens mit den Spaniern verbündet; wie es aber nicht selten geschieht, in den Erfolgen ihres Bundes traten ungemeine Übelstände hervor.

Die Päpste hatten den Fortgang der spanischen Macht veranlaßt, doch niemals eigentlich beabsichtigt. Sie hatten Mailand den Franzosen entreißen, an die Spanier hatten sie es nicht bringen wollen. Vielmehr war eben deshalb mehr als ein Krieg geführt worden, um Mailand und Neapel nicht an den nämlichen Besitzer fallen zu lassen; daß nun die Spanier, schon so lange Meister von Unteritalien, sich in der Lombardei täglich fester setzten, daß sie die Belehnung des Sforza verzögerten, empfand man zu Rom mit Ungeduld und Widerwillen.

Klemens war auch persönlich mißvergnügt; aus jener Instruktion sehen wir, daß er schon als Kardinal oft nicht nach seinem Verdienste berücksichtigt worden zu sein glaubte; noch immer gab man wenig auf ihn, und ausdrücklich wider seinen Rat unternahm man den Angriff auf Marseille im Jahre 1524. Seine Minister – sie sagen es selbst — erwarteten immer größere Mißachtung des apostolischen Stuhles: sie nahmen in den Spaniern nichts als Herrschsucht und Insolenz wahr.

Wie sehr schien Klemens durch den bisherigen Gang der Dinge und seine persönliche Stellung mit den Banden der Notwendigkeit und des Willens an die Spanier gebunden zu sein! Nunmehr stellten sich ihm tausend Gründe dar, die Macht zu verwünschen, die er gründen helfen, sich eben denen zu widersetzen, die er bisher begünstigt und befördert hatte.

Von allen politischen Unternehmungen ist es vielleicht die schwerste, eine Linie zu verlassen, auf der man sich bisher bewegt, Erfolge rückgängig zu machen, die man selber hervorgerufen.

Und wie viel kam diesmal darauf an! Die Italiener fühlten ganz, daß es eine Entscheidung auf Jahrhunderte galt. Es hatte sich in der Nation ein großes Gemeingefühl hervorgetan. Ich halte dafür, daß die literarisch-künstlerische Ausbildung, so weit hervorragend über alles, was andere Nationen leisteten, dazu das meiste beitrug. Auch zeigte sich die Hoffart und Habgier der Spanier, der Anführer so gut wie der Gemeinen wahrhaft unerträglich. Es war eine Mischung von Verachtung und Ingrimm, mit der man diese fremdgeborenen, halbbarbarischen Herrscher im Lande sah. Auch lagen die Dinge so, daß man sich ihrer vielleicht entledigen konnte. Aber man mußte sich nicht verbergen: wenn man es nicht mit allen nationalen Kräften unternahm, wenn man unterlag, so war man auf immer verloren.

Ich wünschte wohl, die Entwickelung dieser Periode in ihrer Fülle, den ganzen Kampf der aufgeregten

Kräfte ausführlich darstellen zu können. Hier dürfen wir nur einige Hauptmomente desselben begleiten.

Man begann damit, und es schien überaus wohl ausgesonnen, daß man im Jahre 1525 den besten General des Kaisers, der allerdings sehr mißvergnügt war, an sich zu ziehen suchte. Was brauchte man weiter, wenn man, wie man hoffte, dem Kaiser mit dem General die Armee entzog, durch die er Italien beherrschte? Man ließ es an Versprechungen nicht fehlen: selbst eine Krone sagte man zu. Allein wie falsch war doch die Rechnung, wie scheiterte die ihrer Feinheit sich bewußte Klugheit an dem spröden Stoffe, auf den sie stieß, so gänzlich! Dieser General, Pescara, war zwar in Italien geboren, aber aus spanischem Geblüt: er sprach nur spanisch; er wollte nichts sein als ein Spanier; an der italienischen Kultur hatte er keinen Teil; seine Bildung verdankte er den spanischen Romanen, die nichts als Loyalität und Treue atmen. Einer national-italienischen Unternehmung war er von Natur entgegen. Kaum hatte man ihm den Antrag gemacht, so zeigte er ihn seinen Kameraden, er zeigte ihn dem Kaiser an: er benutzte ihn nur, um die Italiener auszuforschen und ihre Pläne zu hintertreiben.

Eben hiedurch aber — denn wie hätte nicht das gegenseitige Vertrauen nunmehr vollends verschwinden sollen? — ward ein entscheidender Kampf mit dem Kaiser unvermeidlich.

Im Sommer 1526 sehen wir endlich die Italiener

mit eigenen Kräften ans Werk gehen. Die Mailänder sind bereits im Aufstand wider die Kaiserlichen. Ein venezianisches und ein päpstliches Heer rücken heran, um ihnen beizustehen. Man hat das Versprechen schweizerischer Hilfe; man ist im Bunde mit Frankreich und England. „Diesmal," sagt der vertrauteste Minister Klemens' VII., Giberto, „gilt es nicht eine kleinliche Rache, einen Ehrenpunkt, eine einzelne Stadt: — dieser Krieg entscheidet die Befreiung oder die ewige Sklaverei von Italien." Er zweifelt nicht an dem glücklichen Ausgange. „Die Nachkommen werden neidisch sein, daß sie nicht in unsere Zeiten gefallen, um ein so großes Glück erlebt, daran teilgenommen zu haben." Er hofft, man werde der Fremden nicht bedürfen. „Unser allein wird der Ruhm, die Frucht um so süßer sein."

In diesen Gedanken und Hoffnungen unternahm Klemens seinen Krieg wider die Spanier. Es war sein kühnster und großartigster, unglücklichster, verderblichster Gedanke.

Auf das engste sind die Sachen des Staates und der Kirche verflochten. Der Papst schien die deutschen Bewegungen ganz außer acht gelassen zu haben. In diesen zeigte sich die erste Rückwirkung.

In dem Moment, daß die Truppen Klemens' VII. in Oberitalien vorrückten, Juli 1526, hatte sich der Reichstag zu Speier versammelt, um über die kirchlichen Irrungen einen definitiven Beschluß zu fassen. Daß die kaiserliche Partei, daß Ferdinand von Österreich, der des Kaisers Stelle vertrat, in einem Augenblick, in welchem sie jenseit der Alpen von dem Papst auf das ernstlichste angegriffen waren — Ferdinand selbst hegte eine Absicht auf Mailand —, diesseit derselben die päpstliche Gewalt aufrechtzuerhalten sich sehr angelegen sein lassen sollten, läuft völlig wider die Natur der Dinge. Was man auch früher beabsichtigt, angekündigt haben mochte: durch den offenen Krieg, in den man mit dem Papst geraten war, fielen alle Rücksichten weg, die man für ihn haben konnte. Niemals äußerten sich die Städte freier; niemals drangen die Fürsten ernstlicher auf eine Erledigung ihrer Beschwerden: man hat den Antrag gemacht, die Bücher, in denen die neueren Satzungen enthalten, lieber geradezu zu verbrennen und nur die Heilige Schrift zur Regel zu nehmen; obwohl sich ein gewisser Widerstand regte, so wurde doch niemals ein selbstständiger Beschluß gefaßt. Ferdinand unterzeichnete einen Reichsabschied, kraft dessen es den Ständen freigestellt ward, sich in Sachen der Religion so zu verhalten, wie es ein jeder gegen Gott und den Kaiser zu verantworten gedenke, d. i. nach ihrem Ermessen zu verfahren. Ein Beschluß, in welchem des Papstes auch nicht einmal gedacht wird, der als der Anfang der eigentlichen Reformation, der Einrichtung einer neuen Kirche in Deutschland, betrachtet werden kann. In Sachsen, Hessen und den benachbarten Ländern schritt man ohne längeres Zögern zu dieser Einrichtung. Die legale Existenz der protestantischen Partei im Reiche gründet sich vor allem auf den Beschluß von Speier im Jahre 1526.

Wir dürfen sagen, daß die Stimmung von Deutschland auch für Italien entscheidend wurde. Es fehlte viel, daß die Italiener sämtlich für ihre große Unternehmung begeistert, daß nur diejenigen, die an derselben teilnahmen, untereinander einig gewesen wären. Der Papst, so geistreich, so italienisch gesinnt er auch sein mochte, war doch kein Mann, wie ihn das Schicksal fordert, um von ihm gefesselt zu werden. Sein Scharfsinn schien ihm zuweilen zu schaden. Mehr, als gut ist, schien er zu wissen, daß er der Schwächere war; alle Möglichkeiten, die Gefahren von allen Seiten stellten sich ihm vor und verwirrten ihn. Es gibt eine praktische Erfindungsgabe, die in den Geschäften das Einfache wahrnimmt, das Tunliche oder Ratsame mit Sicherheit ergreift. Er besaß sie nicht. In den wichtigsten Momenten sah man ihn zaudern, schwanken, auf Geldersparnis denken. Da ihm nun auch seine Verbündeten nicht Wort hielten, so war es zu den Erfolgen, die man gehofft, bei weitem nicht gekommen, und noch immer hielten sich die Kaiserlichen in der Lombardei, — als im November 1526 Georg Frundsberg mit einem stattlichen Heere von Landsknechten die Alpen überstieg, um diesen Kampf zu Ende zu bringen. Sie waren sämtlich lutherisch gesinnt, er und seine Leute. Sie kamen, den Kaiser am Papst zu rächen. Dessen Bundesbrüchigkeit hatte man ihnen als die Ursache alles Unheils, des fortdauernden Krieges der Christenheit und des Glückes der Osmanen, die eben damals Ungarn überwanden, dargestellt. „Komm ich nach Rom," sagte Frundsberg, „so will ich den Papst henken."

Mit Besorgnis sieht man das Ungewitter aufsteigen, den Horizont einnehmen und heranziehen. Dieses Rom, so voll (es mag sein) von Lastern, aber nicht minder von edlem Bestreben, Geist und Bildung, produktiv, geschmückt mit unübertrefflichen Kunstwerken, wie sie die Welt nicht wieder hervorgebracht, einem Reichtum, durch das Gepräge des Geistes geadelt und von lebendiger Fortwirkung, ist von dem Verderben bedroht. Wie sich die Massen der Kaiserlichen gesammelt, zerstieben vor ihnen die italienischen Scharen: die einzige Armee, die es noch gibt, folgt ihnen von fern. Der Kaiser, der sein Heer schon lange nicht hatte bezahlen können, vermag ihm, wenn er auch will, keine andere Richtung zu geben. Es zieht einher unter den kaiserlichen Fahnen; doch folgt es seinem eigenen stürmischen Antriebe. Der Papst hofft noch, unterhandelt, fügt sich, schließt ab; aber das einzige Mittel, das ihn retten kann — das Heer mit dem Gelde zu befriedigen, das es fordern zu dürfen glaubt, — will er oder kann er nicht ergreifen. Wird man sich dann wenigstens mit den Waffen, die man hat, dem Feinde ernstlich entgegensetzen? Viertausend Mann hätten hingereicht, die Pässe von Toskana zu schließen: jedoch macht man nicht einmal den Versuch dazu. Rom zählte vielleicht 30 000 waffenfähige Männer: viele von ihnen hatten den Krieg gesehen; sie gingen mit Schwertern an den Seiten, schlugen sich unter einander und vermaßen sich hoher Dinge. Aber um dem Feinde, der die gewisse Zerstörung brachte, zu widerstehen, brachte man aus der Stadt nie über 500 Mann zusammen. Der erste Angriff überwand den Papst und seine Macht. Am 6. Mai 1527, zwei Stunden vor Sonnenuntergang, drangen die Kaiserlichen in Rom ein. Der alte Frundsberg war nicht mehr bei ihnen: als er einst bei einem Auflauf den gewohnten Gehorsam nicht fand, war er vom Schlage gerührt worden und krank zurückgeblieben; Bourbon, der das Heer so weit geführt, war beim ersten Anlegen der Sturmleitern umgekommen: von keinem Anführer in Zaum und Mäßigung gehalten, ergoß sich der blutdürstige, durch lange Entbehrung verhärtete, von seinem Handwerk verwilderte Soldat über die Stadt. Nie fiel eine reichere Beute einer gewaltsameren Truppe in die Hände; nie gab es eine längere, anhaltendere, verderblichere Plünderung. Der Glanz von Rom erfüllt den Anfang des 16. Jahrhunderts, er bezeichnet eine bewunderungswürdige Periode menschlicher Geistesentwickelung; mit diesem Tage ging sie zu Ende.

Und so sah sich der Papst, der Italien befreien wollen, in der Engelsburg belagert und gleichsam gefangen. Wir können sagen: durch diesen großen Schlag war das Übergewicht der Spanier in Italien unwiderruflich begründet.

Ein neuer Angriff der Franzosen, vielversprechend

im Anfang, mißlang doch zuletzt vollständig: sie bequemten sich, auf alle ihre italienischen Ansprüche Verzicht zu leisten.

Nicht minder wichtig ward ein anderes Ereignis. Noch ehe Rom erobert worden, als man nur sah, daß Bourbon den Weg dahin genommen, hatten zu Florenz die Feinde der Medici die Verwirrungen des Augenblicks benutzt und das Haus des Papstes aufs neue verjagt. Fast noch schmerzlicher empfand Klemens den Abfall seiner Vaterstadt, als die Einnahme von Rom. Mit Verwunderung bemerkte man, daß er nach so schweren Beleidigungen doch wieder mit den Kaiserlichen anknüpfte. Es kam daher, weil er in der Hilfe der Spanier das einzige Mittel sah, seine Verwandten, seine Partei nach Florenz zurückzuführen. Es schien ihm besser, die Übermacht des Kaisers, als die Widersetzlichkeit seiner Rebellen zu dulden. Je schlechter es den Franzosen ging, desto mehr näherte er sich den Spaniern. Als jene endlich völlig geschlagen waren, schloß er mit diesen seine Abkunft zu Barcelona; so ganz änderte er seine Politik, daß er sich der nämlichen Armee, die Rom vor seinen Augen erobert und ihn so lange belagert gehalten, daß er sich dieser, die nur verjüngt und erneuert worden, nunmehr selber bediente, um sich seine Vaterstadt wieder zu unterwerfen.

Seitdem war Karl mächtiger in Italien, als seit vielen Jahrhunderten ein anderer Kaiser. Die Krone, die er zu Bologna empfing, hatte einmal wieder ihre volle Bedeutung. Mailand gehorchte ihm allmählich nicht weniger als Neapel; auf Toskana hatte er eben deshalb, weil er die Medici in Florenz hergestellt, sein Leben lang unmittelbaren Einfluß; die übrigen schlossen sich an oder fügten sich: zugleich mit den Kräften von Spanien und von Deutschland, von dem südlichen Meer und den Alpen her, mit siegreichen Waffen und den Rechten des Kaisertums hielt er Italien in Unterwerfung.

———

Dahin führte der Gang der italienischen Kriege. Seitdem haben die auswärtigen Nationen nicht aufgehört, in Italien zu regieren.

Betrachten wir noch, wie die religiösen Irrungen sich entwickelten, die mit den politischen so genau zusammenhängen.

Wenn der Papst sich darein ergab, rings um sich her die Spanier mächtig zu sehen, so hoffte er wenigstens durch diesen gewaltigen Kaiser, den man ihm katholisch und devot schilderte, seine Autorität in Deutschland hergestellt zu sehen. Gleich ein Artikel des Friedens von Barcelona enthielt dies. Der Kaiser versprach, aus allen seinen Kräften die Reduktion der Protestanten zu befördern. Auch schien er dazu entschlossen. Den protestantischen Gesandten, die ihn in Italien aufsuchten, gab er eine sehr ungnädige Antwort. An seine Reise nach Deutschland, im Jahre 1530, knüpften einige Mitglieder der Kurie, besonders der Legat, den man ihm mitgegeben, Kardinal Campeggi, kühne und für unser Vaterland höchst gefährliche Entwürfe.

Es existiert eine Eingabe von ihm an den Kaiser, zur Zeit des Reichstages von Augsburg, in der er sie ausspricht. Mit Widerwillen und ungern, aber der Wahrheit zur Steuer, muß ich von derselben ein Wort sagen.

Kardinal Campeggi begnügte sich nicht, die religiösen Verwirrungen zu beklagen; er bemerkte besonders die politischen Folgen, wie in den Reichsstädten der Adel durch die Reformation herabgekommen, wie weder ein geistlicher noch selbst ein weltlicher Fürst rechten Gehorsam mehr finde; sogar auf die Majestät des Kaisers nehme man keine Rücksicht mehr. Er gibt dann an, wie man dem Übel begegnen könne.

Nicht sehr tief liegt das Geheimnis seiner Mittel. Es bedarf nichts, meint er, als daß ein Bund zwischen dem Kaiser und den wohlgesinnten Fürsten geschlossen werde; hierauf versucht man, die abgeneigten umzustimmen, mit Versprechungen oder mit Drohungen: was tut man aber, wenn sie hartnäckig bleiben? Man hat das Recht, „dieses giftige Gewächs mit Feuer und Schwert zu vertilgen". Die Hauptsache ist, daß man ihre Güter einzieht, weltliche und geistliche, in Deutschland so gut wie in Ungarn und Böhmen. Denn gegen Ketzer ist dies Rechtens. Ist man ihrer nur erst Herr geworden, so setzt man heilige Inquisitoren ein, die ihren Überresten nachspüren, die wider sie verfahren, wie man in Spanien wider die Marranen verfährt. Überdies wird man die Universität Wittenberg in Bann tun und die, welche daselbst studiert, kaiserlicher und päpstlicher Gnaden für unwürdig erklären; die Bücher der Ketzer wird man verbrennen, die ausgetretenen Mönche in ihre Klöster zurückschicken, an keinem Hofe einen Irrgläubigen dulden. Zuerst aber ist eine mutige Exekution notwendig. „Auch wenn Ew. Majestät," sagt der Legat, „sich nur an die Oberhäupter hält, kann sie denselben eine große Summe Geldes entreißen, die ohnehin wider die Türken unentbehrlich ist."

So lautet dieser Entwurf: das sind seine Grundsätze. Wie atmet jedes Wort Unterdrückung, Blut und Beraubung! Man kann sich nicht wundern, wenn man in Deutschland von einem Kaiser, der unter solchem Geleite eintraf, das Äußerste erwartete und die Protestanten über den Grad der Notwehr, der ihnen rechtlich verstattet sei, zu Rate gingen.

Glücklicherweise standen die Sachen anders, als daß der Versuch einer solchen Unternehmung zu fürchten gewesen wäre.

So mächtig war der Kaiser bei weitem nicht, um dies auszuführen zu können. Erasmus hat es gleich damals überzeugend auseinandergesetzt.

Allein, wäre es auch gewesen, so hätte er schwerlich den Willen dazu gehabt.

Er war von Natur eher gutmütig, bedächtig, voll

Nachdenken und langsam, als das Gegenteil. Je näher er diese Jrrungen in das Auge faßte, desto mehr berührten sie eine Ader seines eigenen Geistes. Gleich seine Ankündigung des Reichstages lautete dahin, daß er die verschiedenen Meinungen hören, erwägen und zu einer einigen christlichen Wahrheit zu bringen suchen wolle: von jenen gewaltsamen Absichten war er weit entfernt.

Auch wer sonst an der Reinheit menschlicher Gesinnung zu zweifeln gewohnt ist, kann dies nicht in Abrede stellen: es wäre Karls Vorteil nicht gewesen, sich der Gewalt zu bedienen.

Sollte er, der Kaiser, sich zum Exekutor päpstlicher Dekrete machen? Sollte er dem Papst, und nicht allein dem damaligen, sondern jedem künftigen, die Feinde unterwerfen, die demselben am meisten zu schaffen machen mußten? Hierzu war er der Freundschaft der päpstlichen Gewalt doch bei weitem nicht sicher genug.

Vielmehr lag in den Verhältnissen ein Vorteil für ihn, ungesucht, natürlich, den er nur zu ergreifen brauchte, um zu einer noch unbedingteren Superiorität zu gelangen, als er sie bereits besaß.

Ob mit Recht oder Unrecht, will ich nicht untersuchen: genug, es war allgemein angenommen, daß nur eine Kirchenversammlung imstande sein werde, so große Jrrungen beizulegen. Auch deshalb hatten sich die Konzilien in Kredit erhalten, weil die Päpste einen natürlichen Widerwillen dagegen zeigten: alle

Oppositionen erhoben von jeher diesen Ruf. Im Jahre 1530 ging Karl ernstlich auf diesen Gedanken ein. Er versprach ein Konzilium in einer bestimmten kurzen Frist.

Hatten die Fürsten schon lange in ihren Verwickelungen mit dem päpstlichen Stuhle nichts so sehr gewünscht als einen geistlichen Rückhalt, so bekam Karl in einem Konzilium, unter diesen Umständen versammelt, den gewaltigsten Verbündeten. Auf seine Veranlassung wäre es zusammengetreten, unter seinem Einfluß gehalten worden; er hätte die Beschlüsse desselben zu exequieren bekommen. Nach zwei Seiten hin würden diese gegangen sein: ebensogut den Papst, wie dessen Gegner würden sie betroffen haben; der alte Gedanke einer Reformation an Haupt und Gliedern wäre zur Ausführung gekommen; — welch ein Übergewicht mußte dies der weltlichen Macht, vor allem dem Kaiser selber verschaffen!

Es war vernünftig, es war, wenn man will, unvermeidlich; aber es war zugleich sein großes Interesse.

Dem Papste dagegen und seinem Hofe konnte nichts Bedenklicheres begegnen. Ich finde, daß bei der ersten ernstlichen Erwähnung eines Konziliums der Preis der sämtlichen käuflichen Ämter des Hofes um ein Bedeutendes fiel. Man sieht, welche Gefahr darin für den ganzen Zustand zu liegen schien, in dem man sich befand.

Aber überdies hatte Klemens VII. auch persönliche Rücksichten. Daß er nicht von gesetzmäßiger Geburt, daß er nicht auf ganz reinem Wege zu der höchsten Würde emporgestiegen war und sich von persönlichen Zwecken hatte bestimmen lassen, gegen sein Vaterland mit den Kräften der Kirche einen kostspieligen Krieg zu führen, alles Dinge, die einem Papste hoch angerechnet werden mußten, flößte ihm eine gerechte Furcht ein: schon der Erwähnung eines Konziliums, sagt Soriano, wich Klemens so weit als möglich aus.

Obwohl er den Vorschlag nicht geradezu verwarf — schon um der Ehre des päpstlichen Stuhles willen durfte er es nicht —, so kann man doch nicht zweifeln, mit welchem Herzen er darauf einging.

Ja, er gibt nach; er fügt sich; aber auf das stärkste führt er zugleich die Gegengründe aus; alle Schwierigkeiten und Gefahren, die mit einem Konzilium verknüpft seien, stellt er auf das lebhafteste dar: den Erfolg findet er mehr als zweifelhaft. Dann macht er Bedingungen einer Mitwirkung aller anderen Fürsten, einer vorläufigen Unterwerfung der Protestanten, die sich zwar im Systeme der päpstlichen Doktrin hören lassen, aber bei der Lage der Verhältnisse nimmermehr zu erfüllen sind. Wie wäre es von ihm zu erwarten gewesen, daß er in der vom Kaiser gesetzten Frist nicht allein scheinbar und mit Demonstrationen, sondern ernstlich und entschlossen ans Werk gegangen wäre? Oft hat ihm Karl vorgeworfen, diese seine Zögerung sei an allem weiteren Unheil Schuld. Ohne Zweifel hoffte er, der Notwendigkeit, die über ihm schwebte, noch zu entgehen.

Aber gewaltig hielt sie ihn fest. Als Karl im Jahre 1533 wieder nach Italien kam, noch erfüllt von dem, was er in Deutschland gesehen und entworfen, drang er mündlich — er hielt mit dem Papst einen Kongreß zu Bologna — und mit erneuerter Lebhaftigkeit auf das Konzilium, das er so oft schriftlich gefordert hatte. Die verschiedenen Meinungen begegneten sich unmittelbar: der Papst blieb bei seinen Bedingungen stehen: der Kaiser stellte ihm die Unmöglichkeit ihrer Erfüllung vor. Sie konnten sich nicht vereinigen. In den Breven, die über diese Sache erlassen wurden, nimmt man sogar eine gewisse Verschiedenheit wahr. In den einen schloß sich der Papst mehr als in den anderen der Meinung des Kaisers an. Aber wie dem auch sei, er mußte zu einer erneuerten Ankündigung schreiten. Wollte er sich nicht ganz verblenden, so durfte er nicht zweifeln, daß es bei der Rückkunft des Kaisers, der nach Spanien gegangen, nicht mehr bei bloßen Worten sein Bewenden haben, — daß jene Gefahr, die er fürchtete und die ein Konzilium unter diesen Umständen für den römischen Stuhl in der Tat mit sich führte, über ihn hereinbrechen werde.

Es war eine Lage, in der der Inhaber einer Gewalt, welche sie auch sein mag, wohl entschuldigt werden kann, wenn er selbst einen verwegenen Entschluß ergreift, sich sicher zu stellen. Schon war der Kaiser politisch so übermächtig. Wenngleich sich der Papst hiefür resigniert hatte, so mußte er doch oft fühlen, wohin er gekommen war. Daß Karl V. die alten Streitigkeiten der Kirche mit Ferrara zugunsten des letzteren entschied, beleidigte ihn tief: er nahm es so hin; aber unter seinen Freunden beklagte er sich. Wieviel drückender war es aber, wenn nun dieser Fürst, von dem man die unverweilte Unterwerfung der Protestanten gehofft hatte, statt dessen sich vielmehr, auf den Grund der ausgebrochenen Irrungen, auch zu einem kirchlichen Übergewicht erhob, wie man es seit Jahrhunderten nicht mehr kannte, wenn er auch das geistliche Ansehen des römischen Stuhles in Gefahr setzte! Sollte Klemens erleben, ganz und gar in die Hände desselben zu geraten und seinem Gutbefinden überlassen zu sein?

Noch dort in Bologna faßte er seinen Entschluß. Schon öfter hatte Franz I. dem Papst Bündnis und Blutsverwandtschaft angetragen. Klemens hatte es immer abgelehnt. In der Bedrängnis, in der er sich jetzt sah, ging er darauf ein. Man versichert uns ausdrücklich, der eigentliche Grund, daß Klemens dem Könige von Frankreich wieder Gehör schenkte, sei die Forderung des Konziliums gewesen.

Was dieser Papst rein politischer Zwecke halber vielleicht nie wieder versucht hätte, das Gleichgewicht der beiden großen Mächte herzustellen und ihnen eine gleiche Gunst zu widmen, dazu entschloß er sich in Betracht der kirchlichen Gefahren, denen er ausgesetzt war.

Kurz hierauf hielt Klemens auch eine Zusammenkunft mit Franz I. Sie fand in Marfeille ftatt, und die engfte Verbindung ward gefchloffen. Ganz wie der Papft früher in den florentinifchen Gefahren feine Freundfchaft mit dem Kaifer dadurch befeftigt hatte, daß er deffen natürliche Tochter mit einem von feinen Neffen verheiratete, fo befiegelte er jetzt in den kirchlichen Bedrängniffen den Bund, den er mit Franz I. einging, durch eine Vermählung feiner jungen Nichte Katharina Medici mit dem zweiten Sohne des Königs. Damals hatte er die Franzofen und ihren indirekten Einfluß auf Florenz, jetzt hatte er den Kaifer und feine Intentionen bei einer Kirchenverfammlung zu fürchten.

Auch bemühte er fich nun nicht weiter, feinen Zweck zu verhehlen. Wir befitzen einen Brief von ihm an Ferdinand I., in dem er erklärt, mit feiner Bemühung, eine Teilnahme aller chriftlichen Fürften an dem Konzilium zuwege zu bringen, fei es ihm nicht gelungen: König Franz I., den er gefprochen, halte die gegenwärtige Zeit nicht für geeignet zu einer folchen Verfammlung und fei nicht darauf eingegangen; er, der Papft, hoffe aber noch immer, ein andermal eine günftige Stimmung der chriftlichen Fürften hervorgehen zu fehen. Ich weiß nicht, wie man über die Abficht Klemens' VII. in Zweifel fein kann. Noch in feinem letzten Schreiben an die katholifchen Fürften von Deutfchland hatte er die Bedingung einer allgemeinen Teilnahme wiederholt; daß er nun erklärt, eine folche nicht bewerkftelligen zu können, enthält eine unzweideutige Weigerung, jener seiner Ankündigung Folge zu geben. In seiner Verbindung mit Frankreich fand er, wie den Mut, so auch den Vorwand dazu. Ich kann mich nicht überreden, daß das Konzilium jemals unter ihm zustande gekommen wäre.

Jedoch war dies nicht die einzige Folge jener Verbindung. Auf der Stelle entwickelte sich noch eine andere, unerwartete, die besonders für uns Deutsche von der größten Wichtigkeit ist.

Sehr sonderbar war sogleich die Kombination, die bei der Verflechtung kirchlicher und weltlicher Interessen daraus hervorging. Franz I. war damals in dem besten Verständnis mit den Protestanten; indem er sich nun zugleich so eng mit dem Papst verbündete, vereinigte er gewissermaßen Protestanten und Papst in das nämliche System.

Und hier erkennen wir, was die politische Stärke der Stellung ausmachte, welche die Protestanten eingenommen hatten. Der Kaiser konnte nicht beabsichtigen, sie dem Papste so geradehin aufs neue zu unterwerfen; er bediente sich vielmehr ihrer Bewegung, um diesen damit in Schach zu halten. Allmählich zeigte sich, daß auch der Papst nicht wünschte, sie auf Gnade oder Ungnade dem Kaiser unterworfen zu sehen; nicht so ganz unbewußt war sogar die Verbindung Klemens' VII. mit ihnen: er hoffte, ihre Opposition wider den Kaiser zu benutzen, um diesem hinwiederum zu schaffen zu geben.

Es ist gleich damals bemerkt worden, der König von Frankreich habe den Papst glauben gemacht, die vornehmsten protestantischen Fürsten seien von ihm abhängig; er habe ihn hoffen lassen, sie dahin zu bringen, auf das Konzilium Verzicht zu leisten. Allein, wenn wir nicht sehr irren, gingen diese Verbindungen nicht weiter. Kurz nach der Zusammenkunft mit dem Papste hielt Franz I. eine andere mit Landgraf Philipp von Hessen. Sie vereinigten sich zur Herstellung des Herzogs von Württemberg, der damals von dem Hause Österreich verdrängt worden war. Franz I. bequemte sich, Hilfsgelder zu zahlen. In kurzem Kriegszuge, mit überraschender Schnelligkeit setzte hierauf Landgraf Philipp das Unternehmen ins Werk. Es ist gewiß, daß er in die österreichischen Erblande hätte vordringen sollen; allgemein vermutete man, der König wolle Mailand einmal auch von deutscher Seite her angreifen lassen. Eine noch weitere Aussicht eröffnet uns Marino Giustinian, in jenen Zeiten Botschafter der Venezianer in Frankreich. Er versichert geradehin, diese deutsche Bewegung sei von Klemens und Franz zu Marseille beschlossen worden: er fügt hinzu, es habe allerdings nicht außer dem Plane gelegen, diese Truppen nach Italien kommen zu lassen: insgeheim würde der Papst dazu mitgewirkt haben. Es würde etwas rasch sein, diese Behauptung, so sicher sie auch ausgesprochen wird, als beglaubigte Tatsache zu betrachten: noch andere Beweise wären erforderlich; — allein, wenn wir sie auch nicht annehmen, stellt sich doch eine sehr merkwürdige Erscheinung unbezweifelt dar. Wer hätte es vermuten sollen? In dem Augenblick, daß Papst und Protestanten einander mit einem unversöhnlichen Hasse verfolgen, daß sie sich einen geistlichen Krieg machen, der die Welt mit Zwietracht erfüllt, sind sie auf der anderen Seite durch gleiche politische Interessen verbunden.

War aber früher, in der Verwickelung der italienischen Angelegenheiten, dem Papst nichts so verderblich gewesen wie die zweideutige allzufeine Politik, die er befolgte, so trugen ihm diese Maßregeln auf dem geistlichen Gebiete noch bitterere Früchte.

König Ferdinand, bedroht in seinen erblichen Provinzen, eilte, den Frieden von Cadan zu schließen, in welchem er Württemberg fahren ließ und sogar in ein engeres Verständnis mit dem Landgrafen selber trat. Es waren die glücklichsten Tage Philipps von Hessen. Daß er einem verjagten deutschen Fürsten mit gewaltiger Hand zu seinem Recht verholfen, machte ihn zu einem der angesehensten Oberhäupter des Reiches. Er hatte aber damit auch noch einen anderen wichtigen Erfolg erkämpft. Dieser Friede enthielt zugleich eine tiefgreifende Bestimmung über die religiösen Streitigkeiten. Das Kammergericht ward angewiesen, über die eingezogenen geistlichen Güter keine Klagen weiter anzunehmen.

Ich weiß nicht, ob irgendein anderes einzelnes Ereignis für das Übergewicht des protestantischen

Namens in Deutschland so entscheidend eingewirkt hat wie die hessische Unternehmung. In jener Weisung des Kammergerichts liegt eine juridische Sicherung der neuen Partei, die von ungemeiner Bedeutung ist. Auch ließ sich die Wirkung nicht lange erwarten. Den Frieden von Cadan, dünkt mich, können wir als die zweite große Epoche der Erhebung einer protestantischen Macht in Deutschland betrachten. Nachdem sie eine Zeitlang mindere Fortschritte gemacht, fing sie aufs neue an, sich auf das glänzendste auszubreiten. Württemberg, welches man eingenommen, ward ohne weiteres reformiert. Die deutschen Provinzen von Dänemark, Pommern, die Mark Brandenburg, die zweite Linie von Sachsen, eine Linie von Braunschweig, die Pfalz folgten in kurzem nach. Binnen wenigen Jahren breitete sich die Reformation der Kirche über das gesamte niedere Deutschland aus und setzte sich in dem oberen auf immer fest.

Und um eine Unternehmung, die dahin führte, die den begonnenen Abfall so unermeßlich beförderte, hatte Papst Klemens gewußt, er hatte sie vielleicht gebilligt.

Das Papsttum war durchaus in einer falschen, unhaltbaren Position. Seine weltlichen Tendenzen hatten in ihm selbst einen Verfall hervorgerufen, aus dem ihm unzählige Widersacher und Abtrünnige entsprangen; aber die Fortsetzung derselben, die fernere Verflechtung geistlicher und weltlicher Interessen, richtete es vollends zugrunde.

Auch das Schisma von England hängt noch wesentlich hievon ab.

Es ist sehr bemerkenswert, daß Heinrich VIII., so feindselig er sich auch gegen Luther erklärt hatte, so eng er mit dem römischen Stuhle auch verbunden war, doch bei der ersten Differenz in rein politischen Geschäften, schon im Anfang des Jahres 1525, dem römischen Stuhle mit kirchlichen Neuerungen drohte. Damals ward zwar alles beigelegt; der König machte mit dem Papst gemeinschaftliche Sache wider den Kaiser; als Klemens in dem Kastell eingeschlossen, von jedermann verlassen war, fand Heinrich VIII. Mittel, ihm eine Unterstützung zukommen zu lassen; Klemens war ihm deshalb persönlich vielleicht geneigter, als irgendeinem anderen Fürsten. Seitdem aber war nun die Ehescheidungssache des Königs in Gang gekommen. Es ist nicht zu leugnen, daß ihm der Papst noch im Jahre 1528 eine günstige Erledigung derselben, wenn nicht zusagte, doch möglich erscheinen ließ, „sobald nur erst die Deutschen und die Spanier aus Italien verjagt sein würden". Es erfolgte hievon, wie wir wissen, das Gegenteil. Die Kaiserlichen setzten sich nun erst recht fest: wir sahen, in welch engen Bund Klemens mit ihnen trat: unter so veränderten Umständen konnte er eine Hoffnung nicht erfüllen, die er überdies nur flüchtig angedeutet hatte. Kaum war der Friede von Barcelona geschlossen, so avozierte er den Prozeß nach Rom. Die Frau, von der sich Heinrich scheiden wollte, war die

Tante des Kaisers; von einem früheren Papst war die Ehe ausdrücklich gutgeheißen worden; wie hätte, sobald die Sache einmal in den prozessualischen Gang von den Gerichtshöfen der Kurie geleitet worden, zumal unter dem immerwährenden Einfluß der Kaiserlichen, die Entscheidung zweifelhaft sein können? Hierauf schlug nun Heinrich den schon ehemals ins Auge gefaßten Weg ohne weiteres ein. In der Hauptsache, dem Dogma, war und blieb er ohne Zweifel katholisch gesinnt; diese Angelegenheit aber, die in Rom so offenbar mit politischen Rücksichten in Verbindung gebracht wurde, rief nun in ihm eine immer lebhaftere Opposition gegen die weltliche Gewalt des Papsttums hervor. Jeden Schritt, der in Rom zu seinem Nachteile geschah, erwiderte er mit einer Maßregel gegen die Kurie: immer förmlicher sagte er sich von derselben los. Als jene endlich im Jahre 1534 ihre definitive Sentenz ergehen ließ, bedachte auch er sich nicht weiter und sprach die vollständige Trennung seines Reiches von dem Papste aus. So schwach waren bereits die Bande, welche den römischen Stuhl und die verschiedenen Landeskirchen verknüpften, daß es nichts als den Entschluß eines Fürsten bedurfte, um sein Reich von demselben loszureißen.

Diese Ereignisse erfüllten das letzte Lebensjahr Klemens' VII. Sie waren ihm um so bitterer, da er nicht ohne alle Schuld daran war und seine Unfälle in einem qualvollen Zusammenhange mit seinen persönlichen Eigenschaften standen. Und von Tag zu Tage gefährlicher entwickelte sich der Gang der Dinge. Schon drohte Franz I., Italien aufs neue anzufallen: er behauptete, hiezu zwar nicht die schriftliche, aber doch die mündliche Genehmigung des Papstes erhalten zu haben. Der Kaiser wollte sich nicht länger mit Ausflüchten abweisen lassen und drang immer nachdrücklicher auf die Einberufung des Konziliums. Häusliche Mißhelligkeiten kamen hinzu: nachdem es so viel Mühe gekostet, Florenz zu unterwerfen, mußte der Papst erleben, daß die beiden Neffen, die er hatte, sich über die Herrschaft in dieser Stadt entzweiten und in wilde Feindschaft gerieten: die Gedanken, die er sich hierüber machte, die Furcht vor den kommenden Dingen, — Schmerz und geheime Qual, sagt Soriano, führten ihn zum Tode.

Glücklich haben wir Leo genannt: vielleicht besser, auf jeden Fall fehlerfreier, tätiger und im einzelnen selbst scharfsinniger, aber in allem seinem Tun und Lassen unglückselig war Klemens. Wohl der unheilvollste aller Päpste, die je auf dem römischen Stuhle gesessen. Der Überlegenheit feindlicher Kräfte, die ihn von allen Seiten bedrängte, trat er mit einer unsicheren, von den Wahrscheinlichkeiten des Augenblicks abhängigen Politik entgegen, die ihn vollends zugrunde richtete. Die Versuche, eine selbständige weltliche Macht zu bilden, denen sich seine namhaftesten Vorgänger hingegeben, mußte er zu einem ganz entgegengesetzten Erfolge umschlagen sehen: er mußte sich darein finden, daß die, denen er Italien entreißen wollen, ihre Herrschaft daselbst auf immer befestigten. Der große Abfall der Protestanten entwickelte sich unaufhaltsam vor seinen Augen: welche Mittel er auch wider denselben ergreifen mochte, sie trugen alle zu seiner Ausbreitung bei. In Reputation unendlich herabgekommen, ohne geistliche, ohne weltliche Autorität hinterließ er den päpstlichen Stuhl. Jenes Norddeutschland, das für das Papsttum von jeher so bedeutend war — durch dessen erste Bekehrung vor Zeiten die Macht der Päpste im Abendlande vorzüglich mit begründet worden, dessen Empörung gegen Kaiser Heinrich IV. ihnen zur Vollendung der Hierarchie so große Dienste geleistet hatte, — war wider sie selber aufgestanden. Unser Vaterland hat das unsterbliche Verdienst, das Christentum in reinerer Gestalt, als es seit den ersten Jahrhunderten bestanden, wiederhergestellt, die wahre Religion wieder entdeckt zu haben. Mit dieser Waffe war es unüberwindlich gerüstet. Seine Überzeugungen brachen sich bei allen Nachbarn Bahn: Skandinavien hatten sie bereits eingenommen; wider die Absicht des Königs, aber unter dem Schutze der Maßregeln, die er ergriffen, breiteten sie sich in England aus; in der Schweiz erkämpften sie sich, unter wenigen Modifikationen, eine unantastbare Existenz; in Frankreich drangen sie vor; in Italien, selbst in Spanien finden wir noch unter Klemens ihre Spuren. Immer näher wälzen sich diese Fluten heran. In diesen Meinungen lebt eine Kraft, die jedermann heranzieht und fortreißt. Der Widerstreit geistlicher und weltlicher Interessen, in den sich das Papsttum gesetzt hat, scheint recht dazu gemacht, ihnen die vollständige Herrschaft zu verschaffen.

Zweites Buch.

Anfänge einer Regeneration des Katholizismus.

Nicht erst heutzutage hat die öffentliche Meinung Einfluß in der Welt bekommen; in allen Jahrhunderten des neueren Europa hat sie ein wichtiges Lebenselement ausgemacht. Wer möchte sagen, woher sie entspringt, wie sie sich bildet? Wir dürfen sie als das eigentümlichste Produkt unserer Gemeinschaftlichkeit betrachten, als den nächsten Ausdruck der inneren Bewegungen und Umwandlungen des allgemeinen Lebens. Aus geheimen Quellen steigt sie auf und nährt sie sich; ohne vieler Gründe zu bedürfen, durch unwillkürliche Überzeugung bemächtigt sie sich der Geister. Aber nur in den äußersten Umrissen ist sie mit sich selber in Übereinstimmung: in unzähligen größeren und kleineren Kreisen wird sie auf eigentümliche Weise wieder hervorgebracht und auf das mannigfaltigste modifiziert. Da ihr dann immer neue Wahrnehmungen und Erfahrungen zuströmen, da es immer selbständige Geister gibt, welche, von ihr zwar berührt, aber nicht so geradezu in dem Strome mit fortgerissen, energisch auf sie zurückwirken, so ist sie in unaufhörlicher Metamorphose begriffen: flüchtig, vielgestaltig; mit der Wahrheit und dem Recht zuweilen mehr, zuweilen minder im Einklange: mehr eine Tendenz des Augenblicks, als eine fixierte Lehre. Häufig begleitet sie nur das Ereignis, das sie mit hervorbringt, — bildet und entwickelt sich daran; dann und wann aber, wenn ihr ein einseitiger Wille, den sie doch nicht übermeistern kann, entgegentritt, schwillt sie zu gewaltsamer Forderung an. Man muß zugestehen, daß sie von den Bedürfnissen, den Mängeln in der Regel ein richtiges Gefühl hat; davon aber, was auszurichten und ins Werk zu setzen wäre, kann sie ihrer Natur nach kein reines, festes Bewußtsein hervorbringen. Daher kommt es, daß sie im Laufe der Zeit sogar oft in ihr Gegenteil umschlägt. Sie hat das Papsttum gründen, sie hat es auch auflösen helfen. In den Zeiten, die wir betrachten, war sie einmal völlig profan: sie wurde durchaus geistlich. Bemerkten wir, wie sie sich in ganz Europa dem Protestantismus zuneigte, so werden wir auch sehen, wie sie in einem großen Teile desselben eine andere Farbe empfing.

Gehen wir davon aus, wie sich zunächst die Lehren der Protestanten auch in Italien Bahn machten.

Analogien des Protestantismus in Italien.

Literarische Vereinigungen haben auch in Italien auf wissenschaftliche und künstlerische Entwickelung einen unberechenbaren Einfluß ausgeübt. Bald um einen Fürsten, bald um einen ausgezeichneten Gelehrten, bald um irgendeinen literarisch gesinnten, bequem eingerichteten Privatmann her, zuweilen auch in freier gleicher Geselligkeit bilden sie sich; am meisten pflegen sie wert zu sein, wenn sie frisch und formlos aus dem unmittelbaren Bedürfnis hervorgehen: mit Vergnügen verfolgen wir ihre Spuren. — Zu der nämlichen Zeit, als die protestantische Bewegung in Deutschland hervortrat, erschienen in Italien literarische Reunionen, die eine religiöse Farbe annahmen.

Eben als es unter Leo X. der Ton der Gesellschaft geworden war, das Christentum zu bezweifeln, zu leugnen, erhob sich in geistreicheren Männern, in solchen, welche die Bildung ihrer Zeit besaßen, ohne sich an dieselbe verloren zu haben, eine Rückwirkung dagegen. Es ist so natürlich, daß sie sich zusammenfanden. Der menschliche Geist bedarf der Beistimmung; wenigstens liebt er sie immer: unentbehrlich aber ist sie ihm in religiösen Überzeugungen, deren Grund das tiefste Gemeingefühl ist.

Noch zu Leos Zeiten wird ein Oratorium der göttlichen Liebe erwähnt, das einige ausgezeichnete Männer in Rom zu gemeinschaftlicher Erbauung gestiftet hatten. In Trastevere, in der Kirche S. Silvestro und Dorotea, unfern von dem Orte, wo der Apostel Petrus, wie man glaubte, gewohnt und die ersten Zusammenkünfte der Christen geleitet habe, versammelten sie sich zu Gottesdienst, Predigt und geistlichen Übungen. Es waren ihrer fünfzig bis sechzig. Contarini, Sadolet, Giberto, Caraffa, die nachmals sämtlich Kardinäle geworden, Gaetano da Thiene, den man kanonisiert hat, Lippomano, ein geistlicher Schriftsteller von viel Ruf und Wirksamkeit, und einige andere namhafte Männer waren darunter. Julian Bathi, Pfarrer jener Kirche, diente ihnen zum Mittelpunkt ihrer Vereinigung.

Es fehlte viel, daß die Richtung derselben, wie man leicht aus dem Orte der Versammlung schließen könnte, dem Protestantismus entgegengelaufen wäre: sie war ihm vielmehr in gewissem Sinne gleichartig — in der Absicht, dem allgemeinen Verfalle der Kirche durch Erneuerung der Lehre und des Glaubens entgegenzutreten, wovon auch Luther und Melanchthon ausgegangen waren. Sie bestand aus Männern, welche später sehr verschiedene Ansichten entwickelt haben; damals begegneten sie sich in der nämlichen allgemeinen Gesinnung.

Gar bald aber traten bestimmtere und verschiedenartige Tendenzen hervor.

Einem Teile der römischen Gesellschaft begegnen wir nach Verlauf einiger Jahre in Venedig wieder. Rom war geplündert, Florenz erobert worden, Mailand war fortwährend der Tummelplatz der Kriegsheere gewesen: in diesem allgemeinen Ruin hatte sich Venedig unberührt von den Fremden, von den Kriegsheeren behauptet: es wurde als eine allgemeine Zufluchtsstätte betrachtet. Da fanden sich die zersprengten römischen Literatoren, die florentinischen Patrioten, denen ihr Vaterland auf immer geschlossen war, zusammen. Namentlich in den letzten zeigte sich, wie wir an dem Geschichtschreiber Nardi, dem Übersetzer der Bibel Bruccioli sehen, nicht ohne Nachwirkung der Lehren des Savonarola, eine sehr starke geistliche Richtung. Auch andere Flüchtlinge, wie Reginald Poole, welcher England verlassen hatte, um sich den Neuerungen Heinrichs VIII. zu entziehen, teilten dieselbe. In ihren benezianischen Gastfreunden fanden sie ein bereitwilliges Entgegenkommen. Bei Peter Bembo in Padua, der ein offenes Haus hielt, fragte man allerdings am meisten nach gelehrten Sachen, nach ciceronianischem Latein. Tiefer verlor man sich bei dem gelehrten und verständigen Gregorio Cortese, Abt von San Giorgio Maggiore bei Venedig. In die Gebüsche und Lauben von St. Giorgio verlegt Bruccioli einige seiner Gespräche. Unfern Treviso hatte Luigi Priuli seine Villa, genannt Treville. Er ist einer der rein ausgebildeten benezianischen Charaktere, wie wir ihnen noch heute dann und wann begegnen, voll ruhiger Empfänglichkeit für wahre und große Gefühle und uneigennütziger Freundschaft. Hier beschäftigte man sich hauptsächlich mit geistigen Studien und Gesprächen. Da war der Benediktiner Marco von Padua, ein Mann von tieferer Frömmigkeit, der es wahrscheinlich ist, an dessen Brüsten Poole Nahrung gesogen zu haben behauptet. Als das Haupt von allen mochte Gaspar Contarini anzusehen sein, von welchem Poole sagt, es sei ihm nichts unbekannt, was der Mensch durch seine eigene Forschung entdeckt, oder was die göttliche Gnade ihm mitgeteilt habe, und dazu füge er den Schmuck der Tugend.

Fragen wir nun, in welcher Grundansicht diese Männer sich berührten, so ist das hauptsächlich dieselbe Lehre von der Rechtfertigung, welche in Luther der ganzen protestantischen Bewegung ihren Ursprung gegeben hatte. Contarini schrieb einen eigenen Traktat darüber, den Poole nicht genug zu rühmen weiß. „Du hast," sagt er ihm, „diesen Edelstein hervorgezogen, den die Kirche in halber Verborgenheit bewahrte." Poole selber findet, daß die Schrift in ihrem tieferen Zusammenhange nichts als diese Lehre predige: er preist seinen Freund glücklich, daß er diese „heilige, fruchtbringende, unentbehrliche Wahrheit" ans Licht zu bringen angefangen. Zu dem Kreise von Freunden, der sich an sie anschloß, gehörte M. A. Flaminio. Er wohnte eine Zeitlang bei Poole; Contarini wollte ihn mit nach Deutschland nehmen. Man höre, wie entschieden er jene Lehre verkündigt. „Das Evangelium," sagt er in einem seiner Briefe, „ist nichts anderes als die glückliche Neuigkeit, daß der eingeborene Sohn Gottes, mit unserem Fleisch bekleidet, der Gerechtigkeit des ewigen Vaters für uns genuggetan hat. Wer dies glaubt, geht in das Reich Gottes ein: er genießt die allgemeine Vergebung, er wird von einer fleischlichen Kreatur eine geistliche, von einem Kinde des Zorns ein Kind der Gnade: er lebt in einem süßen Frieden des Gewissens." Man kann sich hierüber kaum lutherisch-rechtgläubiger ausdrücken.

Ganz wie eine literarische Meinung oder Tendenz breitete sich diese Überzeugung über einen großen Teil von Italien aus.

Bemerkenswürdig ist es doch, wie so plötzlich der Streit über eine Meinung, von der früher nur dann und wann in den Schulen die Rede war, ein Jahrhundert einnehmen und erfüllen, die Tätigkeit aller Geister desselben herausfordern kann. In dem 16. Jahrhundert brachte die Lehre von der Rechtfertigung die größten Bewegungen, Entzweiungen, ja Umwälzungen hervor. Man möchte sagen, es sei im Gegensatz gegen die Verweltlichungen des kirchlichen Institutes, welches die unmittelbare Beziehung des Menschen zu Gott fast ganz verloren hatte, geschehen, daß eine so transzendentale, das tiefste Geheimnis dieses Verhältnisses anbetreffende Frage die allgemeine Beschäftigung der Geister wurde.

Selbst in dem lebenslustigen Neapel ward sie, und zwar von einem Spanier, einem Sekretär des Vizekönigs, Johann Valdez, verbreitet. Die Schriften des Valdez sind leider ganz verschollen; darüber aber, was die Gegner an ihm tadelten, haben wir ein sehr bestimmtes Zeugnis. Um das Jahr 1540 kam ein kleines Buch „von der Wohltat Christi" in Umlauf, welches, wie sich ein Bericht der Inquisition ausdrückt, auf einschmeichelnde Weise von der Rechtfertigung handelte, Werke und Verdienste herabsetzte, dem Glauben allein alles zuschrieb und, weil eben dies der Punkt war, an dem damals viele Prälaten und Klosterbrüder anstießen, eine ungemeine Verbreitung fand. Man hatte dem Autor dieses Buches öfter nachgefragt. Jener Bericht bezeichnet ihn mit Bestimmtheit. „Es war," sagt derselbe, „ein Mönch von San Severino, ein Schüler des Valdez; Flaminio hat es revidiert." Auf einen Schüler und Freund des Valdez führt sich demnach dieses Buch zurück, das in der Tat einen unglaublichen Sukzeß hatte und die Lehre von der Rechtfertigung auf eine Zeitlang in Italien populär machte. Dabei war jedoch die Tendenz des Valdez nicht ausschließend theologisch, wie er denn ein bedeutendes weltliches Amt bekleidete; er hat keine Sekte gestiftet; aus einer liberalen Beschäftigung mit dem Christentume war dieses Buch hervorgegangen. Mit Wonne dachten seine Freunde an die schönen Tage, die sie mit ihm an der Chiaja und dem Posilippo genossen hatten, dort bei Neapel, „wo die Natur in ihrer Pracht sich gefällt und lächelt". Valdez war sanft, angenehm, nicht ohne Schwung des Geistes. „Ein Teil seiner Seele," sagen seine Freunde von ihm, „reichte hin, seinen schwachen mageren Körper zu beleben; mit dem größeren Teil, dem ungetrübten hellen Verstande, war er immer zur Betrachtung der Wahrheit erhoben."

Bei dem Adel und den Gelehrten von Neapel hatte Valdez außerordentlichen Einfluß; lebhaften Anteil an dieser religiös geistigen Bewegung nahmen auch die Frauen.

Unter anderen Vittoria Colonna. Nach dem Tode ihres Gemahls Pescara hatte sie sich ganz den Studien hingegeben. In ihren Gedichten wie in ihren Briefen ist eine selbstgefühlte Moral, eine ungeheuchelte Religion. Wie schön tröstet sie eine Freundin über den Tod ihres Bruders, „dessen friedfertiger Geist in den ewigen wahren Frieden eingegangen: sie müsse nicht klagen, da sie nun mit ihm reden könne, ohne daß seine Abwesenheit, wie sonst so häufig, sie hindere, von ihm verstanden zu werden". Poole und Contarini gehörten zu ihren vertrautesten Freunden. Ich sollte nicht glauben, daß sie sich geistlichen Übungen auf klösterliche Weise unterzogen habe. Mit vieler Naivität schreibt ihr wenigstens Aretin: „ihre Meinung sei gewiß nicht, daß es auf das Verstummen der Zunge, das Niederschlagen der Augen, die rauhe Kleidung ankomme, sondern auf die reine Seele."

Überhaupt war das Haus Colonna, namentlich Vespasiano, Herzog zu Palliano, und dessen Gemahlin Julia Gonzaga, dieselbe, die für die schönste Frau in Italien gegolten hat, dieser Bewegung gewogen. Ein Buch des Valdez war der Julia gewidmet.

Aber überdies hatte diese Lehre in den mittleren Ständen einen ungemeinen Fortgang. Der Bericht der Inquisition scheint fast zu übertreiben, wenn er 3000 Schullehrer zählen will, die derselben angehangen. Doch auch eine mindere Anzahl, wie tief mußte sie auf Jugend und Volk wirken!

Und nicht viel geringer mochte die Teilnahme sein, die diese Lehre in Modena fand. Der Bischof selbst, Morone, ein genauer Freund von Poole und Contarini, begünstigte sie: auf sein ausdrückliches Geheiß ward das Buch von der Wohltat Christi gedruckt und in vielen Exemplaren verbreitet; sein Kapellan, Don Girolamo da Modena, war der Vorsteher einer Akademie, in welcher die nämlichen Grundsätze herrschten.

Es ist von Zeit zu Zeit von den Protestanten in Italien die Rede gewesen, und wir haben schon mehrere Namen genannt, die in den Verzeichnissen derselben vorkommen. Und gewiß hatten in diesen Männern einige Meinungen Wurzel gefaßt, welche in Deutschland herrschend wurden: sie suchten die Lehre auf das Zeugnis der Schrift zu gründen; in dem Artikel von der Rechtfertigung streiften sie nahe an die lutherische Auffassung hin. Allein, daß sie dieselbe auch in allen anderen Stücken geteilt hätten, kann man nicht sagen: allzutief war das Gefühl der Einheit der Kirche, die Verehrung für den Papst ihren Gemütern eingeprägt, und gar manche katholische Gebräuche hingen zu genau mit der nationalen Sinnesweise zusammen, als daß man sich so leicht von ihnen entfernt hätte.

Flaminio verfaßte eine Psalmenerklärung, deren dogmatischer Inhalt von protestantischen Schriftstellern gebilligt worden ist; aber eben dieselbe versah er mit einer Zueignung, in welcher er den Papst „den Wächter und Fürsten aller Heiligkeit, den Statthalter Gottes auf Erden" nannte.

Giovan Battista Folengo schreibt die Rechtfertigung allein der Gnade zu: er redet sogar von dem Nutzen der Sünde, was nicht weit von der Schädlichkeit der guten Werke entfernt ist: lebhaft eifert er wider das Vertrauen auf Fasten, häufiges Gebet, Messe und Beichte, ja auch den Priesterstand selber, Tonsur und Mitra; dennoch ist er in dem nämlichen Benediktinerkloster, in welchem er in seinem sechzehnten Jahre eingekleidet worden, ungefähr in dem sechzigsten ruhig gestorben.

Nicht viel anders stand es lange Zeit mit Bernardino Ochino. Glauben wir seinen eigenen Worten, so war es von Anfang ein tiefes Verlangen, wie er sich ausdrückt, „nach dem himmlischen Paradiese, das durch die göttliche Gnade erworben wird," was ihn dahin brachte, Franziskaner zu werden. Sein Eifer war so gründlich, daß er gar bald zu den strengeren Bußübungen der Kapuziner übertrat. In dem dritten und noch einmal in dem vierten Kapitel dieses Ordens ward er zum General desselben ernannt: ein Amt, das er mit außerordentlichem Beifall verwaltete. So streng aber auch sein Leben war — er ging immer zu Fuß, er schlief auf seinem Mantel, nie trank er Wein, auch anderen schärfte er vor allem das Gebot der Armut ein als das vornehmste Mittel, die evangelische Vollkommenheit zu erwerben —, so ward er doch nach und nach von dem Lehrsatz der Rechtfertigung durch die Gnade überzeugt und durchdrungen. Auf das eindringlichste trug er sie in dem Beichtstuhl und auf der Kanzel vor. „Ich eröffnete ihm mein Herz," sagt Bembo, „wie ich es vor Christo selber tun würde; mir kam es vor, als hätte ich nie einen heiligeren Mann gesehen." Zu seinen Predigten strömten die Städte zusammen: die Kirchen waren zu klein; die Gelehrten und das Volk, beide Geschlechter, alt und jung, alle wurden befriedigt. Seine rauhe Kleidung, sein bis auf die Brust herabhängender Bart, seine grauen Haare, sein bleiches mageres Gesicht und die Schwäche, die von seinem hartnäckigen Fasten herkam, gaben ihm den Ausdruck eines Heiligen.

Und so gab es noch eine Linie innerhalb des Katholizismus, welche von den Analogien der neuen Meinungen nicht überschritten wurde. Mit Priestertum und Mönchswesen setzte man sich in Italien nicht geradezu in Streit: den Primat des Papstes anzugreifen war man weit entfernt. Wie hätte auch z. B. ein Poole nicht daran festhalten sollen, nachdem er aus England geflüchtet war, um nicht in seinem Könige das Haupt der englischen Kirche verehren zu müssen? Sie meinten, wie Ottonel Vida, ein Schüler Vergerios, diesem selber erklärt, „in der christlichen Kirche habe jeder sein Amt: der Bischof die Seelsorge der Einwohner seiner Diözese, die er vor der Welt und dem Bösen zu beschützen habe; der Metropolitan müsse darauf achten, daß von den Bischöfen Residenz gehalten werde; die Metropolitane seien dann wieder dem Papst unterworfen, dem die allgemeine Verwaltung der Kirche aufgetragen sei, die er mit heiligem Geiste leiten solle. Seines Amtes müsse ein jeder warten". Die Absonderung von der Kirche hielten diese Männer für das äußerste Übel. Isidoro Clario, ein Mann, der mit Hilfe protestantischer Arbeiten die Vulgata verbessert und dazu eine Einleitung geschrieben hat, welche einer Expurgation unterworfen worden ist, mahnte die Protestanten in einer eigenen Schrift von einem solchen Vorhaben ab. „Kein Verderben," sagt er, „könne so groß sein, um zu einem Abfall von dem geheiligten Verein zu berechtigen. Sei es nicht besser, dasjenige, was man habe, zu restaurieren, als sich unsicheren Versuchen, etwas anderes hervorzubringen, anzubertrauen? Nur darauf solle man sinnen, wie das alte Institut zu verbessern und von seinen Fehlern zu befreien sei."

Unter diesen Modifikationen gab es eine große Anzahl von Anhängern der neuen Lehre in Italien. Antonio dei Pagliarici zu Siena, der selbst für den Urheber des Buches von der Wohltat Christi gehalten worden, Carnesecchi aus Florenz, welcher als ein Anhänger und Verbreiter desselben in Anspruch genommen ward, Gioban Battista Rotto zu Bologna, welcher an Morone, Poole und Vittoria Colonna Beschützer hatte und Mittel fand, die Ärmsten unter seinen Anhängern mit Geld zu unterstützen, Fra Antonio von Volterra, und fast in jeder Stadt von Italien irgendein bedeutender Mensch, schlossen sich ihr an. Es war eine Meinung, entschieden religiös, kirchlich gemäßigt, welche das ganze Land von einem Ende bis zu dem anderen in allen Kreisen in Bewegung setzte.

Versuche innerer Reformen und einer Aussöhnung mit den Protestanten.

Man legt Poole die Äußerung in den Mund, der Mensch habe sich mit der inneren Einsicht zu begnügen, ohne sich viel darum zu kümmern, ob es in der Kirche Irrtümer und Mißbräuche gebe. Aber gerade von einer Seite, der er selbst angehörte, kam der erste Versuch einer Verbesserung.

Es ist vielleicht die rühmlichste Tat Pauls III., mit der er gleich seine Thronbesteigung bezeichnete, daß er einige ausgezeichnete Männer, ohne andere Rücksicht als auf ihr Verdienst in das Kollegium der Kardinäle berief. Mit jenem Venezianer Contarini begann er, und dieser soll die übrigen in Vorschlag gebracht haben. Es waren Männer von unbescholtenen Sitten, die im Rufe von Gelehrsamkeit und Frömmigkeit standen, denen die Bedürfnisse der verschiedenen Länder bekannt sein mußten: Caraffa, der sich lange in Spanien und den Niederlanden aufgehalten; Sadolet, Bischof zu Carpentras in Frankreich; Poole, flüchtig aus England; Giberto, der, nachdem er lange an der Leitung der allgemeinen Angelegenheiten teilgehabt, sein Bistum Verona musterhaft verwaltete; Federigo Fregoso, Erzbischof von Salerno: fast alle, wie wir sehen, Mitglieder jenes Oratoriums der göttlichen Liebe, mehrere in der nach dem Protestantismus neigenden religiösen Richtung.

Eben diese Kardinäle waren es nun, welche auf Befehl des Papstes einen Entwurf kirchlicher Reformen ausarbeiteten. Er wurde den Protestanten bekannt, und sie haben ihn nicht ohne Wegwerfung verspottet. Sie freilich waren indessen um vieles weiter geschritten. Aber für die katholische Kirche lag, es ist schwerlich zu leugnen, eine außerordentliche Bedeutung darin, daß man das Übel in Rom selbst angriff, daß man, einem Papst gegenüber, den Päpsten vorwarf, wie es in dem Eingange zu dieser Schrift heißt, „sich häufig Diener gewählt zu haben, nicht um von ihnen zu lernen, was ihre Pflicht erheische, sondern um sich das für erlaubt erklären zu lassen, wonach ihre Begierden getrachtet," daß man einen solchen Mißbrauch der höchsten Gewalt für die vornehmste Quelle des Verderbens erklärte.

Und hiebei blieb man nicht stehen. Es sind einige kleine Schriften von Gaspar Contarini übrig, in denen er vor allem denjenigen Mißbräuchen, welche der Kurie Gewinn brachten, den lebhaftesten Krieg macht. Den Gebrauch der Kompositionen — daß man nämlich für die Verleihung selbst geistlicher Gnaden sich Geld zahlen ließ — erklärt er für Simonie, die man für eine Art von Ketzerei halten könne. Man fand es übel getan, daß er frühere Päpste table. „Wie," ruft er aus, „sollen wir uns so sehr um den Namen von drei, vier Päpsten kümmern, und nicht lieber verbessern, was verunstaltet ist, und uns selber einen guten Namen erwerben? In der Tat, es wäre zu viel gefordert, alle Taten der Päpste zu verteidigen!" Den Mißbrauch der Dispensationen greift er auf das ernstlichste, nachdrücklichste an. Er findet es götzendienerisch, zu sagen, was wirklich behauptet wurde, der Papst habe für Festsetzung und Aufhebung des positiven Rechts keine andere Norm als seinen Willen. Es ist der Mühe wert, ihn hierüber zu hören. „Christi Gesetz," sagt er, „ist ein Gesetz der Freiheit und verbietet eine so grobe Knechtschaft, welche die Lutheraner ganz recht hätten mit der babylonischen Gefangenschaft zu vergleichen. Aber auch überdies — kann wohl das eine Regierung heißen, deren Regel der Wille eines Menschen ist, der von Natur zum Bösen neigt und von unzähligen Affekten bewegt wird? Nein! alle Herrschaft ist eine Herrschaft der Vernunft. Sie hat den Zweck, diejenigen, die ihr unterworfen sind, durch die rechten Mittel zu ihrem Ziele, dem Glück zu führen. Auch die Autorität des Papstes ist eine Herrschaft der Vernunft: Gott hat sie dem heiligen Peter und dessen Nachfolgern verliehen, um die ihnen anvertraute Herde zur ewigen Seligkeit zu leiten. Ein Papst muß wissen, daß es freie Menschen sind, über die er sie ausübt. Nicht nach Belieben soll er befehlen oder verbieten oder dispensieren, sondern nach der Regel der Vernunft, der göttlichen Gebote und der Liebe: einer Regel, die alles auf Gott und das gemeine Beste bezieht. Denn nicht die Willkür gibt die positiven Gesetze. Sie werden gegeben, indem man das natürliche Recht und die göttlichen Gebote mit den Umständen zusammenhält; nur nach denselben Gesetzen und der unabweislichen Forderung der Dinge können sie geändert werden." — "Deine Heiligkeit," ruft er Paul III. zu, "trage Sorge, von dieser Regel nicht abzuweichen. Wende dich nicht zu der Ohnmacht des Willens, welche das Böse wählt, zu der Knechtschaft, die der Sünde dient. Dann wirst du mächtig, dann frei werden: dann wird in dir das Leben der christlichen Republik enthalten sein."

Ein Versuch, wie wir sehen, ein rationelles Papsttum zu gründen, um so merkwürdiger, weil er von derselben Lehre über die Justifikation und den freien Willen ausgeht, die dem protestantischen Abfall zur Grundlage gedient hat. Wir vermuten dies nicht allein, weil Contarini diese Meinungen hegte; er sagt es ausdrücklich. Er führt aus, daß der Mensch zum Bösen neige: dies komme von der Ohnmacht des Willens her, welcher, sobald er sich zu dem Bösen wende, mehr im Leiden als im Tun begriffen sei: nur durch Christi Gnade werde er frei. Er erkennt demnach wohl die päpstliche Gewalt an; doch fordert er von ihr die Richtung auf Gott und das allgemeine Beste.

Contarini legte seine Schriften dem Papste vor. Im November 1538 fuhr er mit ihm an einem heiteren Tage nach Ostia. "Da auf dem Wege," schreibt er an Poole, "hat mich dieser unser guter Alter beiseite genommen und mit mir allein über die Reform der

Kompositionen geredet. Er sagte, den kleinen Aufsatz, den ich darüber geschrieben, habe er bei sich, und in den Morgenstunden habe er ihn gelesen. Ich hatte bereits alle Hoffnung aufgegeben. Jetzt hat er aber so christlich mit mir geredet, daß ich neue Hoffnung gefaßt habe, Gott werde etwas Großes ausrichten und die Pforten der Hölle seinen Geist nicht überwältigen lassen."

Es ist leicht zu erachten, daß eine durchgreifende Verbesserung der Mißbräuche, an die sich so viele persönliche Rechte und Ansprüche, so viele Gewohnheiten des Lebens knüpften, das Schwerste von allem war, was man unternehmen konnte. Indes schien Papst Paul nach und nach ernstlich darangehen zu wollen.

So ernannte er Kommissionen zur Ausführung der Reformen — für Kammer, Ruota, Kanzlei und Penitenziaria; auch Giberto berief er wieder zu sich. Es erschienen reformatorische Bullen; zu dem allgemeinen Konzilium, das Papst Klemens so sehr gefürchtet und geflohen hatte, das auch Paul III. in seinen Privatverhältnissen manchen Anlaß finden konnte zu vermeiden, machte man Anstalt.

Wie nun, wenn in der Tat die Verbesserungen stattfanden, der römische Hof sich reformierte, die Mißbräuche der Verfassung abgestellt wurden? Wenn dann das nämliche Dogma, von welchem Luther ausgegangen, das Prinzip einer Erneuerung in Leben und Lehre ward? Wäre da nicht eine Aussöhnung möglich gewesen? Denn auch die Protestanten rissen sich nur langsam und widerstrebend von der Einheit der Kirche los.

Vielen schien es möglich: auf die Religionsgespräche setzten nicht wenige eine ernstliche Hoffnung.

Der Theorie nach hätte sie der Papst nicht billigen sollen, da man darin nicht ohne Einwirkung der weltlichen Gewalt Religionsstreitigkeiten zu entscheiden suchte, über die er selbst das oberste Erkenntnis in Anspruch nahm. Auch verwahrte er sich wohl; jedoch ließ er sie vor sich gehen und sendete seine Abgeordneten dazu.

Er ging dabei mit vieler Behutsamkeit zu Werke: er wählte immer gemäßigte Männer, Leute, die später in vielen Fällen selbst in den Verdacht des Protestantismus geraten sind. Für ihr Leben und politisches Verhalten gab er ihnen überdies verständige Anweisungen.

Als er z. B. Morone, der noch jung war, im Jahre 1536 nach Deutschland schickte, versäumte er nicht, ihm anzuempfehlen, „er solle keine Schulden machen, in den angewiesenen Herbergen bezahlen, sich ohne Luxus sowie ohne Armseligkeit kleiden, zwar die Kirche besuchen, aber ja ohne den Schein der Heuchelei". Er sollte die römische Reform, von der so viel die Rede gewesen, in seiner Person darstellen; eine durch Heiterkeit gemäßigte Würde empfahl man ihm an. Im Jahre 1540 hatte der Bischof von Wien zu einem äußersten Schritte geraten. Man sollte, meinte derselbe, den Neugläubigen die für ketzerisch erklärten Artikel Luthers und Melanchthons vorlegen und sie kurzweg fragen, ob sie von denselben abzustehen geneigt seien. Zu einer solchen Maßregel jedoch wies der Papst seinen Nuntius mit nichten an. „Sie würden eher sterben, fürchten wir," sagt er, „als einen solchen Widerruf leisten." Er wünscht nur, eine Hoffnung der Aussöhnung zu sehen. Bei dem ersten Strahl derselben will er eine nicht beleidigende Formel senden, die von weisen und würdigen Männern bereits hiezu entworfen worden. „Wäre es doch schon dahin! Kaum dürfen wir es erwarten!"

Niemals aber war man näher beieinander, als bei dem Regensburger Gespräch im Jahre 1541. Die politischen Verhältnisse lagen ausnehmend vorteilhaft. Der Kaiser, welcher sich der Kraft des Reiches zu einem Türkenkrieg oder wider Frankreich zu bedienen hatte, wünschte nichts dringender als eine Aussöhnung. Er wählte die verständigsten, gemäßigtsten Männer unter den katholischen Theologen, Gropper und Julius Pflug, zu dem Gespräch aus. Auf der anderen Seite stand Landgraf Philipp wieder gut mit Österreich; er hoffte, die oberste Anführung in dem Kriege, zu dem man sich rüstete, zu erhalten; mit Bewunderung und Vergnügen sah ihn der Kaiser auf seinem prächtigen Hengst, kräftig wie der, in Regensburg einreiten. Der friedfertige Butzer, der beugsame Melanchthon erschienen von der protestantischen Seite.

Wie sehr auch der Papst einen glücklichen Erfolg wünsche, zeigte schon die Wahl des Legaten, den er sendete, eben jenes Gaspar Contarini, den wir in die neue Richtung, welche Italien genommen, so tief verflochten, den wir bei dem Entwurfe allgemeiner Reformen so tätig gesehen. Jetzt trat er in eine noch bedeutendere Stelle, in die Mitte zwischen zwei Meinungen und Parteien, welche die Welt spalteten: in einem vorteilhaften Moment, mit dem Auftrag und der Aussicht, sie zu versöhnen, — eine Stelle, die uns, wenn nicht die Pflicht auferlegt, doch die Erlaubnis gibt, seine Persönlichkeit näher zu betrachten.

Messer Gaspar Contarini, der älteste Sohn aus einem adligen Hause in Venedig, das nach der Levante handelte, hatte sich besonders philosophischen Studien gewidmet. Es ist nicht unmerkwürdig, wie er dies tat. Er bestimmte den Tag drei Stunden für die eigentlichen Studien: nie wandte er weniger, nie auch mehr darauf; er begann allemal mit genauer Wiederholung; er brachte es in jeder Disziplin bis zu ihrem Ende: nie übersprang er eine.

Von den Subtilitäten der Ausleger des Aristoteles ließ er sich nicht zu ähnlichen Spitzfindigkeiten fortreißen: er fand, nichts sei scharfsinniger als die Unwahrheit.

Er zeigte das entschiedenste Talent, doch noch größere Festigkeit. Nach dem Schmuck der Rede trachtete er nicht: er drückte sich einfach aus, wie die Sache es forderte.

Wie die Natur in regelrechter Folge hervorbringt, Jahresring an Jahresring reihend, so entwickelte er sich.

Als er, in ziemlich jungen Jahren, in den Rat der Pregadi, den Senat seiner Vaterstadt, aufgenommen ward, wagte er eine Zeitlang nicht zu sprechen; er hätte es gewünscht, er hätte etwas zu sagen gehabt, doch konnte er sich das Herz nicht fassen; als er es endlich über sich gewann, sprach er, zwar weder sehr anmutig, noch witzig, noch heftig und lebhaft, aber so einfach und gründlich, daß er sich das größte Ansehen verschaffte.

In die bewegtesten Zeiten war er gefallen. Er erlebte, wie seine Vaterstadt ihr Gebiet verlor, und trug selbst dazu bei, daß sie es wieder erwarb. Bei der ersten Ankunft Karls V. in Deutschland ward er als Gesandter an ihn geschickt; hier nahm er den Anfang der Kirchentrennung wahr. Er langte mit demselben in Spanien an, als das Schiff Vittoria von der ersten Weltumsegelung zurückkam: das Rätsel, daß es einen Tag später eintraf, als es nach seinem Tagebuche hätte geschehen sollen, wußte er, soviel ich finde, zuerst zu lösen. Den Papst, zu dem er nach der Eroberung von Rom abgeordnet wurde, half er mit dem Kaiser versöhnen. Von seiner treffenden, eindringenden Ansicht der Welt und seiner wohlverstandenen Vaterlandsliebe ist das Büchelchen über die benezianische Verfassung — ein sehr unterrichtendes und wohlgefaßtes Werkchen — und sind die Relationen über seine Gesandtschaften, welche sich hie und da handschriftlich finden, helle Zeugnisse.

Eines Sonntags, im Jahre 1535, als gerade der große Rat versammelt war, und Contarini, der indes in die wichtigsten Ämter gekommen, bei den Wahlurnen saß, traf die Nachricht ein, Papst Paul, den er nicht kannte, zu dem er keinerlei Verhältnis hatte, habe ihn zum Kardinal ernannt. Alles eilte herbei, um ihn, den Überraschten, der es nicht glauben wollte, zu beglückwünschen. Aluise Mocenigo, der ihm bisher in den Staatsgeschäften die Widerpart gehalten, rief aus, die Republik verliere ihren besten Bürger.

Für ihn jedoch hatte dies ehrenvolle Glück auch eine minder erfreuliche Seite. Sollte er die freie Vaterstadt verlassen, die ihm ihre höchsten Würden und auf jeden Fall einen Wirkungskreis in völliger Gleichheit mit den Häuptern des Staates darbot, um in den Dienst eines oft leidenschaftlichen, durch keine bindenden Gesetze eingeschränkten Papstes zu treten? Sollte er sich aus seiner altväterischen Republik entfernen, deren Sitten den seinen entsprachen, um sich in dem Luxus und Glanz des römischen Hofes mit den übrigen zu messen? Hauptsächlich hat ihn, wie man versichert, die Betrachtung, daß in so schwierigen Zeiten das Beispiel der Verachtung einer so hohen Würde eine schädliche Wirkung haben werde, dazu bestimmt, sie anzunehmen.

Den ganzen Eifer nun, den er bisher seiner Vaterstadt gewidmet, wandte er seitdem auf die allgemeinen

Angelegenheiten der Kirche. Oft hatte er die Kardinäle gegen sich, die es seltsam fanden, daß ein kaum Angekommener, ein Venezianer, den römischen Hof reformieren wolle: zuweilen auch den Papst. Er widersetzte sich einst der Ernennung eines Kardinals. „Wir wissen," sagte der Papst, „wie man in diesen Gewässern schifft: die Kardinäle lieben es nicht, daß ihnen ein anderer an Ehre gleich werde." Betroffen sagte Contarini: „Ich glaube nicht, daß der Kardinalshut meine höchste Ehre ist."

Auch hier behauptete er sich in seiner Strenge, Einfachheit, Tätigkeit, in der Würde und Milde seiner Gesinnung.

Die Natur läßt das einfach gegliederte Gewächs nicht ohne den Schmuck der Blüte, in dem sein Dasein atmet und sich mitteilt. In dem Menschen ist es die Gesinnung, welche von allen höheren Kräften seines Lebens zusammen hervorgebracht wird und ihm dann seine moralische Haltung, seiner Erscheinung ihren Ausdruck verleiht. In Contarini waren es Milde, innere Wahrheit, keusche Sittlichkeit, besonders die tiefere religiöse Überzeugung, die den Menschen beglückt, indem sie ihn erleuchtet.

Voll von diesen Gesinnungen, gemäßigt, mit den Protestanten in dem wichtigsten Lehrstück fast von der gleichen Ansicht, erschien Contarini in Deutschland; mit einer Regeneration der Lehre von eben diesem Punkte aus und der Abstellung der Mißbräuche hoffte er die Spaltung beilegen zu können.

Ob sie aber nicht bereits zu weit gediehen war, ob die abweichenden Meinungen nicht bereits zu mächtig Wurzel gefaßt hatten? Ich möchte darüber doch nicht sofort entscheiden.

Ein anderer Venezianer, Marin Giustiniano, der unser Vaterland kurz vor diesem Reichstage verließ und die Lage der Dinge sorgfältig beobachtet zu haben scheint, schildert es wenigstens als sehr möglich. Nur seien, findet er, einige bedeutende Zugeständnisse unerläßlich. Er macht folgende namhaft. „Der Papst dürfe nicht mehr als Christi Stellvertreter im Weltlichen wie im Geistlichen angesehen werden wollen, — den ungelehrten und lasterhaften Bischöfen und Priestern müsse man Substituten setzen, untadelhaft in ihrem Leben und fähig, das Volk zu unterrichten, — weder Verkauf der Messe noch Anhäufung der Pfründen, noch den Mißbrauch der Kompositionen dürfe man länger dulden — die Übertretung der Fastengesetze höchstens mit leichten Strafen belegen; — werde dann die Kommunion unter beiden Gestalten und die Priesterehe gestattet, so werde man in Deutschland sofort aller Zwietracht absagen, dem Papst in geistlichen Dingen Obedienz leisten, die Messe geschehen lassen, die Ohrenbeichte zugeben und sogar die Notwendigkeit der guten Werke als einer Frucht des Glaubens, insofern sie nämlich aus dem Glauben folgen, anerkennen. Wie die Zwietracht aus den Mißbräuchen entsprungen, so werde sie durch eine Abstellung derselben zu heben sein."

Hiebei erinnern wir uns, daß Landgraf Philipp von Hessen schon das Jahr vorher erklärt hatte, die weltliche Macht der Bischöfe könne geduldet werden, wofern man ein Mittel finde, auch die geistliche gebührend zu handhaben: in Hinsicht der Messe könne man sich wohl vergleichen, wenn nur beiderlei Gestalt nachgelassen bleibe. Den päpstlichen Primat, ohne Zweifel unter gewissen Bedingungen, anzuerkennen, erklärte sich Joachim von Brandenburg bereitwillig. Indessen näherte man sich auch von der anderen Seite. Der kaiserliche Botschafter wiederholte, man müsse von beiden Seiten nachlassen, soweit es nur immer mit Gottes Ehre möglich sei. Auch die Nichtprotestierenden hätten es gern gesehen, wenn die geistliche Gewalt den Bischöfen, die zu eigentlichen Fürsten geworden waren, in ganz Deutschland abgenommen und an Superintendenten übertragen, wenn in Hinsicht der Verwendung der Kirchengüter eine allgemein gültige Veränderung beliebt worden wäre. Man fing bereits an, von neutralen Dingen zu reden, die man tun oder lassen könne: selbst in geistlichen Kurfürstentümern wurden Gebete für den günstigen Gang des Aussöhnungswerkes veranstaltet.

Wir wollen über den Grad der Möglichkeit und Wahrscheinlichkeit des Gelingens nicht streiten: sehr schwer blieb es allemal; aber wenn sich auch nur eine geringe Aussicht zeigte, so war es doch einen Versuch wert: soviel sehen wir, daß sich noch einmal eine große Neigung zu einem solchen entwickelt hatte, daß sich ungemeine Hoffnungen daran knüpften.

Nur fragte sich, ob auch der Papst, ohne den nichts geschehen konnte, von der Strenge seiner Forderungen nachzulassen geneigt sei. Sehr merkwürdig ist in dieser Hinsicht besonders eine Stelle der Instruktion, mit der er Contarini entließ.

Die unumschränkte Vollmacht, auf welche von kaiserlicher Seite gedrungen worden, hatte er demselben nicht gegeben. Er vermutet, es könnten in Deutschland Forderungen vorkommen, die kein Legat, die nicht einmal er, der Papst selbst, ohne Beirat der anderen Nationen zugestehen dürfe. Doch weist er darum nicht alle Unterhandlung von sich. Wir müssen erst sehen, sagt er, ob die Protestanten in den Prinzipien mit uns übereinkommen, z. B. über den Primat des heiligen Stuhles, die Sakramente und einiges andere. Fragt man nun, was dies andere sei, so drückt sich der Papst darüber nicht ganz deutlich aus. Er bezeichnet es als das, was sowohl durch die Heilige Schrift als durch den immerwährenden Gebrauch der Kirche gebilligt worden: dem Legaten sei es bekannt. Auf dieser Grundlage, fügt er hinzu, könne man sich dann über alle Streitpunkte zu verständigen suchen.

Es ist wohl keine Frage, daß diese unbestimmte Art des Ausdrucks mit Absicht gewählt worden war: Paul III. mochte versuchen wollen, wieweit Contarini es bringe, und sich für die Ratifikation nicht im voraus die Hände zu binden Lust haben. Zunächst ließ er dem Legaten einen gewissen Spielraum. Ohne Zweifel würde es diesen neue Anstrengungen gekostet haben, dasjenige der hartnäckigen Kurie annehmlich zu machen, was man in Regensburg, unmöglich zu ihrer vollen Zufriedenheit, erreicht hätte; aber hierauf, auf eine Versöhnung und Vereinigung der versammelten Theologen, kam doch fürs erste alles an. Allzu schwankend war noch die vermittelnde Tendenz; sie konnte noch nicht bei Namen genannt werden: erst wenn sie einen festen Punkt gewann, konnte sie hoffen, sich weiter geltend zu machen.

An dem 5. April 1541 begann man die Verhandlungen; einen von dem Kaiser mitgeteilten, von Contarini nach einigen leichten Abänderungen gebilligten Entwurf legte man dabei zugrunde. Gleich hier hielt es der Legat für ratsam, von seiner Instruktion einen Schritt abzuweichen. Der Papst hatte vor allem anderen die Anerkennung seines Primates gefordert. Contarini sah wohl, daß an dieser Frage, welche die Leidenschaften so leicht in Bewegung setzen konnte, der Versuch in seinem Beginn scheitern könne. Er ließ geschehen, daß von den zur Besprechung vorgelegten Artikeln der den päpstlichen Primat betreffende vielmehr der letzte wurde. Er hielt für besser, mit solchen anzufangen, in denen er und seine Freunde sich den Protestanten näherten, ohnehin Punkten von der höchsten Wichtigkeit, welche die Grundlage des Glaubens betrafen. An den Verhandlungen hierüber hatte er den größten Anteil.

Sein Sekretär versichert, daß von den katholischen Theologen nichts beschlossen, selbst keine einzelne Änderung vorgenommen worden sei, ohne daß man ihn vorher befragt hätte. Morone, Bischof von Modena, Tomaso da Modena, Maestro di sacro palazzo, beides Männer, die in dem Artikel der Justifikation der nämlichen Meinung waren, standen ihm zur Seite. Die Hauptschwierigkeit setzte ein deutscher Theologe, jener alte Widersacher Luthers, Doktor Eck, entgegen. Allein indem man denselben nötigte, Punkt für Punkt zu besprechen, brachte man auch ihn zuletzt zu genügenden Erklärungen. In der Tat vereinigte man sich — wer hätte es zu hoffen gewagt? — in kurzem über die vier wichtigen Artikel von der menschlichen Natur, der Erbsünde, der Erlösung und selbst der Justifikation. Contarini gestand den Hauptpunkt der lutherischen Lehre zu, daß die Rechtfertigung des Menschen ohne Verdienst durch den Glauben allein erfolge; er fügte nur hinzu, daß dieser Glaube lebendig und tätig sein müsse. Melanchthon bekannte, daß eben dies die protestantische Lehre selber sei. Kühnlich behauptete Butzer, in den verglichenen Artikeln sei alles einbegriffen, „was dazu gehöre, um vor Gott und in der Gemeinde gottselig, gerecht und heilig zu leben". Ebenso zufrieden war man auf der anderen Seite. Der Bischof von Aquila nennt dies Kolloquium heilig; er zweifelt nicht, daß es die Versöhnung der Christenheit herbeiführen werde. Mit Freuden hörten die gleichgesinnten Freunde Contarinis, wie weit er gekommen sei. „Wie ich diese Übereinstimmung der Meinung bemerkt," schreibt ihm Poole, „habe ich ein Wohlgefühl empfunden, wie es mir keine Harmonie der Töne hätte verschaffen können, nicht allein, weil ich Frieden und Eintracht kommen sehe, sondern auch, weil diese Artikel die Grundlage des gesamten christlichen Glaubens sind. Zwar scheinen sie von mancherlei zu handeln, von Glauben, Werken und Rechtfertigung; auf diese jedoch, die Rechtfertigung, gründet sich alles übrige, und ich wünsche dir Glück, ich danke Gott, daß die Theologen beider Parteien sich darüber bereinigt haben. Wir hoffen, er, der so barmherzig angefangen hat, wird es auch vollenden."

Ein Moment, wenn ich nicht irre, für Deutschland, ja für die Welt von wesentlicher Bedeutung. Für jenes: die Punkte, die wir berührt haben, schließen die Absicht ein, die gesamte geistliche Verfassung der Nation zu ändern und ihr dem Papste gegenüber eine freiere, seiner weltlichen Eingriffe überhobene, selbständige Stellung zu geben. Die Einheit der Kirche und mithin der Nation wäre behauptet worden. Unendlich viel weiter aber würde der Erfolg nachgewirkt haben: wenn die gemäßigte Partei, von welcher diese Versuche ausgingen und geleitet wurden, in Rom und Italien die Oberhand zu behaupten verstand, welch eine ganz andere Gestalt hätte auch die katholische Welt annehmen müssen!

Allein ein so ungemeines Resultat ließ sich nicht ohne lebhaften Kampf erreichen.

Was zu Regensburg beschlossen worden, mußte auf der einen Seite durch die Billigung des Papstes, auf der anderen durch die Beistimmung Luthers, an den man sogar eine eigene Gesandtschaft abordnete, bestätigt werden.

Aber schon hier zeigten sich viele Schwierigkeiten. Luther, der sich im ersten Augenblicke nicht ganz verwerfend erklärte, geriet doch bald auf den Verdacht, daß alles auf Täuschung abgesehen, eine Posse seiner Feinde sei. Er konnte sich nicht überzeugen, daß auch auf der anderen Seite die Lehre von der Justifikation Wurzel gefaßt habe. In den verglichenen Artikeln sah er am Ende nichts als ein Stückwerk, zusammengesetzt aus beiden Meinungen; — er, der sich immer im Kampfe zwischen Himmel und Hölle erblickte, glaubte auch hier das Treiben des Satans zu erkennen. Seinem Herrn, dem Kurfürsten, riet er auf das dringendste ab, den Reichstag persönlich zu besuchen: „gerade er sei der, den der Teufel suche." Auf das Erscheinen und die Beistimmung des Kurfürsten wäre in der Tat unendlich viel angekommen.

Indessen waren die Artikel auch nach Rom gelangt. Sie erregten ein ungemeines Aufsehen. An der Erklärung über die Rechtfertigung nahmen besonders die Kardinäle Caraffa und Marcello großen Anstoß, und nur mit Mühe konnte ihnen Priuli den Sinn derselben deutlich machen. So entschieden jedoch drückte sich der Papst nicht sogleich aus wie

Luther. Kardinal Farnese ließ an den Legaten schreiben: Seine Heiligkeit billige weder noch mißbillige sie diesen Schluß; aber alle anderen, die ihn gesehen, seien der Meinung, vorausgesetzt daß der Sinn desselben mit dem katholischen Glauben übereinstimme, könnten die Worte noch deutlicher sein.

So stark auch diese theologische Opposition sein mochte, so war sie doch weder die einzige, noch vielleicht die wirksamste. Noch eine andere kam von der politischen Seite her.

Eine Versöhnung, wie man sie vorhatte, würde Deutschland eine ungewohnte Einheit und dem Kaiser, der sich deren hätte bedienen können, eine außerordentliche Macht verliehen haben. Als das Oberhaupt der gemäßigten Partei hätte er besonders alsdann, wenn es zu einem Konzilium gekommen wäre, ein oberstes Ansehen in ganz Europa erlangen müssen. Hiewider erhoben sich, wie natürlich, alle gewohnten Feindseligkeiten.

Franz I. glaubte sich unmittelbar bedroht und versäumte nichts, um die Vereinigung zu hintertreiben. Lebhaft beklagte er sich über die Zugeständnisse, die der Legat zu Regensburg mache. „Sein Betragen nehme den Guten den Mut und erhöhe ihn den Bösen; er werde es aus Nachgiebigkeit gegen den Kaiser noch so weit kommen lassen, daß der Sache nicht weiter zu helfen sei. Man hätte doch auch andere Fürsten zu Rate ziehen sollen." Er nahm die Miene an, als sehe er Papst und Kirche in Gefahr; er versprach, sie mit seinem Leben, mit allen Kräften seines Reiches zu verteidigen.

Und schon hatten in Rom nicht allein die angedeuteten geistlichen Bedenklichkeiten Wurzel gefaßt. Überdies bemerkte man, daß der Kaiser bei der Eröffnung des Reichstages, wo er eines allgemeinen Konziliums Meldung getan, nicht zugleich gesagt hatte, der Papst allein habe es zu berufen. Man glaubte, Andeutungen zu finden, daß er selbst dies Recht in Anspruch nehme. In den alten Artikeln, mit Klemens VII. zu Barcelona abgeschlossen, wollte man eine dahin zielende Stelle bemerken. Und sagten nicht die Protestanten fortwährend, ein Konzilium zu berufen stehe dem Kaiser zu? Wie leicht könnte er ihnen da nachgeben, wo sein Vorteil mit ihrer Lehre so augenscheinlich zusammenfiel. Es hätte dies die größte Gefahr einer Spaltung eingeschlossen.

Indessen regte man sich auch in Deutschland. Schon Giustinian versichert, die Macht, welche der Landgraf dadurch erworben, daß er sich an die Spitze der protestantischen Partei gestellt, erwecke in anderen den Gedanken, sich eine ähnliche an der Spitze der Katholiken zu verschaffen. Ein Teilnehmer dieses Reichstages zeigt uns an, daß die Herzöge von Bayern jeder Übereinkunft abhold seien. Auch der Kurfürst von Mainz war entschieden dagegen. Er warnt den Papst in einem eigenen Schreiben vor einem Nationalkonzilium, ja vor jedem Konzilium, das in Deutschland gehalten werde: „allzuviel würde man darin zugestehen müssen." Es finden sich noch andere Schreiben, in denen deutsche Katholiken unmittelbar bei dem Papst sich über den Fortgang, den der Protestantismus auf dem Reichstag nehme, die Nachgiebigkeit Groppers und Pflugs, die Entfernung der katholischen Fürsten von dem Gespräche beklagen.

Genug, in Rom, Frankreich und Deutschland erhob sich unter den Feinden Karls V., unter den, sei es in Wahrheit oder zum Schein, eifrigsten Katholiken eine scharfe Opposition wider das vermittelnde Vorhaben desselben. In Rom bemerkte man eine ungewohnte Vertraulichkeit des Papstes mit dem französischen Botschafter; es hieß, er wolle seine Enkelin Vittoria Farnese mit einem Guise vermählen.

Es konnte nicht anders kommen: diese Bewegungen mußten eine lebhafte Rückwirkung auf die Theologen äußern. Eck hielt sich ohnehin zu Bayern. „Die Feinde des Kaisers," sagt der Sekretär Contarinis, „innerhalb Deutschlands und außerhalb, die seine Größe fürchteten, wofern er ganz Deutschland vereinige, fingen an, Unkraut unter jene Theologen zu säen. Der Neid des Fleisches unterbrach dies Kolloquium." Bei den Schwierigkeiten des Gegenstandes an sich ist es kein Wunder, wenn man sich seitdem über keinen Artikel weiter vergleichen konnte.

Man übertreibt die Gerechtigkeit, wenn man die Schuld hievon den Protestanten allein oder auch nur hauptsächlich zuschreibt.

In kurzem ließ der Papst dem Legaten als seine feste Willensmeinung ankündigen, er solle weder öffentlich noch als Privatmann einen Beschluß billigen, in welchem die katholische Meinung anders als in solchen Worten, die keiner Zweideutigkeit Raum geben, enthalten sei. Die Formeln, in denen Contarini die verschiedenen Meinungen über den Primat des Papstes und die Gewalt der Konzilien zu vereinigen gedacht hatte, verwarf man zu Rom unbedingt. Der Legat mußte sich zu Erklärungen bequemen, die mit seinen früheren Äußerungen selbst in Widerspruch zu stehen schienen.

Damit doch etwas geschehen wäre, wünschte der Kaiser wenigstens, daß man sich bis auf weiteres in den verglichenen Artikeln an die gefundenen Formeln halten, in den übrigen die Abweichungen zu beiden Seiten tolerieren möge. Allein dazu war weder Luther zu bewegen noch der Papst. Man meldete dem Kardinal, das ganze Kollegium habe einstimmig beschlossen, auf eine Toleranz in so wesentlichen Artikeln unter keiner Bedingung einzugehen.

Nach so großen Hoffnungen, so glücklichem Anfang kehrte Contarini unverrichteter Dinge zurück. Er hätte gewünscht, den Kaiser nach den Niederlanden zu begleiten; doch ward es ihm versagt. In Italien mußte er die Afterreden vernehmen, die über sein Betragen, über die angeblichen Konzessionen, welche er den Protestanten gemacht habe, von Rom aus in dem ganzen Reiche waren verbreitet worden. Er war hochgesinnt genug, das Mißlingen so umfassender Absichten noch schmerzlicher zu empfinden.

Welch eine großartige Stellung war es, welche die gemäßigte katholische Meinung in ihm eingenommen hatte! Da es ihr aber nicht gelang, ihre Welt-Intention durchzusetzen, so war es die Frage, ob sie sich auch nur behaupten würde. Jede große Tendenz trägt in sich selber die unabweisliche Aufgabe, sich geltend zu machen und durchzusetzen. Kann sie die Herrschaft nicht erlangen, so schließt dies ihren nahen Ruin ein.

Neue Orden.

Schon hatte sich indes eine andere Richtung entwickelt, der geschilderten ursprünglich nahe verwandt, aber immer abweichender und, obwohl auch auf eine Reform angelegt, mit dem Protestantismus durchaus im Gegensatz.

Wenn Luther das bisherige Priestertum in seinem Prinzip und Begriff verwarf, so erhob sich dagegen in Italien eine Bewegung, um eben dieses Prinzip herzustellen und durch strengere Festhaltung aufs neue in der Kirche in Ansehen zu bringen. Auf beiden Seiten nahm man das Verderben der geistlichen Institute wahr. Aber während man in Deutschland nur mit der Auflösung des Mönchtums befriedigt wurde, suchte man es in Italien zu verjüngen; während dort der Klerus sich von vielen Fesseln befreite, die er bisher getragen, dachte man hier darauf, ihm eine strengere Verfassung zu geben. Einen durchaus

Neue Orden.

neuen Weg schlugen wir diesseit der Alpen ein; jenseit dagegen wiederholte man Versuche, wie sie seit Jahrhunderten von Zeit zu Zeit stattgefunden.

Denn von jeher hatten sich die kirchlichen Institute zur Verweltlichung geneigt und dann nicht selten von neuem an ihren Ursprung erinnert und zusammengenommen werden müssen. Wie fanden es schon die Karolinger so notwendig, den Klerus, nach der Regel des Chrodegang, zu gemeinschaftlichem Leben, zu freier Unterordnung anzuhalten! Den Klöstern selbst genügte nicht lange die einfache Regel Benedikts von Nursia: während des 10. und 11. Jahrhunderts sehen wir allenthalben eng geschlossene Kongregationen, mit besonderen Regeln, nach dem Vorgang von Clugny, notwendig werden. Auf der Stelle hatte dies seine Rückwirkung auf die Weltgeistlichkeit; durch die Einführung des Zölibats ward sie, wie berührt, beinahe selber einer Ordensregel unterworfen. Nichtsdestominder und trotz des großen geistlichen Impulses, welchen die Kreuzzüge den Nationen gaben, so daß sogar die Ritter und Herren ihr Kriegshandwerk den Formen mönchischer Gesetze unterwarfen, waren alle diese Institute in tiefen Verfall geraten, als sich die Bettelmönche erhoben. In ihrem Anfang haben sie ohne Zweifel zur Herstellung ursprünglicher Einfachheit und Strenge beigetragen; allein wir sahen, wie auch sie allmählich verwildert und verweltlicht waren, wie gerade in ihnen ein Hauptmoment des Verderbens der Kirche wahrgenommen wurde.

Schon seit dem Jahre 1520, und seitdem immer lebhafter, je weitere Fortschritte der Protestantismus in Deutschland machte, regte sich in den Ländern, die von demselben noch nicht ergriffen worden, das Gefühl der Notwendigkeit einer neuen Verbesserung der hierarchischen Institute. In den Orden selbst, bald in dem einen, bald in dem anderen, trat es hervor.

Trotz der großen Abgeschiedenheit des Ordens von Camaldoli fand ihn Paolo Giustiniani in das allgemeine Verderben verflochten. Im Jahre 1522 stiftete er eine neue Kongregation desselben, die von dem Berge, auf welchem sie hernach ihren vornehmsten Sitz hatte, den Namen Monte Corona empfing. Zur Erreichung geistlicher Vollkommenheit hielt Giustiniani drei Dinge für wesentlich: Einsamkeit, Gelübde und die Trennung der Mönche in verschiedene Zellen. Dieser kleinen Zellen und Bethäuser, wie man sie noch hie und da findet, auf den höchsten Bergen, in reizender Wildnis, welche die Seele zugleich zu erhabenem Schwung und tiefer Ruhe einzuladen scheinen, gedenkt er in einem seiner Briefe mit besonderer Genugtuung. In alle Welt hat sich die Reform dieser Eremiten verbreitet.

Unter den Franziskanern, in denen das Verderben vielleicht am tiefsten eingerissen war, versuchte man nach so vielen Reformen noch eine neue. Die Kapuziner beabsichtigten, die Einrichtungen des ersten Stifters herzustellen, den Gottesdienst bei Mitter=

nacht, das Gebet in den bestimmten Stunden, Disziplin und Stillschweigen, die ganze strenge Lebensordnung der ursprünglichen Institution. Man muß über die Wichtigkeit lächeln, die sie geringfügigen Dingen beilegten; darüber ist aber nicht zu verkennen, daß sie sich auch wieder, z. B. während der Pest von 1528, sehr wacker benahmen.

Indessen war mit einer Reform der Orden allein nicht viel getan, da die Weltgeistlichkeit so ganz ihrem Berufe entfremdet war. Sollte eine Verbesserung wirklich etwas bedeuten, so mußte sie diese betreffen.

Wir stoßen hier nochmals auf Mitglieder jenes römischen Oratoriums. Zwei von ihnen, Männer, wie es schien, übrigens von ganz entgegengesetztem Charakter, unternahmen eine solche vorzubereiten. Der eine: Gaetano da Thiene, friedfertig, stillhin, sanftmütig, von wenig Worten, den Entzückungen eines geistlichen Enthusiasmus hingegeben: von dem man gesagt, er wünsche die Welt zu reformieren, aber ohne daß man wisse, er sei auf der Welt. Der andere: Johann Peter Caraffa, von dem noch ausführlich zu reden sein wird: heftig, aufbrausend, stürmisch, ein Zelot. Auch Caraffa aber erkannte, wie er sagte, daß sein Herz nur um so bedrängter geworden, je mehr es seinem Begehren nachgegangen sei: daß es nur Ruhe finden könne, wenn es sich selbst auf Gott verlasse, nur in dem Umgang mit himmlischen Dingen. So trafen sie in dem Bedürfnis der Zurückgezogenheit, die dem einen Natur, dem anderen Wunsch und Lebensideal, und in der Neigung zu geistlicher Tätigkeit zusammen. Überzeugt von der Notwendigkeit einer Reform, vereinigten sie sich zu einem Institut — man hat es den Orden der Theatiner genannt —, das zugleich Kontemplation und Verbesserung des Klerus zu seinem Endzweck hatte.

Gaetano gehörte zu den Protonotari partezipanti: er gab diese Pfründe auf; Caraffa besaß das Bistum Chieti, das Erzbistum Brindisi: er verzichtete auf beide. Mit zwei eng verbündeten Freunden, die ebenfalls Mitglieder jenes Oratoriums gewesen waren, legten sie am 14. September 1524 feierlich die drei Gelübde ab: das Gelübde der Armut mit dem besonderen Zusatz, daß sie nicht allein nichts besitzen, sondern auch das Betteln vermeiden würden: in ihrem Hause wollten sie die Almosen erwarten. Nach kurzem Aufenthalt in der Stadt bezogen sie ein kleines Haus auf dem Monte Pincio, bei der Vigna Capisucchi, aus der später die Villa Medici geworden, wo damals, obwohl innerhalb der Mauern von Rom, eine tiefe Einsamkeit war: hier lebten sie in der Armut, die sie sich vorgeschrieben, in geistlichen Übungen, in dem genau vorgezeichneten und alle Monate wiederholten Studium der Evangelien; dann gingen sie nach der Stadt hinab, um zu predigen.

Sie nannten sich nicht Mönche, sondern reguläre Kleriker: sie waren Priester mit Mönchsgelübden. Ihre Absicht war, eine Art von Priesterseminar einzurichten. Das Breve ihrer Stiftung erlaubte ihnen ausdrücklich, Weltgeistliche aufzunehmen. Eine bestimmte Form und Farbe der Tracht legten sie sich ursprünglich nicht auf: der Gebrauch der Landesgeistlichkeit sollte dieselbe bestimmen. Auch den Gottesdienst wollten sie allenthalben nach landüblichen Gebräuchen halten. Und so machten sie sich von vielem frei, was die Mönche fesselte; sie erklärten ausdrücklich, weder in Leben noch Gottesdienst solle irgendein Gebrauch das Gewissen verpflichten; dagegen wollten sie sich den klerikalischen Pflichten widmen, der Predigt, der Verwaltung der Sakramente, der Besorgung der Kranken.

Da sah man wieder, was in Italien ganz außer Gebrauch gekommen, Priester auf den Kanzeln erscheinen: mit dem Barett, dem Kreuz und der klerikalischen Cotta: zunächst in jenem Oratorium, oft auch in Form der Mission in den Straßen. Caraffa selbst predigte; er entwickelte jene überströmende Beredsamkeit, die ihm bis zu seinem Tode eigen geblieben. Er und seine Gefährten, meistens Männer, die zu dem Adel gehörten und sich der Genüsse der Welt hätten erfreuen können, fingen an, die Kranken in Privathäusern und Spitälern aufzusuchen, den Sterbenden beizustehen.

Eine Wiederaufnahme der klerikalischen Pflichten, die von großer Wichtigkeit ist. Zwar wurde dieser Orden nicht eigentlich ein Seminar von Priestern; dazu war er niemals zahlreich genug; allein er bildete sich zu einem Seminar von Bischöfen aus. Er ward mit der Zeit der eigentlich ablige Priesterorden; und wie von allem Anfang sorgfältig bemerkt wird, daß die neuen Mitglieder von edler Herkunft gewesen, so haben später hie und da Adelsproben dazu gehört, um in demselben aufgenommen zu werden. Man begreift leicht, daß der ursprüngliche Plan, von Almosen leben zu wollen, ohne darum zu bitten, nur unter solchen Bedingungen auszuführen stand.

Die Hauptsache indessen war, daß der gute Gedanke, die klerikalischen Pflichten und Weihen mit Mönchsgelübden zu vereinigen, sich auch an anderen Stellen Beifall und Nachahmung erwarb.

Seit 1521 war Oberitalien mit fortwährendem Krieg und in dessen Gefolge mit Verwüstung, Hungersnot und Krankheiten angefüllt. Wie viele Kinder waren auch da zu Waisen geworden und drohten an Leib und Seele zugrunde zu gehen! Glücklicherweise wohnt unter den Menschen neben dem Unglück das Erbarmen. Ein venezianischer Senator, Girolamo Miani, sammelte die Kinder, welche die Flucht nach Venedig geführt, und nahm sie in sein Haus auf: er fuhr nach den Inseln um die Stadt her, um sie zu suchen: ohne viel auf die keifende Schwägerin zu hören, verkaufte er das Silberzeug und die schönsten Teppiche des Hauses, um den Kindern Wohnung und Kleidung, Lebensmittel und Lehrmeister zu verschaffen. Allmählich widmete er diesem Berufe ausschließend seine Tätigkeit. Vorzüglich in Bergamo hatte er großen Erfolg.

Das Hospital, das er daselbst gründete, fand so gute Unterstützung, daß er Mut bekam, auch in anderen Städten etwas Ähnliches zu versuchen. Nach und nach wurden in Verona, Brescia, Ferrara, Como, Mailand, Pavia, Genua ähnliche Spitäler gegründet. Endlich trat er mit einigen gleichgesinnten Freunden in eine Kongregation, nach dem Muster der Theatiner, von regulären Klerikern zusammen, die den Namen di Somasca führt. Hauptsächlich die Erziehung war ihre Bestimmung. Ihre Spitäler bekamen eine gemeinschaftliche Verfassung.

Wenn irgend eine andere Stadt, so hatte Mailand in so häufiger Belagerung und Eroberung bald von der einen, bald von der anderen Seite jene Übel des Krieges erfahren. Sie durch Mildtätigkeit zu lindern, die damit verbundene Verwilderung durch Unterricht, Predigt und Beispiel zu heben, war der Zweck der drei Stifter des Barnabitenordens, Zaccaria, Ferrari und Morigia. Aus einer Mailänder Chronik ergibt sich, mit welcher Verwunderung man anfangs diese neuen Priester durch die Straßen gehen sah, in unscheinbarem Gewand, mit ihrem runden Barett, einer wie der andere, mit gesenktem Kopf, alle noch jung. Bei S. Ambrosio hatten sie ihre Wohnung, wo sie gemeinschaftlich lebten. Besonders die Gräfin Lodovica Torella, welche ihr väterliches Erbe Guastalla verkaufte und das Geld davon zu guten Werken anwendete, unterstützte sie. Auch die Barnabiten hatten die Form von regulären Klerikern.

Was aber auch alle diese Kongregationen in ihrem Kreise ausrichten mochten, so war doch entweder die Beschränkung des Zweckes, wie bei den zuletzt genannten, oder die in der Natur der Sache liegende Beschränkung der Mittel, wie bei den Theatinern, einer allgemeinen durchgreifenden Wirksamkeit hinderlich. Merkwürdig sind sie, weil sie in freier Entstehung eine große Tendenz bezeichnen, die zur Wiederherstellung des Katholizismus unendlich viel beitrug; aber um dem kühnen Fortgang des Protestantismus Widerstand zu leisten, waren andere Kräfte erforderlich.

Auf einem ähnlichen Wege, aber auf eine sehr unerwartete, höchst eigentümliche Weise entwickelten sich diese.

Ignatius Loyola.

Von allen Ritterschaften der Welt hatte allein die spanische noch etwas von ihrem geistlichen Element behauptet. Die Kriege mit den Mauren, die, auf der Halbinsel kaum geendigt, in Afrika noch immer fortgesetzt wurden, die Nachbarschaft der zurückgebliebenen und unterjochten Morisken selbst, mit denen man stets in glaubensfeindlicher Berührung blieb, die abenteuerlichen Züge gegen andere Ungläubige jenseits des Weltmeeres erhielten diesen Geist. In Büchern wie dem Amadis, voll einer naiv-schwärmerischen loyalen Tapferkeit, ward er idealisiert.

Don Iñigo Lopez de Recalde, der jüngste Sohn

aus dem Hause Loyola, auf dem Schlosse dieses Namens zwischen Azpeitia und Azcoitia in Guipuzcoa geboren, aus einem Geschlechte, welches zu den besten des Landes gehörte — de parientes mayores —, dessen Haupt allemal durch ein besonderes Schreiben zur Huldigung eingeladen werden mußte, aufgewachsen an dem Hofe Ferdinands des Katholischen und in dem Gefolge des Herzogs von Najara, war erfüllt von diesem Geiste. Er strebte nach dem Lobe der Ritterschaft: schöne Waffen und Pferde, der Ruhm der Tapferkeit, die Abenteuer des Zweikampfes und der Liebe hatten für ihn so viel Reiz wie für einen anderen; aber auch die geistliche Richtung trat in ihm lebhaft hervor: den ersten der Apostel hat er in diesen Jahren in einer Ritterromanze besungen.

Wahrscheinlich jedoch würden wir seinen Namen unter den übrigen tapferer spanischer Hauptleute lesen, denen Karl·V. so viele Gelegenheit gab, sich hervorzutun, hätte er nicht das Unglück gehabt, bei der Verteidigung von Pampelona gegen die Franzosen im Jahre 1521 von einer doppelten Wunde an beiden Beinen verletzt und, obwohl er so standhaft war, daß er sich zu Hause, wohin man ihn gebracht, den Schaden zweimal aufbrechen ließ — in dem heftigsten Schmerz kniff er nur die Faust zusammen —, auf das schlechteste geheilt zu werden.

Er kannte und liebte die Ritterromane, vor allen

den Amadis. Indem er jetzt seine Heilung abwartete, bekam er auch das Leben Christi und einiger Heiligen zu lesen.

Phantastisch von Natur, aus einer Bahn weggeschleudert, die ihm das glänzendste Glück zu verheißen schien, jetzt zugleich zur Untätigkeit gezwungen und durch seine Leiden aufgeregt, geriet er in den seltsamsten Zustand von der Welt. Auch die Taten des S. Franciscus und S. Dominicus, die hier in allem Glanze geistlichen Ruhmes vor ihm erschienen, däuchten ihm nachahmungswürdig, und wie er sie so las, fühlte er Mut und Tüchtigkeit, sie nachzuahmen, mit ihnen in Entsagung und Strenge zu wetteifern. Nicht selten wichen diese Ideen freilich noch vor sehr weltlichen Gedanken. Er malte sich nicht minder aus, wie er die Dame, deren Dienste er sich in seinem Herzen gewidmet — sie sei keine Gräfin gewesen, sagt er selbst, keine Herzogin, sondern noch mehr als dies — in der Stadt, wo sie wohne, aufsuchen, mit welchen Worten zierlich und scherzhaft er sie anreden, wie er ihr seine Hingebung bezeigen, welche ritterlichen Übungen er ihr zu Ehren ausführen wolle. Bald von jenen, bald von diesen Phantasien ließ er sich hinreißen: sie wechselten in ihm ab.

Je länger es aber dauerte, je schlechteren Erfolg seine Heilung hatte, um so mehr bekamen die geistlichen die Oberhand. Sollten wir ihm wohl Unrecht tun, wenn wir dies auch mit daher ableiten, daß er allmählich einsah, er könne doch nicht vollkommen hergestellt und niemals wieder recht zu Kriegsdienst und Ritterehre tauglich werden?

Auch war es nicht ein so schroffer Übergang zu etwas durchaus Verschiedenem, wie man vielleicht glauben könnte. In seinen geistlichen Übungen, deren Ursprung immer mit auf die ersten Anschauungen seiner Erweckung zurückgeführt worden, stellt er sich zwei Heerlager vor, eins bei Jerusalem, das andere bei Babylon: Christi und des Satans: dort alle Guten, hier alle Bösen, gerüstet, miteinander den Kampf zu bestehen. Christus sei ein König, der seinen Entschluß verkündige, alle Länder der Ungläubigen zu unterwerfen. Wer ihm die Heeresfolge leisten wolle, müsse sich jedoch ebenso nähren und kleiden wie er, dieselben Mühseligkeiten und Nachtwachen ertragen wie er: nach diesem Maße werde er des Sieges und der Belohnungen teilhaftig werden. Vor ihm, der Jungfrau und dem ganzen himmlischen Hofe werde dann ein jeder erklären, daß er dem Herrn so treu wie möglich nachfolgen, alles Ungemach mit ihm teilen und ihm in wahrer geistiger und leiblicher Armut dienen wolle.

So phantastische Vorstellungen mochten es sein, die in ihm den Übergang von weltlicher zu geistlicher Ritterschaft vermittelten. Denn eine solche, aber deren Ideal durchaus die Taten und Entbehrungen der Heiligen ausmachten, war es, was er beabsichtigte. Er riß sich los von seinem väterlichen Hause und seinen Verwandten und stieg den Berg von Monserrat hinan: nicht in Zerknirschung über seine Sünden, noch von eigentlich religiösem Bedürfnis angetrieben, sondern, wie er selber gesagt hat, nur in dem Verlangen, so große Taten zu vollbringen wie diejenigen, durch welche die Heiligen so berühmt geworden, ebenso schwere Bußübungen zu übernehmen, oder noch schwerere, und in Jerusalem Gott zu dienen. Vor einem Marienbilde hing er Waffen und Wehr auf: eine andere Nachtwache als die ritterliche, aber mit ausdrücklicher Erinnerung an den Amadis, wo die Übungen derselben so genau geschildert werden, kniend oder stehend im Gebete, immer seinen Pilgerstab in der Hand, hielt er vor demselben; die ritterliche Kleidung, in der er gekommen, gab er weg: er versah sich mit dem rauhen Gewand der Eremiten, deren einsame Wohnung zwischen diese nackten Felsen eingehauen ist; nachdem er seine Generalbeichte abgelegt, begab er sich nicht gleich, wie seine jerusalemitanische Absicht forderte, nach Barcelona — er hätte auf der großen Straße erkannt zu werden gefürchtet —, sondern zuerst nach Manresa, um nach neuen Bußübungen von da an den Hafen zu gelangen.

Hier aber erwarteten ihn andere Prüfungen: die Richtung, die er mehr wie ein Spiel eingeschlagen, war gleichsam Herr über ihn geworden und machte ihren ganzen Ernst in ihm geltend. In der Zelle eines Dominikanerklosters ergab er sich den härtesten Bußübungen: zu Mitternacht erhob er sich zum Gebet; sieben Stunden täglich brachte er auf den Knien zu; regelmäßig geißelte er sich dreimal den Tag. Nicht allein aber fiel ihm das doch schwer genug, und er zweifelte oft, ob er es sein Lebenlang aushalten werde: was noch viel mehr zu bedeuten hatte, er bemerkte auch, daß es ihn nicht beruhige. Er hatte sich auf Monserrat drei Tage damit beschäftigt, eine Beichte über sein ganzes vergangenes Leben abzulegen; aber er glaubte damit nicht genuggetan zu haben. Er wiederholte sie in Manresa: er trug vergessene Sünden nach, auch die geringsten Kleinigkeiten suchte er auf; allein je mehr er grübelte, um so peinlicher waren die Zweifel, die ihn befielen. Er meinte, von Gott nicht angenommen, noch vor ihm gerechtfertigt zu sein. In dem Leben der Väter las er, Gott sei wohl einmal durch Enthaltung von aller Speise erweicht und gnädig zu sein bewogen worden. Auch er enthielt sich einst von einem Sonntag zum anderen aller Lebensmittel. Sein Beichtvater verbot es ihm, und er, der von nichts in der Welt einen so hohen Begriff hatte wie von dem Gehorsam, ließ hierauf davon ab. Wohl war ihm dann und wann, als werde seine Melancholie von ihm genommen, wie ein schweres Kleid von den Schultern fällt; aber bald kehrten die alten Qualen zurück. Es schien ihm, als habe sich sein ganzes Leben Sünde aus Sünde fortgehend erzeugt. Zuweilen war er in Versuchung, sich aus der Fensteröffnung zu stürzen.

Unwillkürlich erinnert man sich hiebei des peinlichen Zustandes, in welchen Luther zwei Jahrzehnte früher durch sehr ähnliche Zweifel geraten war. Die Forderung der Religion, eine völlige Versöhnung mit Gott bis zum Bewußtsein derselben, war bei der unergründlichen Tiefe einer mit sich selber hadernden Seele auf dem gewöhnlichen Wege, den die Kirche einschlug, niemals zu erfüllen. Auf sehr verschiedene Weise gingen sie aber aus diesem Labyrinth hervor. Luther gelangte zu der Lehre von der Versöhnung durch Christum ohne alle Werke: von diesem Punkte aus verstand er erst die Schrift, auf die er sich gewaltig stützte. Von Loyola finden wir nicht, daß er in der Schrift geforscht, daß das Dogma auf ihn Eindruck gemacht habe. Da er nur in inneren Regungen lebte, in Gedanken, die in ihm selbst entsprangen, so glaubte er, die Eingebung bald des guten, bald des bösen Geistes zu erfahren. Endlich ward er sich ihres Unterschiedes bewußt. Er fand denselben darin, daß sich die Seele von jenen erfreut und getröstet, von diesen ermüdet und geängstigt fühle. Eines Tages war es ihm, als erwache er aus dem Traume. Er glaubte mit Händen zu greifen, daß alle seine Peinen Anfechtungen des Satans seien. Er entschloß sich von Stund an, über sein ganzes vergangenes Leben abzuschließen, diese Wunden nicht weiter aufzureißen, sie niemals wieder zu berühren. Es ist dies nicht sowohl eine Beruhigung als ein Entschluß, mehr eine Annahme, die man ergreift, weil man will, als eine Überzeugung, der man sich unterwerfen muß. Sie bedarf der Schrift nicht, sie beruht auf dem Gefühle eines unmittelbaren Zusammenhanges mit dem Reiche der Geister. Luther hätte sie niemals genuggetan: Luther wollte keine Eingebung, keine Gesichte, er hielt sie alle ohne Unterschied für verwerflich; er wollte nur das einfache, geschriebene, unzweifelhafte Gotteswort. Loyola dagegen lebte ganz in Phantasien und inneren Anschauungen. Am meisten vom Christentum schien ihm eine Alte zu verstehen, welche ihm in seinen Qualen gesagt, Christus müsse ihm noch erscheinen. Es hatte ihm anfangs nicht einleuchten wollen; jetzt aber meinte er bald Christum, bald die Jungfrau mit Augen zu erblicken. Auf der Treppe von S. Domenico zu Manresa blieb er stehen und weinte laut, weil er das Geheimnis der Dreieinigkeit in diesem Moment anzuschauen glaubte: er redete den ganzen Tag von nichts anderem; er war unerschöpflich in Gleichnissen. Plötzlich überleuchtete ihn in mystischen Symbolen das Geheimnis der Schöpfung. In der Hostie sah er den, welcher Gott und Mensch. Er ging einst an dem Ufer des Llobregat nach einer entfernten Kirche. Indem er sich niedersetzte und seine Augen auf den tiefen Strom heftete, den er vor sich hatte, fühlte er sich plötzlich von anschauendem Verständnis der Geheimnisse des Glaubens entzückt: er meinte als ein anderer Mensch aufzustehen. Für ihn bedurfte es dann keines Zeugnisses, keiner Schrift weiter. Auch wenn es solche nicht gegeben hätte, würde er doch unbedenklich für den Glauben, den er bisher geglaubt, den er sah, in den Tod gegangen sein.

Haben wir die Grundlagen dieser so eigentümlichen Entwickelung gefaßt, dieses Rittertum der Abstinenz, diese Entschlossenheit der Schwärmerei und phantastischen Aszetik, so ist es nicht nötig, Iñigo Loyola auf jedem Schritte seines Lebens weiter zu begleiten. Er ging wirklich nach Jerusalem, in der Hoffnung, wie zur Stärkung der Gläubigen, so zur Bekehrung der Ungläubigen beizutragen. Allein, wie wollte er zumal das letzte ausführen, unwissend wie er war, ohne Gefährten, ohne Vollmacht? An der entschiedenen Zurückweisung jerusalemischer Oberen, die dazu eine ausdrückliche päpstliche Berechtigung besaßen, scheiterte sein Vorsatz, an den heiligen Orten zu bleiben. Auch als er nach Spanien zurückgekommen, hatte er Anfechtungen genug zu bestehen. Indem er zu lehren und die geistlichen Übungen, die ihm indes entstanden, mitzuteilen anfing, kam er sogar in den Verdacht der Ketzerei. Es wäre das seltsamste Spiel des Zufalls, wenn Loyola, dessen Gesellschaft Jahrhunderte später in Illuminaten ausging, selbst mit einer Sekte dieses Namens in Zusammenhang gestanden hätte. Und leugnen kann man nicht, daß die damaligen Illuminaten in Spanien, Alumbrados, zu denen er zu gehören in Verdacht war, Meinungen hegten, die einige Ähnlichkeit mit seinen Phantasien haben. Abgestoßen von der Werkheiligkeit des bisherigen Christentums, ergaben auch sie sich inneren Entzückungen und glaubten wie er das Geheimnis — sie erwähnten noch besonders das der Dreieinigkeit — in unmittelbarer Erleuchtung anzuschauen. Wie Loyola und später seine Anhänger, machten sie die Generalbeichte zur Bedingung der Absolution und drangen vor allem auf das innere Gebet. In der Tat möchte ich nicht behaupten, daß Loyola ganz ohne Berührung mit diesen Meinungen geblieben wäre. Allein daß er der Sekte angehört hätte, ist auch nicht zu sagen. Er unterschied sich von ihr hauptsächlich dadurch, daß, während sie durch die Forderungen des Geistes über alle gemeinen Pflichten erhaben zu sein glaubte, er dagegen — ein alter Soldat wie er war — den Gehorsam für die oberste aller Tugenden erklärte. Seine ganze Begeisterung und innere Überzeugung unterwarf er allemal der Kirche und ihren Gewalten.

Indessen hatten diese Anfechtungen und Hindernisse einen für sein Leben entscheidenden Erfolg. In dem Zustande, in dem er damals war, ohne Gelehrsamkeit und gründlichere Theologie, ohne politischen Rückhalt, hätte sein Dasein spurlos vorübergehen müssen. Glück genug, wenn ihm innerhalb Spaniens ein paar Bekehrungen gelungen wären. Allein indem man ihm in Alcala und in Salamanca auferlegte, erst vier Jahre Theologie zu studieren, ehe er namentlich über gewisse schwerere Dogmen wieder zu lehren versuche, nötigte man ihn, einen Weg einzuschlagen, auf dem sich allmählich für seinen Trieb religiöser Tätigkeit ein ungeahntes Feld eröffnete.

Er begab sich nach der damals berühmtesten hohen Schule der Welt, nach Paris.

Die Studien hatten für ihn eine eigentümliche Schwierigkeit. Er mußte die Klasse der Grammatik, die er schon in Spanien angefangen, die der Philosophie machen, ehe er zur Theologie zugelassen wurde. Aber bei den Worten, die er flektieren, bei den logischen Begriffen, die er analysieren sollte, ergriffen ihn die Entzückungen des tieferen religiösen Sinnes, den er damit zu verbinden gewohnt war. Es hat etwas Großartiges, daß er dies für Eingebungen des bösen Geistes erklärte, der ihn von dem rechten Weg abführen wolle, und sich der rigorosesten Zucht unterwarf.

Während ihm nun aus den Studien eine neue, die reale Welt aufging, so ließ er doch darum von seiner geistlichen Richtung und selbst ihrer Mitteilung keinen Augenblick ab. Eben hier war es, wo er die ersten nachhaltigen, wirksamen, ja für die Welt bedeutenden Bekehrungen machte.

Von den beiden Stubenburschen Lohyolas in dem Kollegium St. Barbara war der eine, Peter Faber aus Sabohen — ein Mensch, bei den Herden seines Vaters aufgewachsen, der sich einst des Nachts unter freiem Himmel Gott und den Studien gewidmet hatte, — nicht schwer zu gewinnen. Er repetierte mit Ignatius, denn diesen Namen führte Iñigo in der Fremde, den philosophischen Kursus; dieser teilte ihm dabei seine aszetischen Grundsätze mit. Ignatius lehrte den jüngeren Freund seine Fehler bekämpfen, klüglich nicht alle auf einmal, sondern einen nach dem anderen, wie er denn auch immer einer Tugend vorzugsweise nachzutrachten habe; er hielt ihn zu Beichte und häufigem Genuß des Abendmahls an. Sie traten in die engste Gemeinschaft; Ignaz teilte die Almosen, die ihm aus Spanien und Flandern ziemlich reichlich zuflossen, mit Faber. Schwerer machte es ihm der andere, Franz Xaver aus Pampelona in Navarra, der begierig war, der Reihe seiner durch Kriegstaten berühmten Vorfahren, die von 500 Jahren her auf seinem Stammbaum verzeichnet waren, den Namen eines Gelehrten hinzuzufügen; er war schön, reich, voll Geist und hatte schon am königlichen Hofe Fuß gefaßt. Ignaz versäumte nicht, ihm die Ehre zu erweisen, die er in Anspruch nahm, und zu sorgen, daß sie ihm von anderen erwiesen wurde. Für seine erste Vorlesung verschaffte er ihm eine gewisse Frequenz. Wie er ihn sich erst persönlich befreundet, so verfehlte sein Beispiel, seine Strenge ihre natürliche Wirkung nicht. Er brachte diesen wie jenen dahin, die geistlichen Übungen unter seiner Leitung zu machen. Er schonte ihrer nicht: drei Tage und drei Nächte ließ er sie fasten; in dem härtesten Winter — die Wagen fuhren über die gefrorene Seine — hielt er Faber dazu an. Er machte sich beide ganz zu eigen und teilte ihnen seine Gesinnung mit.

Wie bedeutend wurde die Zelle von St. Barbara, die diese drei Menschen vereinigte, in der sie voll phantastischer Religiosität Pläne entwarfen, Unternehmungen vorbereiteten, von denen sie selber nicht wußten, wohin sie führen sollten!

Betrachten wir die Momente, auf denen die fernere Entwickelung dieser Verbindung beruhte. Nachdem sich noch einige Spanier, Salmeron, Lainez, Bobadilla, denen sich allen Ignatius durch guten Rat oder Unterstützung unentbehrlich gemacht, ihnen zugesellt, begaben sie sich eines Tages nach der Kirche von Montmartre. Faber, bereits Priester, las die Messe. Sie gelobten Keuschheit; sie schwuren, nach vollendeten Studien in völliger Armut ihr Leben in Jerusalem der Pflege der Christen oder der Bekehrung der Sarazenen zu widmen: sei es aber unmöglich, dahin zu gelangen oder dort zu bleiben, in diesem Falle dem Papst ihre Bemühungen anzubieten, für jeden Ort, wohin er ihnen zu gehen befehle, ohne Lohn noch Bedingung. So schwur ein jeder und empfing die Hostie. Darauf schwur auch Faber und nahm sie selbst. An dem Brunnen St. Denys genossen sie hierauf eine Mahlzeit.

Ein Bund zwischen jungen Männern: schwärmerisch, nicht eben verfänglich: noch in den Ideen, die Ignatius ursprünglich gefaßt hatte, nur insofern davon abweichend, als sie ausdrücklich die Möglichzeit berechneten, dieselben nicht ausführen zu können.

Anfang 1537 finden wir sie in der Tat mit noch drei anderen Genossen sämtlich in Venedig, um ihre Wallfahrt anzutreten. Schon manche Veränderung haben wir in Loyola wahrgenommen: von einem weltlichen Rittertum sahen wir ihn zu einem geistlichen übergehen, in die ernsthaftesten Anfechtungen fallen und mit phantastischer Aszetik sich daraus hervorarbeiten: Theolog und Gründer einer schwärmerischen Gesellschaft war er geworden. Jetzt endlich nahmen seine Absichten die bleibende Wendung. Einmal hinderte ihn der Krieg, der eben damals zwischen Venedig und den Türken ausbrach, an der Abreise und ließ den Gedanken der Wallfahrt noch mehr zurücktreten; sodann aber fand er in Venedig ein Institut, das ihm, man möchte sagen, die Augen erst recht öffnete. Eine Zeitlang schloß sich Loyola auf das Engste an Caraffa an; in dem Konvent der Theatiner, der sich in Venedig gebildet, nahm er Wohnung. Er diente in den Spitälern, über welche Caraffa die Aufsicht führte, in denen dieser seine Novizen sich üben ließ. Zwar fand sich Ignatius durch das theatinische Institut nicht völlig befriedigt; er sprach mit Caraffa über einige in demselben vorzunehmende Veränderungen, und sie sollen darüber miteinander zerfallen sein. Aber schon dies zeigt, wie tiefen Eindruck es auf ihn machte. Einen Orden von Priestern sah er hier sich den eigentlich klerikalischen

Pflichten mit Eifer und Strenge widmen. Mußte er, wie immer deutlicher wurde, diesseit des Meeres bleiben und seine Tätigkeit in den Bezirken der abendländischen Christenheit versuchen, so erkannte er wohl, daß auch er nicht füglich einen anderen Weg einschlagen konnte.

In der Tat nahm er in Venedig mit allen seinen Gefährten die priesterlichen Weihen. In Vicenza begann er nach vierzehntägigem Gebet mit dreien von ihnen zu predigen. An dem nämlichen Tage zur nämlichen Stunde erschienen sie in verschiedenen Straßen, stiegen auf Steine, schwangen die Hüte, riefen laut und fingen an, zur Buße zu ermahnen. Seltsame Prediger, zerlumpt, abgehärmt; sie sprachen ein unverständliches Gemisch von Spanisch und Italienisch. In diesen Gegenden blieben sie, bis das Jahr, das sie zu warten beschlossen hatten, verstrichen war. Dann brachen sie auf nach Rom.

Als sie sich trennten — denn auf verschiedenen Wegen wollten sie die Reise machen —, entwarfen sie die ersten Regeln, um auch in der Entfernung eine gewisse Gleichförmigkeit des Lebens zu beobachten. Was aber sollten sie antworten, wenn man sie nach ihrer Beschäftigung fragen würde? Sie gefielen sich in dem Gedanken, als Soldaten dem Satan den Krieg zu machen: den alten militärischen Phantasien des Ignatius zufolge beschlossen sie, sich die Kompagnie Jesu zu nennen, ganz wie eine Kompagnie Soldaten, die von ihrem Hauptmann den Namen trägt.

In Rom hatten sie anfangs keinen ganz leichten Stand — Ignatius meinte, er sehe alle Fenster geschlossen, — und von dem alten Verdacht der Ketzerei mußten sie hier noch einmal freigesprochen werden. Allein indes hatten ihre Lebensweise, ihr Eifer in Predigt und Unterricht, ihre Krankenpflege auch zahlreiche Anhänger herbeigezogen, und so viele zeigten sich bereit, zu ihnen zu treten, daß sie auf eine förmliche Einrichtung ihrer Gesellschaft denken konnten.

Zwei Gelübde hatten sie bereits getan; jetzt legten sie das dritte, das des Gehorsams, ab. Wie aber Ignatius immer den Gehorsam für eine der vornehmsten Tugenden erklärt, so suchten sie gerade in diesem alle anderen Orden zu übertreffen. Es war schon viel, daß sie sich ihren General allemal auf Lebenszeit zu wählen beschlossen; allein dies genügte ihnen noch nicht. Sie fügten die besondere Verpflichtung hinzu, „alles zu tun, was ihnen der jedesmalige Papst befehlen, in jedes Land zu gehen, zu Türken, Heiden und Ketzern, in das er sie senden werde, ohne Widerrede, ohne Bedingung und Lohn, unverzüglich".

Welch ein Gegensatz gegen die bisherigen Tendenzen dieser Zeit! Indem der Papst auf allen Seiten Widerstand und Abfall erfuhr und nichts zu erwarten hatte, als fortgehenden Abfall, vereinigte sich hier eine Gesellschaft, freiwillig, voll Eifer, enthusiastisch, um sich ausschließlich seinem Dienste zu widmen. Er konnte kein Bedenken tragen, sie anfangs — im Jahre

1540 — unter einigen Beschränkungen und alsdann — 1543 — unbedingt zu bestätigen.

Indes tat auch die Gesellschaft den letzten Schritt. Sechs von den ältesten Bundesgenossen traten zusammen, um den Vorsteher zu wählen, der, wie der erste Entwurf, den sie dem Papst einreichten, besagte, „Grade und Ämter nach seinem Gutdünken verteilen, die Konstitution mit Beirat der Mitglieder entwerfen, in allen anderen Dingen aber allein zu befehlen haben solle; in ihm solle Christus als gegenwärtig verehrt werden". Einstimmig wählten sie Ignaz, der, wie Salmeron auf seinem Wahlzettel sagte, „sie alle in Christo erzeugt und mit seiner Milch genährt habe".

Und nun erst hatte die Gesellschaft ihre Form. Es war auch eine Gesellschaft von Chierici regolari: sie beruhte auch auf einer Vereinigung von klerikalischen und klösterlichen Pflichten; allein sie unterschied sich vielfach von den übrigen dieser Art.

Hatten schon die Theatiner mehrere minder bedeutende Verpflichtungen fallen lassen, so gingen die Jesuiten darin noch weiter. Es war ihnen nicht genug, alle klösterliche Tracht zu vermeiden; sie sagten sich auch von den gemeinschaftlichen Andachtsübungen, welche in den Klöstern den größten Teil der Zeit wegnahmen, von der Obliegenheit im Chor zu singen, los.

Dieser wenig notwendigen Beschäftigungen überhoben, widmeten sie ihre ganze Zeit und alle ihre Kräfte den wesentlichen Pflichten: nicht einer be-

sonderen, wie die Barnabiten, obwohl sie die Kranken=
pflege, weil sie einen guten Namen machte, sich an=
gelegen sein ließen; nicht unter beschränkenden Be=
bingungen, wie die Theatiner, sondern mit aller An=
strengung den wichtigsten. Erstens der Predigt: schon
als sie sich in Vicenza trennten, hatten sie sich das
Wort gegeben, hauptsächlich für das gemeine Volk
zu predigen, mehr darauf zu denken, Eindruck zu
machen, als durch gewählte Rede zu glänzen; so
fuhren sie nunmehr fort. Zweitens der Beichte: denn
damit hängt die Leitung und Beherrschung der Ge=
wissen unmittelbar zusammen; in den geistlichen
Übungen, durch welche sie selber mit Ignaz vereinigt
worden, besaßen sie ein großes Hilfsmittel. Endlich
dem Unterrichte der Jugend: hiezu hatten sie sich
gleich in ihren Gelübden durch eine besondere Klausel
verpflichten wollen, und ob dies wohl da nicht durch=
gegangen war, so schärften sie es doch in ihrer Regel
auf das lebhafteste ein. Vor allem wünschten sie die
aufwachsende Generation zu gewinnen. Genug, alles
Beiwerk ließen sie fallen und widmeten sich den
wesentlichen, wirksamen, Einfluß versprechenden
Arbeiten.

Aus den phantastischen Bestrebungen des Ignatius
hatte sich demnach eine vorzugsweise praktische Rich=
tung entwickelt, aus seinen aszetischen Bekehrungen
ein Institut, mit weltkluger Zweckmäßigkeit be=
rechnet.

Alle seine Erwartungen sah er weit übertroffen. Er

hatte nun die unbeschränkte Leitung einer Gesellschaft in Händen, auf welche ein großer Teil seiner Intuitionen überging — welche ihre geistlichen Überzeugungen mit Studium auf dem Wege bildete, auf dem er sie durch Zufall und Genius erworben hatte, — welche zwar seinen jerusalemischen Plan nicht ausführte, bei dem sich nichts erreichen ließ, aber übrigens zu den entferntesten, erfolgreichsten Missionen schritt und hauptsächlich jene Seelsorge, die er immer empfohlen, in einer Ausdehnung übernahm, wie er sie niemals ahnen können, — die ihm endlich einen zugleich soldatischen und geistlichen Gehorsam leistete.

Ehe wir die Wirksamkeit, zu der die Gesellschaft gar bald gelangte, näher betrachten, müssen wir noch eine der wichtigsten Bedingungen derselben erörtern.

Erste Sitzungen des tridentinischen Konziliums.

Wir sahen, welche Interessen sich an die Forderung des Konziliums von der kaiserlichen, an die Verweigerung desselben von der päpstlichen Seite knüpften. Nur in einer Beziehung hatte eine neue Kirchenversammlung doch auch für den Papst etwas Wünschenswertes. Um die Lehren der katholischen Kirche mit ungebrochenem, vollem Eifer einprägen und ausarbeiten zu können, war es notwendig, daß die Zweifel, welche sich über die eine oder die andere in dem Schoße der Kirche selbst erhoben hatten, beseitigt würden. Mit unbedingter Autorität vermochte dies allein

ein Konzilium zu tun. Es kam nur darauf an, daß es zur günstigen Zeit zusammenberufen und unter dem Einfluß des Papstes gehalten würde.

Jener große Moment, in dem sich die beiden kirchlichen Parteien einander in einer mittleren gemäßigten Meinung mehr als je genähert hatten, ward auch hiefür entscheidend. Der Papst, wie gesagt, glaubte wahrzunehmen, daß der Kaiser selbst den Anspruch hege, das Konzilium zu berufen. In diesem Augenblick von allen Seiten der Anhänglichkeit katholischer Fürsten versichert, verlor er keine Zeit, ihm darin zuvorzukommen. Es war noch mitten in jenen Bewegungen, daß er sich definitiv entschloß, zu der ökumenischen Kirchenversammlung zu schreiten und allen Zögerungen ein Ende zu machen; ohne Verzug ließ er es Contarini und durch diesen dem Kaiser anzeigen: die Verhandlungen wurden ernstlich aufgenommen; endlich ergingen die Berufungsschreiben; im nächsten Jahre finden wir seine Legaten bereits in Trient.

Indessen traten auch diesmal neue Hindernisse ein: allzu gering war die Zahl der erscheinenden Bischöfe, allzu kriegerisch die Zeit, und die Umstände nicht vollkommen günstig: es währte bis in den Dezember 1545, ehe es zu der wirklichen Eröffnung des Konziliums kam. Endlich hatte der alte Zauderer den erwünschten Moment gefunden.

Denn welcher hätte es mehr sein können als der, in welchem der Kaiser, von dem Fortgang des Pro=

testantismus in seinem kaiserlichen Ansehen — wie er es ansah — und in dem eingeführten Regiment seiner Erblande bedroht, sich entschlossen hatte, demselben mit den Waffen in der Hand entgegenzutreten? Da er die Hilfe des Papstes brauchte, konnte er die Ansprüche wenigstens nicht sofort geltend machen, die er sonst auf ein Konzilium gründen zu wollen schien. Der Krieg mußte ferner ihn vollauf beschäftigen; bei der Macht der Protestanten ließ sich nicht absehen, in welche Verwickelungen er dabei geraten würde; um so weniger konnte er dann auf die Reform dringen, mit welcher er bisher dem päpstlichen Stuhle gedroht. Auch übrigens wußte ihm der Papst zunächst den Weg dazu abzuschneiden. Der Kaiser forderte, das Konzilium solle mit der Reform beginnen; den päpstlichen Legaten erschien es als ein Sieg, daß der Beschluß gefaßt wurde, es solle zugleich über Reform und Dogmen gehandelt werden; in der Tat nahm man dann zuerst nur die Dogmen vor.

Indem der Papst zu entfernen wußte, was ihm hätte schädlich werden können, ergriff er dasjenige, woran ihm selber gelegen war. Die Feststellung der bezweifelten Lehrsätze hatte für ihn, wie angedeutet, die größte Wichtigkeit. Man mußte nun sehen, ob von jenen zu dem protestantischen System hinneigenden Ansichten sich eine oder die andere innerhalb des katholischen Lehrbegriffs zu halten vermögen würde.

Zuerst — denn sehr systematisch ging man zu

Werke — handelte das Konzilium von der Offenbarung, den Quellen, aus denen die Kenntnis derselben zu schöpfen sei. Gleich hier erhoben sich einige Stimmen in der Richtung des Protestantismus. Der Bischof Nachianti von Chiozza wollte von nichts als von der Schrift hören: in dem Evangelium stehe alles geschrieben, was zu unserer Seligkeit notwendig. Allein er hatte eine ungeheure Majorität wider sich. Man faßte den Beschluß, die ungeschriebenen Traditionen, die, aus dem Munde Christi empfangen, unter dem Schutze des heiligen Geistes bis auf die neueste Zeit fortgepflanzt worden, seien mit gleicher Verehrung anzunehmen wie die Heilige Schrift. In Hinsicht dieser wies man nicht einmal auf die Grundtexte zurück. Man erkannte in der Vulgata die authentische Übersetzung derselben an, und versprach nur, daß sie inskünftige auf das sorgfältigste gedruckt werden solle.

Nachdem dergestalt der Grund gelegt worden — nicht mit Unrecht ward gesagt, es sei die Hälfte des Weges —, kam man an jenes entscheidende Lehrstück von der Rechtfertigung und die damit zusammenhängenden Doktrinen. An diese Streitfrage knüpfte sich das vornehmste Interesse.

Denn nicht wenige gab es in der Tat noch auf dem Konzilium, deren Ansichten hierüber mit den protestantischen Meinungen zusammenfielen. Der Erzbischof von Siena, der Bischof della Cava, Giulio Contarini, Bischof zu Belluno, und mit ihnen fünf

Theologen schrieben die Rechtfertigung einzig und allein dem Verdienste Christi und dem Glauben zu. Liebe und Hoffnung erklärten sie für die Begleiterinnen, Werke für die Beweise des Glaubens; nichts weiter seien sie: der Grund der Rechtfertigung aber sei allein der Glaube.

Wie war es zu denken, daß in einem Moment, in welchem Papst und Kaiser die Protestanten mit Gewalt der Waffen angriffen, sich die Grundansicht, von der sich deren ganzes Wesen herleitete, auf einem Konzilium unter den Auspizien des Papstes und des Kaisers geltend machen sollte? Vergebens ermahnte Poole, nicht etwa eine Meinung nur deshalb zu verwerfen, weil sie von Luther behauptet worden. Allzu viel persönliche Erbitterungen knüpften sich daran. Der Bischof della Cava und ein griechischer Mönch gerieten tätlich aneinander. Über einen so unzweifelhaften Ausdruck einer protestantischen Meinung konnte es auf dem Konzilium gar nicht einmal zu bedeutenden Diskussionen kommen: diese galten, und schon dies ist wichtig genug, nur der vermittelnden Meinung, wie sie Gaspar Contarini, der indes bereits gestorben war, und seine Freunde aufgestellt.

Der Augustinergeneral Seripando trug sie vor, jedoch nicht ohne die ausdrückliche Verwahrung, daß es nicht die Meinungen Luthers seien, die er verfechte, vielmehr die Lehren der berühmtesten Gegner desselben, z. B. eines Pflug und Gropper. Er nahm eine doppelte Gerechtigkeit an: die eine uns inwohnend, inhärierend, durch welche wir aus Sündern Kinder Gottes werden, auch sie Gnade und unverdient, tätig in Werken, sichtbar in Tugenden, aber allein nicht fähig, uns zur Glorie Gottes einzuführen; die andere die Gerechtigkeit und das Verdienst Christi, uns beigemessen, imputiert, welche alle Mängel ersetze, vollständig, seligmachend. Ebenso hatte Contarini gelehrt. Wenn die Frage sei, sagt dieser, auf welche von jenen Gerechtigkeiten wir bauen sollen, die inwohnende oder die in Christo beigemessene, so sei die Antwort eines Frommen, daß wir uns nur auf die letzte zu verlassen haben. Unsere Gerechtigkeit sei eben erst angefangen, unvollkommen, voller Mängel: Christi Gerechtigkeit dagegen wahrhaft, vollkommen, in den Augen Gottes durchaus und allein wohlgefällig; um ihretwillen allein könne man glauben, vor Gott gerechtfertigt zu werden.

Jedoch auch in solch einer Modifikation — sie ließ, wie wir sehen, das Wesen der protestantischen Lehre bestehen und konnte von Anhängern derselben gebilligt werden — fand diese Meinung lebhaften Widerspruch.

Caraffa, der sich ihr schon damals entgegengesetzt hatte, als sie in Regensburg verhandelt ward, saß auch jetzt unter den Kardinälen, welchen die Beaufsichtigung des tridentinischen Konziliums anvertraut war. Er kam mit einer eigenen Abhandlung über die Rechtfertigung hervor, in der er allen Meinungen dieser Art lebhaft widersprach. Ihm zur Seite erhoben sich bereits die Jesuiten. Salmeron und

Lainez hatten sich das wohlausgesonnene Vorrecht verschafft, daß jener zuerst, dieser zuletzt seine Meinung vorzutragen hatte. Sie waren gelehrt, kräftig, in der Blüte der Jahre, voller Eifer. Von Ignatius angewiesen, nie einer Meinung beizupflichten, die sich im mindesten einer Neuerung nähere, widersetzten sie sich aus allen Kräften der Lehre Seripandos. Lainez erschien mehr mit einem Werke als mit einer Widerrede auf dem Kampfplatz. Er hatte den größten Teil der Theologen auf seiner Seite.

Jene Unterscheidung der Gerechtigkeiten ließen diese Gegner allenfalls gelten. Allein sie behaupteten, die imputative Gerechtigkeit gehe in der inhärierenden auf, oder das Verdienst Christi werde den Menschen durch den Glauben unmittelbar zugewendet und mitgeteilt; man habe allerdings auf die Gerechtigkeit Christi zu bauen, aber nicht weil sie die unsere ergänze, sondern weil sie dieselbe hervorbringe. Eben hierauf kam alles an. Bei den Ansichten Contarinis und Seripandos konnte das Verdienst der Werke nicht bestehen. Diese Ansicht rettete dasselbe. Es war die alte Lehre der Scholastiker, daß die Seele, mit der Gnade bekleidet, sich das ewige Leben verdiene. Der Erzbischof von Bitonto, einer der gelehrtesten und beredtesten dieser Väter, unterschied eine vorläufige Rechtfertigung, abhängig von dem Verdienste Christi, durch welche der Gottlose von dem Stande der Verwerfung befreit werde, und eine nachfolgende, die Erwerbung der eigentlichen Gerechtigkeit, abhängig von der uns eingegossenen und inwohnenden Gnade. In diesem Sinne sagte der Bischof von Fano, der Glaube sei nur das Tor zur Rechtfertigung; aber man dürfe nicht stehen bleiben; man müsse den ganzen Weg vollbringen.

So nahe diese Meinungen einander zu berühren scheinen, so sind sie einander doch durchaus entgegengesetzt. Auch die lutherische fordert die innere Wiedergeburt, bezeichnet den Weg des Heiles und behauptet, daß gute Werke folgen müssen: die göttliche Begnadigung aber leitet sie allein von dem Verdienste Christi her. Das tridentinische Konzilium dagegen nimmt zwar auch das Verdienst Christi an; aber die Rechtfertigung schreibt es demselben nur insofern zu, als es die innere Wiedergeburt und mithin gute Werke, auf die zuletzt alles ankommt, hervorbringt. Der Gottlose, sagt es, wird gerechtfertigt, indem durch das Verdienst des heiligsten Leidens, vermöge des heiligen Geistes, die Liebe Gottes seinem Herzen eingepflanzt wird und demselben inwohnt; dergestalt ein Freund Gottes geworden, geht der Mensch fort von Tugend zu Tugend und wird erneuert von Tag zu Tage. Indem er die Gebote Gottes und der Kirche beobachtet, wächst er mit Hilfe des Glaubens durch gute Werke in der durch Christi Gnade erlangten Gerechtigkeit und wird mehr und mehr gerechtfertigt.

Und so ward die Meinung der Protestanten von dem Katholizismus völlig ausgeschlossen: jede Vermittelung ward von der Hand gewiesen. Eben damals geschah dies, als der Kaiser in Deutschland den Sieg bereits erfochten hatte, die Lutheraner sich schon von allen Seiten ergaben und jener sich aufmachte, die Widerspenstigen, die es noch gab, nicht minder zu unterwerfen. Schon hatten die Verfechter der mittleren Meinung, Kardinal Poole, der Erzbischof von Siena, das Konzilium, natürlich unter anderen Vorwänden, verlassen: statt anderen in ihrem Glauben Maß und Ziel zu geben, mußten sie besorgt sein, den eigenen angegriffen und verdammt zu sehen.

Es war aber hiemit die wichtigste Schwierigkeit überwunden. Da die Rechtfertigung innerhalb des Menschen vor sich geht, und zwar in fortdauernder Entwickelung, so kann sie der Sakramente nicht entbehren, durch welche sie entweder anfängt oder, wenn sie angefangen hat, fortgesetzt oder, wenn sie verloren ist, wieder erworben wird. Es hat keine Schwierigkeit, sie alle sieben, wie sie bisher angenommen worden, beizubehalten und auf den Urheber des Glaubens zurückzuführen, da die Institute der Kirche Christi nicht allein durch die Schrift, sondern auch durch die Tradition mitgeteilt sind. Nun umfassen aber diese Sakramente, wie man weiß, das ganze Leben und alle Stufen, in denen es sich entwickelt; sie gründen die Hierarchie, insofern sie Tag und Stunde beherrscht; indem sie die Gnade nicht allein bedeuten, sondern mitteilen, vollenden sie den mystischen Bezug, in welchem der Mensch zu Gott gedacht wird.

Eben darum nahm man die Tradition an, weil der heilige Geist der Kirche immerfort inwohne, die Vulgata, weil die römische Kirche durch besondere göttliche Gnade von aller Verirrung frei erhalten worden; diesem Inwohnen des göttlichen Elements entspricht es dann, daß auch das rechtfertigende Prinzip in dem Menschen selbst Platz nimmt, daß die in dem sichtbaren Sakrament gleichsam gebundene Gnade ihm Schritt für Schritt mitgeteilt wird und sein Leben und Sterben umfaßt. Die erscheinende Kirche ist zugleich die wahre, die man die unsichtbare genannt hat. Religiöse Existenz kann sie außer ihrem Kreise nicht anerkennen.

Inquisition.

Diese Lehren auszubreiten, die ihnen entgegenstehenden zu unterdrücken, hatte man mittlerweile auch schon Maßregeln ergriffen.

Wir müssen hier noch einmal auf die Zeiten des Regensburger Gespräches zurückkommen. Als man sah, daß man mit den deutschen Protestanten zu keinem Schluß kam, daß indes auch in Italien Streitigkeiten über das Sakrament, Zweifel an dem Fegefeuer und andere für den römischen Ritus bedenkliche Lehrmeinungen überhandnahmen, so fragte der Papst eines Tages den Kardinal Caraffa, welches Mittel er hiegegen anzuraten wisse. Der Kardinal erklärte, daß eine durchgreifende Inquisition das einzige sei. Johann Alvarez de Toledo, Kardinal von Burgos, stimmte ihm hierin bei.

Die alte dominikanische Inquisition war vorlängst verfallen. Da es dem Mönchsorden überlassen blieb, die Inquisitoren zu wählen, so geschah, daß diese nicht selten die Meinungen teilten, welche man bekämpfen wollte. In Spanien war man bereits dadurch von der früheren Form abgewichen, daß man ein oberstes Tribunal der Inquisition für dieses Land eingerichtet hatte. Caraffa und Burgos, beide alte Dominikaner, von finsterer Gerechtigkeit, Zeloten für den reinen Katholizismus, streng in ihrem Leben, unbeugsam in ihren Meinungen, rieten dem Papst, nach dem Muster von Spanien ein allgemeines höchstes Tribunal der Inquisition, von dem alle anderen abhängen müßten, zu Rom zu errichten. Wie St. Peter, sagte Caraffa, den ersten Häresiarchen an keinem anderen Orte als in Rom besiegte, so müsse der Nachfolger Petri alle Ketzereien der Welt in Rom überwältigen. Die Jesuiten rechnen es sich zum Ruhme, daß ihr Stifter Loyola diesen Vorschlag durch eine besondere Vorstellung unterstützt habe. Am 21. Juli 1542 erging die Bulle.

Sie ernennt sechs Kardinäle, unter denen Caraffa und Toledo zuerst genannt werden, zu Kommissaren des apostolischen Stuhles, allgemeinen und allgemeinsten Inquisitoren in Glaubenssachen diesseit und jenseit der Berge. Sie erteilt ihnen das Recht, an allen Orten, wo es ihnen gut scheine, Geistliche mit einer ähnlichen Gewalt zu delegieren, die Appellationen wider deren Verfahren allein zu entscheiden, selbst ohne die Teilnahme des ordentlichen geistlichen Gerichtshofes zu prozedieren. Jedermann, niemand ausgenommen, ohne Rücksicht auf irgendeinen Stand, irgendeine Würde, soll ihrem Richterstuhle unterworfen sein; die Verdächtigen sollen sie ins Gefängnis werfen, die Schuldigen selbst am Leben strafen und ihre Güter verkaufen. Nur eine Beschränkung wird ihnen auferlegt. Zu strafen soll ihnen zustehen; die Schuldigen, welche sich bekehren, zu begnadigen behält der Papst sich vor. So sollen sie alles tun, anordnen, ausführen, um die Irrtümer, die in der christlichen Gemeine ausgebrochen sind, zu unterdrücken und mit der Wurzel auszurotten.

Caraffa verlor keinen Augenblick, diese Bulle in Ausführung zu bringen. Er war nicht etwa reich; doch hätte es ihm diesmal ein Verlust erschienen, eine Zahlung aus der apostolischen Kammer abzuwarten: er nahm sofort ein Haus in Miete; aus eigenen Mitteln richtete er die Zimmer der Beamten und die Gefängnisse ein; er versah sie mit Riegeln und starken Schlössern, mit Blöcken, Ketten und Banden und jener ganzen furchtbaren Gerätschaft. Dann ernannte er Generalkommissare für die verschiedenen Länder. Der erste, soviel ich sehe, für Rom war sein eigener Theolog, Teofilo di Tropea, über dessen Strenge sich Kardinäle, wie Poole, bald zu beklagen hatten.

„Folgende Regeln," sagt die handschriftliche Lebensbeschreibung Caraffas, „hatte sich der Kardinal hiebei als die richtigsten vorgezeichnet:

„erstens in Sachen des Glaubens dürfe man nicht einen Augenblick warten, sondern gleich auf den mindesten Verdacht müsse man mit äußerster Strenge zu Werke gehen;

„zweitens sei keinerlei Rücksicht zu nehmen auf irgendeinen Fürsten oder Prälaten, wie hoch er auch stehe;

„drittens vielmehr müsse man gegen die am strengsten sein, die sich mit dem Schutz eines Machthabers zu verteidigen suchen sollten; nur wer das Geständnis abgelegt, sei mit Milde und väterlichem Erbarmen zu behandeln;

„viertens Ketzern und besonders Kalvinisten gegenüber müsse man sich mit keinerlei Toleranz herabwürdigen."

Es ist alles, wie wir sehen, Strenge, unnachsichtige, rücksichtslose Strenge, bis das Bekenntnis erfolgt ist, furchtbar besonders in einem Momente, wo die Meinungen noch nicht ganz entwickelt waren, wo viele die tieferen Lehren des Christentums mit den Einrichtungen der bestehenden Kirche zu vereinigen suchten. Die Schwächeren gaben nach und unterwarfen sich; die Stärkergearteten dagegen ergriffen nun erst eigentlich die entgegengesetzten Meinungen und suchten sich der Gewalt zu entziehen.

Einer der ersten von ihnen war Bernhardin Ochino.

Schon eine Zeitlang wollte man bemerkt haben, daß er seine klösterlichen Pflichten minder sorgsam erfülle; im Jahre 1542 ward man auch an seinen Predigten irre. Auf das schneidendste behauptete er die Lehre, daß der Glaube allein rechtfertige; nach einer Stelle Augustins rief er aus: „der dich ohne dich geschaffen, wird er dich nicht ohne dich selig machen?" Seine Erklärungen über das Fegefeuer schienen nicht sehr orthodox. Schon der Nuntius zu Venedig verbot ihm auf ein paar Tage die Kanzel; hierauf ward er nach Rom zitiert; er war bereits bis Bologna, bis Florenz gekommen, als er, wahrscheinlich aus Furcht vor der eben errichteten Inquisition, zu fliehen beschloß. Nicht übel läßt ihn der Geschichtschreiber seines Ordens, wie er auf den S. Bernard gekommen, noch einmal stillstehen und sich aller der Ehre, die ihm in seinem schönen Vaterlande erwiesen worden, der Unzähligen erinnern, die ihn voller Erwartung empfingen, mit Spannung hörten und mit bewundernder Genugtuung nach Hause begleiteten: gewiß verliert ein Redner noch mehr als ein anderer an seinem Vaterlande: aber er verließ es, obwohl in so hohem Alter. Er gab das Siegel seines Ordens, das er bisher mit sich getragen, seinem Begleiter und ging nach Genf. Noch immer waren indes seine Überzeugungen nicht fest; er ist in sehr außerordentliche Verirrungen gefallen.

Um die nämliche Zeit verließ Peter Martyr Vermigli Italien. „Ich riß mich," sagt er, „aus so vielen

Verstellungen heraus und rettete mein Leben vor der bevorstehenden Gefahr." Viele von den Schülern, die er bis dahin in Lucca gezogen, folgten ihm später nach.

Näher ließ sich Cälio Secundo Curione die Gefahr kommen. Er wartete, bis der Bargello erschien, ihn zu suchen. Curione war groß und stark. Mit dem Messer, das er eben führte, ging er mitten durch die Sbirren hindurch, schwang sich auf sein Pferd und ritt davon. Er ging nach der Schweiz.

Schon einmal hatte es Bewegungen in Modena gegeben; jetzt erwachten sie wieder. Einer klagte den anderen an. Filippo Valentin entwich nach Trient. Auch Castelvetri fand es geraten, sich wenigstens eine Zeitlang in Deutschland sicherzustellen.

Denn in Italien brach allenthalben die Verfolgung und der Schrecken aus. Der Haß der Faktionen kam den Inquisitoren zu Hilfe. Wie oft griff man, nachdem man lange vergebens eine andere Gelegenheit gesucht, sich an seinen Gegnern zu rächen, zu der Beschuldigung der Ketzerei! Nun hatten die altgläubigen Mönche wider jene ganze Schar geistreicher Leute, die durch ihr literarisches Bemühen auf eine religiöse Tendenz geführt worden, — zwei Parteien, die einander gleich bitteren Haß widmeten, — die Waffen in den Händen und verdammten ihre Gegner zu ewigem Stillschweigen. „Kaum ist es möglich," ruft Antonio bei Pagliarici aus, „ein Christ zu sein und auf seinem Bette zu sterben." Die Akademie von

Modena war nicht die einzige, die sich auflöste. Auch die neapolitanische, von den Seggi errichtet, ursprünglich nur für die Studien bestimmt, von denen sie allerdings, dem Geiste der Zeit gemäß, zu theologischen Disputationen fortging, wurde vom Vizekönig geschlossen. Die gesamte Literatur ward der strengsten Aufsicht unterworfen. Im Jahre 1543 verordnete Caraffa, daß in Zukunft kein Buch, von welchem Inhalt auch immer, gleichviel ob alt oder neu, gedruckt werden dürfe ohne die Erlaubnis der Inquisitoren; die Buchhändler mußten eben diesen Verzeichnisse aller ihrer Artikel einreichen: ohne deren Erlaubnis sollten sie nichts mehr verkaufen; die Zollbeamten der Dogana erhielten den Befehl, keine Sendung handschriftlicher oder gedruckter Bücher an ihre Bestimmung abzuliefern, ohne sie vorher der Inquisition vorgelegt zu haben. Allmählich kam man auf den Index der verbotenen Bücher. In Löwen und Paris hatte man die ersten Beispiele gegeben. In Italien ließ Giovanni della Casa, in dem engsten Vertrauen des Hauses Caraffa, den ersten Katalog, ungefähr von 70 Nummern, zu Venedig drucken. Ausführlichere erschienen 1552 zu Florenz, 1554 zu Mailand, der erste in der späterhin gebräuchlichen Form zu Rom 1559. Er enthielt Schriften der Kardinäle, die Gedichte jenes Casa selbst. Nicht allein Druckern und Buchhändlern wurden diese Gesetze gegeben, selbst den Privatleuten ward es zur Gewissenspflicht gemacht, die Existenz der verbotenen Bücher anzuzeigen, zu ihrer Vernichtung beizutragen. Mit unglaublicher Strenge setzte man diese Maßregel durch. In so vielen tausend Exemplaren das Buch über die Wohltat Christi verbreitet sein mochte, es ist völlig verschwunden und nicht mehr aufzufinden. In Rom hat man Scheiterhaufen von weggenommenen Exemplaren verbrannt.

Bei allen diesen Einrichtungen, Unternehmungen bediente sich die Geistlichkeit der Hilfe des weltlichen Arms. Es kam den Päpsten zustatten, daß sie ein eigenes Land von so bedeutendem Umfang besaßen: hier konnten sie das Beispiel geben und das Muster aufstellen. In Mailand und Neapel durfte sich die Regierung um so weniger widersetzen, da sie beabsichtigt hatte, die spanische Inquisition daselbst einzuführen; in Neapel blieb nur die Konfiskation der Güter verboten. In Toskana war die Inquisition durch den Legaten, den sich Herzog Cosimo zu verschaffen wußte, weltlichem Einfluß zugänglich; die Brüderschaften, die sie stiftete, gaben jedoch großen Anstoß; in Siena und Pisa nahm sie sich wider die Universitäten mehr heraus, als ihr gebührte. Im Venezianischen blieb der Inquisitor zwar nicht ohne weltliche Aufsicht — in der Hauptstadt saßen seit dem April 1547 drei venezianische Nobili in seinem Tribunal; in den Provinzen hatte der Rettore jeder Stadt, der dann zuweilen Doktoren zu Rate zog und in schwierigen Fällen, besonders sobald die Anklage bedeutendere Personen betraf, erst bei dem Rate der

Zehn anfragte, Anteil an der Untersuchung; — allein dies hinderte nicht, daß man nicht im wesentlichen die Verordnungen von Rom in Ausführung gebracht hätte.

Und so wurden die Regungen abweichender Religionsmeinungen in Italien mit Gewalt erstickt und vernichtet. Fast der ganze Orden der Franziskaner wurde zu Retraktationen genötigt. Der größte Teil der Anhänger des Valdez bequemte sich, zu widerrufen. In Venedig ließ man den Fremden, den Deutschen, die sich des Handels oder der Studien halber eingefunden hatten, eine gewisse Freiheit; die Einheimischen dagegen wurden genötigt, ihre Meinungen abzuschwören, ihre Zusammenkünfte wurden zerstört. Viele flüchteten: in allen Städten in Deutschland und der Schweiz begegnen wir diesen Flüchtlingen. Diejenigen, die weder nachgeben wollten noch zu entfliehen wußten, verfielen der Strafe. In Venedig wurden sie mit zwei Barken aus den Lagunen hinaus in das Meer geschickt. Man legte ein Brett zwischen die Barken und setzte die Verurteilten darauf; in gleichem Augenblick fuhren die Ruderer auseinander: das Brett stürzte in die Flut; noch einmal riefen die Unglücklichen den Namen Christi aus und sanken unter. In Rom hielt man vor Santa Maria alla Minerva die Autodafés in aller Form. Mancher floh von Ort zu Ort mit Weib und Kind. Wir begleiten sie eine Weile; dann verschwinden sie: wahrscheinlich sind sie den unbarm=

herzigen Jägern in die Netze geraten. Andere hielten
sich still. Die Herzogin von Ferrara, welche, wenn es
kein salisches Gesetz gegeben hätte, Erbin von Frank=
reich gewesen wäre, ward durch Geburt und hohen
Rang nicht beschützt. Ihr Gemahl war selbst ihr
Gegner. „Sie sieht niemanden," sagt Marot, „gegen
den sie sich beklagen könnte: die Berge sind zwischen
ihr und ihren Freunden; sie mischt ihren Wein mit
Tränen."

Ausbildung des jesuitischen Institutes.

In dieser Entwickelung der Dinge, als die Gegner
mit Gewalt beiseite gebracht, die Dogmen aufs neue
in dem Geiste des Jahrhunderts festgesetzt waren, die
kirchliche Macht mit unabwendbaren Waffen die Be=
obachtung derselben beaufsichtigte, erhob sich nun, im
engsten Vereine mit dieser, der Orden der Jesuiten.

Nicht allein in Rom, in ganz Italien gewann er
einen ungemeinen Erfolg. Er hatte sich ursprünglich
für das gemeine Volk bestimmt: zunächst bei den
vornehmen Klassen fand er Eingang.

In Parma begünstigten ihn die Farnesen; Für=
stinnen unterwarfen sich den geistlichen Übungen. In
Venedig erklärte Lainez das Evangelium St. Jo=
hannis ausdrücklich für die Nobili, und mit Hilfe
eines Lippomano gelang es ihm bereits 1542, den
Grund zu dem Jesuitenkollegium zu legen. In
Montepulciano brachte Franz Straba einige von den

vornehmsten Männern der Stadt soweit, daß sie mit ihm durch die Straßen gingen und bettelten: Strada klopfte an die Tür: sie nahmen die Gaben in Empfang. In Faenza gelang es ihnen, obwohl Ochino viel daselbst gewirkt hatte, großen Einfluß zu erwerben, hundertjährige Feindschaften zu versöhnen und Gesellschaften zur Unterstützung der Armen zu gründen. Ich führe nur einige Beispiele an: allenthalben erschienen sie, verschafften sich Anhänger, bildeten Schulen, setzten sich fest.

Wie aber Ignatius ganz ein Spanier und von nationalen Ideen ausgegangen war, wie auch leicht seine geistreichsten Schüler ihm daher gekommen, so hatte seine Gesellschaft, in die dieser Geist übergegangen, auf der pyrenäischen Halbinsel fast noch größeren Fortgang als in Italien selbst. In Barcelona machte sie eine sehr bedeutende Erwerbung an dem Vizekönig Franz Borgia, Herzog von Gandia; in Valencia konnte eine Kirche die Zuhörer des Araoz nicht fassen, und man errichtete ihm eine Kanzel unter freiem Himmel; in Alcala sammelten sich um Franz Villanova, obwohl er krank, von geringer Herkunft und ohne alle Kenntnisse war, gar bald bedeutende Anhänger; von hier und Salamanca, wo man 1548 mit einem sehr engen schlechten Hause begann, haben sich die Jesuiten hernach vornehmlich über Spanien ausgebreitet. Indes waren sie in Portugal nicht minder willkommen. Der König ließ von den beiden ersten, die ihm auf sein Ersuchen geschickt wurden, nur den einen nach Ostindien ziehen — es ist Xaver, der dort den Namen eines Apostels und eines Heiligen erwarb, — den anderen, Simon Roderich, behielt er bei sich. An beiden Höfen verschafften sich die Jesuiten außerordentlichen Beifall. Den portugiesischen reformierten sie durchaus; an dem spanischen wurden sie gleich damals die Beichtväter der vornehmsten Großen, des Präsidenten des Rates von Kastilien, des Kardinals von Toledo.

Schon im Jahre 1540 hatte Ignatius einige junge Leute nach Paris geschickt, um daselbst zu studieren. Von da breitete sich seine Gesellschaft nach den Niederlanden aus. In Löwen hatte Faber den entschiedensten Erfolg: achtzehn junge Leute, bereits Bakkalaureen oder Magister, erboten sich, Haus, Universität und Vaterland zu verlassen, um sich mit ihm nach Portugal zu begeben. Schon sah man sie in Deutschland, und unter den ersten trat Peter Canisius, der ihnen so große Dienste geleistet hat, an seinem dreiundzwanzigsten Geburtstag in ihren Orden.

Dieser rasche Sukzeß mußte der Natur der Sache nach auf die Entwickelung der Verfassung den wirksamsten Einfluß haben. Sie bildete sich folgendergestalt aus.

In den Kreis seiner ersten Gefährten, der Professen, nahm Ignatius nur wenige auf. Er fand, Männer, die zugleich vollkommen ausgebildet und gut und fromm seien, gebe es wenige. Gleich in dem ersten Entwurfe, den er dem Papst einreichte, spricht er die

Absicht aus, an einer oder der anderen Universität Kollegien zu gründen, um jüngere Leute heranzubilden. In unerwarteter Anzahl, wie gesagt, schlossen sich ihm solche an. Sie bildeten den Professen gegenüber die Klasse der Scholastiker.

Allein gar bald zeigte sich eine Inkonvenienz. Da die Professen sich durch ihr unterscheidendes viertes Gelübde zu fortwährenden Reisen im Dienste des Papstes verpflichtet hatten, war es ein Widerspruch, so viel Kollegien, wie nötig wurden, Anstalten, die nur bei einer ununterbrochenen Anwesenheit gedeihen konnten, auf sie anzuweisen. Bald fand es Ignatius nötig, zwischen jenen beiden eine dritte Klasse einzurichten: geistliche Koadjutoren, ebenfalls Priester, mit wissenschaftlicher Vorbildung, die sich ausdrücklich zum Unterricht der Jugend verpflichteten. Eines der wichtigsten Institute und, so viel ich sehe, den Jesuiten eigen, auf welchem der Flor ihrer Gesellschaft beruhte. Diese erst konnten an jedem Orte sich ansiedeln, einheimisch werden, Einfluß gewinnen und den Unterricht beherrschen. Wie die Scholastiker legten auch sie nur drei Gelübde ab, und, bemerken wir wohl, auch diese einfach, nicht feierlich. Das will sagen: sie selbst wären in Exkommunikation gefallen, hätten sie sich von der Gesellschaft wieder trennen wollen. Aber der Gesellschaft stand das Recht zu, obwohl nur in genau bestimmten Fällen, sie zu entlassen.

Und nun war nur noch eins erforderlich. Die Studien und Beschäftigungen, zu denen diese Klassen bestimmt waren, würde es gestört haben, wenn sie sich zugleich der Sorge für ihre äußere Existenz hätten widmen müssen. Die Professen in ihren Häusern lebten von Almosen, den Koadjutoren und Scholastikern ward dies erspart: die Kollegien durften gemeinschaftliche Einkünfte haben. Zu deren Verwaltung, insofern sie nicht den Professen, die ihrer indes selber nicht genießen konnten, zukam, und der Besorgung aller Äußerlichkeiten nahm Ignaz auch noch weltliche Koadjutoren an, welche zwar nicht minder die einfachen drei Gelübde ablegen, aber sich mit der Überzeugung, daß sie Gott dienen, indem sie eine Gesellschaft unterstützen, welche für das Heil der Seelen wacht, zu begnügen und nach nichts Höherem zu trachten haben.

Diese Einrichtungen, an sich wohl berechnet, gründeten auch zugleich eine Hierarchie, die in ihren verschiedenen Abstufungen die Geister noch besonders fesselte.

Fassen wir diese Gesetze, welche dieser Gesellschaft nach und nach gegeben wurden, ins Auge, so war eine der obersten Rücksichten, die ihnen zugrunde lag, die vollkommenste Absonderung von den gewohnten Verhältnissen. Die Liebe zu den Blutsverwandten wird als eine fleischliche Neigung verdammt. Wer seine Güter aufgibt, um in die Gesellschaft zu treten, hat sie nicht seinen Verwandten zu überlassen, sondern den Armen auszuteilen. Wer einmal eingetreten, empfängt weder noch schreibt er Briefe, ohne daß sie von einem Oberen gelesen würden. Die Gesellschaft will den ganzen Menschen, alle seine Neigungen will sie fesseln.

Selbst seine Geheimnisse will sie mit ihm teilen. Mit einer Generalbeichte tritt er ein. Er hat seine Fehler, ja seine Tugenden anzuzeigen. Ein Beichtvater wird ihm von den Oberen bestellt; der Obere behält sich die Absolution für diejenigen Fälle vor, von denen es nützlich ist, daß er sie erfahre. Schon darum bringt er hierauf, um den Unteren völlig zu kennen und ihn nach Belieben zu brauchen.

Denn an die Stelle jedes anderen Verhältnisses, jedes Antriebes, den die Welt zur Tätigkeit anbieten könnte, tritt in dieser Gesellschaft der Gehorsam: Gehorsam an sich, ohne alle Rücksicht, worauf er sich erstreckt. Es soll niemand nach einem anderen Grade verlangen, als dem, welchen er hat: der weltliche Koadjutor soll nicht lesen und schreiben lernen ohne Erlaubnis, wenn er es nicht bereits kann. Mit völliger Verleugnung alles eigenen Urteils, in blinder Unterwürfigkeit soll man sich von seinen Oberen regieren lassen, wie ein lebloses Ding, wie der Stab, der demjenigen, der ihn in seinen Händen hat, auf jede beliebige Weise dient. In ihnen erscheint die göttliche Vorsicht.

Welch eine Gewalt, die nun der General empfing, der auf Lebenslang, ohne irgend Rechenschaft geben zu müssen, diesen Gehorsam zu leiten bekam! Nach dem Entwurf von 1543 sollten alle Mitglieder des

Ordens, die sich mit dem General an einem und demselben Orte befinden würden, selbst in geringen Dingen zu Rate gezogen werden. Der Entwurf von 1550, welchen Julius III. bestätigte, entbindet ihn hievon, insofern er es nicht selbst für gut hält. Nur zur Veränderung der Konstitution und zur Auflösung einmal eingerichteter Häuser und Kollegien bleibt eine Beratung notwendig. Sonst ist ihm alle Gewalt übertragen, die zur Regierung der Gesellschaft nützlich sein möchte. Er hat Assistenten nach den verschiedenen Provinzen, die aber keine anderen Geschäfte verhandeln, als die, welche er ihnen auftragen wird. Nach Gutdünken ernennt er die Vorsteher der Provinzen, Kollegien und Häuser, nimmt auf und entläßt, dispensiert und straft: er hat eine Art von päpstlicher Gewalt im Kleinen.

Es trat hiebei nur die Gefahr ein, daß der General, im Besitze einer so großen Macht, selber von den Prinzipien der Gesellschaft abtrünnig würde. Insofern unterwarf man ihn einer gewissen Beschränkung. Es will zwar vielleicht nicht so viel sagen, wie es dem Ignatius geschienen haben mag, daß die Gesellschaft oder ihre Deputierten über gewisse Äußerlichkeiten, Mahlzeit, Kleidung, Schlafengehen und das gesamte tägliche Leben, zu bestimmen hatten; indes ist es immer etwas, daß der Inhaber der obersten Gewalt einer Freiheit beraubt ist, die der geringste Mensch genießt. Die Assistenten, die nicht von ihm ernannt waren, beaufsichtigten ihn überdies fortwährend. Es gab einen bestellten Ermahner, Admonitor: bei großen Fehltritten konnten die Assistenten die Generalkongregation berufen, die dann befugt war, selbst die Absetzung des Generals auszusprechen.

Es führt uns dies einen Schritt weiter.

Lassen wir uns nicht von den hyperbolischen Ausdrücken blenden, in denen die Jesuiten diese Gewalt dargestellt haben, und betrachten wir vielmehr, was bei der Ausdehnung, zu der die Gesellschaft gar bald gedieh, ausführbar sein konnte, so stellt sich folgendes Verhältnis dar. Dem General blieb die höchste Leitung des Ganzen, vornehmlich die Beaufsichtigung der Oberen, deren Gewissen er kennen soll, denen er die Ämter erteilt. Diese hatten dagegen in ihrem Kreise eine ähnliche Gewalt und machten sie häufig schärfer geltend als der General. Obere und General hielten einander gewissermaßen das Gleichgewicht. Auch über die Persönlichkeit aller Untergebenen, aller Mitglieder der Gesellschaft mußte der General unterrichtet werden; — wenn er gleich hier, wie es sich von selbst versteht, nur in dringenden Fällen eingreifen konnte, so behielt er doch die oberste Aufsicht. Ein Ausschuß der Professen dagegen beaufsichtigte hinwiederum ihn.

Es hat noch andere Institute gegeben, welche, in der Welt eine eigene Welt bildend, ihre Mitglieder von allen übrigen Beziehungen losrissen, sich zu eigen machten, ein neues Lebensprinzip in ihnen erzeugten.

Eben hierauf war auch das jesuitische Institut berechnet. Eigentümlich ist ihm aber, daß es dabei auf der einen Seite eine individuelle Entwickelung nicht allein begünstigt, sondern fordert, und auf der anderen dieselbe völlig gefangennimmt und sich zu eigen macht. Daher werden alle Verhältnisse Persönlichkeit, Unterordnung, wechselseitige Beaufsichtigung. Dennoch bilden sie eine streng geschlossene, vollkommene Einheit; es ist in ihnen Nerv und Tatkraft; eben darum hat man die monarchische Gewalt so stark gemacht: man unterwirft sich ihr ganz, es wäre denn, ihr Inhaber fiele selbst von dem Prinzipe ab.

Mit der Idee dieser Gesellschaft hängt es sehr wohl zusammen, daß keines ihrer Mitglieder eine geistliche Würde bekleiden sollte. Es würde Pflichten zu erfüllen gehabt haben, in Verhältnisse geraten sein, die alle Aufsicht unmöglich gemacht hätten. Wenigstens im Anfange hielt man hierüber auf das strengste. Jay wollte und durfte das Bistum Triest nicht annehmen; — als Ferdinand I., der es ihm angetragen, auf ein Schreiben des Ignatius von seinem Wunsche abstand, ließ dieser feierliche Messen halten und ein Tedeum anstimmen.

Ein anderes Moment ist, daß, sowie die Gesellschaft sich im ganzen beschwerlicher Gottesverehrungen überhob, auch die einzelnen angewiesen wurden, die religiösen Übungen nicht zu übertreiben. Mit Fasten, Nachtwachen und Kasteiungen soll man weder seinen Körper schwächen, noch dem Dienste des Nächsten zu viel Zeit entziehen. Auch in der Arbeit wird empfohlen Maß zu halten. Man soll das mutige Roß nicht allein spornen, sondern auch zähmen: man soll sich nicht mit so viel Waffen beschweren, daß man dieselben nicht anwenden könne; man soll sich nicht dergestalt mit Arbeit überhäufen, daß die Freiheit des Geistes darunter leide.

Es leuchtet ein, wie sehr die Gesellschaft alle ihre Mitglieder gleichsam als ihr Eigentum besitzen, aber dabei zu der kräftigsten Entwickelung gedeihen lassen will, die innerhalb des Prinzipes möglich ist.

In der Tat war dies auch zu den schwierigen Geschäften, denen sie sich unterzog, unerläßlich. Es waren, wie wir sahen, Predigt, Unterricht und Beichte. Vornehmlich den beiden letzteren widmeten sich die Jesuiten auf eigentümliche Art.

Der Unterricht war bisher in den Händen jener Literatoren gewesen, die, nachdem sie lange die Studien auf eine durchaus profane Weise getrieben, danach auf eine dem römischen Hofe von Anfang nicht ganz genehme, endlich von ihm verworfene geistliche Richtung eingegangen waren. Die Jesuiten machten es sich zu ihrem Geschäft, sie zu verdrängen und an ihre Stelle zu treten. Sie waren erstens systematischer; sie teilten die Schulen in Klassen: von den ersten Anfangsgründen führte ihre Unterweisung in einem und demselben Geiste bis zur obersten Stufe; sie beaufsichtigten ferner die Sitten und bildeten wohlgezogene Leute; sie waren von der Staatsgewalt begünstigt; endlich, sie gaben ihren Unterricht umsonst. Hatte die Stadt oder der Fürst ein Kollegium gegründet, so brauchte kein Privatmann weiter etwas zu zahlen. Es war ihnen ausdrücklich verboten, Lohn oder Almosen zu fordern oder anzunehmen: wie Predigt und Messe, so war auch der Unterricht umsonst; in der Kirche selbst war kein Gotteskasten. Wie die Menschen nun einmal sind, so mußte ihnen dies, zumal da sie nun wirklich mit ebensoviel Erfolg wie Eifer unterrichteten, unendlich förderlich sein. Nicht allein den Armen werde damit geholfen, sondern auch den Reichen eine Erleichterung gewährt, sagt Orlandini. Er bemerkt, welch ungeheueren Sukzeß man gehabt. „Wir sehen," sagt er, „viele im Purpur der Kardinäle glänzen, die wir noch vor kurzem auf unseren Schulbänken vor uns hatten; andere sind in Städten und Staaten zur Regierung gelangt; Bischöfe und ihre Räte haben wir erzogen; selbst andere geistliche Genossenschaften sind aus unseren Schulen erfüllt worden." Die hervorragenden Talente wußten sie, wie leicht zu erachten, ihrem Orden zuzueignen. Sie bildeten sich zu einem Lehrerstand aus, der — indem er sich über alle katholischen Länder verbreitete, dem Unterricht die geistliche Farbe, die er seitdem behalten, erst verlieh, in Disziplin, Methode und Lehre eine strenge Einheit behauptete — sich einen unberechenbaren Einfluß verschafft hat.

Wie sehr verstärkten sie denselben aber, indem sie sich sogleich der Beichte und der Leitung der Ge=

Ausbildung des jesuitischen Institutes.

wissen zu bemächtigen verstanden! Kein Jahrhundert war dafür empfänglicher, dessen gleichsam bedürftiger. Den Jesuiten schärft ihr Gesetzbuch ein, „in der Art und Weise die Absolution zu erteilen eine und dieselbe Methode zu befolgen, sich in den Gewissensfällen zu üben, sich eine kurze Art zu fragen anzugewöhnen und gegen eine jede Art von Sünde die Beispiele der Heiligen, ihre Worte und andere Hilfe bereit zu halten". Regeln, wie am Tage liegt, auf das Bedürfnis des Menschen ganz wohl berechnet. Indessen beruhte der ungemeine Erfolg, zu dem sie es brachten, der eine wahre Ausbreitung ihrer Sinnesweise einschloß, noch auf einem anderen Moment.

Sehr merkwürdig ist das kleine Buch der geistlichen Übungen, welches Ignaz, ich will zwar nicht sagen zuerst entworfen, aber auf das eigentümlichste ausgearbeitet, mit dem er seine ersten und dann auch seine späteren Schüler, seine Anhänger überhaupt gesammelt und sich zu eigen gemacht hat. Fort und fort war es wirksam, um so mehr vielleicht gerade darum, weil es nur gelegentlich, in dem Augenblicke innerer Unruhen, eines inneren Bedürfnisses anempfohlen wurde.

Es ist nicht ein Lehrbuch, es ist eine Anweisung zu eigenen Betrachtungen. „Die Sehnsucht der Seele," sagt Ignatius, „wird nicht durch eine Menge von Kenntnissen, nur durch die eigene innere Anschauung wird sie erfüllt."

Diese zu leiten, nimmt er sich vor. Der Seelsorger

deutet die Gesichtspunkte an; der Übende hat sie zu verfolgen. Vor dem Schlafengehen und sogleich bei dem ersten Erwachen hat er seine Gedanken dahin zu richten; alle anderen weist er mit Anstrengung von sich; Fenster und Türen werden geschlossen; auf den Knien und zur Erde gestreckt, vollzieht er die Betrachtung.

Er beginnt damit, seiner Sünden innezuwerden. Er betrachtet, wie um einer einzigen willen die Engel in die Hölle gestürzt worden, für ihn aber, obwohl er viel größere begangen, die Heiligen vorgebeten, Himmel und Gestirne, Tiere und Gewächse der Erde ihm gedient haben; um nun von der Schuld befreit zu werden und nicht in die ewige Verdammnis zu fallen, ruft er den gekreuzigten Christus an: er empfindet seine Antworten; es ist zwischen ihnen ein Gespräch wie eines Freundes mit dem Freund, eines Knechtes mit dem Herrn.

Hauptsächlich sucht er sich dann an der Betrachtung der heiligen Geschichte aufzuerbauen. „Ich sehe," heißt es, „wie die drei Personen der Gottheit die ganze Erde überschauen, erfüllt von Menschen, welche in die Hölle fahren müssen; sie beschließen, daß die zweite Person zu ihrer Erlösung die menschliche Natur annehmen soll; ich überblicke den ganzen Umkreis der Erde und gewahre in einem Winkel die Hütte der Jungfrau Maria, von der das Heil ausgeht." Von Moment zu Moment schreitet er in der heiligen Geschichte weiter fort: er vergegenwärtigt sich die Handlungen in allen ihren Einzelheiten nach den Kategorien der Sinne; der religiösen Phantasie, frei von den Banden des Wortes, wird der größte Spielraum gelassen; man vermeint die Kleidungsstücke, die Fußtapfen der heiligen Personen zu berühren, zu küssen. In dieser Exaltation der Einbildungskraft, in dem Gefühl, wie groß die Glückseligkeit einer Seele sei, die mit göttlichen Gnaden und Tugenden erfüllt worden, kehrt man zur Betrachtung der eigenen Zustände zurück. Hat man seinen Stand noch zu wählen, so wählt man ihn jetzt, nach den Bedürfnissen seines Herzens, indem man das eine Ziel vor Augen hat, zu Gottes Lobe selig zu werden, indem man glaubt, vor Gott und allen Heiligen zu stehen. Hat man nicht mehr zu wählen, so überlegt man seine Lebensweise: die Art seines Umganges, seinen Haushalt, den notwendigen Aufwand, was man den Armen zu geben habe, — alles in demselben Sinne, wie man im Augenblick des Todes sich beraten zu haben wünschen wird, ohne etwas anderes vor Augen zu haben, außer was zu Gottes Ehre und der eigenen Seligkeit gereicht.

Dreißig Tage werden diesen Übungen gewidmet. Betrachtung der heiligen Geschichte und der persönlichsten Zustände, Gebete und Entschlüsse wechseln miteinander ab. Immer ist die Seele gespannt und selber tätig. Zuletzt, indem man sich die Fürsorge Gottes vorstellt, „der in seinen Geschöpfen wirksam gleichsam für die Menschen arbeitet," glaubt man nochmals im Angesicht des Herrn und seiner Heiligen zu stehen; man fleht ihn an, sich seiner Liebe und Verehrung widmen zu dürfen; die Freiheit bringt man ihm dar; Gedächtnis, Einsicht, Willen widmet man ihm: so schließt man mit ihm den Bund der Liebe. „Die Liebe besteht in der Gemeinschaft aller Fähigkeiten und Güter." Ihrer Hingebung zum Lohne teilt Gott der Seele seine Gnaden mit.

Es genügt hier, eine flüchtige Idee von diesem Buche gegeben zu haben. In dem Gange, den es nimmt, den einzelnen Sätzen und ihrem Zusammenhange liegt etwas Dringendes, was den Gedanken zwar eine innere Tätigkeit gestattet, aber sie in einem engen Kreise beschließt und sie fesselt. Für seinen Zweck, eine durch die Phantasie beherrschte Meditation, ist es auf das beste eingerichtet. Es verfehlt ihn um so weniger, da es auf eigenen Erfahrungen beruht. Die lebendigen Momente seiner Erweckung und seiner geistlichen Fortschritte vom ersten Anfang bis zum Jahre 1548, wo es von dem Papst gebilligt wurde, hatte Ignaz demselben nach und nach einverleibt. Man sagt wohl, der Jesuitismus habe sich die Erfahrungen der Protestanten zunutze gemacht, und in einem und dem anderen Stücke mag das wahr sein. Im ganzen aber stehen sie in dem stärksten Gegensatz. Wenigstens setzte Ignatius hier der diskursiven, beweisenden, gründlichen, ihrer Natur nach polemischen Methode der Protestanten eine ganz andere entgegen: kurz, intuitiv und zur Anschauung anleitend, auf die Phantasie berechnet, zu augenblicklicher Entschließung begeisternd.

Und so war jenes phantastische Element, das ihn von Anfang belebte, doch auch zu einer außerordentlichen Wirksamkeit und Bedeutung gediehen. Wie er aber zugleich ein Soldat war, so hatte er, eben mit Hilfe der religiösen Phantasie, ein stehendes geistliches Heer zusammengebracht, Mann bei Mann erlesen und zu seinem Zweck individuell ausgebildet, das er im Dienste des Papstes befehligte. Über alle Länder der Erde sah er es sich ausbreiten.

Als Ignatius starb, zählte seine Gesellschaft, die römische ungerechnet, dreizehn Provinzen. Schon der bloße Anblick zeigt, wo der Nerv derselben war. Die größere Hälfte dieser Provinzen, sieben, gehörten allein der pyrenäischen Halbinsel und ihren Kolonien an. In Kastilien waren zehn, in Aragon fünf, in Andalusien nicht minder fünf Kollegien; in Portugal war man am weitesten, man hatte zugleich Häuser für Professen und Novizen. Der portugiesischen Kolonien hatte man sich beinahe bemächtigt. In Brasilien waren 28, in Ostindien von Goa bis Japan gegen 100 Mitglieder des Ordens beschäftigt. Von hier aus hatte man einen Versuch in Äthiopien gemacht und einen Provinzial dahin gesendet; man glaubte eines glücklichen Fortgangs sicher zu sein. Alle diese Provinzen spanischer und portugiesischer Zunge und Richtung wurden von einem Generalkommissar, Franz Borgia, zusammengefaßt. In der

Nation, wo der erste Gedanke der Gesellschaft entsprungen, war auch ihr Einfluß am umfassendsten gewesen. Nicht viel geringer aber war er in Italien. Es gab drei Provinzen italienischer Zunge: die römische, die unmittelbar unter dem General stand, mit Häusern für Professen und Novizen, dem Kollegium Romanum und dem Germanicum, das auf den Rat des Kardinals Morone ausdrücklich für die Deutschen eingerichtet wurde, jedoch noch keinen rechten Fortgang gewann; auch Neapel gehörte zu dieser Provinz; — die sizilianische mit vier bereits vollendeten und zwei angefangenen Kollegien; der Vizekönig della Vega hatte die ersten Jesuiten dahin gebracht, Messina und Palermo hatten gewetteifert, Kollegien zu gründen; von diesen gingen dann die übrigen aus; — und die eigentlich italienische, die das obere Italien begriff, mit 10 Kollegien. Nicht so glücklich war es in anderen Ländern gegangen: allenthalben setzte sich der Protestantismus oder eine schon ausgebildete Hinneigung zu demselben entgegen. In Frankreich hatte man doch nur ein einziges Kollegium eigentlich im Stande. Man unterschied zwei deutsche Provinzen; allein sie waren nur in ihren ersten Anfängen vorhanden. Die obere gründete sich auf Wien, Prag, Ingolstadt, doch stand es allenthalben noch sehr bedenklich; die untere sollte die Niederlande begreifen, doch hatte Philipp II. den Jesuiten noch keine gesetzliche Existenz daselbst gestattet.

Aber schon dieser erste rasche Fortgang leistete der

Gesellschaft Bürgschaft für die Macht, zu der sie bestimmt war. Daß sie sich in den eigentlich katholischen Ländern, den beiden Halbinseln, zu so gewaltigem Einfluß erhoben, war von der größten Bedeutung.

Schluß.

Wir sehen, jenen protestantischen Bewegungen gegenüber, welche jeden Moment weiter um sich griffen, hatte sich dergestalt auch in der Mitte des Katholizismus, in Rom um den Papst her, eine neue Richtung ausgebildet.

Nicht anders als jene ging sie von der Verweltlichung der bisherigen Kirche oder vielmehr von dem Bedürfnis aus, das dadurch in den Gemütern entstanden war.

Anfangs näherten sich beide einander. Es gab einen Moment, wo man sich in Deutschland noch nicht entschlossen hatte, die Hierarchie so völlig fallen zu lassen, wo man auch in Italien geneigt gewesen wäre, rationelle Modifikationen in derselben anzunehmen. Dieser Moment ging vorüber.

Während die Protestanten, gestützt auf die Schrift, immer kühner zu den primitiven Formen des christlichen Glaubens und Lebens zurückgingen, entschied man sich auf der anderen Seite, das im Laufe der Jahrhunderte zustande gekommene kirchliche Institut festzuhalten und nur zu erneuern, mit Geist und Ernst und Strenge zu durchdringen. Dort entwickelte sich der Kalvinismus bei weitem antikatholischer als das

Luthertum; hier stieß man in bewußter Feindselig=
keit alles von sich, was an den Protestantismus
überhaupt erinnerte, und trat ihm in scharfem
Gegensatz gegenüber.

So entspringen ein paar Quellen in vertraulicher
Nachbarschaft auf der Höhe des Gebirges; sowie sie
sich nach verschiedenen Senkungen desselben ergossen
haben, gehen sie in entgegengesetzten Strömen auf
ewig auseinander.

Drittes Buch.

Die Päpste um die Mitte des sechzehnten Jahrhunderts.

Vor allem ist das 16. Jahrhundert durch den Geist religiöser Hervorbringung ausgezeichnet. Bis auf den heutigen Tag leben wir in den Gegensätzen der Überzeugung, welche sich damals zuerst Bahn machten.

Wollen wir den welthistorischen Augenblick, in welchem sich die Sonderung vollzog, noch genauer bezeichnen, so würde er nicht mit dem ersten Auftreten der Reformatoren zusammenfallen, — denn nicht sogleich stellten sich die Meinungen fest, und noch lange ließ sich eine Vergleichung der streitigen Lehren hoffen; — erst um das Jahr 1552 waren alle Versuche hiezu vollständig gescheitert, und die drei großen Formen des abendländischen Christentums setzen sich auf immer auseinander. Das Luthertum ward strenger, herber, abgeschlossener; der Kalvinismus sonderte sich in den wichtigsten Artikeln von ihm ab, während Kalvin früher selbst für einen Lutheraner gegolten; beiden entgegengesetzt nahm der Katholizismus seine moderne Gestalt an. Einander gegenüber bildeten sich die drei theologischen Systeme nach den einmal ergriffenen Prinzipien aus, mit dem Anspruch jedes die anderen zu verdrängen, sich die Welt zu unterwerfen.

Es könnte scheinen, als werde es die katholische Richtung, die doch vornehmlich nur die Erneuerung des bisherigen Instituts beabsichtigte, leichter gehabt haben, auf ihrer Seite durchzudringen, vorwärts zu kommen, als die übrigen. Doch war ihr Vorteil nicht groß. Von vielen anderen Lebenstrieben weltlicher Gesinnung, profaner Wissenschaftlichkeit, abweichender theologischer Überzeugung war auch sie umgeben und beschränkt; sie war mehr ein Gärungsstoff, von dem es sich noch fragte, ob er die Elemente, in deren Mitte er sich erzeugt, wahrhaft ergreifen, überwältigen, oder von ihnen erdrückt werden würde.

In den Päpsten selbst, ihrer Persönlichkeit und Politik, stieß sie auf den nächsten Widerstand.

Wir bemerken, wie eine durchaus ungeistliche Sinnesweise in den Oberhäuptern der Kirche Wurzel gefaßt, die Opposition hervorgerufen, dem Protestantismus so unendlichen Vorschub getan hatte.

Es kam darauf an, inwiefern die strengen kirchlichen Tendenzen diese Gesinnung übermeistern, umwandeln würden, oder nicht.

Ich finde, daß der Gegensatz dieser beiden Prinzipien, des eingewohnten Tuns und Lassens, der bisherigen Politik, mit der Notwendigkeit, eine durchgreifende innere Reform herbeizuführen, das vornehmste Interesse in der Geschichte der nächsten Päpste bildet.

Paul III.

Heutzutage gibt man oft nur allzu viel auf die Beabsichtigung und den Einfluß hochgestellter Personen, der Fürsten, der Regierungen; ihr Andenken muß nicht selten büßen, was die Gesamtheit verschuldete; zuweilen schreibt man ihnen aber auch das zu, was, wesentlich von freien Stücken, aus der Gesamtheit hervorging.

Die katholische Bewegung, die wir in dem vorigen Buche betrachteten, trat unter Paul III. ein; aber in diesem Papste ihren Ursprung erblicken, sie ihm zuschreiben zu wollen, wäre ein Irrtum. Er sah sehr wohl, was sie dem römischen Stuhle bedeutete: er ließ sie nicht allein geschehen, er beförderte sie in vieler Hinsicht; aber unbedenklich dürfen wir sagen, daß er ihr nicht einmal selbst in seiner persönlichen Gesinnung angehörte.

Alexander Farnese — so hieß Paul III. früher — war ein Weltkind so gut wie irgendein Papst vor ihm. Noch im 15. Jahrhundert — er war im Jahre 1468 geboren — gelangte er zu seiner vollen Ausbildung. Unter Pomponius Lätus zu Rom, in den Gärten Lorenzo Medicis zu Florenz studierte er; die elegante Gelehrsamkeit und den Kunstsinn jener Epoche nahm er in sich auf; auch die Sitten derselben blieben ihm dann nicht fremd. Seine Mutter fand es einmal nötig, ihn in dem Kastell S. Angelo gefangenhalten zu lassen; er wußte in einem un=

bewachten Augenblicke, den ihm die Prozession des Fronleichnamstages gewährte, an einem Seile aus der Burg hinabzugelangen und zu entkommen. Einen natürlichen Sohn und eine natürliche Tochter erkannte er an. Trotz alledem ward er bei ziemlich jungen Jahren — denn in jenen Zeiten nahm man an solchen Dingen nicht viel Anstoß — zum Kardinal befördert. Noch als Kardinal legte er den Grund zu dem schönsten aller römischen Paläste, dem farnesianischen; bei Bolsena, wo seine Stammgüter lagen, richtete er sich eine Villa ein, die Papst Leo einladend genug fand, um sie ein paarmal zu besuchen. Mit diesem prächtigen und glänzenden Leben verband er aber auch noch andere Bestrebungen. Er faßte von allem Anfang an die höchste Würde ins Auge. Es bezeichnet ihn, daß er sie durch eine vollkommene Neutralität zu erreichen suchte. Die französische und die kaiserliche Faktion teilten Italien, Rom und das Kardinalkollegium. Er betrug sich mit einer so überlegten Behutsamkeit, einer so glücklichen Klugheit, daß niemand hätte sagen können, zu welcher von beiden er sich mehr hinneige. Schon nach Leos, noch einmal nach Adrians Tode war er nahe daran, gewählt zu werden: er war ungehalten auf das Andenken Klemens' VII., der ihm zwölf Jahre des Papsttums, die ihm gehört hätten, entrissen habe; endlich, im Oktober 1534, im vierzigsten Jahre seines Kardinalates, dem siebenundsechzigsten seines Lebens, erreichte er sein Ziel und wurde gewählt.

Noch auf eine ganz andere Weise berührten ihn nun die großen Gegensätze der Welt — der Widerstreit jener beiden Parteien, zwischen denen er jetzt selbst eine so bedeutende Stelle einnahm; die Notwendigkeit, die Protestanten zu bekämpfen, und die geheime Verbindung, in die er um ihrer politischen Haltung willen mit ihnen geriet; die natürliche Neigung, die ihm aus der Lage seines italienischen Fürstentums hervorging, das Übergewicht der Spanier zu schwächen, und die Gefahr, die mit jedem Versuch hiezu verbunden war; das dringende Bedürfnis einer Reform und die unerwünschte Beschränkung, mit der sie die päpstliche Macht zu bedrohen schien.

Es ist sehr merkwürdig, wie sich in der Mitte zwischen so vielen einander zuwiderlaufenden Forderungen sein Wesen entwickelte.

Paul III. hatte eine bequeme, prächtige, geräumige Art zu sein. Selten ist ein Papst in Rom so beliebt gewesen, wie er es war. Es hat etwas Großartiges, daß er jene ausgezeichneten Kardinäle ohne ihr Wissen ernannte: wie vorteilhaft unterscheidet sich dies Verfahren von den kleinlichen persönlichen Rücksichten, die fast in der Regel genommen wurden! Aber er berief sie nicht allein, er ließ ihnen auch eine ungewohnte Freiheit: er ertrug in dem Konsistorium den Widerspruch und ermunterte zu rücksichtsloser Diskussion.

Ließ er aber anderen ihre Freiheit, gönnte er einem jeden den Vorteil, der ihm durch seine Stellung zufiel, so wollte auch er von seinen Prärogativen nicht ein einziges fallen lassen. Der Kaiser machte ihm einmal Vorstellungen, daß er zwei seiner Enkel in allzu frühen Jahren zum Kardinalat befördert habe; er entgegnete: er werde verfahren wie seine Vorgänger; gebe es doch Beispiele, daß Knaben in der Wiege Kardinäle geworden. Für dies sein Geschlecht zeigte er eine selbst an dieser Stelle ungewohnte Vorliebe. Er war entschlossen, es ebensogut wie andere Päpste zu fürstlichen Würden zu befördern.

Nicht als ob er nun, wie ein Alexander VI., alles übrige dieser Rücksicht untergeordnet hätte; das könnte man nicht sagen; er beabsichtigte auf das ernstlichste, den Frieden zwischen Frankreich und Spanien herzustellen, die Protestanten zu unterdrücken, die Türken zu bekämpfen, die Kirche zu reformieren: aber dabei lag es ihm sehr am Herzen, zugleich sein Haus zu erhöhen.

Indem er nun alle diese Absichten, die einander widerstreben, in sich aufnimmt, indem er zugleich öffentliche und private Zwecke verfolgt, ist er zu einer höchst bedächtigen, aufmerksamen, zögernden, abwartenden Politik genötigt: an dem günstigen Augenblick, der glücklichen Kombination der Umstände ist ihm alles gelegen; er muß sie langsam herbeizuführen und dann auf das rascheste zu ergreifen, zu behaupten suchen.

Die Gesandten fanden es schwer, mit ihm zu unterhandeln. Sie erstaunten, daß er keinen Mangel an

Mut spüren ließ und doch selten zum Schluß, zur Entscheidung zu bringen war. Den andern suchte er zu fesseln, ein bindendes Wort, eine unwiderrufliche Sicherheit zu erlangen: er selbst wollte sich niemals verpflichten. Man bemerkte es auch in kleineren Sachen: er war ungeneigt, im voraus etwas abzuschlagen oder zu versprechen, bis auf den letzten Augenblick wollte er freie Hand haben — wieviel mehr in schwierigeren Angelegenheiten! Zuweilen hatte er selbst eine Auskunft, eine Vermittelung angegeben; wollte man sie ergreifen, so zog er sich nichtsdestominder zurück: er wünschte immer Meister seiner Unterhandlungen zu bleiben.

Er war, wie gesagt, noch von klassischer Schule: er wollte sich lateinisch wie italienisch nicht anders als ausgesucht und elegant ausdrücken; immer mit der doppelten Rücksicht auf den Inhalt und auf die Form wählte und erwog er seine Worte; leise, mit dem langsamsten Bedacht ließ er sich vernehmen.

Oft wußte man nicht recht, wie man mit ihm stand. Man glaubte zuweilen, von dem, was er sagte, eher auf das Gegenteil schließen zu dürfen; doch wäre das nicht immer richtig gewesen: die ihn näher kannten, hatten bemerkt, daß er dann am meisten etwas auszuführen hoffte, wenn er gar nicht davon redete, weder die Sache berührte, noch die Personen, welche sie anging. Denn soviel sah man wohl, daß er eine einmal gefaßte Absicht nie wieder fallen ließ. Er hoffte alles durchzusetzen, was er sich einmal vorgenommen, wenn nicht sogleich, doch ein andermal, unter veränderten Umständen, auf einem anderen Wege.

Einer solchen Sinnesweise von so weit aussehender Berechnung, allseitiger Rücksicht und geheimnisvoller Erwägung widerspricht es nicht, wenn neben den irdischen auch die himmlischen Gewalten in Betracht gezogen wurden. Der Einfluß der Gestirne auf die Erfolge der menschlichen Tätigkeit ward in dieser Epoche wenig bezweifelt. Paul III. unternahm keine wichtige Sitzung des Konsistoriums, keine Reise, ohne die Tage zu wählen, ohne die Konstellation beobachtet zu haben. Ein Bund mit Frankreich fand darum Anstand, weil zwischen den Nativitäten des Königs und des Papstes keine Konformität sei. Dieser Papst fühlte sich, wie es scheint, zwischen tausend widerwärtigen Einwirkungen, nicht allein den irdischen der Welt, sondern auch den überirdischen einer Konfiguration der Gestirne; sein Sinn ist, die Macht der einen wie der anderen nach Gebühr zu berücksichtigen, ihrer Ungunst auszuweichen, ihre Gunst zu benutzen, zwischen allen den Klippen, die ihm von allen Seiten drohen, geschickt nach seinem Ziele zu steuern.

Betrachten wir, wie er dies versuchte, ob es ihm damit glückte, ob er sich zuletzt über die entgegenstrebenden Kräfte der Weltbewegung wirklich erhob, oder ob auch er von ihnen ergriffen worden ist.

In der Tat gelang es ihm gleich in seinen ersten Jahren, einen Bund mit Karl V. und den Venezianern gegen die Türken zustande zu bringen. Lebhaft drängte er die Venezianer dazu; man erhob sich auch diesmal zu der Hoffnung, die christlichen Grenzen bis nach Konstantinopel erweitert zu sehen.

Nur war der indes zwischen Karl V. und Franz I. erneuerte Krieg ein gefährliches Hindernis jedes Unternehmens. Der Papst ließ sich keine Mühe dauern, um diese Feindseligkeit beizulegen. Die Zusammenkunft der beiden Fürsten zu Nizza, der auch er beiwohnte, war völlig sein Werk. Der venezianische Gesandte, der zugegen war, findet nicht Worte genug, um den Eifer und die Geduld zu rühmen, die der Papst dort bewiesen habe. Nicht ohne außerordentliche Mühwaltung und nur erst in dem letzten Augenblick, als er schon wegzureisen drohte, gelang es ihm, den Stillstand zu vermitteln. Er brachte es zu einer Annäherung zwischen den beiden Fürsten, die sich dann gar bald zu einer Art von Vertraulichkeit zu entwickeln schien.

Indem der Papst dergestalt die allgemeinen Geschäfte förderte, versäumte er doch auch seine eigenen Angelegenheiten nicht. Man bemerkte, daß er die einen immer mit den anderen verflocht und dann beide zugleich weiter brachte. Der türkische Krieg gab ihm Gelegenheit, Camerino einzuziehen. Es sollte eben mit Urbino verbunden werden: die letzte Varana, Erbin von Camerino, war mit Guidobaldo II. vermählt, der im Jahre 1538 die Regierung von Urbino antrat. Aber der Papst erklärte, Camerino könne durch Frauen nicht vererbt werden. Die Venezianer hätten billig den Herzog unterstützen sollen, dessen Vorfahren immer in ihrem Schutze gewesen und in ihren Heeren gedient: auch jetzt verwandten sie sich dringend und lebhaft für ihn; aber mehr zu tun trugen sie um des Krieges willen Bedenken. Sie fürchteten, der Papst rufe den Kaiser oder Frankreich zu Hilfe, umsichtig bedachten sie: gewinne er den Kaiser, so könne dieser dann um so weniger gegen die Türken leisten, gewinne er Frankreich, so werde die Ruhe von Italien gefährdet und ihre Lage noch mißlicher und einsamer; und so überließen sie den Herzog seinem Schicksale: er war gezwungen, Camerino abzutreten, der Papst belehnte seinen Enkel Ottavio damit. Denn schon erhob sich sein Haus zu Glanz und Macht. Wie nützlich wurde ihm die Zusammenkunft von Nizza! Eben damals, als sie im Werke war, erlangte sein Sohn Pier Luigi Novara und dessen Gebiet von dem Kaiser, und dieser entschloß sich unwiderruflich, seine natürliche Tochter Margarete — nach dem Tode des Alessandro Medici — mit Ottavio Farnese zu vermählen. Wir können es dem Papste glauben, wenn er versichert, daß er darum nicht unbedingt zu der kaiserlichen Partei übergetreten sei. Er wünschte vielmehr, mit Franz I. in ein nicht minder nahes Verhältnis zu treten. Auch ging der König darauf ein und versprach ihm zu Nizza einen Prinzen von Geblüt, den Herzog von Vendôme, für seine Enkelin Vittoria. In dieser

Verbindung mit den beiden größten Häusern der Welt fühlte sich Paul III. glücklich; er war sehr empfänglich für die Ehre, die darin lag; er sprach davon in dem Konsistorium. Auch die friedenstiftende, vermittelnde Stellung, die er zwischen den beiden Mächten einnahm, schmeichelte seinem geistlichen Ehrgeiz.

Nicht ganz so günstig aber entwickelten sich diese Angelegenheiten weiter. Es fehlte viel, daß man den Osmanen etwas abgewonnen hätte: Venedig mußte sich zu einem ungünstigen Frieden verstehen. Jenes persönliche Versprechen nahm Franz I. später zurück, und obwohl der Papst niemals die Hoffnung fallen ließ, eine Familienverbindung mit den Valois wirklich durchzusetzen, so zog sich doch die Unterhandlung in die Länge. Das Verständnis, das der Papst zwischen Kaiser und König eingeleitet, schien zwar eine Zeitlang immer enger werden zu wollen; der Papst war selbst einmal beinahe eifersüchtig darauf: er beklagte sich schon, er habe es gestiftet, und jetzt vernachlässige man ihn dafür; jedoch nur allzubald löste es sich wieder auf, und der Krieg begann aufs neue. Zu neuen Absichten erhob sich alsdann der Papst.

Früher hatte er immer unter seinen Freunden laut ausgesprochen und selbst dem Kaiser zu verstehen gegeben, Mailand gehöre den Franzosen und sei ihnen von Rechts wegen zurückzustellen. Allmählich ließ er diese Meinung fallen. Von Kardinal Carpi, der unter allen Kardinälen mit ihm am vertrauteſten war, finden wir vielmehr einen Vorſchlag an Karl V., der ganz wo anders hinzielt.

„Der Kaiſer," heißt es darin, „müſſe nicht Graf, Herzog, Fürſt, er müſſe nur Kaiſer ſein wollen: nicht viele Provinzen, ſondern große Lehnsleute müſſe er haben. Sein Glück habe aufgehört, ſeit er Mailand in Beſitz genommen. Man könne ihm nicht raten, es an Franz I. zurückzugeben, deſſen Länderdurſt er damit nur reizen würde; aber auch behalten dürfe er es nicht. Deshalb allein habe er Feinde, weil man von ihm argwöhne, er ſuche ſich fremder Länder zu bemächtigen. Vernichte er dieſen Argwohn, gebe er Mailand an einen beſonderen Herzog, ſo werde Franz I. keine Anhänger mehr finden; er dagegen, der Kaiſer, werde Deutſchland und Italien für ſich haben, ſeine Fahnen zu den entfernteſten Nationen tragen und ſeinen Namen" — dies iſt der Ausdruck — „der Unſterblichkeit zugeſellen."

Hatte nun aber der Kaiſer Mailand weder den Franzoſen zu überlaſſen, noch auch ſelbſt zu be= halten, wer war es, dem er dies Herzogtum über= geben ſollte? Es ſchien dem Papſt kein unebener Aus= weg, wenn es ſeinem Enkel, dem Schwiegerſohn des Kaiſers, übertragen würde. Schon bei früheren Miſſionen hatte er darauf hingedeutet. Bei einer neuen Zuſammenkunft, die er mit dem Kaiſer 1543 zu Buſſeto hielt, iſt es förmlich in Antrag gekommen. Sehr weitausſehend waren die Gedanken des Papſtes,

wenn es wahr ist, daß er auch an eine Vermählung
seiner Enkelin mit dem Erben von Piemont und
Savoyen gedacht hat, so daß seine Enkel zu beiden
Seiten des Po und zu beiden Seiten der Alpen ge=
herrscht haben würden. Über Mailand wurde in
Busseto alles Ernstes unterhandelt, und der Papst
hegte die lebhaftesten Hoffnungen. Der Gobernator
von Mailand, Marchese de Vasto, den er dafür ge=
wonnen, etwas leichtgläubig und prächtig, wie er
war, erschien schon eines Tages mit wohlvorbereiteten
Worten, um Margareten als seine künftige Herrin
nach Mailand zu führen. Ich finde, die Unterhand=
lung sei an einigen allzu starken Forderungen des
Kaisers gescheitert. Doch es ist schwer zu glauben,
daß der Kaiser ein so bedeutendes, wohlgelegenes
Fürstentum jemals, um welchen Preis auch immer,
fremdem Einfluß zu überlassen geneigt gewesen ist.

Denn ohnehin war die Stellung, welche sich die
Farnesen gegeben, für ihn voll Gefahr. Von den
italienischen Provinzen, die Karl beherrschte oder auf
die er Einfluß hatte, war keine, wo die bestehende
Regierung nicht durch Gewalt hätte gegründet oder
wenigstens befestigt werden müssen. Allenthalben, in
Mailand wie in Neapel, in Florenz, Genua, Siena,
gab es Mißvergnügte, deren Partei unterlegen; Rom
und Venedig waren voll von Ausgewanderten. Die
Farnesen ließen sich durch ihr nahes Verhältnis zu
dem Kaiser nicht abhalten, sich mit diesen, zwar unter=

drückten, aber durch Bedeutung ihrer Oberhäupter, Reichtum und Anhang noch immer mächtigen Parteien zu verbinden. An der Spitze der Sieger stand der Kaiser; die Geschlagenen suchten bei dem Papst eine Zuflucht. Unzählige geheime Fäden verknüpften sie untereinander: mit Frankreich blieben sie immer in sichtbarem und unsichtbarem Zusammenhang, immer neue Pläne und Unternehmungen gaben sie an die Hand. Bald betrafen dieselben Siena, bald Genua, bald Lucca. Wie oft suchte der Papst auch in Florenz Fuß zu fassen, Eingang zu gewinnen! An dem jungen Herzog Cosimo fand er aber ganz den Mann, der ihm Widerstand leisten konnte. Mit herbem Selbstgefühl drückt sich Cosimo darüber aus. „Der Papst," sagt er, „dem so viele Unternehmungen glücklich gelungen sind, hat keinen lebhafteren Wunsch übrig, als auch in Florenz etwas zu vermögen, als diese Stadt dem Kaiser zu entfremden; aber mit diesem Wunsche soll er in die Grube fahren."

In gewisser Hinsicht stehen Kaiser und Papst einander noch immer als die Häupter zweier Faktionen gegenüber. Hat der Kaiser seine Tochter in das Haus des Papstes vermählt, so hat er es nur getan, um ihn damit im Zaum zu halten, um, wie er selbst sagt, den bestehenden Zustand in Italien zu behaupten. Der Papst dagegen wünscht seine Verbindung mit dem Kaiser zu benutzen, um der kaiserlichen Macht etwas abzugewinnen. Sein Haus möchte er zugleich im Schutze des Kaisers und durch die Beihilfe der

Gegner desselben erhöhen. In der Tat gibt es noch eine gibellinische und eine guelfische Partei. Jene hält sich noch immer zu dem Kaiser, diese noch immer zu dem Papst.

Im Jahre 1545 finden wir trotz alledem die beiden Häupter wieder in freundschaftlichem Vernehmen. Daß Margarete guter Hoffnung war, die Aussicht, bald einen Abkömmling des Kaisers in ihrem Geschlechte zu haben, machte den Farnesen neues Herz zu Karl V. Kardinal Alessandro Farnese begab sich zu ihm nach Worms. Es ist eine der wichtigsten Sendungen Pauls III. Dem Kardinal gelang es, den Unmut des Kaisers noch einmal zu begütigen. Über einige Beschuldigungen sucht er sich und seine Brüder zu rechtfertigen; wegen des übrigen bat er um Verzeihung; er versprach, daß sie in Zukunft alle gehorsame Diener und Söhne Sr. Majestät sein würden. Der Kaiser entgegnete, dann wolle auch er sie wie seine eigenen Kinder behandeln. Hierauf gingen sie zu wichtigeren Verabredungen über. Sie besprachen sich über den Krieg gegen die Protestanten und das Konzilium. Sie vereinigten sich, daß das Konzilium unverzüglich angehen solle. Entschließe sich der Kaiser, wider die Protestanten die Waffen zu gebrauchen, so machte sich der Papst anheischig, ihn aus allen seinen Kräften, mit allen seinen Schätzen dazu zu unterstützen, ja „wäre es nötig, seine Krone dazu zu verkaufen".

In der Tat ward noch in dem nämlichen Jahre

das Konzilium eröffnet: erst hier übersehen wir vollständig, wie es noch endlich dazu kam; im Jahre 1546 ging auch der Krieg an. Papst und Kaiser vereinigten sich, den schmalkaldischen Bund zu vernichten, der es dem Kaiser nicht viel weniger schwer machte, das Reich zu regieren, als dem Papste, die Kirche. Der Papst zahlte Geld und schickte Truppen.

Die Absicht des Kaisers war, die Gewalt der Waffen und die friedliche Unterhandlung zu verbinden. Während er den Ungehorsam der Protestanten durch den Krieg zähme, sollte das Konzilium die geistlichen Streitigkeiten schlichten und vor allem zu Reformen schreiten, durch welche es jenen einigermaßen möglich würde, sich zu unterwerfen.

Über alles Erwarten glücklich ging der Krieg. Anfangs hätte man Karl für verloren halten sollen, aber in der gefährlichsten Lage hielt er standhaft aus: im Spätjahr 1546 sah er ganz Oberdeutschland in seinen Händen; wetteifernd ergaben sich Städte und Fürsten; der Augenblick schien gekommen, wo die protestantische Partei in Deutschland unterworfen, der ganze Norden wieder katholisch gemacht werden könne.

In diesem Momente, was tat der Papst?

Er rief seine Truppen von dem kaiserlichen Heere ab; das Konzilium, das eben nun seinen Zweck erfüllen und seine pazifikatorische Tätigkeit beginnen sollte, versetzte er von Trient — wohin es auf den Antrag der Deutschen berufen worden —, angeblich weil daselbst eine ansteckende Krankheit ausgebrochen sei, nach seiner zweiten Hauptstadt Bologna.

Es ist nicht zweifelhaft, was ihn dazu bewog. Noch einmal traten die politischen Tendenzen des Papsttums mit den kirchlichen in Gegensatz und Widerstreit. Daß ganz Deutschland besiegt und dem Kaiser in Wahrheit unterwürfig würde, hatte er nie gewünscht. Ganz etwas anderes hatten seine feinen Berechnungen ihn erwarten lassen. Wohl mag er geglaubt haben, dem Kaiser werde einiges zum Vorteil der katholischen Kirche gelingen; dabei aber, er gesteht es selbst, zweifelte er nicht, ihn auf unzählige Schwierigkeiten stoßen, in Verwickelungen geraten zu sehen, die ihm, dem Papste, seinerseits eine vollere Freiheit, seine Zwecke zu verfolgen, gewähren würden. Das Glück spottete seiner Anschläge. Jetzt mußte er fürchten, und Frankreich machte ihn aufmerksam darauf, daß diese Übermacht auf Italien zurückwirken und ihm sowohl in geistlichen als in weltlichen Geschäften nur allzubald fühlbar werden würde. Aber überdies wuchsen seine Besorgnisse wegen des Konziliums. Es hatte ihn schon lange gedrückt, er hatte bereits daran gedacht es aufzulösen; jetzt aber taten die kaiserlich gesinnten Prälaten, durch die Siege mutig und mutiger geworden, einige besonders kühne Schritte. Die spanischen Bischöfe brachten unter dem Namen Zensuren einige Artikel in Vorschlag, die sämtlich eine Verringerung des päpstlichen Ansehens bezweckten: die Reformation, von der Rom immer so viel gefürchtet, schien sich nicht mehr verzögern zu lassen.

Es lautet seltsam, aber nichts ist wahrer: in dem Augenblick, daß ganz Norddeutschland vor der Wiedereinführung der päpstlichen Gewalt zitterte, fühlte sich der Papst als ein Verbündeter der Protestanten. Er bezeigte seine Freude über die Fortschritte des Kurfürsten Johann Friedrich wider Herzog Moritz; er wünschte nichts sehnlicher, als daß sich derselbe auch gegen den Kaiser halten möge; Franz I., der schon alle Welt zu einem Bündnis wider Karl zu bereinigen suchte, ließ er ausdrücklich ermahnen, „die zu unterstützen, die noch nicht geschlagen seien". Er fand es aufs neue wahrscheinlich, daß der Kaiser auf die größten Hindernisse stoßen, noch lange zu tun haben werde: „Er glaubt das," sagt der französische Abgeordnete, „weil er es wünscht."

Allein er täuschte sich wie zuvor. Das Glück des Kaisers machte alle seine Berechnungen zuschanden. Karl siegte bei Mühlberg; die beiden Oberhäupter der protestantischen Partei führte er gefangen mit sich fort. Schärfer als jemals konnte er nun sein Augenmerk auf Italien richten.

Denn auf das tiefste, wie sich denken läßt, hatte ihn das Betragen des Papstes entrüstet. Er durchschaute ihn sehr wohl. „Die Absicht Seiner Heiligkeit ist von Anfang gewesen," schreibt er an seinen Gesandten, „uns in diese Unternehmung zu verwickeln und dann darin zu verlassen." Daß die päpstlichen

Truppen zurückgezogen worden, hatte nicht so viel zu bedeuten. Schlecht besoldet und eben deshalb nicht recht in Gehorsam noch Mannszucht, hatten sie niemals viel geleistet. Daß aber das Konzilium verlegt worden, war von dem größten Einfluß. Wunderbar, wie auch diesmal die Entzweiung des Papsttums und des Kaisertums, herborgerufen von der politischen Stellung des ersten, den Protestanten zu Hilfe kam! Man hätte jetzt wohl die Mittel gehabt, sie zur Unterwerfung unter das Konzilium zu nötigen. Da sich dies aber selbst gespalten hatte — denn die kaiserlichen Bischöfe blieben in Trient —, da sich keine allgemein gültigen Beschlüsse mehr fassen ließen, konnte man auch niemanden zur Adhäsion zwingen. Der Kaiser mußte erleben, daß der wesentlichste Teil seiner Pläne an dem Abfall seines Verbündeten scheiterte. Er drang nicht allein fortwährend auf die Zurückverlegung der Kirchenversammlung nach Trient, er ließ sich vernehmen: „Er werde nach Rom kommen, um das Konzilium dort selber zu halten."

Paul III. nahm sich zusammen: „Der Kaiser ist mächtig," sagte er, „doch auch wir vermögen etwas und haben einige Freunde." Die lange besprochene Verbindung mit Frankreich kam jetzt zustande: Orazio Farnese verlobte sich mit der natürlichen Tochter Heinrichs II.; man ließ kein Mittel unversucht, um zunächst die Venezianer zu einem allgemeinen Bündnis zu gewinnen. Alle Ausgewander=

ten regten sich. Gerade zur rechten Zeit brachen Unruhen in Neapel aus: ein neapolitanischer Abgeordneter erschien, den Papst um Schutz für seine dortigen Lehnsleute zu ersuchen; und es gab Kardinäle, die ihm rieten, hierauf einzugehen.

Noch einmal faßten die italienischen Faktionen einander ins Angesicht. Sie standen einander um so schroffer gegenüber, da die beiden Oberhäupter nunmehr offen entzweit waren: auf der einen Seite die Gobernatoren in Mailand und Neapel, die Medici in Florenz, die Doria in Genua; als ihr Mittelpunkt kann Don Diego Mendoza, kaiserlicher Botschafter zu Rom, angesehen werden; noch hatten sie allenthalben einen großen gibellinischen Anhang: — auf der anderen der Papst und die Farnesen, die Ausgewanderten und Mißbergnügten, eine neugebildete orsinische Partei, die Anhänger der Franzosen. Für jene war der in Trient zurückgebliebene, für diese der nach Bologna gegangene Teil des Konziliums.

Der Haß, den diese Parteien gegen einander hegten, trat plötzlich in einer gewaltsamen Tat hervor.

Jene seine engere Vertraulichkeit mit dem Kaiser hatte der Papst benutzt, um Parma und Piacenza als ein bei dem päpstlichen Stuhl zu Lehen gehendes Herzogtum seinem Sohne Pier Luigi zu übergeben. Nicht mehr mit jener Rücksichtslosigkeit, wie ein Alexander, ein Leo, konnte er zu dieser Maßregel schreiten. Er stellte dafür Camerino und Nepi an die Kirche zurück: durch eine Berechnung der Kosten, welche die Bewachung jener Grenzplätze verursache, des Zinses, den sein Sohn davon zahlen werde, des Ertrages der zurückgegebenen Ortschaften suchte er zu beweisen, daß die Kammer keinen Schaden leide. Aber nur indem er mit den einzelnen Kardinälen sprach, vermochte er sie, und auch dann nicht einmal alle, zu überreden. Einige widersprachen laut; andere versäumten geflissentlich das Konsistorium, in welchem die Sache vorkam; den Caraffa sah man an diesem Tage zu einem feierlichen Besuche der sieben Kirchen schreiten. Auch der Kaiser war nicht dafür: wenigstens hätte er gewünscht, daß das Herzogtum seinem Eidam Ottavio, dem doch auch Camerino gehörte, übergeben würde. Er ließ es geschehen, weil er der Freundschaft des Papstes eben bedurfte, doch hat er es niemals gebilligt; allzu gut kannte er Pier Luigi. Die Fäden der geheimen Verbindungen der italienischen Opposition hielt eben der Sohn des Papstes alle in seiner Hand. Man zweifelte nicht, daß er um das Unternehmen des Fiesco in Genua gewußt, daß er dem gewaltigen Oberhaupte der florentinischen Ausgewanderten, Pietro Strozzi, nach einem mißlungenen Anschlag auf Mailand in dem bedrängtesten Augenblick über den Po geholfen und allein seine Rettung bewirkt habe; man vermutete, daß er selbst fortwährend Absichten auf Mailand hege.

Eines Tages war der Papst, der noch immer unter glücklichen Gestirnen zu stehen und alle die Stürme, die ihn bedrohten, beschwören zu können meinte, in der Audienz vorzüglich heiter: er zählte die Glückseligkeiten seines Lebens auf und verglich sich in dieser Hinsicht mit Kaiser Tiberius: an diesem Tage ward ihm der Sohn, der Inhaber seiner Erwerbungen, der Träger seines Glückes, zu Piacenza von Verschworenen überfallen und ermordet.

Die Gibellinen von Piacenza, von den Gewaltsamkeiten des Herzogs, der zu den streng verwaltenden Fürsten dieser Zeit gehörte und besonders den Adel in Gehorsam zu halten suchte, beleidigt und gereizt, hatten die Tat vollbracht; wie aber damals jedermann überzeugt war, der Gobernator zu Mailand, Ferrante Gonzaga, habe seine Hand im Spiele gehabt, so können auch wir daran nicht zweifeln. Der Biograph Gonzagas, in jenen Zeiten sein vertrauter Geheimschreiber, der ihn zu entschuldigen sucht, versichert, die Absicht sei nur auf die Gefangennehmung, nicht auf die Ermordung des Farnese gegangen. Ich finde in einigen Handschriften selbst noch nähere Andeutung — doch möchte ich ihnen nicht ohne weiteres Glauben beimessen —, daß der Kaiser von diesem Unternehmen im voraus in Kenntnis gesetzt gewesen sei. Auf jeden Fall eilten die kaiserlichen Truppen herbei, um Piacenza in Besitz zu nehmen: sie machten die Rechte des Reiches auf diese Stadt geltend. Es war auf gewisse Weise die Vergeltung

für die Abtrünnigkeiten des Papstes in dem schmal=
kaldischen Kriege.

Ohnegleichen ist das Verhältnis, das sich nun
bildete.

Man wollte wissen, Kardinal Alessandro Farnese
habe gesagt, er könne sich nicht helfen als mit dem
Tode einiger kaiserlicher Minister; mit Gewalt könne
er sich derselben nicht entledigen, er müsse seine Zu=
flucht zur Kunst nehmen. Indem sich diese hierauf
vor Gift sicherzustellen suchten, ergriff man zu Mai=
land ein paar Bravi, Korsen, die man zu dem — ich
will nicht entscheiden, ob wahren oder falschen —
Geständnis brachte, sie seien von den päpstlichen An=
gehörigen gedungen, um Ferrante Gonzaga zu er=
morden. Wenigstens war Gonzaga aufs neue voll von
Ingrimm. „Er müsse," sagte er, „sein Leben sichern,
so gut er könne; es bleibe ihm nichts übrig, als von
diesen seinen Feinden zwei oder drei durch eigene oder
fremde Hand auf die Seite zu schaffen." Mendoza
meint, dann werde man in Rom alle Spanier töten:
man werde das Volk insgeheim dazu aufreizen und
die geschehene Tat nachher mit der unaufhaltsamen
Wut desselben entschuldigen.

An eine Versöhnung war nicht zu denken. Man
hätte sich dazu der Tochter des Kaisers zu bedienen
gewünscht. Allein sie hatte sich in dem Hause der
Farnesen nie gefallen, sie verachtete den um vieles
jüngeren Gemahl: dem Gesandten enthüllte sie ohne
Schonung dessen schlechte Eigenschaften; sie sagte, sie

wolle eher ihrem Kinde den Kopf abschneiden, als ihren Vater um etwas bitten, das ihm mißfallen könne.

Die Korrespondenz Mendozas mit dem Kaiser liegt vor mir. Nicht leicht mag es etwas geben, was dem Inhalt dieser Briefe an tiefgegründetem, von beiden Seiten zurückgehaltenem, beiden Teilen offenbarem Hasse gleichkäme. Es ist ein Gefühl von Überlegenheit darin, das sich mit Bitterkeiten erfüllt hat: von Verachtung, die doch auf ihrer Hut ist, von Mißtrauen, wie man es gegen einen eingewohnten Übeltäter hegt.

Suchte der Papst in dieser Lage der Dinge einen Rückhalt, eine Hilfe, so konnte sie ihm allein Frankreich gewähren.

In der Tat finden wir ihn zuweilen in Gegenwart des französischen Botschafters, der Kardinäle Guise und Farnese stundenlang das Verhältnis des römischen Stuhles zu Frankreich erörtern. „In alten Büchern," sagt er, „habe er gelesen, es während seines Kardinalates von anderen gehört, und in Erfahrung gebracht, seit er selbst Papst geworden, daß der heilige Stuhl sich immer dann in Macht und Aufnahme befinde, wenn er mit Frankreich Bund habe, dagegen Verluste leide, sobald das nicht der Fall sei; er könne es Leo X., seinem Vorgänger Klemens, er könne es sich selbst nicht vergeben, daß sie jemals den Kaiser begünstigt: jetzt aber sei er entschlossen, sich auf immer mit Frankreich zu vereinigen. Er hoffe noch lange genug zu leben, um den päpstlichen Stuhl in Devotion gegen den französischen König zu hinterlassen: zum größten Fürsten der Welt wolle er denselben machen, sein eigenes Haus solle sich mit ihm unauflöslich verbinden."

Seine Absicht war, einen Bund mit Frankreich, der Schweiz und Venedig zu schließen, zunächst ein Verteidigungsbündnis, von dem er aber selbst sagt, es sei die Türe zu einem offensiven. Die Franzosen berechneten: ihre Freunde vereinigt würden ihnen ein ebenso großes Gebiet in Italien verschaffen, als das sei, welches der Kaiser besitze: die ganze orsinische Partei wolle dem König aufs neue Gut und Blut weihen. Die Farnesen meinten im Gebiete von Mailand wenigstens auf Cremona und Pavia zählen zu können: die neapolitanischen Ausgewanderten versprachen, 15000 Mann ins Feld zu stellen, Aversa und Neapel sofort zu überliefern. Auf alle diese Dinge ging der Papst sehr lebhaft ein. Einen Anschlag auf Genua läßt er zuerst den französischen Gesandten wissen. Er hätte nichts dawider, wenn man, um sich Neapels zu bemächtigen, einen Bund mit dem Großherrn oder mit Algier schlösse. Eben war Eduard VI. auf den Thron von England gestiegen und eine unzweifelhaft protestantische Regierung daselbst an dem Ruder! Der Papst rät nichts destominder Heinrich II., mit England Frieden zu machen, „um andere Absichten," sagt er, „zum Besten der Christenheit in Ausführung bringen zu können".

So heftig war der Papst mit dem Kaiser verfeindet: so eng stand er mit den Franzosen, so großen Aussichten gab er sich hin; und dennoch — niemals vollzog er seinen Bund, niemals tat er den letzten Schritt!

Die Venezianer sind ganz erstaunt darüber. „Der Papst," sagen sie, „ist in seiner Würde angegriffen, in seinem Blute beleidigt, der vornehmsten Besitzung seines Hauses beraubt; zu jedem Bündnis sollte er greifen, auf jede Bedingung: dennoch, nach so vielen Beleidigungen, sieht man ihn zaudern und schwanken."

In der Regel treiben Beleidigungen zu einem äußersten Entschluß. Doch gibt es auch Naturen, in denen das nicht der Fall ist, die auch dann noch überlegen, wenn sie sich am tiefsten verletzt fühlen, nicht weil das Gefühl der Rache minder stark in ihnen wäre, sondern weil das Bewußtsein der fremden Überlegenheit sie gewaltiger übermeistert: die Klugheit, welche eine Voraussicht der Zukunft ist, überwiegt in ihnen, die großen Widerwärtigkeiten empören sie nicht, sondern machen sie mutlos, schwankend und schwach.

Der Kaiser war zu mächtig, um noch etwas Ernstliches von den Farnesen fürchten zu müssen. Er schritt auf seinem Wege, ohne auf sie Rücksicht zu nehmen, weiter. Feierlich protestierte er gegen die Sitzungen des Konziliums in Bologna: alle Akte, die man daselbst vornehmen werde, erklärte er im voraus für null und nichtig. Im Jahre 1548 publizierte er das Interim in Deutschland. So unerträglich es der Papst fand, daß der Kaiser eine Norm des Glaubens vorschreiben wolle, so lebhaft er sich beklagte, daß man die Kirchengüter ihren gegenwärtigen Besitzern lasse, — Kardinal Farnese sagte überdies, er wolle sieben bis acht Ketzereien darin aufzeigen, — so ließ sich der Kaiser nicht irremachen. Auch in der Sache von Piacenza wich er kein Haar breit. Der Papst forderte zunächst Wiederherstellung des Besitzes; der Kaiser behauptete, ein Recht von seiten des Reiches zu haben. Der Papst bezog sich auf den Bund von 1521, in welchem jene Städte dem römischen Stuhle garantiert worden; der Kaiser machte auf das Wort Investitur aufmerksam, wodurch sich das Reich oberherrliche Rechte vorbehalten habe. Der Papst erwiderte, das Wort sei hier in einem anderen als dem feudalen Sinne genommen; der Kaiser stritt darüber nicht weiter; er erklärte jedoch, sein Gewissen verbiete ihm Piacenza zurückzugeben.

Gern hätte nun der Papst zu den Waffen gegriffen, sich an Frankreich geschlossen, seine Freunde, seine Partei in Bewegung gesetzt — in Neapel, Genua, Siena, Piacenza, selbst in Orbetello bemerkte man die Umtriebe seiner Anhänger, gern hätte auch er sich durch irgendeinen unerwarteten Schlag gerächt; aber auf der anderen Seite war ihm die Übermacht des Kaisers durchaus furchtbar, vor allem dessen Einfluß auf die geistlichen Angelegenheiten; er besorgte, ein Konzilium werde berufen, das sich ganz gegen ihn erkläre, das selbst zu seiner Absetzung schreite. Mendoza behauptet, die Tat der Korsen gegen Fer=

rante Gonzaga habe ihm noch besonders Furcht eingeflößt.

Wie dem auch sei, soviel ist gewiß, daß er an sich hielt und seinen Ingrimm verbarg. Die Farnesen sahen selbst nicht ungern, daß der Kaiser Siena einnahm: sie hofften, er werde es ihnen für ihre Verluste einräumen. Die seltsamsten Vorschläge wurden hieran geknüpft. „Verstehe sich der Kaiser hiezu," sagte man Mendoza, „so müsse der Papst das Konzil nach Trient zurückbringen und hier nicht allein sonst nach den Wünschen des Kaisers verfahren — z. B. dessen Recht auf Burgund feierlich anerkennen lassen —, sondern Karl V. zu seinem Nachfolger auf dem päpstlichen Stuhle erklären." „Denn," sagten sie, „Deutschland hat ein kaltes Klima, Italien ein warmes: für die Gicht, an der der Kaiser leidet, sind die warmen Länder gesünder." Ich will nicht behaupten, daß es ihnen damit Ernst gewesen: der alte Papst lebte des Glaubens, der Kaiser werde noch vor ihm sterben; aber man sieht, auf wie bedenkliche, von der gewöhnlichen Ordnung der Dinge weit abweichende Pfade ihre Politik sich gewagt hatte.

Den Franzosen entgingen ihre Bewegungen, ihre Unterhandlungen mit dem Kaiser nicht. Von dem Konnetable Montmorency haben wir einen Brief voller Entrüstung, in dem er unverhohlen von „Heucheleien, Lügen, ja von wahrhaft schlechten Streichen" redet, die man zu Rom gegen den König von Frankreich ausübe.

Endlich, um doch etwas zu tun und wenigstens einen festen Punkt in diesen Streitigkeiten zu gewinnen, beschloß der Papst, da das Recht an Piacenza nicht allein seinem Hause, sondern der Kirche selbst bestritten wurde, dies Herzogtum unmittelbar an die Kirche zurückzugeben. Es war das erstemal, daß er etwas gegen das Interesse seiner Enkel tat; doch zweifelte er darum nicht, daß sie sich gern fügen würden: er glaubte, eine unbedingte Autorität über sie zu haben, immer hatte er ihren unverbrüchlichen Gehorsam gepriesen und sich darin glücklich gefühlt. Aber der Unterschied war, daß er bisher jedesmal ihren augenscheinlichen Vorteil verfochten, jetzt dagegen etwas ausführen wollte, was demselben zuwiderlief. Sie versuchten anfangs, ihm auf indirekte Weise beizukommen. Sie ließen ihm vorstellen, der Tag, auf den er das Konsistorium angesetzt, sei ein unglücklicher: es war Rochustag; der Tausch mit Camerino, das er ihnen dafür wiedergeben wollte, werde für die Kirche eher ein Verlust sein. Die Gründe, deren er sich ehedem selbst bedient, setzten sie ihm jetzt entgegen; aber sie konnten die Sache damit nur aufhalten, nicht verhindern: den Befehlshaber von Parma, Camillo Orsino, wies Paul III. endlich an, diese Stadt im Namen der Kirche besetzt zu halten und sie an niemanden auszuliefern, wer es auch sei. Nach dieser Erklärung, die keinen Zweifel übrig ließ, hielten auch die Farnesen nicht mehr an sich. Um keinen Preis wollten sie sich eines Herzog-

tums berauben laſſen, das ſie den unabhängigen
Fürſten von Italien gleichſtellte. Ottavio machte
einen Verſuch, Parma dem Papſte zum Trotz mit Liſt
oder mit Gewalt in ſeine Hände zu bekommen, und
nur die Geſchicklichkeit und Entſchloſſenheit des neuen
Befehlshabers verhinderte ihn daran. Was mußte
aber Paul III. empfinden, als er es erfuhr! Dem
alten Manne war es aufbehalten, daß ſeine Enkel,
denen er eine ſo große Vorliebe gewidmet, zu deren
Gunſten er den Tadel der Welt auf ſich geladen hatte,
jetzt am Ende ſeiner Tage ſich gegen ihn empörten!
Selbſt der geſcheiterte Verſuch brachte Ottavio nicht
von ſeinem Vorhaben ab. Er ſchrieb dem Papſte
geradezu: wenn er Parma nicht in Güte wieder=
bekomme, ſo werde er mit Ferrante Gonzaga Frieden
machen und es mit kaiſerlichen Waffen einzunehmen
ſuchen. Und in der Tat waren ſeine Unterhandlungen
mit dieſem Todfeinde ſeines Hauſes ſchon ſehr weit
gediehen: ein Kurier war mit den beſtimmten Vor=
ſchlägen an den Kaiſer abgegangen. Der Papſt klagte
laut, er werde von den Seinigen verraten: ihre Hand=
lungen ſeien ſo beſchaffen, daß ſein Tod daraus er=
folgen müſſe. Am tiefſten verwundete ihn, daß ſich
das Gerücht erhob, er habe insgeheim ſelbſt Kenntnis
von den Unternehmungen Ottavios und einen ſeinen
Äußerungen widerſprechenden Anteil daran. Er ſagte
dem Kardinal Eſte, niemals in ſeinem ganzen Leben
habe ihn etwas dergeſtalt gekränkt, ſelbſt nicht der
Tod Pier Luigis, nicht die Beſetzung von Piacenza;

aber er werde der Welt keinen Zweifel übrig lassen, welche Gesinnung er hege. Noch war sein Trost, daß wenigstens Alessandro Farnese, der Kardinal, an dem Widerstand, den er erfahre, unschuldig und ihm ergeben sei. Allmählich aber ward er inne, daß auch dieser, dem er ganz vertraute, der die Summe der Geschäfte in Händen hatte, darum nur allzu wohl wußte und damit einverstanden war. Diese Entdeckung brach sein Herz. Am Tage aller Seelen (2. November 1549) teilte er sie dem benezianischen Botschafter in bitterem Herzeleid mit. Den Tag darauf ging er, um sich womöglich ein wenig zu zerstreuen, nach seiner Vigna auf dem Monte Caballo. Allein er fand keine Ruhe. Er ließ Kardinal Alessandro rufen: ein Wort gab das andere; der Papst geriet in die heftigste Aufwallung; er hat dem Nepoten das Barett aus den Händen gerissen und es auf die Erde geschleudert. Schon vermutete der Hof eine Veränderung: man glaubte allgemein, der Papst werde den Kardinal von der Staatsverwaltung entfernen. Dazu kam es jedoch nicht. Diese heftige Gemütsbewegung in dem hohen Alter von 83 Jahren warf den Papst selbst zu Boden. Er ward gleich darauf krank: nach wenigen Tagen, am 10. November 1549, starb er. In Rom ging jedermann seine Füße zu küssen. Er war ebenso geliebt, wie seine Enkel gehaßt; man bemitleidete ihn, daß er durch die den Tod erlitten, denen er das meiste Gute erwiesen hatte.

Ein Mann, voll von Talent und Geist, durchdringender Klugheit, an höchster Stelle! Aber wie unbedeutend erscheint auch ein mächtiger Sterblicher der Weltgeschichte gegenüber! In all seinem Dichten und Trachten ist er von der Spanne Zeit, die er übersieht, von ihren momentanen Bestrebungen, die sich ihm als die ewigen aufdrängen, umfangen und beherrscht; dann fesseln ihn noch besonders die persönlichen Verhältnisse an seine Stelle, geben ihm vollauf zu tun, erfüllen seine Tage zuweilen, es mag sein, mit Genugtuung, öfter mit Mißbehagen und Schmerz, reiben ihn auf. Indessen er umkommt, vollziehen sich die ewigen Weltgeschicke.

Julius III. Marcellus II.

Während des Konklaves standen einmal fünf oder sechs Kardinäle um den Altar der Kapelle: sie sprachen über die Schwierigkeit, die es habe, einen Papst zu finden. „Nehmt mich," sagte einer von ihnen, der Kardinal Monte, „den anderen Tag mache ich euch meinen Lieblingshausgenossen zum Kollegen-Kardinal." „Ich frage, ob wir ihn nehmen sollen," sagte ein anderer, Sfondrato, als sie auseinandergegangen waren. Da Monte für aufbrausend und jähzornig galt, hatte er auch sonst wenig Hoffnung; auf seinen Namen wurden die geringsten Wetten gewagt. Dessenungeachtet kam es so, daß er gewählt wurde (7. Februar 1550). Zum Andenken an

Julius II., dessen Kämmerer er gewesen, nannte er sich Julius III.

An dem kaiserlichen Hofe erheiterten sich alle Gesichter, als man diese Wahl erfuhr. Herzog Cosimo hat das meiste zu derselben beigetragen. Zu der hohen Stufe von Glück und Macht, auf welcher sich der Kaiser damals befand, gehörte es mit, daß endlich auch ein ergebener Papst, auf den er zählen konnte, den römischen Stuhl bestieg. Es schien sogleich, als würden die öffentlichen Geschäfte nun einen anderen Gang nehmen.

Dem Kaiser lag noch immer sehr viel daran, daß das Konzilium wieder in Trient zustande käme; noch immer hoffte er die Protestanten zu nötigen, es zu besuchen, sich ihm zu unterwerfen. Gern ging der neue Papst auf diesen Antrag ein. Wenn er ja auf die Schwierigkeiten aufmerksam machte, die in der Sache lagen, so besorgte er nur, man möchte das für Ausflüchte nehmen; er ward nicht müde, zu versichern, dem sei nicht so: er habe sein Lebtage ohne Verstellung gehandelt und wolle dabei bleiben; in der Tat setzte er die Reassumtion des Konziliums auf das Frühjahr 1551 an; er erklärte, er mache dabei weder Pakta noch Bedingungen.

Nur war mit der Geneigtheit des Papstes lange nicht mehr alles gewonnen.

Ottavio Farnese hatte auf einen Beschluß der Kardinäle im Konklave, den Julius ausführte, Parma wieder bekommen. Es war dies nicht gegen den

Willen des Kaisers geschehen; eine Zeitlang ward noch zwischen beiden unterhandelt, und man hegte einige Hoffnung auf die Herstellung eines guten Verhältnisses. Da sich aber der Kaiser nicht entschließen konnte, ihm auch Piacenza wieder einzuräumen, sondern selbst die Ortschaften, die Gonzaga in dem Gebiet von Parma eingenommen, in seiner Hand behielt, so behauptete sich auch Ottavio fortwährend in einer kriegerischen Stellung. Nach so vielen wechselseitigen Beleidigungen war es nicht anders möglich, als daß er noch immer Haß und Besorgnis nährte. Man suche, klagt er, ihm Parma zu entwinden und ihn selbst auf die Seite zu schaffen; aber es solle seinen Feinden weder mit dem einen noch mit dem anderen gelingen.

Es ist wahr, der Tod Pauls III. hatte seinen Enkeln eine große Stütze entrissen; aber er hatte sie auch befreit. Jetzt brauchten sie keine Rücksicht weiter auf die allgemeinen, auf die kirchlichen Verhältnisse zu nehmen; ausschließend nach ihrem eigenen Interesse konnten sie ihre Maßregeln ergreifen. Ottavio durfte sich ohne allen Vorbehalt an König Heinrich II. von Frankreich wenden.

Er tat das in einem Augenblick, wo er auf den besten Erfolg rechnen durfte.

Wie Italien, so war auch Deutschland mit Mißvergnügten erfüllt. Was der Kaiser bereits ausgeführt, was man noch von ihm erwartete, seine religiöse und seine politische Haltung, alles hatte ihm unzählige Feinde erweckt. Heinrich II. konnte es wagen, die antiösterreichischen Pläne seines Vaters wieder aufzunehmen. Er ließ seinen Krieg gegen England fallen und schloß einen Bund mit den Farnesen. Zunächst nahm der König die Besatzung von Parma in seinen Sold. Bald erschienen auch in Mirandola französische Truppen. In dem Herzen von Italien sah man die Fahnen von Frankreich fliegen.

In dieser neuen Verwickelung hielt sich Julius III. standhaft zu dem Kaiser. Er fand es unerträglich, „daß sich ein elender Wurm, Ottavio Farnese, gegen einen Kaiser und einen Papst zugleich empöre". „Unser Wille ist," erklärt er seinem Nuntius, „das nämliche Schiff mit Seiner Majestät zu besteigen und uns dem nämlichen Glück anzuvertrauen. Ihm, welcher die Einsicht und die Macht hat, überlassen wir, den Beschluß zu fassen." Der Kaiser erklärte sich für die ungesäumte Entfernung der Franzosen und ihrer Anhänger auf dem Wege der Gewalt. Gar bald sehen wir denn die vereinigten päpstlichen und kaiserlichen Truppen ins Feld rücken. Ein bedeutendes Schloß im Parmesanischen fiel in ihre Hand, und sie verwüsteten das ganze Gefilde; Mirandola schlossen sie vollkommen ein.

Jedoch nicht durch diese kleinen Feindseligkeiten war die Bewegung zu dämpfen, die hier zwar entsprungen war, aber seitdem Europa ergriffen hatte. An allen Grenzen, wo sich die Gebiete des Kaisers und des

Königs von Frankreich berührten, zu Lande und zur See war der Krieg ausgebrochen. Noch ganz ein anderes Gewicht als die Italiener legten die deutschen Protestanten in die Wagschale, wie auch sie sich endlich mit den Franzosen verbanden. Es erfolgte der entschlossenste Angriff, den Karl jemals erfahren. Die Franzosen erschienen am Rhein, Kurfürst Moritz in Tirol. Der alte Sieger, indem er auf dem Gebirgslande zwischen Italien und Deutschland Platz genommen, um beide in Pflicht zu halten, sah sich plötzlich gefährdet, besiegt, beinahe gefangen.

Unmittelbar wirkte dies auf die italienischen Angelegenheiten zurück. „Nie hätten wir geglaubt," sagte der Papst, „daß uns Gott so heimsuchen würde." Er mußte sich im April 1552 zu einem Stillstand mit seinen Feinden bequemen.

Es gibt zuweilen Unglücksfälle, die dem Menschen nicht so durchaus unangenehm sind. Sie machen einer Tätigkeit ein Ende, die schon seinen Neigungen zu widersprechen anfing. Sie geben dem Entschluß, von derselben abzulassen, einen legalen Grund, eine einleuchtende Entschuldigung.

Fast scheint es, als sei der Unfall, der den Papst betraf, ein solcher gewesen. Mit Mißbehagen hatte er seinen Staat sich mit Truppen anfüllen, seine Kassen sich leeren sehen, und er glaubte zuweilen Ursache zu haben, sich über die kaiserlichen Minister zu beklagen. Wahrhaft bedenklich war ihm auch das Konzilium geworden. Seitdem die deutschen Abgeordneten, denen man eine Reformation zugesagt hatte, erschienen waren, nahm es einen kühneren Gang: schon im Jahre 1552 beklagte sich der Papst, man wolle ihn seiner Autorität berauben; die Absicht der spanischen Bischöfe sei, auf der einen Seite die Kapitel knechtisch zu unterwerfen, auf der anderen dem heiligen Stuhle die Kollation aller Benefizien zu entziehen; jedoch er werde nicht ertragen, daß man unter dem Titel von Mißbräuchen ihm das entreiße, was nicht Mißbrauch, sondern ein Attribut seiner wesentlichen Gewalt sei. Es konnte ihm nicht so ganz unangenehm sein, daß der Angriff der Protestanten das Konzilium auseinandersprengte; er eilte, die Suspension desselben zu dekretieren; von unzähligen Prätensionen und Mißhelligkeiten ward er dadurch befreit.

Seitdem hat sich Julius III. nicht weiter ernstlich auf politische Tätigkeiten eingelassen. Die Einwohner von Siena beschwerten sich wohl, er habe, obwohl durch seine Mutter ihr halber Landsmann, den Herzog Cosimo in der Absicht, sie zu unterwerfen, unterstützt; eine spätere gerichtliche Untersuchung hat die Falschheit dieser Behauptung dargetan. Eher hatte Cosimo Grund, sich zu beklagen. Die florentinischen Ausgewanderten, die erbittertsten Feinde dieses seines Verbündeten, hinderte der Papst nicht, sich im Gebiete der Kirche zu sammeln und zu rüsten.

Vor der Porta del Popolo besucht der Fremde noch immer die Villa di Papa Giulio. In Vergegenwärtigung jener Zeit steigt man die geräumigen Treppen zu der Gallerie hinauf, von der man Rom in seiner ganzen Breite von dem Monte Mario her und die Krümmung der Tiber übersieht. In dem Bau dieses Palastes, in der Anlegung dieses Gartens lebte und webte Julius III. Er hat selbst den ersten Entwurf gemacht; aber niemals wurde man fertig: alle Tage hatte er neue Einfälle und Wünsche, die dann die Baumeister zur Ausführung zu bringen eilten. Hier lebte der Papst seinen Tag und vergaß die übrige Welt. Seine Verwandten hat er ziemlich befördert: Herzog Cosimo gab ihnen Monte San Sabino, von wo sie stammten, der Kaiser Novara: er selbst teilte ihnen die Würden des Kirchenstaates und Camerino zu. Jenem seinem Liebling hatte er Wort gehalten und ihn zum Kardinal gemacht. Es war ein junger Mensch, den er in Parma lieb gewonnen. Er hatte ihn einst von einem Affen umfaßt und in dieser Gefahr mutig und guter Dinge gesehen: seitdem hatte er ihn erzogen und ihm eine Zuneigung gewidmet, die leider auch sein ganzes Verdienst blieb. Julius wünschte ihn und seine übrigen Angehörigen wohlversorgt zu sehen; aber sich um ihretwillen in gefährliche Verwickelungen einzulassen, hatte er keine Neigung. Wie gesagt, das harmlose vergnügliche Leben auf seiner Villa genügte ihm. Er gab Gastmähler, die er mit seinen sprichwörtlichen Redensarten würzte, welche freilich wohl zuweilen erröten machten. An den großen Geschäften der Kirche und des Staates nahm er nur soviel Anteil, als nun schlechterdings unvermeidlich war.

Allerdings aber konnten diese dabei nicht sehr gedeihen. Immer gefährlicher entwickelten sich die Entzweiungen zwischen den beiden großen katholischen Mächten: die deutschen Protestanten hatten sich aus ihrer Unterwerfung von dem Jahre 1547 gewaltig erhoben und standen fester als jemals; an die oft beabsichtigte katholische Reformation war nicht zu denken; die Zukunft der römischen Kirche, man konnte es sich nicht verbergen, war überaus dunkel und zweifelhaft.

Hatte sich aber, wie wir sahen, eine strengere Richtung im Schoße derselben entwickelt, die das Wesen, wie es so viele Päpste trieben, von Herzen verdammte, mußte nicht diese endlich auch bei der Wahl eines neuen Papstes sich regen? Auf die Persönlichkeit desselben kam so viel an; eben darum war diese höchste Würde von der Wahl abhängig, damit ein Mann in dem Sinne der überwiegenden kirchlichen Richtung an die Spitze der Geschäfte trete.

Nach dem Tode Julius' III. war es das erstemal, daß die strengere Partei auf die Papstwahl Einfluß bekam. Julius hatte sich in seinem wenig würdevollen Betragen oft durch die Anwesenheit des Kardinals Marcello Cervini beschränkt gefühlt. Eben diesen traf die Wahl — 11. April 1555. Es ist Marcellus II.

Sein ganzes Leben hindurch hatte er sich wacker und tadellos betragen; die Reformation der Kirche, von der die anderen schwatzten, hatte er in seiner Person dargestellt: man faßte die größten Hoffnungen. „Ich hatte gebetet," sagt ein Zeitgenosse, „es möchte ein Papst kommen, der die schönen Worte: Kirche, Konzilium, Reform, von der Verachtung zu befreien wüßte, in die sie gefallen: durch diese Wahl hielt ich meine Hoffnung für erfüllt; mein Wunsch schien mir Tatsache geworden zu sein." „Die Meinung," sagt ein anderer, „die man von der Güte und unvergleichlichen Weisheit dieses Papstes hatte, erhob die Welt zu der Hoffnung: wenn jemals, so werde es der Kirche jetzt möglich werden, die ketzerischen Meinungen auszulöschen, die Mißbräuche und das verdorbene Leben abzustellen, gesund zu werden und sich wieder zu vereinigen." Ganz in diesem Sinne begann Marcellus. Er duldete nicht, daß seine Verwandten nach Rom kämen; in dem Hofhalt führte er eine Menge Ersparnisse ein; er soll ein Memorial über die in dem Institute der Kirche vorzunehmenden Verbesserungen verfaßt haben; zunächst den Gottesdienst suchte er zu seiner echten Feierlichkeit wieder zurückzuführen; alle seine Gedanken gingen auf Konzilium und Reform. In politischer Hinsicht nahm er eine neutrale Stellung an, mit welcher der Kaiser sich begnügte. „Jedoch," sagen jene Zeitgenossen, „die Welt war seiner nicht wert," sie wenden die Worte Virgils von einem anderen Marcellus: „Ihn wollte das Schicksal der Erde nur zeigen," auf diesen an. Schon am 22. Tage seines Pontifikates starb er.

Wir können nicht von einer Wirkung reden, die eine so kurze Verwaltung hervorgebracht; aber schon dieser Anfang, diese Wahl zeigen die Richtung, welche überhandzunehmen begann. Auch in dem nächsten Konklave blieb sie die herrschende. Der strengste aller Kardinäle, Johann Peter Caraffa, ging aus demselben als Papst hervor, 23. Mai 1555.

Paul IV.

Wir haben ihn schon oft erwähnt: es ist der nämliche, der die Theatiner stiftete, die Inquisition wiederherstellte, die Befestigung des alten Dogmas zu Trient so wesentlich beförderte. Wenn es eine Partei gab, welche die Restauration des Katholizismus in seiner ganzen Strenge beabsichtigte, so bestieg in ihm nicht ein Mitglied, sondern ein Gründer, ein Oberhaupt derselben den päpstlichen Stuhl. Paul IV. zählte schon neunundsiebzig Jahre: aber seine tiefliegenden Augen hatten noch alles Feuer der Jugend; er war sehr groß und mager; rasch ging er einher; er schien lauter Nerv zu sein. Wie er sich schon in seinem täglichen Leben an keine Regel band, oft bei Tage schlief, bei Nacht studierte, — wehe dem Diener, der in sein Zimmer getreten wäre, ehe er die Glocke gezogen hatte! — so folgte er auch übrigens immer den Impulsen des Augenblicks. Sie wurden ihm aber von einer in einem langen Leben ausgebildeten, zur Natur gewordenen Gesinnung beherrscht. Keine andere Pflicht, keine andere Beschäftigung als die Wiederherstellung des alten Glaubens in seine frühere Herrschaft schien er zu kennen. Von Zeit zu Zeit bilden sich solche Naturen wieder aus, und wir begegnen ihnen auch heutzutage zuweilen. Leben und Welt haben sie von einem einzigen Punkt aus begriffen; ihre individuelle, persönliche Richtung ist so gewaltig, daß ihre Ansicht völlig davon beherrscht wird; sie sind die unermüdlichen Redner und haben immer eine gewisse Frische; unaufhörlich strömen sie die Gesinnung aus, welche sich in ihnen mit einer Art von Notwendigkeit entwickelt. Wie höchst bedeutend werden sie dann, wenn sie an eine Stelle gelangen, wo ihre Tätigkeit lediglich von ihrer Meinung abhängig ist und die Macht sich zu dem Willen gesellt! Was ließ sich alles von Paul IV. erwarten, der nie eine Rücksicht gekannt, der seine Meinung immer mit der äußersten Heftigkeit durchgesetzt hatte, als er nun auf die höchste Stufe erhoben war! Er wunderte sich selbst, daß er dahin gelangt war, da er doch nie einem Kardinal das mindeste eingeräumt und nie etwas anderes als die äußerste Strenge an sich hatte spüren lassen. Nicht von den Kardinälen, sondern von Gott selbst glaubte er erwählt und zur Durchsetzung seiner Absichten berufen zu sein.

„Wir versprechen und schwören," sagt er dann in der Bulle, mit der er sein Amt antrat, „in Wahrheit dafür zu sorgen, daß die Reform der allgemeinen

Kirche und des römischen Hofes ins Werk gesetzt werde." Den Tag seiner Krönung bezeichnete er mit Befehlen in bezug auf Klöster und Orden. Er schickte unverweilt zwei Mönche von Monte Cassino nach Spanien, um die verfallene Klosterdisziplin daselbst herzustellen. Er richtete eine Kongregation zu der allgemeinen Reform ein, in drei Klassen: eine jede sollte aus 8 Kardinälen, 15 Prälaten und 50 Gelehrten bestehen. Die Artikel, welche zur Beratung kommen sollten, — sie betrafen die Besetzung der Stellen — wurden den Universitäten mitgeteilt. Mit großem Ernste, wie man sieht, ging er ans Werk. Es schien, als hätte die kirchliche Tendenz, die sich schon geraume Zeit in den unteren Regionen geltend gemacht hatte, nun auch von dem Papsttum Besitz genommen, als würde sie gleich die Amtsführung Pauls IV. allein leiten.

Da fragte sich nur, welche Stellung er in den allgemeinen Weltbewegungen einnehmen würde.

Nicht so leicht sind die großen Richtungen, die eine Gewalt genommen hat, zu ändern: sie haben sich mit ihrem Wesen allmählich verschmolzen.

Mußte es der Natur der Sache nach immer ein Wunsch der Päpste bleiben, sich der spanischen Übermacht zu entledigen, so war jetzt ein Moment, in dem dies noch einmal möglich zu werden schien. Jener Krieg, den wir aus den farnesischen Bewegungen hervorgehen sehen, war der unglücklichste, den Karl V. geführt: in den Niederlanden war er bedrängt;

Deutschland war von ihm abgefallen, Italien nicht mehr getreu; auch auf die Estes und Gonzagas konnte er nicht mehr trauen; er selbst war lebensmüde und krank. Ich weiß nicht, ob ein anderer Papst, insofern er nicht gerade der kaiserlichen Partei angehörte, den Lockungen widerstanden haben würde, die hierin lagen.

Für Paul IV. waren sie besonders stark. Er hatte Italien noch in der Freiheit des 15. Jahrhunderts gesehen (er war 1476 geboren): seine Seele hing an dieser Erinnerung. Einem wohlgestimmten Instrumente von vier Saiten verglich er das damalige Italien. Neapel, Mailand, Kirche und Venedig nannte er die vier Saiten; er verwünschte das Andenken Alfonsos und Ludwigs des Mohren, „armselige und verlorene Seelen," wie er sagte, „deren Entzweiung diese Harmonie zerstörte". Daß nun seitdem die Spanier Herren geworden, hatte er noch immer nicht ertragen lernen. Das Haus Caraffa, aus dem er stammte, gehörte zu der französischen Partei: unzählige Male hatte es wider Kastilianer und Katalanen die Waffen geführt; noch 1528 hatte es sich zu den Franzosen geschlagen; während der Unruhen von 1547 war es Johann Peter Caraffa, der Paul III. den Rat gab, sich Neapels zu bemächtigen.

Zu diesem Parteihaß aber kam noch ein anderer. Caraffa hatte immer behauptet, Karl V. begünstige aus Eifersucht gegen den Papst die Protestanten: den Fortgang dieser Partei schrieb er dem Kaiser selber zu. Wohl kannte ihn dieser. Er stieß ihn einst aus dem für die Verwaltung von Neapel gebildeten Rate; er ließ ihn nie zu ruhigem Besitz seiner neapolitanischen Kirchenämter gelangen; überdies hat er ihn zuweilen wegen seiner Deklamationen in dem Konsistorium ernstlich bedeutet. Um so heftiger, wie man denken kann, steigerte sich der Widerwille des Caraffa. Er haßte den Kaiser als Neapolitaner und Italiener, als Katholik und als Papst. Neben seinem reformatorischen Eifer hegte er keine andere Leidenschaft als diesen Haß.

Kaum hatte er Besitz von dem Pontifikat ergriffen — nicht ohne ein gewisses Selbstgefühl, wenn er den Römern Taxen erließ, Getreide zuführte und sich dafür eine Bildsäule errichten sah, wenn er im Gepränge eines prächtigen, von neapolitanischen Edelleuten verwalteten Hofdienstes die Obedienz der von allen Seiten herbeieilenden Gesandtschaften empfing —, so war er auch schon in tausend Streitigkeiten mit dem Kaiser geraten. Da sollte dieser sich bei den Kardinälen seiner Partei über eine solche Wahl beklagt haben; seine Anhänger hielten verdächtige Zusammenkünfte: einige derselben nahmen in dem Hafen von Civitavecchia ein paar Schiffe weg, die ihnen früher von den Franzosen entrissen worden. Bald war der Papst in Feuer und Flammen. Die kaiserlichen Lehensleute und Kardinäle nahm er gefangen, oder sie entflohen und er zog ihre Besitzungen ein. Aber das war ihm nicht genug. Auf jene Verbindung mit Frankreich, die Paul III. zu vollziehen sich niemals hatte entschließen können, ging er ohne viel Bedenken ein. Der Kaiser wolle ihn nur, sagte er, durch eine Art von geistigem Fieber zugrunde richten: er werde sich zu offenem Spiel entschließen; mit der Hilfe des Königs von Frankreich wolle er dies arme Italien von der Tyrannei der Spanier noch befreien; er hoffe zwei französische Prinzen in Mailand und Neapel regieren zu sehen. Stundenlang saß er nach Tische bei dem schwarzen, dicken, vulkanischen Wein von Neapel, den er trank, — man nannte die Sorte Mangiaguerra und er ergoß sich in stürmischer Beredsamkeit gegen diese Schismatiker und Ketzer, Vermaledeite Gottes, Same von Juden und Marranen, Hefe der Welt, und wie er sonst noch die Spanier nannte. Aber er getröste sich des Spruches: „Du wirst über Schlangen wandeln, Löwen und Drachen wirst du zertreten;" jetzt sei die Zeit gekommen, wo Kaiser Karl und dessen Sohn für ihre Sünden die Züchtigung empfangen sollten, er, der Papst, werde es tun: er werde Italien von ihnen befreien. Wolle man ihn nicht hören, ihm nicht beistehen, so werde man doch in Zukunft einmal sagen müssen, daß ein alter Italiener, so nahe dem Tode, der eher hätte ruhen und sich zum Sterben bereiten sollen, noch so erhabene Pläne gefaßt habe. Es ist nicht nötig, in das einzelne der Unterhandlungen einzugehen, die er, voll von diesem Gedanken, pflog. Als die Franzosen trotz eines schon mit ihm getroffenen Verständnisses doch einen Stillstand mit Spanien geschlossen, sendete er seinen Neffen, Karl Caraffa, nach Frankreich, dem es denn auch gelang, die verschiedenen Parteien, die dort um die Gewalt kämpften, die Montmorency und die Guisen, die Gemahlin des Königs und dessen Buhle, in sein Interesse zu ziehen und einen neuen Ausbruch der Feindseligkeiten zu veranlassen. In Italien gewann er an dem Herzog von Ferrara einen rüstigen Verbündeten. Sie sahen es auf eine völlige Umwälzung von Italien ab. Florentinische und neapolitanische Ausgewanderte erfüllten die Kurie: die Zeit ihrer Wiederherstellung schien gekommen. Der päpstliche Fiskal machte eine förmliche Rechtsklage wider Kaiser Karl und König Philipp anhängig, in der er auf eine Exkommunikation dieser Fürsten und eine Entbindung ihrer Untertanen vom Eide der Treue antrug. In Florenz hat man immer behauptet, die Beweise in Händen zu haben, daß auch das mediceische Haus dem Untergange bestimmt gewesen sei. Es bereitete sich alles zum Kriege; die ganze bisherige Entwickelung dieses Jahrhunderts ward noch einmal in Frage gestellt.

Welch eine ganz andere Wendung nahm aber hiemit dies Papsttum, als man erwartet hatte! Die reformatorischen Bestrebungen mußten vor den kriegerischen zurückweichen, und ganz entgegengesetzte Erfolge führten diese mit sich.

Man sah den, der als Kardinal das Nepotenwesen

auf das eifrigste, selbst mit Gefahr, verdammt hatte, sich nunmehr eben diesem Mißbrauch ergeben. Seinen Neffen Karl Caraffa, der sich immer in einem wilden und anstößigen Soldatenleben gefallen — Paul IV. sagte selbst, sein Arm sei bis an den Ellbogen in Blut getaucht, — erhob er zum Kardinal. Karl hatte Mittel gefunden, den schwachen Alten zu begütigen: er hatte sich zuweilen betend und in anscheinender Zerknirschung vor dem Kruzifix finden lassen. Die Hauptsache aber war, daß sie sich beide in dem nämlichen Hasse begegneten. Karl Caraffa, der dem Kaiser in Deutschland Kriegsdienste getan, beklagte sich, daß ihm dieser dafür lauter Ungnade erweise. Daß man ihm einen Gefangenen entrissen, von dem er ein starkes Lösegeld erwartete, ihn einen Priorat der Malteser nicht hatte antreten lassen, zu dem er schon ernannt war, erfüllte ihn mit Haß und Rachbegier. Diese Leidenschaft war dem Papste statt aller Tugenden. Er fand kein Ende, ihn zu loben: versicherte, nie habe der römische Stuhl einen fähigeren Diener gehabt: er übertrug ihm die Summe nicht allein der weltlichen, sondern sogar der geistlichen Geschäfte und sah es gern, wenn man ihn als den Urheber der Gunstbezeigungen, die man empfing, betrachtete.

Seine beiden anderen Nepoten würdigte der Papst lange keines gnädigen Blickes. Erst als auch sie sich zu der antispanischen Gesinnung des Oheims bekannten, schenkte er ihnen sein Wohlwollen. Niemals hätte man erwartet, was er tat. Er erklärte, den Colonnesen, steten Rebellen gegen Gott und Kirche, habe man ihre Schlösser öfter entrissen, aber ohne sie je zu behaupten; jetzt wolle er sie Lehnsleuten auftragen, welche sie zu verteidigen wissen würden. Er teilte sie seinen Neffen zu: den älteren ernannte er zum Herzog von Paliano, den jüngeren zum Marchese von Montebello. Die Kardinäle schwiegen still, als er ihnen diesen seinen Willen eröffnete, und sahen zur Erde. Die Caraffas erhoben sich zu den weitaussehendsten Entwürfen. Die Töchter sollten in die Familie, wenn nicht des Königs von Frankreich, doch des Herzogs von Ferrara verheiratet werden. Die Söhne hofften wenigstens Siena an sich zu bringen. Es scherzte einer über das mit Edelsteinen besetzte Barett eines Kindes aus diesem Hause: „Man dürfe jetzt wohl von Kronen reden," versetzte die Mutter der Nepoten.

In der Tat kam alles auf den Erfolg des Krieges an, der nunmehr ausbrach, freilich aber gleich von Anfang keine günstige Wendung nahm.

Nach jenem Akte des Fiskals war der Herzog von Alba aus dem neapolitanischen in das römische Gebiet vorgerückt. Die päpstlichen Vasallen begleiteten ihn: ihre Verständnisse erwachten. Nettuno verjagte die kirchliche Besatzung und rief die Colonnesen zurück; Alba besetzte Frosinone, Anagni, Tivoli in dem Gebirge, Ostia an der See: er schloß Rom von beiden Seiten ein.

Der Papst verließ sich anfangs auf seine Römer. Er hatte in Person Musterung über sie gehalten. Von Campofiore kamen sie, die Engelsburg, die sie mit ihrem Geschütz begrüßte, vorüber, nach dem Peters=
platz, wo er mit seinem Neffen an einem Fenster stand. Es waren 340 Reihen mit Hakenbüchsen, 250 mit Piken bewaffnet, jede 9 Mann hoch, stattlich anzu=
sehen, unter lauter adligen Anführern: wenn Ca=
porionen und Fahnenträger bis vor ihn gekommen, gab er ihnen seinen Segen. Das nahm sich alles wohl gut aus; aber zur Verteidigung der Stadt waren diese Leute nicht geeignet. Nachdem die Spanier so nahe herbeigerückt, war ein falsches Gerücht, ein kleiner Reitertrupp hinreichend, alles in solche Ver=
wirrung zu setzen, daß sich niemand mehr bei den Fahnen einfand. Der Papst mußte sich nach anderer Hilfe umsehen. Pietro Strozzi führte ihm endlich die Truppen zu, die vor Siena gedient: er eroberte Tivoli und Ostia in der Tat wieder und entfernte die nächste Gefahr.

Welch ein Krieg aber war dies!

Es ist zuweilen, als träten die Ideen, welche die Dinge bewegen, die geheimen Grundlagen des Lebens einander sichtbar gegenüber.

Alba hätte im Anfang Rom ohne viel Schwierigkeit erobern können; allein sein Oheim, Kardinal Gia=
como, erinnerte ihn an das schlechte Ende, das alle genommen, die an der bourbonischen Eroberung teil=
gehabt. Als ein guter Katholik führte Alba den

Krieg mit äußerster Zurückhaltung: er bekämpfte den Papst, aber ohne aufzuhören ihn zu verehren: nur das Schwert will er ihm aus den Händen winden; nach dem Ruhme, zu den Eroberern von Rom gezählt zu werden, gelüstet ihn nicht. Seine Truppen klagen, es sei ein Rauch, ein Nebel, gegen den man sie ins Feld führe: er belästige sie und sei nicht zu fassen, noch in seinem Ursprung zu dämpfen.

Und wer waren dagegen die, welche den Papst gegen so gute Katholiken verteidigten? Die Tauglichsten darunter waren die Deutschen, alles Protestanten. Sie verspotteten die Heiligenbilder an den Landstraßen, in den Kirchen, verlachten die Messe, übertraten die Fasten und begingen hundert Dinge, von denen der Papst sonst ein jedes mit dem Tode bestraft haben würde. Ich finde selbst, daß Karl Caraffa mit dem großen protestantischen Parteigänger Markgraf Albrecht von Brandenburg einmal ein Verständnis angeknüpft hatte.

Stärker konnten die Gegensätze nicht hervortreten: in den einen die strenge katholische Richtung, von der wenigstens der Heerführer durchdrungen ist — wie weit lagen ihm die bourbonischen Zeiten rückwärts! — in den anderen die weltlichen Tendenzen des Papsttums, die auch Paul IV., so sehr er sie an sich verdammen mag, dennoch ergriffen haben. So geschieht, daß seine Gläubigen ihn angreifen, die von ihm Abgefallenen ihn verteidigen; aber jene bewähren auch bei dem Angriff ihre Unterwürfigkeit, diese, indem sie ihn beschützen, beweisen seinem Wesen Feindschaft und Wegwerfung.

Zu eigentlichem Kampfe kam es aber erst dann, als endlich die französische Hilfsmacht — 10000 Mann zu Fuß, eine minder zahlreiche, aber sehr stattliche Reiterei — an der anderen Seite der Alpen erschien. Die Franzosen hätten ihre Kräfte lieber gleich gegen Mailand versucht, das sie minder verteidigt glaubten; aber sie mußten dem Impuls folgen, den ihnen die Caraffas gegen Neapel gaben. Diese zweifelten nicht, in ihrem Vaterlande unzählige Anhänger zu finden: sie rechneten auf die Macht der Ausgewanderten, auf die Erhebung ihrer Partei, wo nicht in dem ganzen Königreiche, doch zunächst in den Abruzzen, dort um Aquila und Montorio, wo ihre väterlichen und mütterlichen Ahnherren immer einen großen Einfluß behauptet hatten.

Auf irgendeine Weise müssen sich die Triebe der Dinge Luft machen.

Zu häufig hatte sich die Opposition der päpstlichen Gewalt gegen das Übergewicht der Spanier geregt, als daß sie nicht noch einmal hätte offen hervorbrechen sollen.

Der Papst und seine Nepoten waren zu dem äußersten entschlossen. Caraffa hat nicht allein die Protestanten um Hilfe ersucht, er hat Suleiman II. den Antrag gemacht, er möge von seinen ungarischen Feldzügen abstehen, um sich mit aller Macht auf beide

Sizilien zu werfen. Die Hilfe der Ungläubigen rief er auf gegen den katholischen König.

Im April 1557 überschritten die päpstlichen Truppen die neapolitanische Grenze. Den grünen Donnerstag bezeichneten sie mit der Eroberung und greuelvollen Plünderung von Campli, das voll von eigenen und dahin geflüchteten Reichtümern war. Hierauf ging auch Guise über den Tronto und belagerte Civitella.

Er fand jedoch das Königreich in guter Bereitschaft. Alba wußte wohl, daß keine Bewegung wider ihn entstehen werde, solange er der Mächtigste im Lande sei. In einem Parlament der Barone hatte er ein bedeutendes Donativ erlangt; die Königin Bona von Polen, von dem alten aragonischen Geschlechte, die vor kurzem mit vielen Reichtümern in ihrem Herzogtum Bari angekommen, von ganzem Herzen eine Feindin der Franzosen, unterstützte ihn mit einer halben Million Skudi; die geistlichen Einkünfte, die nach Rom hätten gehen sollen, zog er ein; selbst das Gold und Silber der Kirchen, die Glocken von Benevent nahm er in Anspruch. Alle neapolitanischen und so viel römische Grenzplätze, als er noch behauptete, hatte er dann auf das beste zu befestigen, ein stattliches Heer auf die alte Weise aus Deutschen, Spaniern und Italienern zusammenzubringen vermocht: auch neapolitanische Zenturien unter der Anführung des Adels hatte er gebildet. Civitella ward von dem Grafen Santafiore tapfer verteidigt; er hatte die Einwohner zu tätiger Teilnahme begeistert: selbst einen Sturm schlugen sie ab.

Während dergestalt das Königreich zusammenhielt und nichts als Ergebenheit gegen Philipp II. blicken ließ, brachen dagegen unter den Angreifenden, zwischen Franzosen und Italienern, Guise und Montebello, lebhafte Zwistigkeiten aus. Guise beklagte sich, daß der Papst den mit ihnen geschlossenen Vertrag nicht halte und es an der versprochenen Hilfe ermangeln lasse. Als der Herzog von Alba mit seinem Heere in den Abruzzen erschien — in der Mitte des Mai —, hielt es Guise für das beste, die Belagerung aufzuheben und über den Tronto zurückzugehen. Der Krieg zog sich wieder auf das römische Gebiet.

Ein Krieg, in dem man vorrückte, zurückwich, Städte besetzte und wieder verließ, in dem es aber nur einmal zu einem ernstlichen Gefecht kam.

Marc Antonio Colonna bedrohte Paliano, das ihm der Papst entrissen hatte; Giulio Orsino machte sich auf, es mit Lebensmitteln und Truppen zu erfrischen. Es waren eben 3000 Schweizer unter einem Obersten von Unterwalden in Rom angelangt. Mit Freuden hatte sie der Papst empfangen, ihre Hauptleute mit goldenen Ketten und dem Rittertitel geschmückt; er hatte sie für die Legion von Engeln erklärt, die ihm Gott zusende. Eben diese und einige italienische Scharen zu Fuß und zu Pferde führte Giulio Orsino an. Marc Antonio Colonna stellte sich ihm in den Weg. Es kam noch einmal zu einer Schlacht im Geiste der italienischen Kriege von 1494—1531: päpstliche und kaiserliche Truppen, ein Colonna und ein Orsino: den Schweizern stellten sich, wie sonst so oft, die deutschen Landsknechte unter ihren letzten namhaften Obersten, Kaspar von Felz und Hans Walther, entgegen. Noch einmal schlugen die alten Gegner für eine Sache, die beide wenig anging: nichtsdestoweniger waren sie außerordentlich tapfer. Endlich warf sich Hans Walther — groß und stark wie ein Riese, sagen die Spanier — in die Mitte eines schweizerischen Fähnleins; mit dem Pistol in der einen und dem bloßen Schlachtschwert in der anderen Hand drang er gerade auf den Fahnenträger ein: zugleich durch einen Schuß in die Seite und einen gewaltigen Hieb über den Kopf erlegte er denselben: die ganze Schar stürzte nun auf ihn her; aber schon waren auch seine Landsknechte hinter ihm, um ihn zu beschützen. Die Schweizer wurden völlig gebrochen und geschlagen. Ihre Fahnen, auf denen in großen Buchstaben zu lesen war: „Verteidiger des Glaubens und des heiligen Stuhles," sanken in Staub; ihr Oberst brachte von seinen elf Hauptleuten nur zwei nach Rom zurück.

Indessen man hier diesen kleinen Krieg führte, lagen an den niederländischen Grenzen die großen Heere einander gegenüber. Es erfolgte die Schlacht von Saint-Quentin. Die Spanier trugen den vollkommensten Sieg davon. In Frankreich wunderte man sich nur, daß sie nicht geradezu auf Paris losgingen, welches sie hätten erobern können.

„Ich hoffe," schrieb hierauf Heinrich II. an Guise, „der Papst wird in meiner Not ebensoviel für mich tun, wie ich in der seinen für ihn getan." So wenig durfte Paul IV. nun länger auf französische Hilfe zählen, daß die Franzosen vielmehr Beistand von ihm erwarteten. Guise erklärte: „keine Ketten seien vermögend, ihn länger in Italien zurückzuhalten"; er eilte mit seiner Mannschaft zu seinem bedrängten Fürsten zurück.

Hierauf rückten, wie es nicht mehr zu hindern stand, Spanier und Colonnesen aufs neue gegen Rom vor. Noch einmal sahen sich die Römer mit Eroberung und Plünderung bedroht. Ihre Lage war um so verzweifelter, da sie sich vor ihren Verteidigern nicht viel weniger fürchteten, als vor ihren Feinden. Viele Nächte lang hielten sie alle Fenster hell, alle Straßen erleuchtet, und man sagt, daß ein Trupp spanischer Völker, der einen Streifzug bis nahe an die Tore machte, hieburch zurückgeschreckt worden sei; hauptsächlich aber suchten sie hiemit gegen die Gewaltsamkeiten der päpstlichen Soldaten vorbereitet zu sein. Alles murrte: man wünschte dem Papste tausendmal den Tod; man forderte, daß das spanische Heer durch eine förmliche Übereinkunft eingelassen werden solle.

So weit ließ es Paul IV. kommen. Erst als seine Unternehmung durchaus gescheitert, seine Verbündeten geschlagen, sein Staat zum großen Teil von den Feinden besetzt und seine Hauptstadt zum zweiten Male bedroht war, bequemte er sich zum Frieden.

Die Spanier schlossen ihn in dem Sinne, wie sie den Krieg geführt. Alle Schlösser und Städte der Kirche gaben sie zurück; selbst für Paliano, das die Caraffas verloren, ward denselben eine Entschädigung versprochen. Alba kam nach Rom; in tiefer Ehrfurcht küßte er seinem Überwundenen, dem geschworenen Feinde seiner Nation und seines Königs, den Fuß. Er hat gesagt, nie habe er eines Menschen Angesicht wie das des Papstes gefürchtet.

So vorteilhaft aber auch für die päpstliche Gewalt dieser Friede erscheint, so war er doch wider ihre bisherigen Bestrebungen entscheidend. Mit den Versuchen, sich des spanischen Übergewichts zu entledigen, hatte es ein Ende: in dem alten Sinne ist es nie wieder zu einem solchen gekommen. In Mailand und Neapel hatte sich die Herrschaft der Spanier unerschütterlich gezeigt. Ihre Verbündeten waren stärker als je. Herzog Cosimo, den man aus Florenz verjagen wollen, hatte Siena dazu erworben und besaß nunmehr eine bedeutende selbständige Macht: durch die Rückgabe von Piacenza waren die Farnesen für Philipp II. gewonnen: Marc Antonio Colonna hatte sich einen großen Namen gemacht und die alte Stellung seines Geschlechts erneuert. Es blieb dem Papste nichts übrig, als sich in diese Lage der Dinge zu finden. Auch Paul IV. mußte daran: man kann denken, wie schwer es ihm wurde. Philipp II. ward einmal sein Freund genannt: „Ja, mein Freund," fuhr er auf, „der mich belagert hielt, der meine Seele suchte!" Anderen gegenüber verglich er ihn wohl einmal mit dem verlorenen Sohne des Evangeliums; aber im Kreise seiner Vertrauten rühmte er nur solche Päpste, welche französische Könige zu Kaisern zu machen beabsichtigt hatten. Sein Sinn war der alte; aber die Umstände engten ihn ein: er konnte nichts mehr hoffen, geschweige unternehmen, selbst beklagen durfte er sich nur insgeheim.

Sich den Folgen der vollzogenen Begebenheit widersetzen zu wollen, ist jedoch allemal vergeblich. Auch auf Paul IV. übte sie nach einiger Zeit eine Rückwirkung aus, welche, wie für seine Verwaltung, so für die Umwandlung dieses päpstlichen Wesens überhaupt, von der größten Wichtigkeit ist.

Sein Nepotismus beruhte nicht auf der Selbstsucht und Familienneigung früherer Päpste: er begünstigte seine Nepoten, weil sie seine Richtung gegen Spanien unterstützten; er betrachtete sie als seine natürlichen Gehilfen in diesem Kampfe. Daß es nun mit demselben zu Ende gegangen, machte ihm auch die Nepoten unnütz. Glückliche Erfolge gehören zu jeder ausgezeichneten, am meisten zu einer nicht ganz gesetzmäßigen Stellung. Kardinal Caraffa übernahm noch, vornehmlich im Interesse seines Hauses, um jene Entschädigung für Paliano festzusetzen, eine Gesandtschaft an König Philipp. Seit er auch von dieser zurückgekommen war, ohne eben viel ausgerichtet zu haben, sah man den Papst kälter und kälter gegen ihn werden. Bald war es dem Kardinal nicht mehr möglich, die Umgebung seines Oheims zu beherrschen und, wie er bisher getan, nur den ergebensten Freunden den Zutritt zu gestatten. Auch ungünstige Stimmen kamen dem Papste zu Ohren und mochten die widrigen Eindrücke früherer Zeiten wieder erwecken. Der Kardinal erkrankte einmal; der Papst besuchte ihn unerwartet; er fand ein paar Leute von dem schlechtesten Rufe bei ihm. „Die Alten sind mißtrauisch," sagte er, „ich bin da Dinge gewahr worden, die mir ein weites Feld eröffneten." Wir sehen, es bedurfte nur einen Anlaß, um einen Sturm in ihm zu erregen. Ein übrigens unbedeutendes Ereignis bot einen solchen dar. In der Neujahrsnacht 1559 war ein Tumult auf der Straße vorgefallen, bei dem auch ein junger Kardinal, jener Liebling Julius' III., Kardinal Monte, den Degen gezogen hatte. Der Papst erfuhr es gleich am Morgen: er empfand es tief, als sein Neffe ihm kein Wort davon sagte: er wartete ein paar Tage, endlich sprach er seinen Verdruß aus. Der Hof, ohnehin ungeduldig, eine Veränderung zu erleben, ergriff dieses Zeichen der Ungunst mit Begierde. Der florentinische Gesandte, der tausend Kränkungen von den Caraffas erfahren hatte, drang jetzt zu dem Papst hindurch und brachte die bittersten Beschwerden vor. Die Marchesa della Valle, eine Verwandte, der man auch nie freien Zutritt gestatten wollen, fand Mittel,

einen Zettel in das Brevier des Papstes legen zu
lassen, auf dem einige Missetaten der Nepoten ver=
zeichnet waren: „Wünsche Seine Heiligkeit noch
nähere Aufklärung, so möge sie ihren Namen unter=
schreiben." Paul unterschrieb, und die Aufklärungen
werden nicht gemangelt haben. Dergestalt, bereits
mit Unwillen und Mißvergnügen erfüllt, ging der
Papst am 9. Januar in die Versammlung der In=
quisition. Er kam auf jenen nächtlichen Tumult zu
sprechen, schalt heftig auf den Kardinal Monte, drohte,
ihn zu bestrafen, und donnerte immer: Reform, Re=
form! Die sonst so schweigsamen Kardinäle hatten
jetzt Mut bekommen. „Heiliger Vater," unterbrach
ihn Kardinal Pacheco, „die Reform müssen wir bei
uns selber anfangen." Der Papst verstummte. Das
Wort traf sein Herz: die in ihm gärenden, sich bilden=
den Überzeugungen brachten es ihm zum Bewußtsein.
Er ließ die Sache des Monte unbeendigt: in ver=
zehrendem Ingrimm ging er auf sein Wohnzimmer,
nur seiner Nepoten gedachte er noch. Nachdem er
gleich im voraus befohlen, auf des Kardinals Caraffa
Anordnung nichts mehr auszufertigen, ließ er dem=
selben seine Papiere abfordern: Kardinal Vitellozzo
Vitelli, der in dem Rufe stand, die Geheimnisse
Caraffas zu kennen, mußte schwören, alles entdecken
zu wollen, was er davon wisse; Camillo Orsino wurde
zu dem nämlichen Zweck von seinem Landgut herein=
beschieden; die strenge Partei, die lange dem Treiben
der Nepoten mit Unmut zugesehen, erhob sich jetzt;

der alte Theatiner, Don Hieremia, den man für
heilig hielt, war stundenlang in den päpstlichen
Gemächern: der Papst erfuhr Dinge, die er nie ge=
ahnt hatte, die ihm Entsetzen und Grauen erregten.
Er geriet in die größte Bewegung, er mochte weder
essen noch schlafen; zehn Tage lang war er in Fieber
und Krankheit: merkwürdig auf immer, ein Papst,
der sich mit innerer Gewaltsamkeit von der Neigung
zu seinen Anverwandten losriß: endlich war er ent=
schlossen. Am 27. Januar berief er ein Konsistorium;
mit leidenschaftlicher Bewegung stellte er das schlechte
Leben seiner Neffen vor; er rief Gott und Welt und
Menschen zu Zeugen an, daß er nie darum gewußt,
daß er immer betrogen worden. Er sprach ihnen ihre
Ämter ab und verwies sie samt ihren Familien nach
verschiedenen entfernten Ortschaften. Die Mutter
der Nepoten, 70 Jahre alt, von Krankheiten gebeugt,
persönlich ohne Schuld, warf sich ihm zu Füßen, als
er in den Palast ging; mit scharfen Worten schritt
er vorüber. Eben kam die junge Marchesa Monte=
bello aus Neapel; sie fand ihren Palast verschlossen;
in keinem Wirtshause wollte man sie aufnehmen; in
der regnerischen Nacht fuhr sie von einem zu dem
anderen, bis ihr endlich ein entfernt wohnender Gast=
wirt, dem man keine Befehle zukommen lassen, noch
einmal Herberge gab. Vergebens erbot sich Kardinal
Caraffa, sich ins Gefängnis zu stellen und Rechen=
schaft abzulegen. Die Schweizergarde bekam Befehl,
nicht allein ihn, sondern alle, die irgend in seinem

Dienst gewesen, zurückzuweisen. Nur eine einzige Ausnahme machte der Papst. Den Sohn Montorios, den er liebte, den er schon in seinem achtzehnten Jahre zum Kardinal ernannt, behielt er bei sich und betete mit ihm seine Horen. Aber niemals durfte der junge Mensch der Verwiesenen erwähnen, wieviel weniger eine Fürbitte für sie wagen; er durfte selbst mit seinem Vater keine Gemeinschaft haben; das Unglück, das sein Haus erlitten, ergriff ihn darum nur um so tiefer; was ihm nicht in Worten auszudrücken erlaubt wurde, stellte sich in seinem Gesicht, in seiner Gestalt dar.

Und sollte man nicht glauben, daß diese Ereignisse auch auf die Stimmung des Papstes zurückwirken würden?

Es war, als wäre ihm nichts geschehen. Gleich damals, als er in dem Konsistorium mit gewaltiger Beredsamkeit die Sentenz gesprochen, als die meisten Kardinäle von Erstaunen und Schrecken gefesselt worden, schien er seinerseits nichts zu empfinden; er ging ohne weiteres zu anderen Geschäften über. Die fremden Gesandten waren verwundert, wenn sie seine Haltung beobachteten. „In so plötzlichen, durchgreifenden Veränderungen," sagt man von ihm, „in der Mitte von lauter neuen Ministern und Dienern hält er sich standhaft, hartnäckig, unangefochten: Mitleid fühlt er nicht; er scheint keine Erinnerung an die Seinen übrig behalten zu haben." Einer ganz anderen Leidenschaft überließ er sich nunmehr.

Gewiß, auf immer bedeutend ist diese Umwandlung. Der Haß gegen die Spanier, die Idee, der Befreier Italiens werden zu können, hatten auch Paul IV. zu weltlichen Bestrebungen fortgerissen, Begabung der Nepoten mit kirchlichen Landschaften, Erhebung eines Soldaten zur Verwaltung selbst der geistlichen Geschäfte, Feindseligkeiten, Blutvergießen. Die Ereignisse zwangen ihn, diese Idee aufzugeben, jenen Haß zu unterdrücken; damit öffneten sich ihm allmählich auch die Augen für das tadelnswerte Verhalten seiner Angehörigen: mit heftiger Gerechtigkeit, in innerem Kampf entledigte er sich ihrer; von Stund an kehrte er dann zu seinen alten reformatorischen Absichten zurück: er fing an, zu regieren, wie man gleich anfangs von ihm vermutet hatte: mit gleicher Leidenschaft, wie bisher Feindseligkeiten und Krieg, trieb er nun die Reform des Staates und hauptsächlich der Kirche.

Die weltlichen Geschäfte wurden von oben bis unten anderen Händen anvertraut. Die bisherigen Podestas und Governatoren verloren ihre Stellen: wie dies geschah, war doch zuweilen auch sehr eigentümlich. In Perugia erschien der neuernannte Governator bei Nacht: ohne den Tag abzuwarten, ließ er die Anzianen zusammenrufen: in ihrer Mitte zog er seine Beglaubigung hervor und befahl ihnen, den bisherigen Governator, der mit zugegen war, unverzüglich gefangenzunehmen. Seit undenklichen Zeiten war nun Paul IV. der erste Papst, der ohne Nepoten regierte. An ihre Stelle traten Kardinal Carpi und Camillo Orsino, die schon unter Paul III. so viel vermocht. Mit den Personen ward dann auch Sinn und Weise der Regierung verändert. Nicht unbedeutende Summen wurden erspart und an den Steuern erlassen; es wurde ein Kasten aufgestellt, in den jedermann seine Beschwerden werfen konnte, zu dem der Papst allein den Schlüssel hatte; täglichen Bericht erstattete der Governator; mit größerer Sorgfalt und Rücksicht und ohne die alten Mißbräuche ging man zu Werke.

Hatte der Papst auch unter den bisherigen Bewegungen die Reform der Kirche niemals aus den Augen verloren, so widmete er sich ihr doch nun mit vollerem Eifer und freierem Herzen. In den Kirchen führte er eine strengere Disziplin ein: er verbot alles Betteln, selbst das Almosensammeln der Geistlichen für die Messe; er entfernte die anstößigen Bilder: man hat eine Medaille auf ihn geschlagen mit dem geißelnden Christus, der den Tempel säubert. Die ausgetretenen Mönche verjagte er aus Stadt und Staat. Den Hof nötigte er, die Fasten ordentlich zu halten und Ostern mit dem Abendmahl zu feiern. Mußten doch die Kardinäle zuweilen predigen! Er selbst predigte. Viele Mißbräuche, welche Gewinn brachten, suchte er abzustellen. Von Ehedispensen und ihrem Ertrage wollte er nichts mehr wissen. Eine Menge Stellen, welche bisher immer verkauft worden, auch die Chiericati di Camera, wollte er inskünftige nur nach dem Verdienste der Person verteilen. Wieviel mehr sah er auf Würdigkeit und kirchliche Gesinnung bei der Verleihung kirchlicher Ämter! Jene Rezesse, wie sie noch immer gebräuchlich waren, so daß einer die Pflichten verwaltete und ein anderer den besten Ertrag der Güter genoß, duldete er nicht länger. Auch hegte er die Absicht, den Bischöfen viele von den ihnen entzogenen Rechten zurückzugeben; die Gierigkeit, mit der man alles nach Rom gezogen, fand er sehr tadelnswürdig.

Nicht allein abschaffend, negativ verhielt er sich; er suchte auch den Gottesdienst mit größerem Pomp zu umgeben: das Bekleiden der sixtinischen Kapelle, die feierliche Darstellung des Grabmals schreiben sich von ihm her. Es gibt ein Ideal des modern=katholischen Gottesdienstes, voll Würde, Devotion und Pracht, das auch ihm vorschwebte.

Keinen Tag, wie er sich rühmte, ließ er vorübergehen, ohne einen auf die Wiederherstellung der Kirche zu ihrer ursprünglichen Reinheit bezüglichen Erlaß bekannt zu machen. In vielen seiner Dekrete erkennt man die Grundzüge zu den Anordnungen, denen bald nachher das tridentinische Konzilium seine Sanktion gab.

Wie man erwarten kann, zeigte er auch in dieser Richtung die ganze Unbeugsamkeit, die ihm von Natur eigen war.

Vor allen anderen Instituten begünstigte er die Inquisition, die er ja selbst hergestellt hatte. Oft ließ er die Tage vorübergehen, die für Segnatura und Konsistorium bestimmt waren, niemals aber den Donnerstag, an welchem sich die Kongregation der Inquisition vor ihm versammelte. Auf das schärfste wollte er diese gehandhabt wissen. Er unterwarf ihr noch neue Verbrechen; er gab ihr das grausame Recht, auch zur Ermittelung der Mitschuldigen die Tortur anzuwenden. Bei ihm galt kein Ansehen der Person: die vornehmsten Barone zog er vor dies Gericht. Kardinäle, wie Morone und Foscherari, die früherhin selbst waren gebraucht worden, um den Inhalt bedeutender Bücher, z. B. der geistlichen Übungen des Ignatius, zu prüfen, ließ er jetzt, weil ihm ein Zweifel an ihrer eigenen Rechtgläubigkeit aufgestiegen, ins Gefängnis werfen. Das Fest San Domenico richtete er zu Ehren dieses großen Inquisitors ein.

Und so bekam die geistlich=strenge, restauratorische Richtung des Papsttums das Übergewicht.

Paul IV. schien fast vergessen zu haben, daß er je eine andere gehegt; das Andenken an die verflossenen Zeiten war in ihm erloschen. Er lebte und webte in seinen Reformen, in seiner Inquisition, gab Gesetze, nahm gefangen, exkommunizierte und hielt Autodafés. Endlich, wie ihn eine Krankheit — keine andere, als die auch einem jüngeren den Tod hätte bringen können — niederwirft, beruft er die Kardinäle noch einmal, empfiehlt seine Seele ihrem Gebet, ihrer Sorgfalt den heiligen Stuhl und die Inquisition; noch einmal will er sich zusammennehmen und aufrichten. Da versagen ihm die Kräfte: er sinkt hin und stirbt (18. August 1559).

Darin wenigstens sind diese entschiedenen, leidenschaftlichen Menschen glücklicher, als das schwächere Geschlecht: ihre Sinnesweise verblendet sie, aber sie stählt sie auch und macht sie in sich selber unüberwindlich.

Nicht so geschwind jedoch, wie der Papst selbst, vergaß das Volk, was es unter ihm gelitten. Es konnte ihm den Krieg nicht vergeben, den er über Rom gebracht; daß er die Nepoten entfernt, die man allerdings haßte, war noch nicht genug für die Menge. Bei seinem Tode versammelten sich die einen auf dem Kapitol und beschlossen, weil er sich um die Stadt und den Erdkreis übel verdient gemacht, seine Denkmale zu vernichten. Andere plünderten das Gebäude der Inquisition, legten Feuer an und mißhandelten die Diener des Gerichts. Auch das Dominikanerkloster bei der Minerva wollte man mit Gewalt abbrennen. Die Colonna, Orsini, Cesarini, Massimi, alle von Paul IV. töblich beleidigt, nahmen teil an diesen Tumulten. Die Bildsäule, die man dem Papst errichtet, ward von ihrem Postament gerissen, zerschlagen, und der Kopf derselben mit der dreifachen Krone durch die Straßen geschleift.

Wie glücklich aber wäre das Papsttum zu preisen gewesen, hätte es keine andere Reaktion gegen die Unternehmungen Pauls IV. erfahren!

Bemerkung über den Fortgang des Protestantismus während dieser Regierung.

Wir sahen, wie jene frühere Entzweiung des Papsttums mit der kaiserlichen, der spanischen Macht, vielleicht mehr als jedes andere äußere Ereignis zur Gründung des Protestantismus in Deutschland beitrug. Dennoch hatte man eine zweite nicht vermieden, die nun noch umfassendere Wirkungen in größeren Kreisen entwickelte.

Als ihren ersten Moment können wir jene Abberufung der päpstlichen Truppen von dem kaiserlichen Heere, die Translation des Konziliums betrachten. Gleich da erschien auch ihre Bedeutung. Der Unterdrückung der Protestanten hat nichts ein so wesentliches Hindernis in den Weg gelegt, als das Tun und Lassen Pauls III. in jenem Zeitpunkt.

Ihre welthistorischen Erfolge hatten aber die Maßregeln dieses Papstes erst nach seinem Tode. Die Verbindung mit Frankreich, in die er seine Nepoten brachte, veranlaßte einen allgemeinen Krieg — einen Krieg, in welchem nicht allein die deutschen Protestanten einen ewig denkwürdigen Sieg erkämpften, durch den sie vor Konzilium, Kaiser und Papst auf immer gesichert wurden, sondern in welchem auch, schon unmittelbar durch die deutschen Soldaten, die zu beiden Seiten fochten, und von dem Kriegsgetümmel, das keine strenge Aufsicht gestattete, begünstigt, die neuen

Meinungen in Frankreich und den Niederlanden gewaltig vordrangen.

Paul IV. bestieg den römischen Stuhl. Er hätte diesen Gang der Dinge ins Auge fassen und vor allem den Frieden herstellen sollen; aber mit blinder Leidenschaft stürzte er sich in die Bewegung. Und so mußte ihm, dem heftigsten Zeloten, begegnen, daß er selber die Ausbreitung des Protestantismus, den er haßte, verabscheute und verfolgte, mehr als vielleicht irgendeiner seiner Vorgänger beförderte.

Erinnern wir uns nur seiner Einwirkung auf England.

Der erste Sieg der neuen Meinungen in diesem Lande war lange nicht vollkommen: es bedurfte nur eines Rücktrittes der Staatsgewalt; nichts weiter brauchte es noch als eine katholische Königin, um das Parlament zu einer neuen Unterwerfung der Kirche unter den Papst zu bestimmen. Aber freilich mußte dieser nun mit Mäßigung verfahren: den aus den Neuerungen hervorgegangenen Zuständen durfte er nicht geradezu den Krieg machen. Wohl sah das Julius III. ein. Gleich der erste päpstliche Abgeordnete bemerkte, wie wirksam das Interesse der eingezogenen geistlichen Güter war: Julius faßte den großartigen Entschluß, nicht auf ihre Rückgabe zu dringen. In der Tat durfte der Legat England nicht früher betreten, als bis er hierüber genügende Versicherungen geben konnte. Sie bildeten die Grundlage seiner ganzen Wirksamkeit. Nun aber hatte er auch den größten Sukzeß. Es war Reginald Poole, den wir kennen, unter allen damals lebenden Menschen wohl derjenige, der sich am meisten eignete, für die Herstellung des Katholizismus in England zu arbeiten: über allen Verdacht unlauterer Absichten erhaben, verständig, gemäßigt, als ein Eingeborener von hohem Rang bei Königin, Adel und Volk gleich angesehen. Über alles Erwarten ging das Unternehmen vonstatten. Pauls IV. Thronbesteigung war mit der Ankunft englischer Gesandten bezeichnet, die ihn der Obedienz dieses Landes versicherten.

Paul IV. hatte sie nicht zu erwerben, nur zu behaupten. Betrachten wir, welche Maßregeln er in dieser Lage ergriff.

Er erklärte die Zurückgabe der geistlichen Güter für eine unerläßliche Pflicht, deren Hintansetzung die Strafe der ewigen Verdammnis nach sich ziehe; er vermaß sich auch, den Peterspfennig wieder einsammeln zu lassen. — Aber überdies, konnte etwas ungeeigneter sein für die Vollendung der Reduktion, als daß er den Fürsten, der doch zugleich König von England war, Philipp II., so leidenschaftlich befehdete? An der Schlacht von Saint=Quentin, die auch für Italien so wichtig wurde, nahmen englische Kriegsvölker teil. — Endlich, den Kardinal Poole, den er nun einmal nicht leiden konnte, verfolgte er, beraubte ihn der Legatenwürde, die nie ein anderer zu größerem Vorteile des heiligen Stuhles verwaltet hatte und setzte einen ungeschickten, von den Jahren gebeugten, aber in seinen Meinungen heftigeren Mönch an die Stelle desselben. Wäre es die Aufgabe Pauls IV. gewesen, das Werk der Wiederherstellung zu hintertreiben, so hätte er sich nicht anders betragen können.

Kein Wunder, wenn nun nach dem unerwartet frühen Tode sowohl der Königin als des Legaten die entgegengesetzten Tendenzen sich aufs neue gewaltig erhoben. Die Verfolgungen, welche von Poole verdammt, aber von den starrsinnigen Gegnern desselben gebilligt worden waren, trugen unendlich dazu bei.

Jedoch auch dann ward die Frage dem Papst noch einmal vorgelegt. Sie forderte um so bedächtigere Erwägung, da sie ohne Zweifel Schottland mitbegriff. Auch hier waren die religiösen Parteien in heftigem Kampf miteinander: wie die Sache sich in England festsetzte, danach mußte sich auch die Zukunft Schottlands bestimmen.

Wie wichtig war es nun, daß Elisabeth in ihren Anfängen sich keineswegs völlig protestantisch zeigte, daß sie dem Papst ihre Thronbesteigung notifizieren ließ! Über eine Vermählung Philipps II. mit ihr ward wenigstens unterhandelt, und sie war der damaligen Welt sehr wahrscheinlich. Man sollte glauben, nichts habe einem Papst erwünschter sein können.

Aber Paul IV. kannte keine Mäßigung. Dem Gesandten der Elisabeth gab er eine zurückschreckende, schnöde Antwort. „Sie müsse," sagte er, „vor allem ihre Ansprüche seinem Urteile überlassen."

Man glaube nicht, daß ihn die Konsequenz des apostolischen Stuhles allein hiezu bewögen. Es gab noch einige andere Motive. Die Franzosen wünschten aus Staatseifersucht jene Vermählung zu hintertreiben. Sie wußten sich der Frommen, der Theatiner, zu bedienen, um dem alten Papste vorstellen zu lassen, Elisabeth sei doch im Herzen protestantisch, und jene Vermählung werde nie etwas Gutes stiften. Das größte Interesse hiebei hatten die Guisen. Wenn Elisabeth von dem päpstlichen Stuhle verworfen ward, so bekam die Tochter ihrer Schwester, Maria Stuart, Dauphine von Frankreich, Königin von Schottland, die nächsten Ansprüche auf England: die Guisen durften hoffen, in deren Namen über alle drei Reiche zu gebieten. In der Tat nahm diese Fürstin die englischen Wappen an: sie unterzeichnete ihre Edikte bereits nach den Jahren ihrer Regierung in England und Irland; man machte Kriegsanstalten in den schottischen Häfen.

Hätte Elisabeth nicht von selbst dahin geneigt, so wäre sie durch die Umstände genötigt gewesen, sich in den Protestantismus zu werfen. Sie tat es auf das entschlossenste. Es gelang ihr, ein Parlament mit einer protestantischen Majorität zustande zu bringen, durch welches in wenigen Monaten alle Veränderungen getroffen wurden, die den Charakter der englischen Kirche wesentlich ausmachen.

Von dieser Wendung der Dinge ward dann auch Schottland mit Notwendigkeit betroffen. Den Fortschritten der katholisch-französischen Partei setzte sich hier eine nationale, protestantische entgegen. Elisabeth zauderte nicht, sich mit der letzten zu verbinden. Hat doch der spanische Botschafter selbst sie darin bestärkt! Der Bund von Berwick, den sie mit der schottischen Opposition schloß, gab dieser das Übergewicht. Noch ehe Maria Stuart ihr Königreich betrat, mußte sie nicht allein auf den Titel von England verzichten, sondern auch die Beschlüsse eines im protestantischen Sinne versammelten Parlaments bestätigen, Beschlüsse, von denen einer die Messe bei Todesstrafe abschaffte.

Und so war es zum guten Teil eine Reaktion gegen die von dem Papste begünstigten französischen Ansprüche, was den Sieg des Protestantismus in Großbritannien auf immer feststellte.

Nicht etwa, als ob die inneren Antriebe der Protestantischgesinnten von diesen politischen Bewegungen abgehangen hätten: sie hatten eine bei weitem tiefere Begründung; aber in der Regel trafen die den Ausbruch, Fortgang und die Entscheidung des Kampfes herbeiführenden Momente mit den politischen Verwickelungen genau zusammen.

Selbst auf Deutschland hatte eine Maßregel Pauls IV. noch einmal vielen Einfluß. Daß er sich in alter Abneigung gegen das Haus Österreich der Übertragung der kaiserlichen Krone widersetzte, nötigte

Ferdinand I., auf die Erhaltung seiner Freundschaft mit protestantischen Verbündeten noch mehr Rücksicht zu nehmen als bisher. Seitdem war es eine Vereinigung der gemäßigten Fürsten von beiden Seiten, welche Deutschland leitete, unter deren Einflusse sich zunächst der Übergang niederdeutscher Stifter an protestantische Verwaltungen vollzog.

Es schien, als sollte das Papsttum keinen Nachteil erfahren, ohne durch seine politischen Bestrebungen auf eine oder die andere Weise selbst dazu beigetragen zu haben.

Überblicken wir aber in diesem Moment einmal von der Höhe von Rom aus die Welt, wie ungeheuer waren die Verluste, welche das katholische Bekenntnis erlitten hatte! Skandinavien und Britannien abgefallen: Deutschland fast durchaus protestantisch: Polen und Ungarn in starker Gärung: Genf für den Westen und die romanische Welt ein so bedeutender Mittelpunkt wie Wittenberg für den Osten und die germanischen Völker: schon erhob sich, wie in den Niederlanden, so in Frankreich eine Partei unter den Fahnen des Protestantismus.

Nur eine Hoffnung hatte der katholische Glaube noch. In Spanien und Italien waren die Regungen abweichender Lehren gedämpft und unterdrückt worden: eine restaurierende, streng kirchliche Meinung hatte sich erhoben. So nachteilig auch die Staatsverwaltung Pauls IV. übrigens war, so hatte sie doch zuletzt dieser Richtung auch am Hofe und im

Palast das Übergewicht verschafft. Die Frage war, ob sie sich hier ferner erhalten, ob sie dann die katholische Welt noch einmal zu durchdringen und zu vereinigen vermögen würde.

Pius IV.

Man erzählt, einst bei einem Gastmahl von Kardinälen habe Alessandro Farnese einem Knaben, der zur Lyra zu improvisieren verstand, einen Kranz gegeben, um ihn demjenigen von ihnen zu überreichen, der einmal Papst werden würde. Der Knabe, Silvio Antoniano, später ein namhafter Mann und selber Kardinal, sei augenblicklich zu Johann Angelo Medici herangetreten, und das Lob desselben anstimmend, habe er ihm den Kranz gewidmet. Dieser Medici ward Pauls Nachfolger, Pius IV.

Er war von geringer Herkunft. Erst sein Vater Bernardin war nach Mailand gezogen und hatte sich durch Staatspachtungen ein kleines Vermögen erworben. Die Söhne mußten sich jedoch noch ziemlich ärmlich behelfen: der eine, Giangiacomo, der sich dem Soldatenstand widmete, nahm anfangs Dienste bei einem Edelmann; der andere, eben unser Johann Angelo, studierte, aber unter sehr beschränkten Verhältnissen. Ihr Glück hatte folgenden Ursprung. Giangiacomo, verwegen und unternehmend von Natur, ließ sich von den damaligen Gewalthabern in Mailand brauchen, einen ihrer Gegner, einen Visconti, Monsignorin genannt, auf die Seite zu schaffen. Kaum war aber der Mord vollbracht, so wollten die, welche ihn veranstaltet, sich auch des Werkzeuges entledigen und schickten den jungen Mann nach dem Schlosse Mus, am Comer See, mit einem Schreiben an den Kastellan, worin sie diesem auftrugen, den Überbringer zu töten. Giangiacomo schöpfte Verdacht, öffnete den Brief, sah, was man ihm vorbereitet hatte, und war sofort entschlossen. Er wählte sich einige zuverlässige Begleiter; durch den Brief verschaffte er sich Eingang; es gelang ihm, sich des Schlosses zu bemächtigen. Seitdem betrug er sich hier als ein unabhängiger Fürst: Mailänder, Schweizer und Venezianer hielt er von diesem festen Punkt aus in unaufhörlicher Bewegung: endlich nahm er das weiße Kreuz und trat in kaiserliche Dienste. Er ward zum Marchese von Marignano erhoben; er diente als Chef der Artillerie im Kriege gegen die Lutheraner und führte das kaiserliche Heer vor Siena an. Ebenso klug wie verwegen, glücklich in allen seinen Unternehmungen, ohne Erbarmen: wie manchen Bauer, der Lebensmittel nach Siena schaffen wollte, hat er selbst mit seinem eisernen Stab erschlagen; es war weit und breit kein Baum, an dem er nicht einen hatte aufhängen lassen; man zählte 5000, die er umbringen ließ. Er eroberte Siena und gründete ein angesehenes Haus.

Mit ihm war nun auch sein Bruder Johann Angelo emporgekommen. Er wurde Doktor und erwarb sich Ruf als Jurist; dann kaufte er sich zu Rom ein Amt;

er genoß bereits das Vertrauen Pauls III., als der Marchese eine Orsina heiratete, die Schwester der Gemahlin Peter Ludwig Farneses. Hierauf wurde er Kardinal. Seitdem finden wir ihn mit der Verwaltung päpstlicher Städte, der Leitung politischer Unterhandlungen, mehr als einmal mit dem Kommissariat päpstlicher Heere beauftragt. Er zeigte sich gewandt, klug und gutmütig. Nur Paul IV. konnte ihn nicht leiden und fuhr einst in dem Konsistorium heftig auf ihn los. Medici hielt es für das beste, Rom zu verlassen. Bald in den Bädern zu Pisa, bald in Mailand, wo er viel baute, hatte er sich durch literarische Beschäftigungen und eine glänzende Wohltätigkeit, die ihm den Namen eines Vaters der Armen verschaffte, sein Exil zu erleichtern gewußt. Vielleicht daß gerade der Gegensatz, in dem er sich zu Paul IV. befunden, jetzt das meiste zu seiner Wahl beitrug.

Auffallender als sonst war dieser Gegensatz.

Paul IV. ein vornehmer Neapolitaner von der antiösterreichischen Faktion, zelotisch, Mönch und Inquisitor: Pius IV. ein mailändischer Emporkömmling, durch seinen Bruder und einige deutsche Verwandten eng an das Haus Österreich geknüpft, Jurist, lebenslustig und weltlich gesinnt. Paul IV. hatte sich unzugänglich gehalten; in seiner geringsten Handlung wollte er Würde und Majestät zeigen: Pius war lauter Güte und Herablassung. Täglich sah man ihn zu Pferde oder zu Fuß auf der Straße, fast ohne Begleitung; er redete leutselig mit jedermann. Wir lernen ihn aus den venezianischen Depeschen kennen. Die Gesandten treffen ihn, indem er in einem kühlen Saale schreibt und arbeitet: er steht auf und geht mit ihnen auf und ab; oder indem er sich nach dem Belvedere begeben will: er setzt sich, ohne den Stock aus der Hand zu legen, hört ihr Vorbringen ohne weiteres an und macht dann in ihrer Begleitung seinen Weg. Geht er nun mit ihnen vertraulich um, so wünscht auch er mit Gewandtheit und Rücksicht behandelt zu sein. Die geschickteste Auskunft, die ihm zuweilen die Venezianer vorschlagen, macht ihm Vergnügen: lächelnd lobt er sie; so gut österreichisch er gesinnt ist, so verdrießen ihn doch die unbeugsamen und gebieterischen Manieren des spanischen Botschafters Vargas. Ungern läßt er sich mit Einzelheiten überhäufen: sie ermüden ihn leicht; aber wenn man bei dem allgemeinen, dem wichtigen stehen bleibt, findet man ihn immer wohlgelaunt und leicht zu behandeln. Er ergießt sich dann in tausend traulichen Versicherungen, wie er die Bösen von Herzen hasse, von Natur die Gerechtigkeit liebe, niemanden in seiner Freiheit verletzen, jedermann Güte und Freundlichkeit beweisen wolle; besonders aber denke er für die Kirche aus allen seinen Kräften zu wirken: er hoffe zu Gott, er werde etwas Gutes vollbringen. Man wird sich ihn lebhaft vergegenwärtigen können: einen wohlbeleibten alten Mann, der indes noch rührig genug ist, vor Sonnenaufgang auf seinem Landhause anzukommen, mit heiterem Gesicht und munterem

Auge; Gespräch, Tafel und Scherz vergnügen ihn; von einer Krankheit wiederhergestellt, die man für gefährlich gehalten hat, setzt er sich sogleich zu Pferde, reitet nach der Behausung, die er als Kardinal bewohnte, schreitet rüstig Treppe auf, Treppe ab: „nein, nein!" ruft er, „wir wollen noch nicht sterben."

War nun aber auch ein solcher Papst, so lebenslustig und weltlich gesinnt, dazu geeignet, die Kirche in der schwierigen Lage, in der sie sich befand, zu verwalten? Mußte man nicht fürchten, er werde von der kaum in den letzten Zeiten seines Vorgängers eingeschlagenen Richtung wieder abweichen? Seine Natur, ich will es nicht leugnen, mag dahin geneigt haben; doch geschah es nicht.

Er für seine Person hatte kein Wohlgefallen an der Inquisition, er tadelte die mönchische Härte des Verfahrens; selten oder nie besuchte er die Kongregation; aber sie anzutasten wagte er auch nicht: er erklärte, er verstehe nichts davon, er sei nicht einmal Theologe: er ließ ihr die ganze Gewalt, die sie unter Paul IV. bekommen.

An den Nepoten dieses Papstes statuierte er ein furchtbares Exempel. Die Exzesse, die der Herzog von Paliano auch nach seinem Falle beging — er brachte aus Eifersucht seine eigene Frau um —, machten den Feinden der Caraffen, die nach Rache dürsteten, leichtes Spiel. Es ward ein peinlicher Prozeß gegen sie eingeleitet; der abscheulichsten Verbrechen, Räubereien, Mordtaten, Verfälschungen und überdies einer sehr eigenmächtigen Staatsverwaltung, fortwährenden Betrugs jenes armen alten Paul IV. wurden sie angeklagt. Wir haben ihre Verantwortung: sie ist gar nicht ohne Schein von Rechtfertigung abgefaßt. Aber ihre Ankläger behielten das Übergewicht. Nachdem der Papst sich eines Tages von früh bis gegen Abend in dem Konsistorium die Akten hatte vorlesen lassen, sprach er das Todesurteil über sie, den Kardinal, den Herzog von Paliano und zwei ihrer nächsten Verwandten, den Grafen Aliffe und Leonardo di Cardine. Montebello und einige andere waren entflohen. Der Kardinal hatte vielleicht Verweisung, niemals hatte er die Todesstrafe erwartet. Als sie ihm angekündigt wurde — eines Morgens, er lag noch zu Bett —, als ihm jeder Zweifel benommen war, verhüllte er sich einige Augenblicke in die Decke; dann, indem er sich erhob, schlug er die Hände zusammen und rief jenes schmerzliche Wort aus, das man in Italien in verzweifelten Fällen hört: „Wohlan, Geduld!" Man gestattete ihm seinen gewohnten Beichtvater nicht; dem, welchen man schickte, hatte er, wie sich leicht begreift, viel zu sagen, und es dauerte etwas lange. „Monsignore, macht ein Ende," rief der Polizeibeamte, „wir haben noch andere Geschäfte!"

So kamen diese Nepoten um. Es sind die letzten, die nach unabhängigen Fürstentümern getrachtet und um politischer Zwecke willen große Weltbewegungen hervorgerufen haben. — Seit Sixtus IV. begegnen wir ihnen: Hieronimo Riario, Cesar Borgia, Lorenzo Medici, Pierluigi Farnese; die Caraffas sind die letzten. Es haben sich später andere Nepotenfamilien gebildet, doch in einem ganz anderen Sinne. In dem bisherigen hat es keine weiter gegeben.

Wie hätte auch namentlich Pius IV. nach einer so gewaltsamen Exekution daran denken können, den Seinigen eine Gewalt zu verstatten, wie die gewesen, die er an den Caraffen so unerbittlich heimgesucht hatte! Ohnehin, als ein von Natur lebhaft regsamer Mann, wollte er selber regieren: die wichtigen Geschäfte entschied er nur nach eigenem Ermessen; an ihm tadelte man eher, daß er sich zu wenig nach fremdem Beistand umsehe. Dazu kam, daß von seinen Neffen derjenige, welchen zu befördern er hätte in Versuchung kommen können, Friedrich Borromeo, in frühen Jahren hinstarb. Der andere, Karl Borromeo, war kein Mann für weltliche Erhebung: er hätte sie niemals angenommen. Karl Borromeo sah seine Stellung zu dem Papst, das Verhältnis, in das er hiedurch zu den wichtigsten Geschäften kam, nicht mehr als ein Recht an, sich etwas zu erlauben, sondern als eine Pflicht, der er sich mit aller Sorgfalt zu widmen habe. Mit ebensoviel Bescheidenheit als Ausdauer tat er dies: er gab seine Audienzen unermüdlich; sorgfältig widmete er sich der Verwaltung des Staates; er ist dadurch für dieselbe wichtig, daß er sich ein Kollegium von acht Doktoren bildete, aus dem später die Konsulta geworden ist: dann assistierte

er dem Papst. Es ist derselbe, den man später heilig=
gesprochen. Gleich damals zeigte er sich edel und un=
bescholten. „Man weiß nicht anders," sagt Hieronimo
Soranzo von ihm, „als daß er rein von jedem Flecken
ist; er lebt so religiös und gibt ein so gutes Beispiel,
daß er den Besten nichts zu wünschen übrig läßt.
Zu großem Lobe gereicht es ihm, daß er in der Blüte
der Jahre, Nepote eines Papstes und im vollkomme=
nen Besitze von dessen Gunst, an einem Hofe, wo er
sich jede Art von Vergnügen verschaffen könnte, ein
so exemplarisches Leben führt." Seine Erholung war,
abends einige Gelehrte bei sich zu sehen. Die Unter=
haltung fing mit profaner Literatur an; aber von
Epiktet und den Stoikern, die Borromeo, der noch
jung war, nicht verschmähte, ging man doch sehr bald
auch in diesen Stunden der Muße zu kirchlichen
Fragen über. Tadelte man etwas an ihm, so war
es nicht Mangel an gutem Willen, an Fleiß, sondern
nur etwa an Talent, oder seine Diener klagten, daß
sie die reichlichen Gunstbezeigungen entbehren müßten,
wie sie von früheren Nepoten ausgegangen.

Und so ersetzten die Eigenschaften des Neffen, was
die Strenggesinnten an dem Oheim hätten vermissen
können. Auf jeden Fall blieb man ganz auf dem ein=
geschlagenen Wege: geistliche und weltliche Geschäfte
wurden mit Eifer und nach den Rücksichten der Kirche
vollzogen, die Reformen fortgesetzt. Der Papst ermahnte
öffentlich die Bischöfe zur Residenz, und einige sah
man unverzüglich ihm den Fuß küssen und sich be=

urlauben. In den einmal zur Herrschaft gekommenen allgemeinen Ideen liegt eine nötigende Gewalt. Die ernsten Tendenzen kirchlicher Gesinnung hatten in Rom das Übergewicht bekommen und ließen selbst in dem Papste keine Abweichung weiter zu.

War nun aber die weltlichere Richtung dieses Papstes der Restauration eines streng geistlichen Wesens nicht nachteilig, so dürfen wir hinzufügen, daß sie auf einer anderen Seite zur Beilegung der in der katholischen Welt aufgeregten Entzweiungen sogar unendlich viel beitragen mußte.

Paul IV. hatte gemeint, es sei mit die Bestimmung eines Papstes, Kaiser und Könige zu unterwerfen; deshalb hatte er sich in so viele Kriege und Feindseligkeiten gestürzt. Pius sah den Fehler um so besser ein, weil ein Vorgänger ihn begangen, mit dem er sich ohnedies im Widerspruch fühlte. „Damit haben wir England verloren," rief er aus, „das wir noch hätten erhalten können, wenn man Kardinal Poole besser unterstützt hätte; dadurch ist auch Schottland verloren gegangen; während des Krieges sind die deutschen Lehren in Frankreich eingedrungen." Er dagegen wünscht vor allem den Frieden. Selbst einen Krieg mit den Protestanten mag er nicht: den Gesandten von Saboyen, der ihn um Unterstützung zu einem Angriff auf Genf ersucht, unterbricht er oft: „Was es denn für Zeiten seien, um ihm solche Vorschriften zu machen? Er bedürfe nichts so sehr wie den Frieden." Er möchte gern mit jedermann gut stehen. Leicht gewährt er seine kirchlichen Gnaden, und wenn er etwas abzuschlagen hat, tut er es geschickt, bescheiden. Er ist überzeugt und spricht es aus, daß sich die Macht des Papstes ohne die Autorität der Fürsten nicht länger halten könne.

Die letzten Zeiten Pauls IV. waren damit bezeichnet, daß die ganze katholische Welt aufs neue das Konzilium forderte. Es ist gewiß, daß sich Pius IV. nur mit großer Schwierigkeit dieser Forderung würde haben entziehen können. Den Krieg konnte er nicht mehr vorschützen, wie seine Vorfahren: endlich war Friede in ganz Europa. Es war sogar für ihn selbst dringend, da die Franzosen ein Nationalkonzilium zu versammeln drohten, was leicht ein Schisma nach sich ziehen konnte. Die Wahrheit zu sagen, finde ich aber, daß er überdies auch allen guten Willen dazu hatte. Man höre, wie er sich ausdrückt: „Wir wollen das Konzilium," sagt er, „wir wollen es gewiß, wir wollen es allgemein. Wollten wir es nicht, so könnten wir die Welt jahrelang mit den Schwierigkeiten hinhalten; aber vielmehr suchen wir solche wegzuräumen. Es soll reformieren, was zu reformieren ist, auch an unserer Person, in unseren eigenen Sachen. Haben wir etwas anderes im Sinn als Gott zu dienen, so mag Gott uns züchtigen." Oft scheint es ihm, als werde er von den Fürsten zu einem so großen Vorhaben nicht sattsam unterstützt. Eines Morgens trifft ihn der venezianische Gesandte im Bett, vom Podagra gelähmt: er findet ihn voll von seinen Gedanken. „Wir haben gute Absicht," ruft er aus, „aber wir sind allein." „Es kam mich ein Mitleid an," spricht der Gesandte, „ihn in dem Bett zu sehen und sagen zu hören: wir sind allein für eine so große Last." Indessen setzte er die Sache doch ins Werk. Am 18. Januar 1562 waren so viele Bischöfe und Abgeordnete in Trient beisammen, daß man das zweimal unterbrochene Konzilium zum dritten Male beginnen konnte. Der Papst hatte daran den größten Anteil. „Gewiß," sagt Girolamo Soranzo, der sonst seine Partei nicht nimmt, „Seine Heiligkeit hat hiebei alle den Eifer bewiesen, der sich von einem so großen Oberhirten erwarten ließ: sie hat nichts unterlassen, was zu einem so heiligen und notwendigen Werke beitragen konnte."

Die späteren Sitzungen des Konziliums von Trient.

Wie so ganz verändert war die Lage der Welt seit der ersten Berufung dieses Konziliums! Jetzt hatte der Papst nicht mehr zu fürchten, daß es ein mächtiger Kaiser benutzen werde, um sich zum Herrn des Papsttums zu machen. Ferdinand I. hatte keinerlei Gewalt in Italien. Auch war eine ernstliche Irrung über wesentliche Punkte des Dogmas nicht mehr zu besorgen. Wie es sich in den ersten Sitzungen festgestellt hatte, war es, obwohl noch nicht völlig entwickelt, bereits über einen großen Teil der katholischen Welt herrschend geworden. An eine eigentliche Wieder=

vereinigung der Protestanten war nicht mehr ernstlich zu denken. In Deutschland hatten sie eine gewaltige, nicht mehr umzustürzende Stellung eingenommen; im Norden war ihre kirchliche Tendenz mit der Staatsgewalt selbst verschmolzen: das nämliche setzte sich soeben in England ins Werk. Indem der Papst erklärte, das neue Konzilium sei nur eine Fortsetzung des früheren, und die Stimmen, die sich hiewieder erhoben, endlich zum Schweigen brachte, gab er alle Hoffnung dazu selber auf. Wie sollten die freien Protestanten sich an ein Konzilium anschließen, durch dessen frühere Beschlüsse die wichtigsten Artikel ihres Glaubens bereits verdammt worden? Hiedurch ward von vornherein die Wirksamkeit des Konziliums auf den so unendlich verengten Umkreis der katholischen Nationen beschränkt. Seine Absicht konnte hauptsächlich nur dahin gehen, die zwischen diesen und der höchsten kirchlichen Gewalt hervorgetretenen Entzweiungen beizulegen, das Dogma in einigen noch nicht bestimmten Punkten weiterzubilden, vor allem die angefangene innere Reform zu vollenden und allgemein gültige disziplinarische Vorschriften zu geben.

Allein auch dies zeigte sich überaus schwer: unter den versammelten Vätern traten gar bald die lebhaftesten Streitigkeiten ein.

Die Spanier brachten die Frage in Anregung, ob die Residenz der Bischöfe in ihren Diözesen göttlichen Rechtes sei, oder auf menschlicher Anordnung beruhe.

Es könnte dies ein müßiger Streit zu sein scheinen, da man von allen Seiten die Residenz für notwendig hielt. Allein die Spanier behaupteten im allgemeinen, die bischöfliche Gewalt sei kein Ausfluß der päpstlichen, wofür man sie in Rom erklären wollte, sondern ihr Ursprung beruhe unmittelbar auf einer göttlichen Veranstaltung. Hiemit trafen sie den Nerv des gesamten Kirchenwesens. Die Unabhängigkeit der unteren Kirchengewalten, die von den Päpsten so sorgfältig niedergehalten worden, hätte durch die Entwickelung dieses Grundsatzes wiederhergestellt werden müssen.

Während man hierüber bereits in lebhaften Streitigkeiten war, kamen die kaiserlichen Gesandten an. Überaus merkwürdig sind die Artikel, welche sie eingaben. „Es möge," lautet einer, „auch der Papst sich nach Christi Beispiel erniedrigen und sich eine Reform in Hinsicht seiner Person, seines Standes und seiner Kurie gefallen lassen. Das Konzilium müsse sowohl die Ernennung der Kardinäle als das Konklave reformieren." Ferdinand pflegte zu sagen: „Da die Kardinäle nicht gut sind, wie wollen sie einen guten Papst wählen?" Für die Reform, die er beabsichtigte, wünschte er den Entwurf des Konziliums zu Kostnitz, der dort nicht zur Ausführung gekommen, zugrunde gelegt zu sehen. Die Beschlüsse sollten durch Deputationen aus den verschiedenen Nationen vorbereitet werden. Aber überdies forderte er die Erlaubnis des Kelches und der Priesterehe, für einige seiner Untertanen Nachlaß der Fasten, die Errichtung von Schulen für die Armen, die Reinigung der Breviere, Legenden und Postillen, verständlichere Katechismen, deutsche Kirchengesänge, eine Reform der Klöster, auch darum, „damit ihre großen Reichtümer nicht so ruchlos angewendet werden möchten". Höchst wichtige, auf eine durchgreifende Umgestaltung des Kirchenwesens zielende Anträge! In wiederholten Briefen drang der Kaiser auf ihre Erörterung.

Endlich erschien auch der Kardinal von Lothringen mit den französischen Prälaten. Er schloß sich im ganzen den deutschen Vorschlägen an. Hauptsächlich forderte er die Gewährung des Laienkelches, die Administration der Sakramente in der Muttersprache, Unterricht und Predigt bei der Messe, die Erlaubnis, in voller Kirche die Psalmen in französischer Sprache zu singen, — alles Dinge, von denen man sich dort den größten Erfolg versprach. „Wir haben die Gewißheit," sagt der König, „daß die Gewährung des Laienkelches viele beunruhigte Gewissen stillen, ganze Provinzen, die sich von der katholischen Kirche abgesondert, mit derselben vereinigen und eines der besten Mittel sein werde, die Unruhen in unserem Reiche beizulegen." Allein überdies suchten die Franzosen die Baseler Beschlüsse wieder hervor: sie behaupteten offen, das Konzilium sei über dem Papst.

Nun waren zwar die Spanier mit den Forderungen der Deutschen und der Franzosen nicht einverstanden

— Laienkelch und Priesterehe verdammten sie auf das lebhafteste, und wenigstens auf dem Konzilium konnte es zu keinem Zugeständnis in dieser Hinsicht gebracht werden, nur die Heimstellung der Erlaubnis an den Papst wurde durchgesetzt —; aber es gab Punkte, in denen sich die drei Nationen zusammen den Ansprüchen der Kurie entgegenstellten. Sie fanden es unerträglich, daß die Legaten allein das Recht haben sollten, Vorschläge zu machen. Daß diese Legaten aber außerdem über jeden Beschluß, der zu fassen war, erst das Gutachten des Papstes einholten, schien ihnen eine Beschimpfung der Würde eines Konziliums. Auf diese Weise, meinte der Kaiser, gebe es zwei Konzilien: das eine in Trient, das andere, wahrere, zu Rom.

Hätte man bei diesem Zustande der Meinungen nach Nationen gestimmt, zu wie sonderbaren, auffallenden Beschlüssen müßte es gekommen sein!

Da dies nicht geschah, blieben die drei Nationen, auch zusammen genommen, immer in der Minorität. Bei weitem zahlreicher waren die Italiener, die denn nach ihrer Gewohnheit die Meinung der Kurie, von der sie größtenteils abhingen, ohne viel Bedenken verfochten. Es entstand eine große gegenseitige Erbitterung. Die Franzosen brachten den Scherz auf, der heilige Geist komme im Felleisen nach Trient. Die Italiener redeten von spanischem Aussatz, von französischen Krankheiten, mit denen die Rechtgläubigen nach einander heimgesucht würden. Wie der Bischof von Cadiz sich vernehmen ließ, es habe berühmte

Bischöfe, es habe Kirchenväter gegeben, die kein Papst gesetzt, schrien die Italiener laut auf; sie forderten seine Entfernung, sie sprachen von Anathema und Ketzerei. Die Spanier gaben ihnen die Ketzerei zurück. Zuweilen sammelten sich verschiedene Haufen unter dem Geschrei: „Spanien, Italien," auf den Straßen, und an der Stätte des Friedens sah man Blut fließen.

War es da zu verwundern, wenn man es einmal zehn Monate lang zu keiner Session brachte, wenn der erste Legat dem Papste widerriet, nach Bologna zu kommen: „Denn was werde man sagen, wofern auch dann das Konzilium nicht zu einem regelmäßigen Schluß gelange, sondern aufgelöst werden müsse?" Jedoch auch eine Auflösung, eine Suspension, ja nur eine Translation, an die man öfters wohl dachte, wäre höchst gefährlich gewesen. In Rom erwartete man nichts als Unheil. Man fand, daß ein Konzilium für den geschwächten Leib der Kirche eine allzu starke Medizin sei, daß es diese und Italien vollends ruinieren werde. „Wenige Tage vor meiner Abreise, im Anfang des Jahres 1563," erzählt Girolamo Soranzo, „sagte mir Kardinal Carpi, Dekan des Kollegiums und ein wahrhaft einsichtsvoller Mann, daß er in seiner letzten Krankheit Gott gebeten habe, ihm die Gnade des Todes angedeihen, ihn nicht den Untergang und die Beerdigung von Rom erleben zu lassen. Auch alle anderen angesehenen Kardinäle beklagen unaufhörlich ihr Mißgeschick: sie sehen deutlich ein, daß es keine Rettung für sie gibt, wofern nicht die heilige Hand Gottes sich ihrer besonders annimmt." Alle Übel, von denen sich jemals andere Päpste durch ein Konzilium bedroht geglaubt, fürchtete Pius IV. über sich hereinbrechen zu sehen.

Es ist eine erhabene Idee, daß es in schwierigen Zeiten und lebhaften Irrungen der Kirche vor allem eine Versammlung ihrer Oberhirten sei, die denselben abhelfen könne. „Ohne Anmaßung und Neid, in heiliger Niedrigkeit, im katholischen Frieden," sagt Augustinus, „beratschlage eine solche: nach weiter entwickelter Erfahrung eröffne sie, was verschlossen, und bringe an den Tag, was verborgen war." Allein schon in den frühesten Zeiten war man weit entfernt, dies Ideal zu erreichen. Es hätte eine Reinheit der Gesinnung, eine Unabhängigkeit von fremdartigen Einwirkungen dazu gehört, die dem Menschen nicht verliehen zu sein scheint. Wieviel minder aber war es jetzt zu erreichen, da die Kirche in so unzählige, wider einander laufende Verhältnisse mit dem Staat verflochten war! Wenn die Konzilien dessenungeachtet immer in großem Ansehen blieben und so oft, so dringend gefordert wurden, so kam das am meisten von der Notwendigkeit her, der Gewalt der Päpste einen Zügel anzulegen. Jetzt aber schien sich zu bewähren, was diese immer gesagt, daß eine Kirchenversammlung in Zeiten großer Verwirrung viel eher geeignet sei, diese zu vermehren als sie zu heben. Alle Italiener nahmen an den Befürchtungen der Kurie Anteil. „Entweder," sagten sie, „wird das

Konzilium fortgesetzt, oder es wird aufgelöst werden. In jenem Falle, zumal wenn der Papst indes mit Tode abgehen sollte, werden die Ultramontanen das Konklave nach ihrer Absicht, zum Nachteil von Italien einrichten; sie werden den Papst dahin beschränken wollen, daß er nicht viel mehr bleibt als einfacher Bischof von Rom; unter dem Titel einer Reform werden sie die Ämter und die ganze Kurie ruinieren. Sollte es dagegen aufgelöst werden, ohne guten Erfolg, so würden auch die Gläubigen ein großes Ärgernis daran nehmen und die Zweifelhaften in außerordentliche Gefahr geraten, ganz verloren zu gehen."

Betrachtete man die Lage der Dinge, so mußte es unmöglich scheinen, in dem Konzilium selbst eine Änderung der herrschenden Stimmung hervorzurufen. Den Legaten, die der Papst leitete, den Italienern, die von ihm abhingen, standen die Prälaten der anderen Nationen gegenüber, die sich ihrerseits wieder an die Gesandten ihrer Fürsten hielten. Da war an keine Aussöhnung, keine vermittelnde Abkunft zu denken. Noch im Februar 1563 schienen die Sachen verzweifelt zu stehen: alles war in Hader; jede Partei hielt hartnäckig ihre Meinung fest.

Sowie man aber einmal die Lage der Dinge rein, wie sie war, ins Auge faßte, so zeigte sich auch eine Möglichkeit, aus diesem Labyrinth zu entkommen.

In Trient trafen und bekämpften sich nur die Meinungen: ihren Ursprung hatten sie zu Rom und

bei den verschiedenen Fürsten. Wollte man die Miß=
helligkeiten heben, so mußte man sie an ihren Quellen
aufsuchen. Wenn Pius IV. schon sonst gesagt, das
Papsttum könne sich ohne eine Vereinigung mit den
Fürsten nicht mehr halten, so war jetzt der Moment,
diese Maxime in Ausführung zu bringen. Er hatte
einmal den Gedanken, sich die Forderungen der Höfe
einreichen zu lassen und sie ohne das Konzilium zu
erledigen. Aber es wäre eine halbe Maßregel ge=
wesen. Die Aufgabe war, im Einverständnis mit
den größeren Mächten das Konzilium zu Ende zu
bringen: ein anderes Mittel gab es nicht.

Pius IV. entschloß sich, es zu versuchen. Sein ge=
schicktester, staatskundigster Kardinal, Morone, stand
ihm darin zur Seite.

Zunächst kam es auf Kaiser Ferdinand an, an
welchen sich die Franzosen, wie gesagt, anschlossen,
auf den auch Philipp II., als auf seinen Oheim, nicht
wenig Rücksicht nahm.

Morone, vor kurzem zum Präsidenten des Kon=
ziliums ernannt, aber sofort überzeugt, daß sich in
Trient nichts ausrichten lasse, begab sich im April
1563, ohne die Begleitung eines einzigen anderen
Prälaten, zu ihm hinüber nach Innsbruck. Er fand
ihn unmutig, mißvergnügt, gekränkt: überzeugt, daß
man zu Rom keine ernstlichen Verbesserungen wolle:
entschlossen, dem Konzilium zuerst seine Freiheit zu
verschaffen.

Es ward eine außerordentliche, in unseren Zeiten

würde man sagen, diplomatische Geschicklichkeit des Legaten erfordert, um nur zuerst den aufgebrachten Fürsten zu begütigen.

Ferdinand war verstimmt, weil man seine Reformationsartikel hintenangesetzt und niemals zu wirklichem Vortrag gebracht habe: der Legat wußte ihn zu überzeugen, daß man es aus nicht ganz verwerflichen Gründen bedenklich gefunden, sie in aller Form zu beraten, aber nichtsdestominder den wichtigsten Teil ihres Inhalts vorgenommen und sogar bereits beschlossen hatte. Der Kaiser beklagte sich ferner, daß man das Konzilium von Rom aus leite und die Legaten durch Instruktionen regiere; Morone bemerkte dagegen, was nicht zu leugnen war, daß auch die fürstlichen Gesandten von Hause instruiert und stets mit neuen Anweisungen versehen würden.

In der Tat kam Morone — der ohnehin schon lange das Vertrauen des Hauses Österreich genoß — über diese empfindlichsten Stellen glücklich hinweg: er beschwichtigte die ungünstigen persönlichen Eindrücke, die der Kaiser empfangen, und machte sich nun daran, über diejenigen Streitpunkte, welche die großen Zerwürfnisse in Trient veranlaßt hatten, eine wechselseitige Übereinkunft zu versuchen. In den wesentlichen Dingen nachzugeben, die Autorität des Papstes schwächen zu lassen, war nicht seine Meinung: „Es kam darauf an," sagt er selbst, „solche Bestimmungen zu verabreden, daß der Kaiser glauben konnte, Genugtuung empfangen zu haben, ohne daß man doch der Autorität des Papstes oder der Legaten zu nahe getreten wäre."

Der erste von diesen Punkten war die ausschließende Initiative der Legaten, von der man immer behauptet, sie laufe den Freiheiten eines Konziliums entgegen. Morone bemerkte, daß es nicht im Interesse der Fürsten sei, allen Prälaten die Initiative zu gewähren. Es konnte ihm nicht sehr schwer werden, den Kaiser davon zu überzeugen. Es war leicht zu sehen, daß die Bischöfe im Besitze dieses Rechtes gar bald auch Vorschläge in einem den bisherigen Ansprüchen und Rechten des Staates entgegenlaufenden Sinne machen würden. Augenscheinlich war, welche Verwirrung aus einem solchen Zugeständnis entstehen mußte. Dennoch wollte man auch den Wünschen der Fürsten einigermaßen entgegenkommen, und es ist merkwürdig, welche Auskunft man traf. Morone versprach, alles in Vorschlag zu bringen, was die Gesandten ihm zu diesem Zwecke vorlegen würden: — täte er es nicht, alsdann solle ihnen selber das Recht zustehen, den Antrag zu machen. Eine Vermittlung, die den Geist bezeichnet, der allmählich in dem Konzilium zu herrschen anfing. Die Legaten geben einen Fall zu, in welchem sie sich der ausschließenden Initiative entäußern wollen, aber nicht sowohl zugunsten der Väter des Konziliums als zugunsten der Gesandten. Es erfolgt daraus, daß nur die Fürsten in einen Teil der Rechte treten, die der Papst sich übrigens vorbehält.

Ein zweiter Punkt war die Forderung, die Deputationen, welche die Beschlüsse vorbereiten, nach den verschiedenen Nationen zusammentreten zu lassen. Morone bemerkte, daß es schon immer geschehen, daß aber, weil es der Kaiser wünsche, nun noch genauer darüber gehalten werden solle.

Man kam auf den dritten Streitpunkt, die Reform. Ferdinand gab endlich zu, daß der Ausdruck einer Reformation des Hauptes, auch die alte Sorbonische Frage, ob das Konzilium über dem Papste stehe oder nicht, vermieden werden solle; aber dafür versprach Morone eine wahrhaft durchgreifende Reform in allen anderen Stücken. Der Entwurf, den man hiezu machte, betraf selbst das Konklave.

Wie man erst die Hauptsache erledigt, so vereinigte man sich leicht über die Nebendinge. Der Kaiser ließ von vielen seiner Forderungen ab und gab seinen Gesandten den Auftrag, vor allem mit den päpstlichen Legaten ein gutes Vernehmen aufrechtzuerhalten. Nach wohl ausgerichteten Dingen kehrte Morone über die Alpen zurück. „Als man in Trient," sagt er selbst, „den guten Entschluß des Kaisers vernahm und die Vereinigung seiner Gesandten mit dem päpstlichen inne ward, fing das Konzilium an, seine Gestalt zu verändern und sich um vieles leichter behandeln zu lassen."

Hiezu trugen noch einige andere Umstände bei.

Die Spanier und Franzosen hatten sich über das Recht des Vortritts der Repräsentanten ihrer

Könige entzweit und hielten seitdem viel weniger zusammen.

Auch waren mit beiden besondere Unterhandlungen angeknüpft worden.

Für Philipp II. lag in der Natur der Sache die dringende Notwendigkeit eines Einverständnisses. Seine Macht in Spanien war zum großen Teil auf geistliche Interessen gegründet, und er mußte vor allem dafür sorgen, diese in seiner Hand zu behalten. Wohl wußte dies der römische Hof, und der Nuntius von Madrid sagte oft, eine ruhige Beendigung des Konziliums sei für den König so wünschenswert wie für den Papst. Schon hatten sich zu Trient die spanischen Prälaten wider die Belastungen der geistlichen Güter geregt, die dort einen bedeutenden Teil der Staatseinkünfte bildeten; der König hatte es mit Besorgnis vernommen: er bat den Papst, so anstößige Reden zu verbieten. Wie hätte er noch daran denken können, seinen Prälaten die Initiative des Vorschlags zu verschaffen? Vielmehr suchte auch er sie in Schranken zu halten. Pius beschwerte sich über die heftige Opposition, die ihm von den Spaniern fortwährend bewiesen werde; der König versprach, Mittel zu ergreifen, um ihren Ungehorsam abzustellen. Genug, der Papst und der König wurden inne, daß ihre Interessen die nämlichen seien. Es müssen noch andere Verhandlungen stattgefunden haben. Der Papst warf sich ganz in die Arme des Königs; der König versprach feierlich, dem Papst in jeder Bedrängnis mit aller Kraft seines Reiches zu Hilfe zu kommen.

Auf der anderen Seite näherten sich indes die Franzosen. Die Guisen, die einen so großen Einfluß zu Hause auf die Regierung und hier auf das Konzilium ausübten, gaben ihrer Politik hier wie dort eine immer entschiedenere katholische Richtung. Nur der Nachgiebigkeit des Kardinals Guise verdankt man, daß es nach zehnmonatlicher Zögerung, achtmaligem Aufschub endlich wieder zu einer Session kommen konnte. Aber es war überdies von der engsten Vereinigung die Rede. Guise brachte eine Zusammenkunft der mächtigsten katholischen Fürsten, des Papstes, des Kaisers, der Könige von Frankreich und Spanien, in Vorschlag. Zu näherer Besprechung ging er selbst nach Rom, und der Papst kann nicht Worte genug finden, um „den christlichen Eifer desselben für den Dienst Gottes und die öffentliche Ruhe, nicht allein in Sachen des Konziliums, sondern auch in anderen, welche die allgemeine Wohlfahrt anbetreffen," zu rühmen. Die vorgeschlagene Zusammenkunft wäre dem Papste sehr erwünscht gewesen. Er schickte Gesandte deshalb an Kaiser und König.

Nicht in Trient demnach, sondern an den Höfen und durch politische Unterhandlung wurden die wesentlichen Entzweiungen beigelegt und die großen Hindernisse einer glücklichen Beendigung des Konziliums weggeräumt. Morone, der hiezu das meiste beigetragen, wußte indes auch die Prälaten persönlich zu gewinnen: er widmete ihnen alle die Anerkennung, das Lob, die Begünstigung, wonach sie verlangten. Er zeigte einmal recht, was ein geistreicher, geschickter Mann, der die Lage der Dinge begreift und sich ein Ziel setzt, das derselben gemäß ist, auch unter den schwierigsten Umständen leisten kann. Wenn irgendeinem Menschen überhaupt, so hat die katholische Kirche den glücklichen Ausgang des Konziliums ihm zu verdanken.

Der Weg war geebnet. „Man konnte nunmehr," sagte er selbst, „auf die Schwierigkeiten eingehen, die in der Sache lagen."

Noch schwebte die alte Streitfrage über die Notwendigkeit der Residenz und das göttliche Recht der Bischöfe. Lange zeigten sich die Spanier in ihren Lehrsätzen hierüber unerschütterlich: noch im Juli 1563 erklärten sie dieselben für ebenso unfehlbar als die zehn Gebote: der Erzbischof von Granada wünschte alle Bücher verboten zu sehen, in denen das Gegenteil behauptet werde; bei der Redaktion des Dekretes ließen sie sich hierauf dennoch gefallen, daß ihre Meinung nicht ausgesprochen wurde. Sie begnügten sich damit, daß man eine Fassung annahm, bei der es ihnen ebenfalls auch noch ferner möglich blieb, ihre Ansicht zu verfechten. Gerade diese Doppeldeutigkeit fand Lainez an dem Dekrete lobenswürdig.

Auf ähnliche Weise ging es mit der anderen Streitigkeit, über die Initiative, das „proponentibus legatis". Der Papst erklärte, ein jeder solle sagen und fordern dürfen, was ihm nach den alten Konzilien zu fordern und zu sagen zustehe; doch hütete er sich wohl, das Wort „vorschlagen" hiebei zu brauchen. Es ward eine Auskunft getroffen, mit der sich die Spanier begnügten, ohne daß darum der Papst das mindeste aufgegeben hätte.

Nachdem der Rückhalt der politischen Tendenzen weggefallen, suchte man die Fragen, die zu Bitterkeiten und Entrüstung Anlaß gegeben, nicht sowohl zu entscheiden, als durch eine geschickte Vermittelung zu beseitigen.

Bei dieser Stimmung kam man dann über die minder bedenklichen Punkte um so leichter hinweg. Niemals schritt das Konzilium rascher vorwärts. Die wichtigsten Dogmen von der Priesterweihe, dem Sakrament der Ehe, dem Ablaß, dem Fegefeuer, der Verehrung der Heiligen, und bei weitem die bedeutendsten reformatorischen Anordnungen, welche es überhaupt abgefaßt hat, fallen in die drei letzten Sessionen des Jahres 1563. Sowohl für die einen als für die anderen waren die Kongregationen aus verschiedenen Nationen zusammengesetzt. Der Entwurf der Reform ward in fünf besonderen Versammlungen — einer französischen, die bei dem Kardinal Guise, einer spanischen, die bei dem Erzbischof von Granada zusammenkam, und drei italienischen — in Beratung gezogen.

Über die meisten Fragen verständigte man sich leicht; eigentliche Schwierigkeiten boten nur noch zwei dar, die Fragen über die Exemtion der Kapitel und die Pluralität der Benefizien, in denen wieder die Interessen eine große Rolle spielten.

Die erste berührte vor allem Spanien. Von den außerordentlichen Freiheiten, welche die Kapitel sonst hier besessen, hatten sie schon einiges verloren. Während sie dies wiederzuerlangen wünschten, faßte der König die Absicht, sie noch viel weiter einzuschränken: da er die Bischöfe setzte, so lag ihm selbst an einer Ausdehnung der bischöflichen Gewalt. Der Papst dagegen war für die Kapitel. Ihre unbedingte Unterwerfung unter die Bischöfe würde seinen Einfluß auf die spanische Kirche nicht wenig geschmälert haben. Noch einmal stießen hier diese beiden großen Einwirkungen zusammen. Es fragte sich in der Tat, welche von beiden die Majorität für sich gewinnen würde. Außerordentlich stark war doch auch der König bei dem Konzilium: einen Abgeordneten, den die Kapitel dahin gesendet, um ihre Vorrechte wahrzunehmen, hatte sein Gesandter zu entfernen gewußt: er hatte so viele geistliche Gnaden auszuteilen, daß jedermann Bedenken trug, es mit ihm zu verderben. Bei der mündlichen Abstimmung ergab sich ein ungünstiges Resultat für die Kapitel. Man bemerke, welchen Ausweg die päpstlichen Legaten trafen. Sie beschlossen, die Stimmen diesmal schriftlich geben zu lassen; nur die mündlichen Erklärungen, in der Gegenwart so vieler Anhänger des Königs abgelegt, wurden von der Rücksicht auf Spanien beherrscht, nicht die schriftlichen, die den Legaten zu Händen kamen. Wirklich erlangten sie auf diese Weise eine bedeutende Majorität für die päpstliche Ansicht und für die Kapitel. Darauf gestützt, traten sie dann, unter Vermittelung Gutses, in neue Unterhandlungen mit den spanischen Prälaten, die sich endlich auch mit einer um vieles geringeren Erweiterung ihrer Befugnisse begnügten, als sie beabsichtigt hatten.

Noch wichtiger für die Kurie war der zweite Artikel von der Pluralität der Benefizien. Von jeher war von einer Reform des Institutes der Kardinäle die Rede gewesen, und es gab viele, die in dem Verfall desselben den Ursprung alles Unheils zu erkennen glaubten: gerade sie ließen sich oft eine Menge Pfründen übertragen; es war die Absicht, sie hierin durch die strengsten Gesetze zu beschränken. Man begreift leicht, wie empfindlich der Kurie jede Neuerung in dieser Hinsicht gefallen sein würde: schon eine ernstliche Beratung darüber fürchtete und floh sie. Sehr eigentümlich ist auch hier der Ausweg, welchen Morone einschlug. Er warf die Reform der Kardinäle mit den Artikeln über die Bischöfe zusammen. „Wenige," sagt er selbst, „sahen die Wichtigkeit der Sache ein, und auf diese Weise wurden alle Klippen vermieden."

Setzte dergestalt der Papst die Erhaltung des römischen Hofes in seiner bisherigen Gestalt glücklich durch, so zeigte er sich auch bereit, die Reformation der Fürsten, wie man sie im Sinne gehabt, fallen zu lassen: er gab hierin den Vorstellungen des Kaisers nach.

Im Grunde war alles wie ein Friedenskongreß. Während die Fragen von untergeordnetem Interesse von den Theologen zu allgemeinen Beschlüssen vorbereitet wurden, unterhandelten die Höfe über die bedeutenderen. Unabläſſig flogen die Eilboten hin und her. Eine Konzeſſion vergütete man mit der anderen.

Vor allem lag dem Papſte nun daran, einen baldigen Schluß herbeizuführen. Eine Zeitlang weigerten sich noch die Spanier, hierauf einzugehen: die Reform tat ihnen noch nicht Genüge; der spanische Botschafter machte sogar einmal Miene zu protestieren: da sich aber der Papst geneigt erklärte, dringenden Falls eine neue Synode zu berufen, da man vor allem Bedenken trug, eine Sedisvakanz bei eröffnetem Konzilium abzuwarten, endlich, da jedermann müde war und nach Hause zu kommen wünschte, so gaben zuletzt auch sie nach.

Der Geist der Opposition war wesentlich überwunden. Eben in seiner letzten Epoche zeigte das Konzilium die größte Unterwürfigkeit. Es bequemte sich, den Papst um eine Bestätigung seiner Beschlüsse zu ersuchen; es erklärte ausdrücklich, alle Reformationsdekrete, wie auch immer ihre Worte lauten möchten, seien in der Voraussetzung abgefaßt, daß das Ansehen des päpstlichen Stuhles dabei unverletzt bleibe. Wie weit war man da zu Trient entfernt, die Ansprüche von Kostnitz und Basel auf eine Superi=

orität über die päpstliche Gewalt zu erneuern! In den Akklamationen, mit denen die Sitzungen geschlossen wurden — von Kardinal Guise verfaßt —, wurde das allgemeine Bistum des Papstes noch besonders anerkannt.

Glücklich war es demnach gelungen. Das Konzilium, so heftig gefordert, so lange vermieden, gespalten, zweimal aufgelöst, von so vielen Stürmen der Welt erschüttert, bei der dritten Versammlung aufs neue voll von Gefahr, war in allgemeiner Eintracht der katholischen Welt beendigt. Man begreift es, wenn die Prälaten, als sie am 4. Dezember 1563 zum letzten Mal beisammen waren, von Rührung und Freude ergriffen wurden. Auch die bisherigen Gegner wünschten einander Glück; in vielen Augen dieser alten Männer sah man Tränen.

Hatte nun aber so viel Beugsamkeit und politische Gewandtheit, wie wir bemerkten, dazu gehört, um zu diesem Resultate zu gelangen, so könnte man fragen, ob nicht hiedurch das Konzilium auch wieder an seiner Wirksamkeit notwendig verloren habe.

Wenn nicht unter allen Konzilien überhaupt, auf jeden Fall unter denen der neueren Jahrhunderte bleibt das tridentinische immer das wichtigste.

In zwei großen Momenten drängt sich seine Bedeutung zusammen.

In dem ersten, den wir früher berührten, während des schmalkaldischen Krieges, sonderte sich das Dogma nach mancherlei Schwankungen auf immer von den protestantischen Meinungen ab. Aus der Lehre von der Rechtfertigung, wie man sie damals aufstellte, erhob sich alsdann das ganze System der katholischen Dogmatik, wie es noch heutzutage behauptet wird.

In dem zweiten, den wir zuletzt betrachteten, nach den Konferenzen Morones mit dem Kaiser, im Sommer und Herbst des Jahres 1563, ward die Hierarchie theoretisch durch die Dekrete von der Priesterweihe, praktisch durch die Reformationsbeschlüsse aufs neue begründet.

Höchst wichtig sind und bleiben diese Reformen.

Die Gläubigen wurden wieder unnachsichtiger Kirchenzucht und im dringenden Falle dem Schwerte der Exkommunikation unterworfen. Man gründete Seminare und nahm Bedacht, die jungen Geistlichen darin in strenger Zucht und Gottesfurcht aufzuerziehen. Die Pfarren wurden aufs neue reguliert, Verwaltung des Sakraments und der Predigt in feste Ordnung gebracht, die Mitwirkung der Klostergeistlichen an bestimmte Gesetze gebunden. Den Bischöfen wurden die Pflichten ihres Amtes, hauptsächlich die Beaufsichtigung des Klerus, nach den verschiedenen Graden ihrer Weihen eingeschärft. Von großem Erfolg war es, daß die Bischöfe durch ein besonderes Glaubensbekenntnis, welches sie unterschrieben und beschworen, sich feierlich zur Beobachtung der tridentinischen Dekrete und zur Unterwürfigkeit gegen den Papst verpflichteten.

Nun war die Absicht, die anfangs allerdings auch

bei dieser Kirchenversammlung stattgehabt, die Macht des Papstes zu beschränken, damit nicht erreicht worden. Vielmehr ging dieselbe sogar erweitert und geschärft aus dem Kampfe hervor. Da sie das ausschließende Recht behielt, die tridentinischen Beschlüsse zu interpretieren, so stand es immer bei ihr, die Normen des Glaubens und Lebens vorzuschreiben. Alle Fäden der hergestellten Disziplin liefen in Rom zusammen.

Die katholische Kirche erkannte ihre Beschränkung an: auf die Griechen und den Orient nahmen sie keinerlei Rücksichten mehr; den Protestantismus stieß sie mit unzähligen Anathemen von sich. In dem früheren Katholizismus war ein Element des Protestantismus einbegriffen; jetzt war es auf ewig ausgestoßen. Aber indem man sich beschränkte, konzentrierte man seine Kraft und nahm sich in sich selber zusammen.

Nur durch Einverständnis und Übereinkunft mit den vornehmsten katholischen Fürsten, wie wir sahen, kam es so weit. In dieser Vereinigung mit dem Fürstentume liegt eine der wichtigsten Bedingungen für die ganze spätere Entwickelung. Sie hat eine Analogie mit der Tendenz des Protestantismus, fürstliche und bischöfliche Rechte zu vereinigen. Erst nach und nach bildete sie sich bei den Katholiken aus. Allerdings begreift man, daß hierin auch zugleich eine Möglichkeit neuer Entzweiung liegt; zunächst aber war hievon nichts zu fürchten. In einer Provinz nach der anderen rezipierte man bereits die Beschlüsse der Versammlung. Eben dadurch ist Pius IV. welthistorisch wichtig, daß er dies bewirkte: er war der erste Papst, der die Tendenz der Hierarchie, sich der fürstlichen Gewalt entgegenzusetzen, mit Bewußtsein aufgab.

Mit dem Erfolg glaubte er nun allerdings das Werk seines Lebens vollendet zu haben. Es ist merkwürdig, daß mit der Beendigung des Konziliums die Spannung seiner Seele nachließ. Man glaubte zu bemerken, daß er den Gottesdienst vernachlässige, daß er doch allzugern gut esse und trinke, daß er sich in glänzendem Hofhalt, prächtigen Festen, kostbaren Bauten allzusehr gefalle. Die Eiferer nahmen einen Unterschied zwischen ihm und seinem Vorgänger wahr, den sie laut beklagten.

Doch war hiebon keine besondere Rückwirkung mehr zu erwarten. Es hatte sich eine Tendenz in dem Katholizismus entwickelt, die nicht mehr zurückzudrängen noch einzuhalten war.

Ist einmal der Geist erweckt, so wird es unmöglich sein, ihm seine Bahnen vorzuzeichnen. Jede, auch eine geringfügige Abweichung derjenigen, die ihn repräsentieren sollen, von seiner Regel, wird die auffallendsten Symptome hervorrufen.

Der Geist, der sich in der streng-katholischen Richtung entwickelte, ward auf der Stelle diesem Papste selber gefährlich.

Es lebte ein gewisser Benedetto Accolti in Rom, katholisch bis zur Schwärmerei, der immer viel von einem Geheimnis redete, das ihm von Gott anvertraut worden: er werde es eröffnen und, zum Beweise, daß er die Wahrheit spreche, vor dem versammelten Volke auf der Piazza Navona durch einen brennenden Scheiterhaufen unverletzt hindurchgehen.

Sein Geheimnis war, daß er voraus zu wissen meinte, in kurzem werde eine Vereinigung zwischen der griechischen und der römischen Kirche stattfinden; diese vereinte katholische Kirche werde sich die Türken und alle Abgefallenen wieder unterwerfen; der Papst werde ein heiliger Mensch sein, zur allgemeinen Monarchie gelangen und die einzige vollkommene Gerechtigkeit auf Erden einführen. Von diesem Gedanken war er bis zum Fanatismus erfüllt.

Nun fand er aber, daß Pius IV., dessen weltliches Tun und Treiben von seinem Ideal unendlich weit entfernt war, sich zu einem so großen Unternehmen nicht eigne. Benedetto Accolti meinte von Gott bestimmt zu sein, die Christenheit von diesem untauglichen Oberhaupte zu befreien.

Er faßte den Plan, den Papst selbst zu töten. Er fand einen Gefährten, dem er die Belohnung Gottes und des zukünftigen heiligen Monarchen zusicherte. Eines Tages machten sie sich auf. Schon sahen sie den Papst in der Mitte einer Prozession herankommen: leicht zu erreichen, friedlich, ohne Verdacht noch Verteidigung.

Accolti, statt auf ihn loszugehen, fing an zu zittern und wechselte die Farbe. Die Umgebung eines Papstes hat etwas, das auf einen so fanatisch katholischen Menschen schlechterdings Eindruck machen muß. Der Papst ging vorüber.

Andere hatten indessen Accolti bemerkt. Der Gefährte, den er gewonnen, des Namens Antonio Canossa, war von keiner beharrlicheren Entschlossenheit: bald ließ er sich überreden, die Sache ein andermal ausführen zu wollen, bald fühlte er sich versucht, sie selber anzuzeigen. Sie schwiegen nicht ganz. Endlich wurden sie festgenommen und zum Tode verdammt.

Man sieht, welche Geister in dem bewegten Leben sich regten. So viel auch Pius IV. für die Rekonstruktion der Kirche getan, so gab es viele, denen das bei weitem nicht genug war, und die noch ganz andere Entwürfe hegten.

Pius V.

Es hatten aber die Anhänger der strengen Gesinnung sofort einen unerwarteten und großen Sukzeß. Ein Papst ward gewählt, den sie durchaus zu den ihren zählen konnten: Pius V.

Ich will nicht die mehr oder minder zweifelhaften Berichte wiederholen, welche das Buch über die Kon=

klaben und einige Geschichtschreiber jener Zeit über diese Wahl mitteilen. Wir haben ein Schreiben von Karl Borromeo, das uns hinreichende Aufklärung gibt. „Ich beschloß," sagt er darin — und es ist gewiß, daß er den größten Einfluß auf die Wahl gehabt hat, — „auf nichts so sehr zu sehen, wie auf die Religion und den Glauben. Da mir die Frömmigkeit, Unbescholtenheit und heilige Gesinnung des Kardinals von Alessandria — nachher Pius V. — bekannt waren, so glaubte ich, daß die christliche Republik von ihm am besten verwaltet werden könne, und widmete ihm meine ganze Bemühung". Von einem Manne einer so vollkommen geistlichen Gesinnung, wie Karl Borromeo war, läßt sich ohnehin keine andere Rücksicht erwarten. Philipp II., von seinem Gesandten für den nämlichen Kardinal gewonnen, hat dem Borromeo ausdrücklich für seinen Anteil an dieser Wahl gedankt. Gerade eines solchen Mannes glaubte man zu bedürfen. Die Anhänger Pauls IV., die sich bisher doch immer still gehalten, priesen sich glücklich. Wir haben Briefe von ihnen übrig. „Nach Rom, nach Rom," schrieb einer dem anderen, „kommt zuversichtlich, ohne Verzug, aber mit aller Bescheidenheit; Gott hat uns Paul IV. wieder auferweckt."

Michele Ghislieri — nunmehr Pius V. — von geringer Herkunft, zu Bosco unfern Alessandria im Jahre 1504 geboren, ging bereits in seinem vierzehnten Jahre in ein Dominikanerkloster. Er ergab sich da mit Leib und Seele der mönchischen Armut und Frömmigkeit, die sein Orden von ihm forderte. Von seinen Almosen behielt er nicht soviel für sich, um sich einen Mantel machen zu lassen; gegen die Hitze des Sommers, fand er, sei das beste Mittel, wenig zu genießen. Obwohl Beichtvater eines Gobernators von Mailand, reiste er doch immer zu Fuß und seinen Sack auf dem Rücken. Lehrte er, so tat er es mit Präzision und Wohlwollen; hatte er ein Kloster als Prior zu verwalten, so war er streng und sparsam: mehr als eines hat er von Schulden freigemacht. Seine Entwickelung fiel in die Jahre, in denen auch in Italien die bisherige Lehre mit den protestantischen Regungen kämpfte. Er nahm für die Strenge der alten Lehre Partei: von 30 Streitsätzen, die er 1543 in Parma verfocht, bezogen sich die meisten auf die Autorität des römischen Papstes und waren den neuen Meinungen entgegengesetzt. Gar bald übertrug man ihm das Amt eines Inquisitors. Gerade in Orten von besonderer Gefahr, in Como und Bergamo, wo der Verkehr mit Schweizern und Deutschen nicht vermieden werden konnte, im Valtellin, das unter Graubünden stand, hatte er es zu verwalten. Er bewies darin die Hartnäckigkeit und den Mut eines Eiferers. Zuweilen ist er bei seinem Eintritt in Como mit Steinwürfen empfangen worden; oft hat er, um nur sein Leben zu retten, des Nachts sich in Bauernhütten verbergen, wie ein Flüchtling zu entkommen suchen müssen; doch ließ er sich durch keine Gefahr irremachen: der Graf della

Trinita drohte, ihn in einen Brunnen werfen zu lassen; er entgegnete: es wird geschehen, was Gott will. So war auch er in den Kampf der geistigen und politischen Kräfte verflochten, der damals Italien bewegte. Da die Richtung, der er sich zugewandt, den Sieg davontrug, so kam er mit ihr empor. Er wurde Kommissarius der Inquisition in Rom; gar bald sagte Paul IV., Fra Michele sei ein großer Diener Gottes und hoher Ehren wert; er ernannte ihn zum Bischof von Nepi — denn er wolle ihm eine Kette an den Fuß legen, damit er nicht künftig einmal sich in die Ruhe eines Klosters zurückziehe — und 1557 zum Kardinal. Ghislieri hielt sich auch in dieser neuen Würde streng, arm und anspruchslos: er sagte seinen Hausgenossen, sie müßten glauben, daß sie in einem Kloster wohnten. Er lebte nur seinen Andachtsübungen und der Inquisition.

In einem Manne von dieser Gesinnung glaubten nun Borromeo, Philipp II., die gesamte strengere Partei das Heil der Kirche zu sehen. Die römischen Bürger waren vielleicht nicht so zufrieden. Pius V. erfuhr es; er sagte: „desto mehr sollen sie mich beklagen, wenn ich tot bin."

Er lebte auch als Papst in der ganzen Strenge seines Mönchtums: er hielt die Fasten in ihrem vollen Umfange, unnachläßlich; er erlaubte sich kein Kleid von feinerem Zeug; oft las er, alle Tage hörte er Messe: doch sorgte er dafür, daß die geistlichen Übungen ihn nicht an den öffentlichen Geschäften hinderten; er hielt keine Sieste, mit dem frühesten war er auf. Wollte man zweifeln, ob sein geistlicher Ernst in ihm einen tieferen Grund gehabt, so möchte dafür ein Beweis sein, daß er fand, das Papsttum sei ihm zur Frömmigkeit nicht förderlich: zum Heil der Seele, die Glorie des Paradieses zu erlangen, trage es nicht bei; er meinte, diese Last würde ihm ohne das Gebet unerträglich sein. Das Glück einer inbrünstigen Andacht, das einzige, dessen er fähig war, einer Andacht, die ihn oft bis zu Tränen rührte, und von der er mit der Überzeugung aufstand, er sei erhört, blieb ihm bis an sein Ende gewährt. Das Volk war hingerissen, wenn es ihn in den Prozessionen sah, barfuß und ohne Kopfbedeckung, mit dem reinen Ausdruck einer ungeheuchelten Frömmigkeit im Gesicht, mit langem schneeweißen Bart; sie meinten, einen so frommen Papst habe es noch niemals gegeben; sie erzählten sich, sein bloßer Anblick habe Protestanten bekehrt. Auch war Pius' gütig und leutselig; mit seinen älteren Dienern ging er auf das vertraulichste um. Wie schön begegnete er jenem Grafen della Trinita, der einst sein Leben bedroht hatte, der nun einmal als Gesandter zu ihm geschickt wurde! „Sehet da," sagte er ihm, als er ihn erkannte, „so hilft Gott den Unschuldigen;" sonst ließ er es ihn nicht empfinden. Mildtätig war er von jeher; er hatte eine Liste von den Dürftigen in Rom, die er regelmäßig nach ihrem Stand unterstützen ließ.

Demütig, hingegeben, kindlich sind Naturen dieser

Art; — sowie sie aber gereizt und beleidigt werden, erheben sie sich zu heftigem Eifer, unerbittlichem Zorn. Ihre Gesinnung sehen sie als eine Pflicht, eine höchste Pflicht an, deren Nichterfüllung sie entrüstet und empört.

Pius V. war sich bewußt, daß er immer die gerade Straße gewandelt. Daß ihn diese bis zum Papsttum geführt hatte, erfüllte ihn mit einem Selbstvertrauen, welches ihn vollends über jede Rücksicht erhob.

In seinen Meinungen war er äußerst hartnäckig. Man fand, daß ihn auch die besten Gründe nicht von denselben zurückbringen konnten. Leicht fuhr er bei dem Widerspruch auf: er ward rot im Gesicht und bediente sich der heftigsten Ausdrücke. Da er nun von den Geschäften der Welt und des Staates wenig verstand und sich vielmehr von den Nebenumständen auf eine oder die andere Weise affizieren ließ, so war es überaus schwer, mit ihm fertig zu werden.

In persönlichen Verhältnissen ließ er sich zwar nicht gleich von dem ersten Eindruck bestimmen; hielt er aber jemanden einmal für gut oder böse, so konnte ihn darin nichts weiter irremachen. Allemal jedoch glaubte er eher, daß man sich verschlechtere, als daß man sich bessere: die meisten Menschen waren ihm verdächtig.

Man bemerkte, daß er die Kriminalsentenzen niemals milderte: er hätte vielmehr in der Regel gewünscht, sie wären noch schärfer ausgefallen.

Es war ihm nicht genug, daß die Inquisition die

neuen Verbrechen bestrafte: den alten von zehn und zwanzig Jahren ließ er nachforschen.

Gab es einen Ort, wo weniger Strafen verhängt wurden, so hielt er ihn darum nicht für rein: er schrieb es der Nachlässigkeit der Behörden zu.

Man höre, mit welcher Schärfe er auf die Handhabung der Kirchenzucht drang. „Wir verbieten," heißt es in einer seiner Bullen, „jedem Arzt, der zu einem bettlägerigen Kranken gerufen wird, denselben länger als drei Tage zu besuchen, wofern er nicht alsdann eine Bescheinigung erhält, daß der Kranke seine Sünden aufs neue gebeichtet habe." Eine andere setzt Strafen für Entweihung des Sonntags und Gotteslästerungen fest. Bei den Vornehmen sind es Geldstrafen. „Ein gemeiner Mann aber, welcher nicht bezahlen kann, soll bei dem ersten Male einen Tag über vor den Kirchtüren stehen, die Hände auf den Rücken gebunden: beim zweiten soll er durch die Stadt gegeißelt werden: beim dritten Male wird man ihm die Zunge durchbohren und ihn auf die Galeeren schicken."

So ist der Stil seiner Verordnungen überhaupt: wie oft hat man ihm sagen müssen, er habe es nicht mit Engeln, sondern mit Menschen zu tun!

Die jetzt so dringende Rücksicht auf die weltlichen Gewalten hielt ihn hierin nicht auf: die Bulle In coena Domini, über welche sich die Fürsten von jeher beklagt, ließ er nicht allein aufs neue verkündigen, er schärfte sie noch durch neue Zusätze: ganz im allgemeinen schien er darin den Regierungen das Recht abzusprechen, neue Abgaben aufzulegen.

Es versteht sich, daß auf so gewaltige Eingriffe auch Rückwirkungen erfolgten. Nicht allein, daß die Forderungen niemals befriedigt werden können, die ein Mensch von dieser Strenge an die Welt machen zu dürfen glaubt, es zeigte sich auch ein absichtlicher Widerstand: unzählige Mißhelligkeiten entstanden. So devot Philipp II. auch war, so hat er doch den Papst einmal erinnern lassen, er möge nicht erproben, was ein aufs Äußerste gebrachter Fürst zu tun vermöge.

Auf das tiefste empfand das der Papst seinerseits wieder. Oft fühlte er sich unglücklich in seiner Würde. Er sagte, er sei müde, zu leben: da er ohne Rücksicht verfahre, habe er sich Feinde gemacht; seit er Papst sei, erlebe er lauter Unannehmlichkeiten und Verfolgungen.

Allein wie dem auch sei und obwohl es Pius V. so wenig wie ein anderer Mensch zu voller Befriedigung und Genugtuung brachte, so ist doch gewiß, daß seine Haltung und Sinnesweise einen unermeßlichen Einfluß auf seine Zeitgenossen und die ganze Entwickelung seiner Kirche ausgeübt haben. Nachdem so viel geschehen, um eine geistlichere Tendenz hervorzurufen, zu befördern, nachdem so viele Beschlüsse gefaßt worden, um dieselbe zu allgemeiner Herrschaft zu erheben, gehörte ein Papst wie dieser dazu, damit sie allenthalben nicht allein verkündigt, sondern auch ins Leben geführt würde: sein Eifer sowie sein Beispiel waren dazu unendlich wirksam.

Man sah die so oft besprochene Reformation des Hofes, wenn auch nicht in den Formen, welche man vorgeschlagen, aber in der Tat eintreten. Die Ausgaben der päpstlichen Haushaltung wurden ungemein beschränkt: Pius V. bedurfte wenig für sich, und oft hat er gesagt, „wer regieren wolle, müsse mit sich selber anfangen". Seine Diener, welche ihm, wie er glaubte, ohne Hoffnung auf Belohnung, bloß aus Liebe, sein ganzes Leben treu geblieben, versorgte er wohl nicht ohne Freigebigkeit; doch seine Angehörigen hielt er mehr in Schranken als irgendein Papst vor ihm. Den Neffen, Bonelli, den er nur darum zum Kardinal gemacht, weil man ihm sagte, es gehöre dies zu einem vertraulicheren Verhältnis mit den Fürsten, stattete er mäßig aus: als derselbe einst seinen Vater nach Rom kommen ließ, nötigte er diesen, in derselben Nacht, in derselben Stunde die Stadt wieder zu verlassen: seine übrigen Verwandten wollte er nie über den Mittelstand hinaus erheben, und wehe dem, der sich auf irgendeinem Vergehen, selbst nur auf einer Lüge betreten ließ: er hätte ihm nie verziehen, er jagte ihn ohne Gnade von sich. Wie weit war man da von einer Begünstigung der Nepoten entfernt, wie sie seit Jahrhunderten einen so bedeutenden Teil der päpstlichen Geschichte ausgemacht hatte! Durch eine seiner ernstlichsten Bullen verbot Pius für die Zukunft jede Belehnung mit irgendeiner Besitzung der römischen Kirche, unter welchem Titel und Vorwand es auch sei; er erklärte diejenigen im voraus in Bann, die dazu auch nur raten würden; von allen Kardinälen ließ er diese seine Satzung unterschreiben. In der Abstellung der Mißbräuche fuhr er eifrig fort: von ihm sah man wenig Dispensationen, noch weniger Kompositionen; den Ablaß, den die Vorfahren gegeben, hat er oft beschränkt. Seinem Generalauditor trug er auf, wider alle Erzbischöfe und Bischöfe, die in ihren Diözesen nicht residieren würden, ohne weiteres zu prozedieren und ihm Vortrag zu machen, damit er zur Entsetzung der Ungehorsamen schreite. Allen Pfarrern gebietet er, bei schwerer Strafe, bei ihren Pfarrkirchen auszuhalten und den Dienst Gottes zu versehen: er widerruft die Dispensationen, die sie darüber erhalten haben möchten. Die Ordnung der Klöster suchte er nicht minder eifrig herzustellen. Er bestätigte ihnen auf der einen Seite ihre Exemtionen von Auflagen und anderen Lasten, z. B. von Einquartierung: er wollte sie in ihrer Ruhe nicht stören lassen; aber er verbot den Mönchen zugleich, ohne die Erlaubnis und die Prüfung des Bischofs Beichte zu hören: jeder neue Bischof solle die Prüfung wiederholen können. Er verordnete die strengste Klausur, auch der Nonnen. Nicht immer hat man das gelobt. Man beklagte sich, daß er zu strengeren Regeln nötige, als zu den man sich selber verpflichtet habe: einige gerieten in eine Art von Verzweiflung, andere entflohen.

Alle diese Dinge setzte er nun zuerst in Rom und dem Kirchenstaate durch. Die weltlichen Behörden verpflichtete er so gut wie die geistlichen zur Handhabung seiner geistlichen Anordnungen. Er selbst sorgte indes für eine starke und parteilose Handhabung der Gerechtigkeit. Er ermahnte nicht allein die Magistratspersonen noch besonders dazu; jeden letzten Mittwoch des Monats hielt er eine öffentliche Sitzung mit den Kardinälen, wo ein jeder seine Beschwerden über die Gerichte vortragen konnte. Auch sonst war er unermüdlich, Audienz zu geben. Von früh an saß er auf seinem Stuhle: jedermann ward vorgelassen. In der Tat hatte dieser Eifer eine totale Reform des römischen Wesens zur Folge. „Zu Rom," sagt Paul Tiepolo, „geht es jetzt auf eine andere als die bisher übliche Weise her. Die Menschen sind um vieles besser geworden, oder wenigstens haben sie diesen Anschein."

Mehr oder minder geschah etwas Ähnliches in ganz Italien. Allenthalben wird mit der Verkündigung der Dekrete des Konziliums auch die Kirchenzucht geschärft: dem Papst wird ein Gehorsam geleistet, wie ihn lange keiner von seinen Vorgängern genossen hatte.

Herzog Cosimo von Florenz trug kein Bedenken, ihm die Angeschuldigten der Inquisition auszuliefern. Carnesecchi, noch einer von jenen Literaten, die an den ersten Regungen des Protestantismus in Italien teilgenommen, war bisher immer glücklich durchgekommen; jetzt vermochten ihn weder sein persönliches Ansehen, noch die Reputation seiner Familie, noch die Verbindung, in der er mit dem regierenden Hause selber stand, länger zu schützen: in Banden ward er der römischen Inquisition überliefert und mußte den Tod im Feuer erleiden. Cosimo war dem Papst vollkommen ergeben. Er unterstützte ihn in allen seinen Unternehmungen und gestand ihm seine geistlichen Forderungen ohne weiteres zu. Der Papst fühlte sich bewogen, ihn dagegen zum Großherzog von Toskana zu ernennen und zu krönen. Das Recht des heiligen Stuhles zu einer solchen Maßregel war höchst zweifelhaft: die Sitten des Fürsten gaben gerechten Anstoß; aber die Ergebenheit, die er dem heiligen Stuhle bewies, die strengen kirchlichen Einrichtungen, die er in seinem Lande einführte, erschienen dem Papst als ein Verdienst über alle Verdienste.

Die alten Gegner der Medici, die Farnesen, wetteiferten mit ihnen in dieser Richtung; auch Ottavio Farnese machte sich eine Ehre daraus, die Befehle des Papstes auf den ersten Wink in Ausführung zu bringen.

Nicht ganz so gut stand Pius mit den Venezianern. Sie waren weder so feindselig gegen die Türken, noch so nachsichtig gegen die Klöster, oder der Inquisition so zugetan, wie er es gewünscht hätte. Doch hütete er sich wohl, sich mit ihnen zu entzweien. Er fand, „die Republik sei auf den Glauben gegründet, sie habe sich immer katholisch gehalten, von der Über=

schwemmung der Barbaren sei sie allein frei geblieben: die Ehre von Italien beruhe auf ihr"; er erklärte, er liebe sie. Auch gaben ihm die Venezianer mehr nach als irgendeinem anderen Papste. Was sie sonst nie getan hätten, — den armen Guido Zanetti von Fano, der seiner religiösen Meinungen wegen in Untersuchung geraten und nach Padua geflüchtet war, lieferten sie ihm aus. In ihrem städtischen Klerus, der sich schon seit geraumer Zeit um die kirchlichen Verordnungen wenig gekümmert, machten sie ziemlich gute Ordnung. Aber überdies war ihnen auf dem festen Lande die Kirche von Verona durch J. Matteo Giberti auf das trefflichste eingerichtet worden. An seinem Beispiel hat man zu zeigen versucht, wie ein wahrer Bischof leben müsse: seine Einrichtungen haben in der ganzen katholischen Welt zum Muster gedient; das tridentinische Konzilium hat eine und die andere aufgenommen. Karl Borromeo ließ sich sein Bildnis malen, um sich fortwährend an seinen Vorgang zu erinnern.

Einen noch größeren Einfluß aber hatte Karl Borromeo selbst. Bei den mancherlei Würden und Ämtern, die er besaß — er war unter anderem Großpenitenziere —, als das Oberhaupt der Kardinäle, die sein Oheim gewählt, hätte er in Rom eine glänzende Stellung einnehmen können; aber er gab alles auf, er schlug alles aus, um sich in seinem Erzbistum Mailand den kirchlichen Pflichten zu widmen. Er tat dies mit ungemeiner Anstrengung, ja mit Leidenschaft. In allen Richtungen bereiste er fortwährend seine Diözese: es gab in derselben keinen Ort, den er nicht zwei-, dreimal besucht hätte; in das höchste Gebirge, in die entlegensten Täler verfügte er sich. In der Regel war ihm schon ein Visitator vorausgegangen, und er hatte dessen Bericht bei sich: er untersuchte nun alles mit eigenen Augen; er verhängte die Strafen, setzte die Verbesserungen fest. Zu ähnlichem Verfahren leitete er seine Geistlichkeit an: sechs Provinzialkonzilien sind unter seinem Vorsitz gehalten worden. Aber überdies war er in eigenen kirchlichen Funktionen unermüdlich. Er predigte und las Messe; ganze Tage lang teilte er das Abendmahl aus, ordinierte Priester, kleidete Klosterfrauen ein, weihte Altäre. Einen Altar zu weihen, forderte eine Zeremonie von acht Stunden: man rechnet 300, die er nach und nach geweiht hat. Viele seiner Einrichtungen sind freilich wohl sehr äußerlich; sie gehen besonders auf Herstellung der Gebäude, Übereinstimmung des Ritus, Aufstellung und Verehrung der Hostie. Die Hauptsache ist die strenge Disziplin, in der er die Geistlichkeit zusammennimmt, in der dieser hinwiederum die Gemeinden unterworfen werden. Sehr wohl kannte er die Mittel, seinen Anordnungen Eingang zu verschaffen. In den schweizerischen Gebieten besuchte er die Stätten der ältesten Verehrung, teilte Geschenke in dem Volke aus, zog die Vornehmen zur Tafel. Dagegen wußte er auch den Widerspenstigen wirksam zu begegnen. Das Landvolk in Val Camonica wartete auf ihn, um von ihm gesegnet zu werden. Da es aber seit einiger Zeit die Zehnten nicht zahlte, fuhr er vorüber, ohne die Hand zu bewegen, ohne jemanden anzusehen. Die Leute waren entsetzt und bequemten sich, die alte Pflicht zu leisten. Zuweilen fand er jedoch hartnäckigeren und erbitterten Widerstand. Daß er den Orden der Humiliaten reformieren wollte, machte die Mitglieder, die nur hineingetreten waren, um die Reichtümer desselben in ungebundenem Leben zu genießen, in einem Grade mißvergnügt, daß sie ihrem Erzbischof nach dem Leben standen. Während er in seiner Kapelle betete, ward auf ihn geschossen. Niemals aber war ihm etwas nützlicher, als dies Attentat. Das Volk hielt seine Rettung für ein Wunder und fing von diesem Augenblick erst recht an, ihn zu verehren. Da sein Eifer ebenso rein und von irdischen Zwecken ungetrübt war wie beharrlich, da er auch in der Stunde der Gefahr, zur Zeit der Pest, eine unermüdliche Fürsorge für das Heil des Lebens und der Seelen seiner Pflegebefohlenen bewies, da er nichts als Hingebung und Frömmigkeit an sich wahrnehmen ließ, so wuchs sein Einfluß von Tag zu Tage, und Mailand nahm eine ganz andere Gestalt an. „Wie soll ich dich preisen, schönste Stadt," ruft Gabriel Paleotto gegen das Ende der Verwaltung Borromeos aus, „ich bewundere deine Heiligkeit und Religion; ein zweites Jerusalem sehe ich in dir." So begeisterte Ausrufungen können bei aller Welt=

lichkeit des mailändischen Adels doch unmöglich ohne Grund gewesen sein. Der Herzog von Savoyen wünschte dem Erzbischof feierlich Glück zu dem Erfolge seiner Bemühungen. Auch für die Zukunft suchte dieser nun seine Anordnungen festzustellen. Eine Kongregation sollte die Gleichförmigkeit des Ritus behaupten; ein besonderer Orden der Gewidmeten, genannt Oblati, von regularen Klerikern, verpflichtete sich zu dem Dienste des Erzbischofs und seiner Kirche; die Barnabiten empfingen neue Regeln, und seitdem haben sie sich zuerst hier, dann allenthalben, wo sie eingeführt wurden, die Bischöfe in ihrer Seelsorge zu unterstützen angelegen sein lassen. Einrichtungen, welche die römischen im Kleinen wiederholen. Auch ein Kollegium Helveticum zur Herstellung des Katholizismus in der Schweiz ward zu Mailand errichtet, wie zu Rom ein Germanicum für Deutschland. Das Ansehen des römischen Papstes konnte dadurch nur um so fester werden. Borromeo, der ein päpstliches Breve nie anders als mit unbedecktem Haupt in Empfang nahm, pflanzte die nämliche Ergebenheit seiner Kirche ein.

Indes war Pius V. auch in Neapel zu ungewohntem Einfluß gelangt. Gleich am ersten Tage seines Pontifikates hatte er Tomajo Orsino da Foligno zu sich gerufen und ihm eine reformierende Visitation der römischen Kirchen aufgetragen. Nachdem sie vollendet war, ernannte er denselben zum Bischof von Strongoli und schickte ihn in gleicher Absicht nach Neapel. Unter vielem Zulauf dieses devoten Volkes vollzog Orsino seine Visitation in der Hauptstadt und in einem großen Teile des Königreiches.

Zwar hatte der Papst in Neapel wie Mailand nicht selten Streitigkeiten mit den königlichen Behörden. Der König beschwerte sich über die Bulle In coena Domini: der Papst wollte von dem Exequatur regium nichts wissen; jenen taten die geistlichen Behörden zu viel, diesem die königlichen zu wenig: zwischen den Vizekönigen und den Erzbischöfen gab es unaufhörlich Reibungen. Am Hofe von Madrid war man, wie gesagt, oft von Herzen mißvergnügt, und der Beichtvater des Königs beklagte sich laut. Indessen kam es doch zu keinem Ausbruch eines Mißverständnisses. Beide Fürsten maßen immer den Behörden, den Räten des anderen die vornehmste Schuld bei. Sie selber blieben persönlich in vertraulichem Verhältnis. Als Philipp II. einmal krank war, erhob Pius V. seine Hände und bat Gott, denselben von seiner Krankheit zu befreien; der alte Mann betete, Gott möge ihm einige Jahre abnehmen und sie dem Könige zulegen, an dessen Leben mehr gelegen sei als an dem seinigen.

Auch wurde Spanien sonst völlig in dem Sinne der kirchlichen Restauration regiert. Der König war einen Augenblick zweifelhaft gewesen, ob er die tridentinischen Beschlüsse ohne weiteres anerkennen solle oder nicht, und wenigstens hätte er die päpstliche Macht in dem Rechte, Zugeständnisse im Widerspruch mit denselben zu machen, gern beschränken mögen;

— allein der geistliche Charakter seiner Monarchie stand jedem Versuche dieser Art entgegen: er sah, daß er auch den Anschein einer ernstlicheren Differenz mit dem römischen Stuhle vermeiden müsse, wofern er des Gehorsams gewiß bleiben wolle, den man ihm selber leistete. Die Dekrete des Konziliums wurden allenthalben angekündigt und ihre Anordnungen eingeführt. Die streng-dogmatische Richtung nahm auch hier überhand. Carranza, Erzbischof von Toledo, der erste Geistliche des Landes, früher Mitglied des Konziliums von Trient, der neben Poole das meiste zur Wiederherstellung des Katholizismus in England unter Königin Maria beigetragen, durch so viele Titel erhaben, konnte dennoch der Inquisition nicht entgehen. „Ich habe," sagte er, „nie etwas anderes beabsichtigt, als die Ketzerei zu bekämpfen; Gott hat mir in dieser Hinsicht beigestanden. Ich selber habe mehrere Irrgläubige bekehrt; die Körper einiger Häupter der Ketzer habe ich ausgraben und verbrennen lassen; Katholiken und Protestanten haben mich den ersten Verteidiger des Glaubens genannt." Allein dies so unzweifelhaft katholische Bezeigen half ihm alles nicht gegen die Inquisition. Man fand in seinen Werken 16 Artikel, in denen er sich den Meinungen der Protestanten, hauptsächlich in Hinsicht der Justifikation, zu nähern schien. Nachdem er in Spanien lange gefangengehalten und mit dem Prozeß gequält worden war, brachte man ihn nach Rom; — es schien eine große Gunst, ihn seinen persönlichen Feinden zu entreißen; doch konnte er auch hier zuletzt dem Verdammungsurteile nicht entfliehen.

Geschah dies aber an einem so hoch gestellten Manne, in einem so zweifelhaften Falle, so läßt sich erachten, wie wenig die Inquisition geneigt sein konnte, unleugbare Abweichungen an untergeordneten Personen zu dulden, wie sie hie und da auch in Spanien vorkamen. Die ganze Strenge, mit der man bisher die Reste jüdischer und mohammedanischer Meinungen verfolgt hatte, kehrte man nun wider die protestantischen — es folgte Autodafé auf Autodafé —, bis endlich jeder Keim derselben erstickt war. Seit dem Jahre 1570 finden wir fast nur noch Ausländer um des Protestantismus willen vor die Inquisition gezogen.

In Spanien begünstigte die Regierung die Jesuiten nicht. Man fand, es seien meistens Judenchristen; nicht von dem rein spanischen Geblüt: man traute ihnen den Gedanken zu, sich für alle die Mißhandlungen, die sie erduldet, wohl auch einmal rächen zu wollen. In Portugal dagegen gelangten die Mitglieder dieses Ordens nur allzubald zu unumschränkter Gewalt: sie regierten das Reich im Namen des Königs Sebastian. Da sie auch in Rom, auch unter Pius V. den größten Kredit hatten, so brauchten sie ihre Autorität in jenem Lande nach den Gesichtspunkten der Kurie.

Und so beherrschte Pius V. die beiden Halbinseln vollkommener, als lange einer seiner Vorjahren:

allenthalben traten die Tridentiner Anordnungen ins Leben; alle Bischöfe schwuren auf die Professio fidei, welche einen Inbegriff der dogmatischen Satzungen des Konziliums enthält. Papst Pius V. machte den römischen Katechismus bekannt, in welchem dieselben hie und da noch weiter ausgebildet erscheinen: er abolierte alle Breviarien, die nicht vom römischen Stuhle ausdrücklich gegeben oder über zweihundert Jahre lang eingeführt seien, und machte ein neues bekannt, nach den ältesten der Hauptkirchen von Rom entworfen, von dem er wünschte, daß es allenthalben eingeführt werde; er verfehlte nicht, auch ein neues Missale „nach der Norm und dem Ritus der heiligen Väter" zu allgemeinem Gebrauch zu publizieren; die geistlichen Seminare füllten sich: die Klöster wurden wirklich reformiert; die Inquisition wachte mit erbarmungsloser Strenge über die Einheit und Unantastbarkeit des Glaubens.

Eben hiedurch ward nun aber zwischen allen diesen Ländern und Staaten eine enge Vereinigung gebildet. Es trug dazu unendlich bei, daß Frankreich, in innere Kriege geraten, seine alte Feindseligkeit gegen Spanien entweder aufgab, oder doch nicht mehr so lebendig geltend machte. Die französischen Unruhen hatten auch noch eine andere Rückwirkung. Aus den Ereignissen einer Zeit tauchen immer einige allgemeine politische Überzeugungen auf, welche dann die Welt praktisch beherrschen. Die katholischen Fürsten glaubten innezuwerden, daß es einen Staat ins Verderben stürze, wenn er Veränderungen in der Religion gestatte. Hatte Pius IV. gesagt, die Kirche könne nicht fertig werden ohne die Fürsten, so waren jetzt die Fürsten überzeugt, auch für sie sei eine Vereinigung mit der Kirche unumgänglich notwendig. Fortwährend predigte es ihnen Pius V. In der Tat erlebte er, diese südlich-christliche Welt sogar zu einer gemeinschaftlichen Unternehmung um sich vereinigt zu sehen.

Noch immer war die osmanische Macht in gewaltigem Fortschritt: sie beherrschte das Mittelmeer; ihre Unternehmungen, erst auf Malta, dann auf Zypern, zeigten, wie ernstlich sie eine Eroberung der bisher nicht bezwungenen Inseln beabsichtigte: von Ungarn und Griechenland aus bedrohte sie Italien. Es gelang Pius V., den katholischen Fürsten diese Gefahr endlich einmal recht einleuchtend zu machen; bei dem Angriff auf Zypern entsprang in ihm der Gedanke eines Bundes derselben: den Venezianern auf der einen, den Spaniern auf der anderen Seite schlug er einen solchen vor. „Als ich die Erlaubnis erhalten, darüber zu unterhandeln, und sie ihm mitteilte," sagt der venezianische Gesandte, „erhob er seine Hände gegen den Himmel und dankte Gott; er versprach, diesem Geschäft seinen ganzen Geist und alle seine Gedanken zu widmen." Es kostete ihn unendliche Mühe, die Schwierigkeiten wegzuräumen, die einer Vereinigung der beiden Seemächte entgegenstanden; die übrigen Kräfte Italiens gesellte er ihnen zu; er selbst, obwohl er anfangs weder Geld noch Schiffe

noch Waffen hatte, fand doch Mittel, auch päpstliche
Galeeren zu der Flotte stoßen zu lassen; an der Wahl
des Anführers Don Johann von Österreich hatte er
Anteil: dessen Ehrgeiz und Devotion wußte er zu=
gleich zu entflammen. Und so kam es zu dem glück=
lichsten Schlachttage — bei Lepanto —, den die
Christen je gehalten. So sehr lebte der Papst in
diesem Unternehmen, daß er an dem Tage der Schlacht
in einer Art von Entzücken den Sieg zu sehen meinte.
Daß dieser erfochten ward, erfüllte ihn mit hohem
Selbstvertrauen und den kühnsten Entwürfen. In
ein paar Jahren hoffte er die Osmanen ganz er=
niedrigt zu haben.

Nicht allein aber zu so unbedenklich ruhmwürdigen
Unternehmungen benutzte er seine Vermittelung.
Seine Religiosität war von einer so ausschließenden
und gebieterischen Art, daß er den andersgläubigen
Christen den bittersten Haß widmete. Daß die
Religion der Unschuld und der Demut, daß wahre
Frömmigkeit verfolge, welch ein Widerspruch!
Pius V., hergekommen bei der Inquisition, in ihren
Ideen alt geworden, fand darin keinen. Suchte er
die Reste abweichender Regungen, die es in den katho=
lischen Ländern gab, mit unermüdlichem Eifer zu ver=
tilgen, so verfolgte er die eigentlichen, frei gewordenen
oder noch im Kampf begriffenen Protestanten mit
noch wilderem Ingrimm. Den französischen Katho=
liken kam er nicht allein selbst mit einer kleinen
Kriegsmacht zu Hilfe; dem Anführer derselben, dem

Grafen Santafiore, gab er die unerhörte Weisung, „keinen Hugenotten gefangen zu nehmen, jeden, der ihm in die Hände falle, sofort zu töten." Bei den niederländischen Unruhen schwankte Philipp II. anfangs, wie er die Provinzen zu behandeln habe; der Papst riet ihm zu bewaffneter Dazwischenkunft. Sein Grund war: wenn man ohne den Nachdruck der Waffen unterhandle, so empfange man Gesetze; habe man dagegen die Waffen in den Händen, so schreibe man deren vor. Er billigte die blutigen Maßregeln des Alba: er schickte ihm dafür den geweihten Hut und Degen. Es kann nicht bewiesen werden, daß er um die Vorbereitungen zu der Bartholomäusnacht gewußt habe; aber er hat Dinge begangen, die keinen Zweifel übrig lassen, daß er sie so gut wie sein Nachfolger gebilligt haben würde.

Welch eine Mischung von Einfachheit, Edelmut, persönlicher Strenge, hingegebener Religiosität und herber Ausschließung, bitterem Haß, blutiger Verfolgung.

In dieser Gesinnung lebte und starb Pius V. Als er seinen Tod kommen sah, besuchte er noch einmal die sieben Kirchen, „um," wie er sagte, „von diesen heiligen Orten Abschied zu nehmen"; dreimal küßte er die letzten Stufen der Scala santa. Er hatte einst versprochen, zu einer Unternehmung gegen England nicht allein die Güter der Kirche, Kelche und Kreuze nicht ausgenommen, aufzuwenden, sondern auch in Person zu erscheinen, um sie zu leiten. Auf dem Wege stellten sich ihm einige aus England verjagte Katholiken dar; er sagte: er wünsche sein Blut für sie zu vergießen. Hauptsächlich sprach er von der Liga, zu deren glücklicher Fortsetzung er alles vorbereitet hinterlasse: das letzte Geld, das er ausgab, war dafür bestimmt. Die Geister seiner Unternehmungen umgaben ihn bis auf seinen letzten Augenblick. An ihrem glücklichen Fortgange zweifelte er nicht. Er meinte, Gott werde nötigenfalls aus den Steinen den Mann erwecken, dessen man bedürfe.

Ward nun gleich sein Verlust mehr empfunden, als er selbst geglaubt hatte, so war doch eine Einheit gebildet, es war eine Macht vorhanden, deren innere Triebe die eingeschlagene Richtung behaupten mußten.

Viertes Buch.

Staat und Hof. Die Zeiten Gregors XIII. und Sixtus' V.

Mit verjüngter, neu zusammengenommener Kraft trat nunmehr der Katholizismus der protestantischen Welt entgegen.

Wollte man sie im ganzen miteinander vergleichen, so war der Katholizismus schon dadurch in ungemeinem Vorteil, daß er einen Mittelpunkt hatte, ein Oberhaupt, das seine Bewegung nach allen Seiten hinleitete.

Nicht allein vermochte der Papst die Kräfte der übrigen katholischen Mächte zu gemeinschaftlichen Anstrengungen zu vereinigen; er hatte auch einen eigenen Staat, der stark genug war, um etwas Wesentliches dazu beizutragen.

In einer neuen Bedeutung erscheint uns nunmehr der Kirchenstaat.

Er war gegründet worden, indem die Päpste ihre Geschlechter zu fürstlicher Gewalt zu erheben, oder sich selbst ein überwiegendes Ansehen unter den Mächten der Welt, vornehmlich den italienischen Staaten, zu verschaffen suchten. Weder das eine noch das andere hatten sie in dem Maße erreicht, wie sie es gewünscht hätten: jetzt war es auf immer unmöglich geworden, diese Bestrebungen zu erneuern. Ein eigenes Gesetz verbot die Veräußerung kirchlicher Besitztümer: allzu mächtig waren die Spanier in

Italien, als daß man noch mit ihnen hätte wetteifern dürfen. Dagegen ward der Staat nunmehr zu einer Stütze für die geistliche Gewalt. Mit den finanziellen Mitteln, die er darbot, wurde er für die allgemeine Entwickelung wichtig. Ehe wir weiter gehen, ist es notwendig, seine Verwaltung, wie sie sich in dem Laufe des 16. Jahrhunderts allmählich ausbildete, näher ins Auge zu fassen.

Verwaltung des Kirchenstaates.

Ein wohlgelegenes, reiches, herrliches Gebiet war den Päpsten zuteil geworden.

Die Relationen des 16. Jahrhunderts können nicht Worte genug finden, um die Fruchtbarkeit desselben zu rühmen. Wie schöne Ebenen biete es um Bologna, durch die ganze Romagna dar! Die Apenninen hinan verknüpfe es Anmut und Fruchtbarkeit. „Wir reisten," sagen die venezianischen Gesandten von 1522, „von Macerata nach Tolentino durch das schönste Gefilde: Hügel und Ebenen voller Getreide: 30 Miglien weit wuchs nichts anderes; keinen Fußbreit Landes hätte man unbebaut finden können; es schien uns unmöglich, so viel Getreide einzusammeln, geschweige zu verbrauchen." Die Romagna brachte jährlich 40000 Stara Getreide mehr hervor, als sie selbst bedurfte; es war große Nachfrage danach; nachdem die gebirgigen Landstriche von Urbino, Toskana und Bologna versorgt worden, führte man zuweilen noch 35000 Stara seewärts aus. Während Venedig von der

Romagna und der Mark aus, wurden an dem anderen Meere, aus dem Gebiete von Viterbo und dem Patrimonium in der Regel Genua, zuweilen sogar Neapel mit ihrem Bedürfnis versehen. In einer seiner Bullen vom Jahre 1566 preist Pius V. die göttliche Gnade, durch die es geschehen sei, daß Rom, welches in früheren Zeiten nicht ohne fremdes Getreide bestehen können, jetzt nicht allein daran Überfluß habe, sondern auch Nachbarn und Auswärtigen, zu Land und See, dessen oftmals aus seiner Campagna zuzuführen vermöge. Im Jahre 1589 berechnet man die Getreideausfuhr des Kirchenstaates auf einen Wert von jährlich 500 000 Sk. Einzelne Landschaften waren noch durch besondere Produkte berühmt: Perugia durch Hanf, Faenza durch Lein, Viterbo durch beides, Cesena durch einen Wein, den man verschiffte, Rimini durch Öl, Bologna durch Waid, S. Lorenzo durch sein Manna; das Weingewächs von Montefiascone hatte Ruf in der ganzen Welt. In der Campagna fand man damals eine Gattung Pferde, die den neapolitanischen nicht viel nachgab; nach Nettuno und Terracina hin hatte man die schönste Jagd, zumal von Ebern. Es fehlte nicht an fischreichen Seen; man besaß Salzwerke, Alaunwerke, Marmorbrüche; man schien alles in Fülle zu haben, was man sich nur zum Leben wünschen konnte.

Von dem Verkehr der Welt war man denn auch mit nichten ausgeschlossen. Ankona hatte einen sehr blühenden Handel. „Es ist ein schöner Ort," sagen jene Gesandten von 1522, „voll von Kaufleuten, hauptsächlich Griechen und Türken: — es ward uns versichert, daß einige von ihnen im vorigen Jahre ein Geschäft von 500 000 Duk. gemacht haben." Im Jahre 1549 finden wir daselbst 200 griechische Familien angesiedelt, die ihre eigene Kirche haben, alles Handelsleute. Der Hafen ist voll von levantinischen Karabellen. Armenier, Türken, Florentiner, Lucchesen, Venezianer, Juden vom Orient und Okzident sind zugegen. Die Waren, die man hier eintauschte, bestanden in Seide, Wolle, Leder, Blei von Flandern, Tuchen. Der Luxus nahm zu; die Mieten der Häuser waren im Steigen; man nahm Ärzte und Schullehrer zahlreicher und zu höherer Besoldung an als bisher.

Noch viel mehr aber als Regsamkeit und Handelstätigkeit rühmt man uns die Tapferkeit der Einwohner des Kirchenstaates: zuweilen wird sie uns sogar nach ihrer mannigfaltigen Abstufung vorgestellt. Man findet die Peruginer wacker im Dienst, die Romagnolen tapfer, aber unvorsichtig, die Spoletiner voll von Kriegslisten, die Bolognesen mutig und nur schwer in Mannszucht zu halten, die Marchianen zur Plünderung geneigt, die Faentiner vor allem geeignet, einen Angriff auszuhalten und den Feind auf seinem Rückzuge zu verfolgen; in der Ausführung schwieriger Manöver schienen die Forlivesen, im Gebrauch der Lanze die Einwohner von Fermo den Vorzug zu verdienen. „Das ganze Volk," sagt einer unserer Venezianer, „ist zum Kriege ge=

schickt und wild von Natur. Sobald diese Menschen nur einmal ihre Heimat verlassen haben, sind sie zu jeder Kriegstat, zu Belagerungen wie zu offener Schlacht zu brauchen: leicht ertragen sie die Mühseligkeiten des Feldzuges." Noch immer bekam Venedig seine besten Truppen aus der Mark und aus der Romagna; darum war die Freundschaft eines Herzogs von Urbino für die Republik so wichtig; immer finden wir Hauptleute aus diesen Gegenden in ihren Diensten. Man sagte aber, es gäbe hier Kapitäne für alle Fürsten der Welt; man erinnerte daran, daß von hier die Kompagnie des heiligen Georg ausgegangen sei, mit der Alberich von Barbiano die ausländischen Söldnerhaufen ausgerottet und den Ruhm der italienischen Waffen erneuert hatte: es sei noch der Stamm und Same der Menschen, welche einst zur Gründung des römischen Reiches so viel beigetragen. In neueren Zeiten hat sich ein so stark ausgesprochenes Lob weniger bewährt; doch soll der letzte Kriegsfürst, der sich dieser Mannschaft außerhalb ihrer Heimat bedient hat, ihnen vor den übrigen italienischen und einem guten Teil seiner französischen Truppen unbedenklich den Vorzug zugestanden haben.

Alle diese reichen Landschaften und tapferen Bevölkerungen waren jetzt der friedlichen, geistlichen Gewalt des Papstes unterworfen. Die Natur des Staates, der sich unter ihr entwickelte, haben wir uns nun in ihren Grundzügen zu vergegenwärtigen.

Er beruhte, wie der italienische Staat überhaupt,

auf einer mehr oder minder durchgreifenden Be=
schränkung der munizipalen Unabhängigkeit, welche
sich im Laufe der Jahrhunderte ziemlich allenthalben
ausgebildet hatte.

Noch während des 15. Jahrhunderts empfingen die
Prioren von Viterbo auf ihren steinernen Sitzen vor
der Tür des Stadthauses den Eid des Podesta, welcher
ihnen von dem Papst oder seinem Stellvertreter zu=
gesendet wurde.

Als sich im Jahre 1463 die Stadt Fano dem päpst=
lichen Stuhle unmittelbar unterwarf, machte sie zu=
vor ihre Bedingungen: nicht allein Unmittelbarkeit
auf alle Zukunft, sondern auch das Recht, ihren
Podesta selbst zu wählen ohne weitere Bestätigung,
auf 20 Jahre Befreiung von allen neuen Lasten, den
Vorteil von dem Salzverkauf und mehrere andere
Berechtigungen bedang sie sich aus.

Selbst ein so gewaltsamer Herrscher wie Cesar
Borgia konnte es nicht umgehen, den Städten, aus
welchen er seine Herrschaft zusammengesetzt, Privi=
legien zu gewähren. Der Stadt Sinigaglia trat er
sogar Einkünfte ab, die bisher dem Fürsten gehört
hatten.

Wieviel mehr mußte Julius II. dies tun, dessen
Ehrgeiz es war, als ein Befreier von der Tyrannei
zu erscheinen! Die Peruginer erinnerte er selbst dar=
an, daß er die blühenden Jahre seiner Jugend in
ihren Mauern zugebracht habe. Als er den Baglione
aus Perugia verdrängte, begnügte er sich, die Aus=

gewanderten zurückzuführen, dem friedlichen Magistrat der Priori seine Macht zurückzugeben, die Professoren der Universität mit besseren Besoldungen zu erfreuen: die alten Freiheiten tastete er nicht an. Noch lange nachher leistete diese Stadt nichts weiter als eine Rekognition von ein paar tausend Dukaten: noch unter Klemens VII. finde ich eine Berechnung, wieviel Truppen sie ins Feld stellen könne, gleich als wäre es eine völlig freie Kommune.

Ebensowenig ward Bologna unterjocht. Es hat allezeit mit den Formen auch viele wesentliche Attribute munizipaler Unabhängigkeit behauptet. Frei verwaltete es seine Einkünfte; es hielt seine eigenen Truppen; der Legat des Papstes nahm eine Besoldung von der Stadt.

In dem benezianischen Kriege eroberte Julius II. die Städte der Romagna. Er hat keine einzige an sich gebracht, ohne beschränkende Bedingungen einzugehen oder ohne bestimmte neue Vorrechte zu gewähren; auf die Kapitulationen, die sie damals schlossen, sind sie später immer zurückgekommen. Das staatsrechtliche Verhältnis, in das sie traten, bezeichneten sie mit dem Titel der kirchlichen Freiheit. Fassen wir den Staat, der auf diese Weise zusammenkam, im ganzen, so hat er eine große Ähnlichkeit mit dem benezianischen. In dem einen wie in dem anderen war die Staatsgewalt bisher in den Händen der Kommunen gewesen, die in der Regel andere kleinere

Gemeinheiten unterworfen hatten und beherrschten. Im Venezianischen begaben sich diese regierenden Munizipalitäten, ohne darum ihre Unabhängigkeit in allen Stücken einzubüßen, auf sehr genau bestimmte Bedingungen unter die Herrschaft der Nobili von Venedig. Im Kirchenstaat gerieten sie unter das Gemeinwesen der Kurie; denn ein Gemeinwesen, wie dort der Adel, bildete hier den Hof. Zwar war die Würde der Prälatur während der ersten Hälfte dieses Jahrhunderts noch selbst nicht für die bedeutendsten Stellen unentbehrliches Erfordernis: es finden sich weltliche Vizelegaten in Perugia; in der Romagna scheint es fast die Regel zu sein, daß ein weltlicher Präsident die Verwaltung leitet; Laien erwarben zuweilen die größte Macht und ein unbedingtes Ansehen, wie unter Klemens VII. Jacopo Salviati; aber einmal gehörten auch diese zu der Kurie, sie waren Angehörige eines Papstes und hiedurch Mitglieder jener Korporation; sodann liebten die Städte weltliche Gobernatoren nicht, sie forderten selbst Prälaten: es schien ihnen ehrenvoller, hohen Geistlichen zu gehorchen. Mit einem deutschen Fürstentum und dessen ausgebildetem ständischen Wesen verglichen, sieht ein italienisches auf den ersten Blick fast rechtlos aus. Aber in der Tat gab es auch hier eine bemerkenswerte Gliederung mannigfaltiger Gerechtsame: der Nobili einer Stadt der Staatsgewalt gegenüber, der Cittadini in bezug auf die Nobili, der unterworfenen Kommunen gegen die vornehmste, der Bauern gegen die

Stadt. Auffallend ist, daß es in Italien fast nirgends zu Provinzialberechtigungen kam. Auch in dem Kirchenstaat wurden wohl Provinzialzusammenkünfte gehalten: man bezeichnet sie mit dem viel bedeutenden Namen von Parlamenten; allein auf irgendeine Weise muß es den Sitten des Landes und dem italienischen Charakter widersprochen haben, ein solches Institut auszubilden: zu einer nachhaltigen Wirksamkeit sind sie niemals gelangt.

Hätte sich aber auch nur die munizipale Verfassung vollkommen entwickelt, wie sie dazu die Möglichkeit hatte und auf dem Wege zu sein schien, so würde sie, bei der Beschränkung der Staatsgewalt auf der einen, den positiven Rechten und der großen Macht der Kommunen auf der anderen Seite und der Menge einzelner Privilegien, das Prinzip der Stabilität — ein durch besondere Berechtigungen und gegenseitige Beschränkung fixiertes Staatswesen — auf das stärkste dargestellt haben.

In dem Venezianischen ist man sehr weit darin gekommen: um vieles weniger in dem Kirchenstaat.

Es liegt das schon in dem ursprünglichen Unterschied der Regierungsformen. In Venedig war es eine erbliche, sich selbst regierende Korporation, welche die Regierungsrechte als ihr Eigentum ansah. Die römische Kurie war dagegen höchst beweglich: nach jedem neuen Konklave stießen neue Elemente dazu; die Landsleute der verschiedenen Päpste bekamen allemal einen großen Anteil an den Geschäften. Dort ging jede Wahl zu einer Stelle in der Verwaltung von der Korporation selber aus; hier hing sie von der Gunst des Oberhauptes ab. Dort wurden die Regierenden durch strenge Gesetze, scharfe Aufsicht und Syndikation im Zaum gehalten; hier wurde die Persönlichkeit weniger durch Furcht vor der Strafe als durch Hoffnung auf Beförderung, die indes doch sehr von Gunst und Wohlwollen abhing, eingeschränkt und behauptete einen weiteren Spielraum.

Auch hatte sich die päpstliche Regierung von allem Anfang eine freiere Stellung ausbedungen.

In dieser Hinsicht gibt es ein merkwürdiges Resultat, wenn man irgendwo römische Zugeständnisse mit venezianischen vergleicht. Unter anderem ist das bei Faenza leicht, welches sich erst wenige Jahre, ehe es an den Papst fiel, den Venezianern ergeben hatte und mit beiden Kapitulationen abschloß. Beide Male hatte es z. B. gefordert, daß nie eine neue Auflage eingeführt werden dürfe ohne die Billigung der Mehrheit des großen Rates von Faenza; die Venezianer hatten das ohne Bedenken zugegeben; der Papst fügte die Klausel hinzu: „wofern es nicht ihm aus bedeutenden und vernünftigen Gründen anders gefalle". Ich will diese Kapitel nicht durchgehen: allenthalben zeigt sich ein ähnliches Verhältnis; es ist genug, wenn ich noch einer Abweichung gedenke. Die Venezianer hatten ohne weiteres zugestanden, daß alle Kriminalurteile von dem Podesta und dessen Kurie gefällt werden sollten; der Papst gestattete das im allgemeinen nicht minder; nur eine Ausnahme setzte er fest: „In Fällen der beleidigten Majestät oder ähnlicher Verbrechen, die ein öffentliches Ärgernis veranlassen könnten, soll die Autorität des Governators eintreten." Man sieht, daß sich die päpstliche Regierung gleich von vornherein eine viel stärkere Einwirkung der souveränen Gewalt vorbehielt.

Es ist nicht zu leugnen, daß man es ihr von der anderen Seite her sehr erleichterte.

In den unterworfenen Städten hielten sich zwar in jener Zeit die mittleren Stände, die Bürger, auch wenn sie Einkünfte besaßen, um davon zu leben, die Kaufleute und Handwerker, ruhig und gehorsam; in ewiger Bewegung aber sah man die Patrizier, die Nobili, die es doch waren, welche die munizipale Gewalt in ihren Händen hatten. Sie trieben keine Gewerbe; sie bekümmerten sich wenig um den Ackerbau; weder höhere Bildung noch Gewandtheit in der Führung der Waffen lag ihnen sehr am Herzen: nur ihre Entzweiungen und Feindseligkeiten beschäftigten sie. Noch immer bestanden die alten Parteiungen der guelfischen und gibellinischen Geschlechter; durch die letzten Kriege, die eine Eroberung bald von der einen, bald von der anderen Seite herbeigeführt, waren sie genährt worden; man kannte alle Familien, die zu der einen oder zu der anderen gehörten. In Faenza, Ravenna, Forli waren die Gibellinen, in Rimini die Guelfen am stärksten; doch hielten sich in jeder dieser Städte auch die entgegengesetzten Faktionen: in Cesena und Imola waren sie einander gleich. Auch bei äußerlicher Ruhe ging doch ein geheimer Krieg fort: ein jeder ließ es sich vor allem angelegen sein, seine Gegner von der anderen Partei niederzuhalten, in Schatten zu stellen. Die Oberhäupter hatten Anhänger in der geringsten Klasse an der Hand: starke, entschlossene Leute, herumschweifende Bravi, welche diejenigen selber aufsuchen, von denen sie wissen, daß sie vor ihren Feinden Furcht hegen, oder daß sie wohl eine Beleidigung zu rächen hätten; einen Mord für Geld auszuführen, sind sie immer bereit.

Diese durchgehenden Feindseligkeiten bewirkten nun, daß, indem keine Partei der anderen die Gewalt gönnte noch ihr traute, die Städte selbst ihre Privilegien weniger streng behaupteten. Wenn der Präsident, der Legat in die Provinz kam, so fragte man nicht, ob er die munizipalen Rechte zu beobachten gesonnen sei; man suchte nur zu erforschen, mit welcher Partei er es halte. Man kann nicht ausdrücken, wie sehr sich die Begünstigten freuten, die anderen sich betrübten. Der Legat mußte sich sehr in acht nehmen. Die angesehensten Männer schlossen sich leicht an ihn an, suchten ihm gefällig zu sein, gaben einen großen Eifer für das Interesse des Staates zu erkennen und billigten alle Maßregeln, welche zur Beförderung desselben ergriffen wurden; aber alles dies taten sie oft nur, um bei ihm Fuß zu fassen, sich einzuschmeicheln und alsdann die Partei, welche sie haßten, desto empfindlicher benachteiligen, verfolgen zu können.

In etwas anderer Lage waren die Barone auf dem Lande. In der Regel waren sie arm, aber freigebig und ehrgeizig, so daß sie selbst offenes Haus hielten und ohne Ausnahme einen Aufwand machten, der ihre Kräfte überstieg. In den Städten hatten sie noch immer Anhänger, deren sie sich manchmal zu Ungesetzlichkeiten bedienten. Ihre vornehmste Sorge aber ließen sie es sein, mit ihren Bauern, die immer bei weitem den meisten Grund und Boden besaßen, obwohl eben auch keine Reichtümer, ein gutes Verhältnis zu behaupten. In den südlichen Ländern hält man wohl auf das Ansehen der Geburt, die Prärogative des Blutes; aber der Unterschied der Stände ist doch lange nicht so stark wie in den nördlichen: er schließt die engste persönliche Vertraulichkeit nicht aus. Auch diese Barone lebten mit ihren Bauern mehr in dem Verhältnis einer brüderlichen Unterordnung; man konnte nicht sagen, ob die Untertanen zu Gehorsam und Dienst, oder die Barone zu Hilfleistungen williger waren: es lag noch etwas Patriarchales in ihrer Verbindung. Dies kam unter anderem daher, weil der Baron vor allem den Rekurs seiner Hintersassen an die Staatsgewalt zu vermeiden suchte. Von der Lehnsherrlichkeit des päpstlichen Stuhles wollte er nicht viel wissen. Daß der Legat die zweite und zuweilen sogar die erste Instanz in Anspruch nahm, hielten diese Lehnsleute nicht sowohl für ein Recht als für die Folge einer unglücklichen politischen Konjunktur, welche bald vorübergehen werde.

Noch gab es auch hie und da, besonders in der Romagna, ganz freie Bauerschaften. Es waren große Geschlechter, die sich von einem Stamm herleiteten: Herren in ihren Dörfern: alle bewaffnet, besonders geübt im Gebrauche der Hakenbüchse, in der Regel halb verwildert. Man kann sie mit den freien griechischen oder slawischen Gemeinden vergleichen, die unter den Venezianern ihre Unabhängigkeit behaupteten oder die verlorene unter den Türken wiedererkämpften, wie wir ihnen in Kandia, Morea und Dalmatien begegnen. In dem Kirchenstaat hielten auch sie sich zu den verschiedenen Faktionen. Die Cavina, Scardocci, Solaroli waren Gibellinen; die Manbelli, Ceroni und Serra Guelfen. Die Serra hatten in ihrem Gebiet eine Anhöhe, die zu einer Art Asyl für diejenigen diente, die etwas verbrochen hatten. Die stärksten von allen waren die Cerroni, die auch noch in das florentinische Gebiet hinüber wohnten. Sie hatten sich in zwei Äste geteilt, Rinaldi und Rabagli, die trotz ihrer Verwandtschaft in ewiger Fehde lagen. Sie standen in einer Art von erblicher Verbindung, nicht allein mit den vornehmen Geschlechtern der Städte, sondern auch mit Rechtsgelehrten, welche die eine oder die andere Faktion in ihren Streithändeln unterstützten. In der ganzen Romagna gab es keine so mächtige Familie, daß sie nicht von diesen Bauern leicht hätte verletzt werden können. Immer hatten die Venezianer einen oder den anderen Obersten unter ihnen, um ihrer Hilfe in Kriegsfällen gewiß zu sein.

Wären, wie gesagt, alle diese Einwohner einmütig gewesen, so hätte es den römischen Prälaten schwer fallen sollen, die Staatsgewalt geltend zu machen. Ihre Entzweiung aber gab der Regierung Kraft. In der Relation eines Präsidenten der Romagna an Papst Gregor XIII. finde ich die Worte: „Es regiert sich schwer, wenn das Volk allzu gut zusammenhält; ist es dagegen entzweit, so läßt es sich leicht beherrschen." Aber überdies bildete sich in diesen Ländern noch eine Partei zugunsten der Regierung. Es waren die friedlichen Leute, welche die Ruhe wünschten, jener Mittelstand, der von den Faktionen nicht ergriffen war. In Fano trat er in eine Verbindung zusammen, die man die heilige Union nannte, dazu genötigt, wie es in der Stiftungsurkunde heißt, „weil sich die ganze Stadt mit Raub und Mord erfüllt habe und nicht allein diejenigen unsicher seien, die sich in die Feindseligkeiten verwickelt, sondern auch die, welche lieber im Schweiße ihres Angesichts ihr Brot äßen"; sie vereinigen sich durch einen Eidschwur in der Kirche als Brüder auf Leben und Tod, die Ruhe in der Stadt aufrechtzuerhalten und die Störer derselben zu vernichten. Die Regierung begünstigte sie und gab ihnen das Recht, Waffen zu tragen. In der ganzen Romagna finden wir sie unter dem Namen der Pacifici; sie bilden allmählich eine Art von plebejischem Magistrat. Auch unter den Bauern hatte die Regierung ihre Anhänger. Die Manbelli hielten sich zu dem Hofe des Legaten. Sie schafften Banditen herbei und bewachten die Grenzen: es gab ihnen dies wieder unter ihren Nachbarn ein nicht geringes Ansehen. Nachbarliche Eifersucht, der Gegensatz der Landgemeinden gegen die Städte und manche andere innere Übelstände kamen der Regierung überdies zu Hilfe.

Und so finden wir statt jener Gesetzlichkeit, Ruhe und Stabilität, zu welcher der Idee nach diese Verfassung hätte entwickelt werden können, eine lebhafte Bewegung der Faktionen, Einwirkung der Regierung, solange diese entzweit sind: Gegendruck der Munizipalitäten, sowie sie sich einmal vereinigen: Gewalt für das Gesetz, Gewalt wider das Gesetz. Ein jeder sieht, wie weit er es bringen kann.

Gleich unter Leo X. machten die Florentiner, welche die Regierung größtenteils in Händen hatten, die Rechte der Kurie auf eine sehr drückende Weise geltend. Man sah die Gesandtschaften der Städte eine nach der anderen nach Rom gelangen und um eine Abhilfe ihrer Beschwerden nachsuchen. Ravenna erklärte, es werde sich eher den Türken ergeben, als die Fortsetzung eines solchen Regiments dulden. Noch oft kamen während der Sedisbakanzen die alten Herren zurück; nur mit Mühe wurden sie dann von den Päpsten wieder verjagt. Auf der anderen Seite fürchteten auch die Städte, wieder alieniert zu werden. Bald ist es ein Kardinal, bald ein Angehöriger des Papstes, bald ein benachbarter Fürst, der für eine Summe, die er der Kammer zahlt, die Regierungsrechte in einer oder der anderen Stadt an sich zu bringen sucht. Die Städte halten auch darum Agenten und Gesandte zu Rom, um jeden Plan dieser Art, sowie er gefaßt ist, kennen zu lernen, sowie er zur Ausführung gelangen soll, zu hintertreiben. In der Regel gelingt es ihnen. Aber zuweilen kommen sie auch in den Fall, gegen päpstliche Autoritäten, selbst gegen päpstliche Truppen Gewalt zu brauchen. Beinahe in jeder Geschichte dieser Ortschaften findet sich ein oder das andere Beispiel einer groben Widersetzlichkeit. In Faenza kam es einmal, in dem Sommer des Jahres 1521, zwischen den Schweizern des Papstes Leo und den Bürgern zu einem förmlichen Kampfe, zu einer Art von Schlacht auf der Straße. Den Schweizern gelang es noch, sich auf der Piazza zu vereinigen; aber alle Ausgänge der Straßen, die in dieselbe münden, waren von den Bürgern verrammelt, und die Schweizer mußten zufrieden sein, daß man einen eröffnete und sie ohne Beschädigung abziehen ließ. In Faenza hat man diesen Tag seitdem lange Jahre hindurch mit religiösen Festlichkeiten begangen. Jesi, nicht gerade eine bedeutende Stadt, hatte doch den Mut, den Vizegobernator, der gewisse Ehrenbezeigungen verlangte, die man ihm nicht erweisen mochte, am 25. November 1528 in seinem Palast anzugreifen. Bürger und Bauern waren vereinigt, 100 Albaneser, die in der Nähe standen, in Sold genommen. Der Vizegobernator ergriff mit allen seinen Beamten die Flucht. „Mein Vaterland," sagt der übrigens sehr katholisch-fromme Chronist dieser Stadt, „das sich dergestalt zu einer ursprünglichen Freiheit hergestellt sah, beschloß, diesen Tag jährlich auf öffentliche Kosten feierlich zu begehen."

Hieraus konnte, wie sich versteht, nichts anderes folgen als neue Übermannung, Strafe und größere Beschränkung. Gegen Städte, welche noch bedeutende Überreste der alten Freiheit besaßen, ergriff die Regierung solche Gelegenheiten, um ihnen dieselben zu entreißen, um sie vollends zu unterwerfen.

Wie dies geschah, davon bieten besonders Ankona und Perugia merkwürdige Beispiele dar.

Auch Ankona bezahlte dem Papste nur eine jährliche Rekognition. Sie erschien um so unzureichender, je mehr die Stadt in Aufnahme kam. Am Hofe berechnete man die Einkünfte von Ankona auf 50000 Skudi und fand es unerträglich, daß der dortige Adel dies Geld unter sich teile. Da nun die Stadt sich zugleich neuen Auflagen entzog und ein Kastell, auf das sie Anspruch hatte, mit Gewalt einnahm, so kam es zu offenen Mißhelligkeiten. Man bemerke, wie damals noch Regierungen zuweilen ihr Recht geltend machten. Die päpstlichen Beamten ließen das Vieh aus der ankonitanischen Feldmark wegtreiben, um zu dem Betrage ihrer Auflage zu gelangen; man nannte das Repressalien.

Indessen war Klemens VII. hiemit nicht zufrieden. Er erwartete nur einen günstigen Augenblick, um sich zum wirklichen Herrn von Ankona zu machen. Nicht ohne Hinterlist suchte er ihn herbeizuführen. Indem er eine Festung in Ankona anzulegen befahl, gab er vor, er tue das allein deshalb, weil die türkische Macht, nach ihren Erfolgen in Ägypten und Rhodus in so großer Aufnahme auf dem ganzen Mittelmeer, sich in kurzem ohne Zweifel auch auf Italien werfe. Welch eine Gefahr sei es dann, wenn Ankona, wo ohnedies stets eine Anzahl türkischer Fahrzeuge liege, durch keinerlei Werke geschützt werde. Er schickte Antonio Sangallo, die Festung anzulegen. Die Arbeiten gingen auf das rascheste vorwärts; bald nahm eine kleine Mannschaft daselbst Platz. Eben dies war der Moment, den der Papst erwartete. Als man soweit war, im September 1532, erschien eines Tages der Gobernator der Mark, Monsignor Bernardino della Barba, zwar ein Priester, aber von kriegerischer Gesinnung, mit einem stattlichen Heere, das ihm die Eifersucht der Nachbarn zusammengebracht, in dem Gebiete von Ankona, nahm ein Tor ein, rückte sofort auf den Marktplatz und ließ seine Truppen vor dem Palast aufmarschieren. Unbesorgt wohnten hier, mit dem Zeichen der höchsten Würde, die vor kurzem durch das Los bestimmten Anzianen. Monsignor della Barba trat mit militärischem Gefolge ein und erklärte ihnen ohne viel Rückhalt, „der Papst wolle die Regierung von Ankona unumschränkt in seine Hände haben". In der Tat konnte man ihm keinen Widerstand entgegensetzen. Die jüngeren Nobili ließen in aller Eile einige Mannschaften, die ihnen ergeben waren, von dem Lande hereinkommen; aber was wollte man anfangen, da die päpstlichen Truppen schon durch die neuen Befestigungen für alle Fälle überlegen waren? Der Gefahr einer Plünderung und Zerstörung der Stadt wollten die älteren sich nicht aussetzen. Sie ergaben sich in das Unvermeidliche.

Die Anzianen verließen den Palast; in kurzem erschien der neue päpstliche Legat, Benedetto delli Accolti, welcher der apostolischen Kammer für die Regierungsrechte in Ankona 20 000 Sk. des Jahres zugesagt hatte.

Der ganze Zustand ward verändert. Alle Waffen mußten abgeliefert werden; 64 angesehene Nobili wurden exiliert. Man machte neue Inbossolationen: den Unadeligen, den Einwohnern der Landschaft wurde ein Anteil an den Ämtern gewährt; das Recht ward nicht mehr nach den alten Statuten gesprochen.

Wehe dem, der sich wider diese Anordnungen regte! Einige Oberhäupter machten sich einer Verschwörung verdächtig: sie wurden sofort eingezogen, verurteilt und enthauptet. Den anderen Tag breitete man einen Teppich auf dem Markte aus; darauf legte man die Leichen; neben jeder brannte eine Fackel: so ließ man sie den ganzen Tag.

Zwar hat nachher Paul III. einige Erleichterungen

zugestanden; allein die Unterwerfung war damit nicht zurückgenommen: die alten Freiheiten herzustellen war er weit entfernt.

Bediente er sich doch vielmehr eben jenes Bernardino della Barba, die Freiheiten einer anderen seiner Städte aufzuheben.

Der Papst hatte den Salzpreis um die Hälfte erhöht. Die Stadt Perugia glaubte sich durch ihre Privilegien berechtigt, sich dieser Auflage zu widersetzen. Der Papst sprach das Interdikt aus; die Bürger, in den Kirchen vereinigt, wählten sich einen Magistrat von „fünfundzwanzig Verteidigern"; vor einem Kruzifix auf dem Markte legten sie die Schlüssel ihrer Tore nieder. Beide Teile rüsteten.

Daß eine so bedeutende Stadt sich gegen die Herrschaft des Papstes erhob, erregte eine allgemeine Bewegung. Es würde bemerkenswerte Folgen gehabt haben, wenn es sonst einen Krieg in Italien gegeben hätte. Da aber alles ruhig war, konnte ihr kein Staat die Hilfe gewähren, auf die sie gerechnet hatte.

Denn obwohl Perugia nicht ohne Macht war, so besaß es doch auch lange nicht die Kraft, einem Heere zu widerstehen, wie es Peter Ludwig Farnese zusammenbrachte, von 10 000 Italienern, 3000 Spaniern. Auch zeigte sich die Regierung der Fünfundzwanzig eher gewaltsam und heftig als besonnen und schützend. Nicht einmal Geld zum Sold für die Truppen, die ihnen ein Baglione zuführte, hielten sie bereit. Ihr einziger Verbündeter, Ascanio Colonna, der sich der nämlichen Auflage widersetzte, begnügte sich, Vieh von dem kirchlichen Gebiete wegzutreiben; zu ernstlicher Hilfe entschloß er sich nicht.

Und so mußte sich die Stadt, nach kurzer Freiheit, am 3. Juni 1540 wieder ergeben. In langen Trauerkleidern, mit Stricken um den Hals erschienen ihre Abgeordneten in dem Portikus von S. Peter zu den Füßen des Papstes, ihn um Begnadigung anzurufen.

Wohl gewährte er ihnen solche; aber ihre Freiheiten hatte er indes schon zerstört. Alle ihre Privilegien hatte er aufgehoben.

Jener Bernardino della Barba kam nach Perugia, um es einzurichten wie Ankona. Die Waffen wurden ausgeliefert, die Ketten, mit denen man bisher die Straßen verschloß, weggenommen, die Häuser der Fünfundzwanzig, die beizeiten entwichen waren, dem Erdboden gleichgemacht; an der Stelle, wo die Baglionen gewohnt, ward eine Festung aufgerichtet. Die Bürger selbst mußten dazu steuern. Man hatte ihnen einen Magistrat gegeben, dessen Name schon den Zweck anzeigt, zu dem er bestimmt war. Konservatoren des kirchlichen Gehorsams nannte man ihn. Ein späterer Papst gab ihm den Titel Prioren zurück, doch keines von den alten Gerechtsamen.

Auch Ascanio Colonna war indes von dem nämlichen Heere überzogen und aus seinen festen Plätzen vertrieben worden.

Durch so viele glückliche Schläge ward die päpstliche

Gewalt in dem Kirchenstaat unendlich vergrößert: weder die Städte noch die Barone wagten, sich ihr länger zu widersetzen; von den freien Kommunen hatte sie eine nach der anderen unterworfen; alle Hilfsquellen des Landes konnte sie zu ihren Zwecken anstrengen.

Wir betrachten nun, wie sie das tat.

Finanzen.

Vor allem kommt es dann darauf an, daß wir uns das System der päpstlichen Finanzen vergegenwärtigen: — ein System, welches nicht allein für diesen Staat, sondern durch das Beispiel, das es aufstellte, für ganz Europa von Bedeutung ist.

Wenn man bemerkt hat, daß die Wechselgeschäfte des Mittelalters ihre Ausbildung hauptsächlich der Natur der päpstlichen Einkünfte verdankten, die in aller Welt fällig, von allen Seiten an die Kurie zu übermachen waren, so ist es nicht minder bemerkenswert, daß das Staatsschuldenwesen, welches uns in diesem Augenblick alle umschließt und das ganze Getriebe des Verkehrs bedingt und fesselt, in dem Kirchenstaate zuerst systematisch entwickelt wurde.

Mit wie vielem Recht man auch über die Erpressungen Klage geführt haben mag, welche sich Rom während des fünfzehnten Jahrhunderts erlaubte, so ist doch augenscheinlich, daß von dem Ertrage derselben nur wenig in die Hände des Papstes kam. Pius II. genoß die allgemeine Obedienz von Europa; dennoch hat er einmal aus Mangel an Geld sich und seine Umgebung auf eine Mahlzeit des Tages einschränken müssen. Die 200 000 Dukaten, die er zu dem Türkenkriege brauchte, den er vorhatte, mußte er erborgen. Selbst jene kleinlichen Mittel, deren sich mancher Papst bediente, um von einem Fürsten, einem Bischof, einem Großmeister, der eine Sache am Hofe hatte, ein Geschenk, etwa von einem goldenen Becher mit einer Summe Dukaten darin, oder von Pelzwerk, zu erlangen, beweisen nur, wie die Wirtschaft, die man führte, doch eigentlich armselig war.

Das Geld gelangte, wenn nicht in so außerordentlichen Summen, wie man angenommen, doch in sehr beträchtlichen allerdings an den Hof; aber hier zerfloß es in tausend Hände. Es wurde von den Ämtern absorbiert, die man schon seit geraumer Zeit zu verkaufen pflegte. Sie waren meist auf Sporteln gegründet; der Industrie der Beamten war ein großer Spielraum gelassen. Der Papst hatte nichts davon als den Kaufpreis, sobald sie vakant wurden.

Wollte der Papst zu irgendeiner kostspieligen Unternehmung schreiten, so bedurfte er dazu außerordentlicher Mittel. Jubiläen und Indulgenzen waren ihm eben darum höchst erwünscht: die Gutmütigkeit der Gläubigen gewährte ihm dadurch ein reiches Einkommen. Noch ein anderes Mittel ergab sich dann leicht. Um über eine bedeutendere Summe verfügen zu können, brauchte er nur neue Ämter zu kreieren und dieselben zu verkaufen. Eine sonderbare Art von

Anleihe, von der die Kirche die Zinsen in erhöhten Gefällen reichlich abtrug. Schon lange war sie in Gebrauch. Einem glaubwürdigen Register aus dem Hause Chigi zufolge gab es in dem Jahre 1471 gegen 650 käufliche Ämter, deren Einkommen man ungefähr auf 100 000 Sk. berechnete. Es sind fast alles Prokuratoren, Registratoren, Abbreviatoren, Korrektoren, Notare, Schreiber, selbst Läufer und Türsteher, deren wachsende Anzahl die Unkosten einer Bulle, eines Breves immer höher brachte. Eben darauf waren sie angewiesen; ihre Geschäfte wollten wenig oder nichts sagen.

Man erachtet leicht, daß die folgenden Päpste, die sich so tief in die europäischen Händel verstrickten, ein so bequemes Mittel, ihre Kassen zu füllen, begierig ergriffen haben werden. Sixtus IV. bediente sich hiebei des Rates seines Protonotars Sinolfo. Er errichtete auf einmal ganze Kollegien, in denen er die Stellen um ein paar hundert Dukaten verkaufte. Sonderbare Titel, die hier erscheinen, z. B. ein Kollegium von hundert Janitscharen, die für 100 000 Duk. ernannt und auf den Ertrag der Bullen und Annaten angewiesen wurden. Notariate, Protonotariate, Stellen von Prokuratoren bei der Kammer, alles verkaufte Sixtus IV.: er trieb es so weit, daß man ihn für den Gründer dieses Systems gehalten hat. Wenigstens kam es erst seit ihm recht in Aufnahme. Innocenz VIII., der in seinen Verlegenheiten bis zur Verpfändung der päpstlichen Tiara schritt, stiftete ein neues Kollegium von 26 Sekretären für 60 000 Skudi und andere Ämter die Fülle. Alexander VI. ernannte 80 Schreiber von Breven, deren jeder 750 Skudi zu bezahlen hatte: Julius II. fügte 100 Schreiber des Archivs um den nämlichen Preis hinzu.

Indessen waren die Quellen, aus denen alle diese Hunderte von Beamten ihre Einkünfte zogen, doch auch nicht unerschöpflich. Wir sahen, wie fast alle christlichen Staaten zugleich Versuche machten, die Einwirkungen des päpstlichen Hofes zu beschränken. Gerade damals geschahen sie, als sich die Päpste durch ihre großen Unternehmungen zu ungewohntem Aufwand veranlaßt sahen.

Da war es ein Glück für sie, daß sie den Staat und hiemit, so mild sie ihn im Anfang auch behandelten, doch viele neue Einkünfte erwarben. Man wird sich nicht wundern, daß sie diese ganz auf die nämliche Weise wie die kirchlichen verwalteten.

Wenn Julius II. die erwähnten Schreiber auf die Annaten anwies, so fügte er ihnen doch noch eine Anweisung auf Dogana und Staatskasse hinzu. Er errichtete ein Kollegium von 141 Präsidenten der Annona, welches ganz aus Staatskassen dotiert wurde. Den Überschuß der Einkünfte seines Landes wandte er demnach dazu an, Anleihen darauf zu gründen. Das schien den anderen Mächten das Ausgezeichnete an diesem Papste, daß er Geld aufbringen könne, soviel er wolle. Zum guten Teil beruhte seine Politik darauf.

Noch viel größere Bedürfnisse aber, als Julius, hatte Leo X., der nicht minder in Kriege verwickelt, um vieles verschwenderischer und von seinen Verwandten abhängiger war. „Daß der Papst jemals tausend Dukaten beisammenhalten sollte," sagt Franz Vettori von ihm, „war ebensogut unmöglich, als daß ein Stein von selbst in die Höhe fliege." Man hat über ihn geklagt, er habe drei Papsttümer durchgebracht, das seines Vorgängers, von dem er einen bedeutenden Schatz erbte, sein eigenes und das seines Nachfolgers, dem er ein Übermaß von Schulden hinterließ. Er begnügte sich nicht, die vorhandenen Ämter zu verkaufen; seine große Kardinalernennung brachte ihm eine namhafte Summe; auf dem einmal eingeschlagenen Wege, neue Ämter zu kreieren, lediglich um sie zu verkaufen, schritt er auf das kühnste fort. Er allein hat deren über 1200 errichtet. Das Wesen aller dieser Portionarii, Skudieri, Cavalieri di S. Pietro, und wie sie sonst heißen, ist, daß sie eine Summe zahlen, von der sie dann lebenslang unter jenem Titel Zinsen beziehen. Ihr Amt hat keine andere Bedeutung, als daß es den Genuß der Zinsen noch durch kleine Prärogativen vermehrt. Wesentlich ist dies nichts als eine Anleihe auf Leibrenten. Leo zog aus jenen Ämtern mehr als 900 000 Skudi. Die Zinsen, die doch ganz bedeutend waren, da sie jährlich den achten Teil des Kapitals betrugen, wurden zwar zu einem gewissen Teil auf einen kleinen Aufschlag kirchlicher Gefälle angewiesen: hauptsächlich aber flossen sie aus den Tesorerien der vor kurzem eroberten Provinzen, das ist, dem Überschuß der Munizipalverwaltungen, welcher der Staatskasse zugute kam, dem Ertrag der Alaunwerke, des Salzverkaufs und der Dogana zu Rom; Leo brachte die Anzahl der Ämter auf 2150; ihren jährlichen Ertrag berechnete man auf 320 000 Skudi, welche zugleich die Kirche und den Staat belasteten.

Wie tadelnswert nun auch diese Verschwendung an sich war, so mochte Leo darin doch auch dadurch bestärkt werden, daß sie für den Augenblick eher vorteilhafte als schädliche Wirkungen hervorbrachte. Wenn sich die Stadt Rom zu dieser Zeit so ausnehmend hob, so hatte man das zum Teil auch dieser Geldwirtschaft zu danken. Es gab keinen Platz in der Welt, wo man sein Kapital so gut hätte anlegen können. Durch die Menge neuer Kreationen, die Vakanzen und Wiederverleihungen entstand eine Bewegung an der Kurie, welche für einen jeden die Möglichkeit eines leichten Fortkommens darbot.

Auch bewirkte man damit, daß man den Staat übrigens nicht mit neuen Auflagen zu beschweren brauchte. Ohne Zweifel zahlte der Kirchenstaat damals von allen Ländern, Rom von allen Städten in Italien die wenigsten Abgaben. Schon früher hatte man den Römern vorgehalten, daß jede andere Stadt ihrem Herrn schwere Anleihen und harte Gabellen erlege, während ihr Herr, der Papst, sie vielmehr reich mache. Ein Sekretär Klemens' VII., der das Konklave, in welchem dieser Papst gewählt ward, bald nachher beschrieb, bezeigt seine Verwunderung darüber, daß das römische Volk dem heiligen Stuhle nicht ergebener sei, da es doch von Auflagen so wenig leide. „Von Terracina bis Piacenza," ruft er aus, „besitzt die Kirche einen großen und schönen Teil von Italien; weit und breit erstreckt sich ihre Herrschaft; jedoch so viele blühende Länder und reiche Städte, die unter einer anderen Regierung mit ihren Abgaben große Kriegsheere würden erhalten müssen, zahlen dem römischen Papste kaum soviel, daß die Kosten der Verwaltung davon bestritten werden können."

Der Natur der Sache nach konnte dies aber nur solange dauern, als es noch Überschüsse aus den Staatskassen gab. Schon Leo vermochte nicht alle seine Anleihen zu fundieren. Aluise Gaddi hatte ihm 32000, Bernardo Bini 20000 Dukaten vorgestreckt; Salviati, Ridolfi, alle seine Diener und Angehörigen hatten das Mögliche getan, um ihm Geld zu verschaffen; bei seiner Freigebigkeit und seinen jungen Jahren hofften sie auf Erstattung und glänzende Dankbarkeit. Durch seinen plötzlichen Tod wurden sie sämtlich ruiniert.

Überhaupt ließ er eine Erschöpfung zurück, die sein Nachfolger zu fühlen bekam.

Der allgemeine Haß, den der arme Adrian auf sich lud, rührte auch daher, weil er in der großen Geldnot, in der er sich befand, zu dem Mittel griff, eine direkte Auflage auszuschreiben. Sie sollte einen halben Dukaten auf die Feuerstelle betragen. Sie machte einen um so schlimmeren Eindruck, da man solche Forderungen so wenig gewohnt war.

Aber auch Klemens VII. konnte wenigstens neue indirekte Auflagen nicht umgehen. Man murrte über den Kardinal Armellin, den man für den Erfinder derselben hielt; besonders über die Erhöhung des Torzolles für die Lebensmittel war man mißvergnügt; allein man mußte sich hierin finden. Die Dinge waren in einem Zustande, daß noch zu ganz anderen Hilfsmitteln gegriffen werden mußte.

Bisher hatte man die Anleihen unter der Form von käuflichen Ämtern gemacht; der reinen Anleihe näherten sich zuerst Klemens VII., in jenem entscheidenden Moment, als er sich wider Karl V. rüstete, in dem Jahre 1526.

Bei den Ämtern ging das Kapital mit dem Tode verloren, insofern die Familie es nicht von der päpstlichen Kammer wieder erwarb. Jetzt nahm Klemens ein Kapital von 200000 Dukaten auf, das zwar nicht so hohe Zinsen trug, wie die Ämter einbrachten, aber doch immer sehr bedeutende, 10 Prozent, und dabei an die Erben überging.

Es ist dies ein Monte non vacabile, der Monte della Fede. Die Zinsen wurden auf die Dogana angewiesen. Auch dadurch gewährte der Monte eine größere Sicherheit, daß den Gläubigern sogleich ein Anteil an der Verwaltung der Dogana zugestanden wurde. Hierin liegt aber wieder, daß man sich von der alten Form nicht durchaus entfernte. Die Montisten bildeten ein Kollegium. Ein paar Unternehmer hatten die Summe an die Kammer ausbezahlt und sie dann einzeln an die Mitglieder des Kollegiums untergebracht.

Darf man wohl sagen, daß die Staatsgläubiger, insofern sie ein Recht an das allgemeine Einkommen, an das Produkt der Arbeit aller haben, dadurch zu einem mittelbaren Anteil an der Staatsgewalt gelangen? Wenigstens schien man es damals in Rom so zu verstehen, und nicht ohne die Form eines solchen Anteils wollten die Besitzer ihr Geld herleihen.

Es war dies aber, wie sich zeigen wird, der Anfang zu den weitaussehendsten Finanzoperationen.

Paul III. setzte sie nur mäßig fort. Er begnügte sich, die Zinsen des klementinischen Monte zu verringern; da es ihm gelang, deren neue anweisen zu können, so brachte er das Kapital fast um die Hälfte höher. Einen neuen Monte aber errichtete er nicht. Die Kreation von 600 neuen Ämtern mag ihn für diese Mäßigung entschädigt haben. Die Maßregel, durch die er sich in der Finanzgeschichte des Kirchenstaates merkwürdig gemacht hat, bestand in etwas anderem.

Wir sahen, welche Bewegung die Erhöhung des Salzpreises, zu der er schritt, hervorrief. Auch von dieser stand er ab. An ihrer Stelle aber und mit dem ausdrücklichen Versprechen, sie fallen zu lassen, führte er die direkte Auflage des Sussidio ein. Es ist dieselbe Auflage, die damals in so vielen südeuropäischen

Ländern eingefordert ward, die wir in Spanien als Servicio, in Neapel als Donativ, in Mailand als Mensuale, unter anderen Titeln anderswo wiederfinden. Im Kirchenstaate ward sie ursprünglich auf drei Jahre eingeführt und auf 300000 Skudi festgesetzt. Gleich zu Rom bestimmte man den Beitrag einer jeden Provinz; die Provinzialparlamente versammelten sich, um sie nach den verschiedenen Städten zu verteilen. Die Städte legten sie dann weiter auf Stadt und Landschaft um. Jedermann war dazu herbeigezogen. Die Bulle verordnet ausdrücklich, daß alle weltlichen Untertanen der römischen Kirche, auch wenn sie eximiert, wenn sie privilegiert seien, Marchesen, Barone, Lehnsleute und Beamte nicht ausgeschlossen, ihre Raten an dieser Kontribution abtragen sollen.

Nicht ohne lebhafte Reklamation aber zahlte man sie, zumal als man bemerkte, daß sie von drei zu drei Jahren immer aufs neue prorogiert wurde, wie sie denn nie wieder abgeschafft worden ist. Vollständig ist sie auch niemals eingekommen. Bologna, das auf 30000 Skudi angesetzt worden, war klug genug, sich mit einer Summe, die es auf der Stelle zahlte, für immer loszukaufen. Parma und Piacenza wurden alieniert und zahlten nicht mehr; wie es in den anderen Städten ging, davon gibt uns Fano ein Beispiel. Unter dem Vorwande, zu hoch angesetzt zu sein, verweigerte diese Stadt eine Zeitlang die Zahlung. Hierauf fand sich Paul III. einmal bewogen, ihr die abgelaufenen Termine zu erlassen, doch unter der Bedingung, daß sie die nämliche Summe zur Herstellung ihrer Mauern verwende. Auch später ward ihr immer ein Drittteil ihrer Rata zu diesem Behufe erlassen. Nichtsdestominder haben sich noch die späten Nachkommen über ihre allzu hohe Schätzung beklagt. Unaufhörlich beschwerten sich auch die Landgemeinden über den ihnen von der Stadt auferlegten Anteil; sie machten Versuche, sich dem Gehorsam des Rates zu entziehen, und während dieser seine Unmittelbarkeit verfocht, hätten sie sich mit Vergnügen dem Herzog von Urbino unterworfen. — Es würde uns zu weit führen, diese kleinen Interessen weiter zu erörtern. Genug, wenn wir erkennen, wie es kam, daß von dem Sussidio nicht viel über die Hälfte einlief. Im Jahre 1560 wird der ganze Ertrag auf 165 000 Skudi geschätzt.

Wiewohl dem nun so ist, so hatte doch dieser Papst die Einkünfte des Kirchenstaates ausnehmend erhöht. Unter Julius II. werden sie auf 350 000, unter Leo auf 420 000, unter Klemens VII. im Jahre 1526 auf 500 000 Skudi berechnet. Unmittelbar nach dem Tode Pauls III. werden sie in einem authentischen Verzeichnis, das sich der venezianische Gesandte Dandolo aus der Kammer verschaffte, auf 706 473 Skudi angegeben.

Dennoch fanden sich die Nachfolger nicht viel gebessert. In einer seiner Instruktionen klagt Julius III., sein Vorfahr habe die sämtlichen Ein=

künfte alieniert — ohne Zweifel mit Ausschluß des Sussidio, welches nicht veräußert werden konnte, da es wenigstens nominell immer nur auf drei Jahre ausgeschrieben ward — und überdies 500 000 Skudi schwebende Schuld hinterlassen.

Indem sich Julius III. dessenungeachtet in seinen Krieg mit Franzosen und Farnesen einließ, mußte er sich die größten Verlegenheiten zuziehen. Obwohl ihm die Kaiserlichen eine für jene Zeit nicht unbedeutende Geldhilfe gewährten, so sind doch alle seine Briefe voll von Klagen. „Er habe in Ankona 100 000 Skudi zu bekommen gedacht: nicht 100 000 Bajokki habe er erlangt; statt 120 000 Skudi von Bologna habe er nur 50 000 empfangen; unmittelbar nach den Zusagen genuesischer und lucchesischer Wechsler seien Widerrufungen derselben eingelaufen; wer einen Karlin besitze, halte ihn zurück und wolle ihn nicht aufs Spiel setzen."

Wollte der Papst sein Heer beisammen halten, so mußte er zu nachdrücklicheren Maßregeln greifen; er entschloß sich, einen neuen Monte zu errichten. Er tat dies auf eine Weise, die hernach fast immer befolgt worden ist.

Er machte eine neue Auflage: er legte zwei Karlin auf den Rubbio Mehl; nach allen Abzügen kamen ihm davon 30 000 Skudi ein. Diese Summe wies er zu den Zinsen für ein Kapital an, das er sofort aufnahm. So gründete er den Monte della Farina. Wir bemerken, wie nahe sich dies an die früheren Finanz-

operationen anschließt: eben wie man früher kirchliche
Ämter schuf und auf die zu vermehrenden Gefälle der
Kurie anwies, lediglich um jene Ämter verkaufen zu
können, und die Summe in die Hände zu bekommen,
die man gerade brauchte, so erhöhte man jetzt die Ein=
künfte des Staates durch eine neue Auflage, deren
man sich aber nur als Zins für ein großes Kapital
bediente, das man sonst nicht zu bekommen wußte.
Alle folgenden Päpste fuhren so fort. Bald waren
diese Monti, wie der klementinische, non vacabili,
bald waren sie aber vacabili, d. h., mit dem Tode
des Gläubigers hörte die Verpflichtung der Zins=
zahlung auf; dann waren die Zinsen noch höher und
bei dem kollegialischen Verhältnis der Montisten
schloß man sich noch näher an die Ämter an. Paul IV.
errichtete den Monte novennale de' Frati auf eine
Abgabe, zu der er die regularen Mönchsorden nötigte.
Pius IV. legte einen Quadrin auf das Pfund Fleisch
und benutzte den Ertrag, um sofort den Monte Pio
non bacabile darauf zu gründen, der ihm dann 17 000
Skudi einbrachte. Pius V. legte einen neuen Quadrin
auf das Pfund Fleisch und errichtete davon den Monte
Lega.

Fassen wir diese Entwickelung ins Auge, so tritt
die allgemeine Bedeutung des Kirchenstaates zunächst
hervor. Welches sind doch die Bedürfnisse, durch
welche die Päpste genötigt werden, zu dieser sonder=
baren Art von Anleihe, die eine so unmittelbare Be=
lästigung ihres Landes einschließt, vorzuschreiten?

Es sind in der Regel die Bedürfnisse des Katholizismus überhaupt. Sowie es mit den rein politischen Tendenzen vorüber ist, gibt es keine anderen als die kirchlichen, die man durchzuführen beabsichtigen könnte. Die Unterstützung der katholischen Mächte in ihrem Kampfe wider die Protestanten, in ihren Unternehmungen gegen die Türken ist nunmehr fast immer der nächste Anlaß, der zu neuen Finanzoperationen führt. Der Monte Pius' V. heißt darum Monte Lega, weil das Kapital, das er einbrachte, auf den Türkenkrieg verwendet ward, den dieser Papst im Bunde mit Spanien und Venedig unternahm. Immer mehr bildete sich dies aus. Jede europäische Bewegung berührte den Kirchenstaat in dieser Gestalt. Fast jedesmal mußte derselbe durch irgendeine neue Last zur Verfechtung der kirchlichen Interessen beitragen. Eben darum war es für die kirchliche Stellung der Päpste so wichtig, daß sie den Staat besaßen.

Denn nicht allein mit Monti begnügten sie sich; auch die alten Mittel ließen sie nicht fallen. Fortwährend errichteten sie neue Ämter oder Kabalierate mit besonderen Privilegien, sei es, daß die Remunerationen ebenmäßig durch neue Auflagen gedeckt wurden, oder daß der damals sehr bemerklich sinkende Geldwert namhaftere Summen in die Kammern lieferte.

Hiedurch geschah es nun, daß die Einkünfte der Päpste, nach einem kurzen Sinken unter Paul IV., das durch die Kriege desselben veranlaßt wurde, immerfort stiegen. Noch unter Paul kamen sie doch wieder auf 700 000 Skudi; unter Pius berechnete man sie auf 898 482 Skudi. Paul Tiepolo ist erstaunt, sie im Jahre 1576 nach einer Abwesenheit von neun Jahren um 200 000 Sk. vermehrt und bis auf 1 100 000 Sk. angewachsen zu finden. Nur war das Sonderbare, was aber nicht anders sein konnte, daß die Päpste damit im Grunde nicht mehr einnahmen. Mit den Auflagen stiegen die Veräußerungen. Man berechnet, daß Julius III. 54 000, Paul IV. 45 960, Pius IV. aber, der alle Mittel geltend machte, sogar 182 550 Skudi von dem Einkommen veräußert habe. Pius IV. brachte denn auch die Zahl der verkäuflichen Ämter bis auf viertehalbtausend, wie sich versteht, mit Ausschluß der Monti, die zu den Ämtern nicht gerechnet wurden. Unter diesem Papst stieg die Summe der Alienationen auf fünftehalbhunderttausend; noch immer nahm sie zu: im Jahre 1576 war sie auf 530 000 Skudi angewachsen. So sehr das Einkommen vermehrt war, so betrug dies doch beinahe die ganze Hälfte desselben.

Einen merkwürdigen Anblick bieten die Verzeichnisse der päpstlichen Einkünfte um diese Zeit dar. Nachdem bei jedem Posten die Summe genannt worden, welche der Pächter einzuliefern sich verpflichtet hat, — die Verträge mit den Pächtern wurden gewöhnlich auf neun Jahre geschlossen —, gibt man uns an, wieviel davon veräußert war. Die Dogana von Rom

z. B. warf 1576 und die folgenden Jahre die ansehnliche Summe von 133 000 Skudi ab; davon waren aber 111 170 assigniert; noch andere Abzüge traten ein, und die Kammer bekam nicht mehr als 13 000 Skudi. Einige Gabellen auf Getreide, Fleisch und Wein gingen rein auf: die Monti waren darauf angewiesen. Von mehreren Provinzialkassen, genannt Tesorerien — welche zugleich auch die Bedürfnisse der Provinzen zu bestreiten hatten, — z. B. aus der Mark und aus Camerino, kam kein Bajokko in die päpstliche Kammer. Und doch war oft das Sussidio zu denselben geschlagen. Ja, auf die Alaungräbereien von Tolfa, auf welche man früher vorzüglich zählte, waren so starke Assignationen gemacht, daß der Ertrag um ein paar tausend Skudi geringer ausfiel.

Für seine Person und seine Hofhaltung war der Papst vorzüglich auf die Dataria verwiesen. Die Dataria hatte zweierlei Einkünfte. Die einen waren mehr kirchlicher Natur: es waren die Kompositionen, bestimmte Geldzahlungen, für welche der Datar Regresse, Reservationen und andere kanonische Unregelmäßigkeiten bei dem Übergang von einer Pfründe zu der anderen gestattete. Paul IV. hatte sie durch die Strenge, mit der er verfuhr, sehr verringert; doch nahmen sie allmählich wieder zu. Die anderen waren mehr von weltlicher Beschaffenheit: sie liefen bei der Vakanz und neuen Übertragung der Kavalierate, verkäuflichen Ämter und Stellen in den Monti vacabili ein; sie nahmen in dem Grade zu, in welchem diese an Zahl stiegen. Nicht höher aber beliefen sich um das Jahr 1570 beide zusammen, als um das tägliche Bedürfnis des Haushaltes gerade zu decken.

Durch diese Entwickelung der Dinge war nun aber der Kirchenstaat in eine ganz andere Lage geraten. Hatte er sich früher gerühmt, von den italienischen Staaten der mindestbelastete zu sein, so trug er jetzt so schwer, ja schwerer als die anderen, und laut beklagten sich die Einwohner. Von der alten munizipalen Unabhängigkeit war nur wenig übrig. Immer regelmäßiger ward die Verwaltung. Die Regierungsrechte waren früher häufig begünstigten Kardinälen und Prälaten überlassen, die einen nicht unbedeutenden Vorteil davon machten. Die Landsleute der Päpste, wie unter den Medici die Florentiner, so unter Paul IV. Neapolitaner, unter Pius IV Mailänder, hatten sich dann der besten Stellen erfreut. Pius V. stellte dies ab. Jene Begünstigten hatten doch die Verwaltung niemals selber geführt, sie hatten sie immer einem Doktor juris überlassen; Pius V. setzte diesen Doktor selbst und zog den Vorteil, der jenen zugeflossen, für die Kammer ein. Es ward alles ordentlicher, stiller. Man hatte früher eine Landmiliz eingerichtet, und 16 000 Mann waren in die Rollen eingetragen; Pius IV. hatte sich ein Korps leichter Reiterei gehalten. Pius V. schaffte eines wie das andere ab: er kassierte die Reiterei; die Landmiliz ließ er verfallen. Seine ganze bewaffnete Macht belief sich noch nicht auf 500 Mann; die Masse derselben bildeten 350 Mann, meistens Schweizer, zu Rom. Hätte man nicht die Küste gegen die Einfälle der Türken zu schützen gehabt, so würde man sich der Waffen ganz entwöhnt haben. Diese kriegerische Bevölkerung schien vollkommen friedlich werden zu wollen. Die Päpste wünschten das Land zu verwalten wie eine große Domäne, deren Rente alsdann zum Teil wohl ihrem Hause zustatten käme, hauptsächlich aber für die Bedürfnisse der Kirche verwendet würde.

Wir werden sehen, daß sie hiebei doch noch einmal auf große Schwierigkeiten stießen.

Die Zeiten Gregors XIII. und Sixtus' V.
Gregor XIII.

Gregor XIII. — Hugo Buoncompagno aus Bologna —, als Jurist und in weltlichen Diensten emporgekommen, war von Natur heiter und lebenslustig; er hatte einen Sohn, der ihm zwar, ehe er die geistliche Würde empfangen, aber doch außer der Ehe geboren worden. Wenngleich er seitdem einen regelmäßigen Wandel geführt hatte, so war er doch zu keiner Zeit skrupulös, und über eine gewisse Art von Strenge zeigte er eher seine Mißbilligung; mehr an das Beispiel Pius' IV., dessen Minister er auch sogleich wieder in die Geschäfte zog, als an seinen unmittelbaren Vorgänger schien er sich halten zu wollen. Aber an diesem Papste sieht man, was eine zur Herrschaft gelangte Gesinnung vermag. Hundert Jahre früher würde er höchstens wie ein Innocenz VIII.

regiert haben; jetzt dagegen konnte auch ein Mann, wie er, sich den strengen kirchlichen Tendenzen nicht mehr entziehen.

An dem Hofe gab es eine Partei, die es sich vor allem zur Aufgabe gemacht hatte, dieselben zu behaupten und zu verfechten. Es waren Jesuiten, Theatiner und ihre Freunde. Man nennt uns die Monsignoren Frumento und Corniglia, den furchtlosen Prediger Franz Toledo, den Datarius Contarell. Sie bemächtigten sich des Papstes um so eher, da sie zusammenhielten. Sie stellten ihm vor, daß das Ansehen, welches Pius V. genossen, hauptsächlich von der persönlichen Haltung desselben hergekommen; in allen Briefen, die sie ihm vorlasen, war nur von dem Andenken an das heilige Leben des Verstorbenen, von dem Ruhme seiner Reformen und seiner Tugenden die Rede. Jede entgegengesetzte Äußerung hielten sie entfernt. Dem Ehrgeiz Gregors XIII. gaben sie durchaus eine geistliche Farbe.

Wie nahe lag es ihm, den Sohn zu befördern, zu fürstlichen Würden zu erheben! Allein gleich aus der ersten Begünstigung, die er demselben gewährte, — er ernannte ihn zum Kastellan von S. Angelo und zum Gonfaloniere der Kirche — machten ihm die Freunde eine Gewissenssache. Während des Jubiläums von 1575 hätten sie Giacomo nicht in Rom geduldet; erst als dies vorüber war, ließen sie sich seine Rückkehr gefallen und auch dann nur darum, weil das Mißbergnügen des jungen emporstrebenden Mannes seiner

Gesundheit nachteilig wurde. Dann verheiratete ihn Gregor; er gestattete, daß ihn die Republik Venedig zu ihrem Nobile, der König von Spanien zum General seiner Hommes d'Armes ernannte. Allein noch immer hielt er ihn sorgfältig in Schranken. Als er es sich einmal beikommen ließ, einen seiner Universitätsfreunde aus dem Gewahrsam zu befreien, verwies ihn der Papst aufs neue und wollte ihn aller seiner Ämter berauben. Ein Fußfall der jungen Gemahlin verhinderte dies noch. Aber mit größeren Hoffnungen war es auf lange Zeit vorbei. Erst in den letzten Jahren des Papstes hatte Giacomo Einfluß auf seinen Vater, und auch dann weder in den wichtigen Staatsgeschäften noch unbedingt. Wenn man ihn um seine Verwendung bat, zuckte er die Achseln.

War nun dies mit dem Sohne der Fall, wie viel weniger durften andere Verwandte auf unregelmäßige Begünstigung oder einen Anteil an der Gewalt hoffen! Zwei seiner Neffen nahm Gregor in den Kardinalat auf; auch Pius V. hatte etwas Ähnliches getan; aber dem dritten, der sich nicht minder einstellte, verweigerte er die Audienz; er nötigte ihn, sich binnen zwei Tagen wieder zu entfernen. Der Bruder des Papstes hatte sich auch aufgemacht, um den Anblick des Glückes zu genießen, das seinem Hause widerfahren. Er war schon bis Orvieto gekommen; aber hier traf ihn ein Abgesandter des Hofes, der ihm umzukehren befahl. Dem Alten traten die Tränen in die Augen, und er konnte sich nicht enthalten, noch eine Strecke Weges nach Rom hin zu machen; dann aber, auf einen zweiten Befehl, begab er sich in der Tat zurück nach Bologna.

Genug, den Nepotismus befördert, seine Familie ungesetzlich begünstigt zu haben, kann man diesem Papste nicht vorwerfen. Als ihm ein neuernannter Kardinal sagte, er werde dem Hause und den Nepoten Sr. Heiligkeit dankbar sein, schlug er mit den Händen auf den Armsessel und rief aus: „Gott müßt ihr dankbar sein und dem heiligen Stuhle."

So sehr war er bereits von den religiösen Tendenzen durchdrungen. Er suchte Pius V. in frommem Bezeigen nicht allein zu erreichen, sondern zu übertreffen. Die ersten Jahre seines Pontifikates las er alle Wochen dreimal selbst die Messe, und Sonntags hat er es niemals unterlassen. Sein Lebenswandel war nicht allein tadellos, sondern erbaulich.

Gewisse Pflichten seines Amtes hat nie ein Papst treulicher verwaltet als Gregor. Er hielt sich Listen von Männern aus allen Ländern, die zu bischöflichen Würden tauglich seien; bei jedem Vorschlag zeigte er sich wohlunterrichtet. Mit großer Sorgfalt suchte er die Besetzung dieser wichtigen Ämter zu leiten.

Vor allem bemühte er sich, einen streng kirchlichen Unterricht zu befördern. Den Fortgang der jesuitischen Kollegien unterstützte er mit außerordentlicher Freigebigkeit. Dem Profeßhause zu Rom machte er ansehnliche Geschenke; er kaufte Häuser, schloß

Straßen und widmete Einkünfte, um dem ganzen Kollegium die Gestalt zu geben, in der wir es noch heute sehen. Es war auf 20 Hörsäle und 360 Zellen für die Studierenden berechnet: man nannte es das Seminar aller Nationen: gleich bei der ersten Gründung ließ man, um zu bezeichnen, wie die Absicht die ganze Welt umfasse, 25 Reden in verschiedenen Sprachen halten, und zwar eine jede gleich mit lateinischer Verdolmetschung. Das Kollegium Germanicum, schon früher gestiftet, war aus Mangel an Einkommen in Gefahr, einzugehen. Der Papst gab ihm nicht allein den Palast S. Apollinare und die Einkünfte von S. Stefano auf dem Monte Celio, er wies ihm auch 10 000 Skudi auf die apostolische Kammer an; man darf Gregor als den eigentlichen Begründer dieses Institutes ansehen, aus welchem seitdem Jahr für Jahr eine Anzahl Verfechter des Katholizismus nach Deutschland entlassen worden sind. Auch ein englisches Kollegium stiftete er zu Rom und fand Mittel, es auszustatten. Er unterstützte die Kollegien zu Wien und zu Graz aus seiner Schatulle, und es war vielleicht keine Jesuitenschule in der Welt, die sich nicht auf die eine oder die andere Weise seiner Freigebigkeit hätte zu rühmen gehabt. Auf Anraten des Bischofs von Sitia richtete er auch ein griechisches Kollegium ein. Junge Leute von dreizehn bis sechzehn Jahren sollten darin aufgenommen werden, nicht allein aus Ländern, die noch unter christlicher Botmäßigkeit standen, wie Korfu und Kandia, sondern auch von Konstantinopel, Morea und Salonichi. Sie bekamen griechische Lehrmeister; mit Kastanen und dem venezianischen Barett wurden sie bekleidet; ganz griechisch wollte man sie halten; es sollte ihnen immer in Gedanken bleiben, daß sie nach ihrem Vaterlande zurückzukehren hätten. Ihr Ritus sollte ihnen so gut gelassen werden, wie ihre Sprache; nach den Lehrsätzen des Konziliums, in welchen die griechische und lateinische Kirche vereinigt worden, wollte man sie im Glauben unterrichten.

Zu dieser die gesamte katholische Welt umfassenden Sorgfalt gehört es auch, daß Gregor den Kalender reformierte. Das tridentinische Konzilium hatte es gewünscht: die Verrückung der hohen Feste von ihrem durch Konzilienschlüsse festgesetzten Verhältnis zu den Jahreszeiten machte es unerläßlich. Alle katholischen Nationen nahmen an dieser Reform teil. Ein übrigens wenig bekannter Kalabrese, Luigi Lilio, hat sich dadurch einen unsterblichen Nachruhm erworben, daß er die leichteste Methode anzeigte, dem Übelstande abzuhelfen. Allen Universitäten, unter anderen auch den spanischen, Salamanca und Alcala, wurde sein Entwurf mitgeteilt; von allen Seiten liefen Gutachten ein. Eine Kommission in Rom, deren tätigstes und gelehrtestes Mitglied unser Landsmann Clavius war, unterwarf sie dann einer neuen Untersuchung und faßte den definitiven Beschluß. Auf das ganze Getriebe hatte der gelehrte Kardinal Sirleto den größten Einfluß. Man ging dabei mit einer gewissen

Heimlichkeit zu Werke: der neue Kalender wurde niemandem, selbst den Gesandten nicht, gezeigt, ehe er von den verschiedenen Höfen gebilligt worden. Dann machte ihn Gregor feierlich bekannt. Er rühmt die Reform als einen Beweis der unermeßlichen Gnade Gottes gegen seine Kirche.

Nicht alle Bemühungen dieses Papstes aber waren von so friedlicher Natur. Es machte ihn unglücklich, daß erst die Venezianer Frieden, dann auch sogar der König Philipp II. einen Stillstand mit den Türken geschlossen. Wäre es auf ihn angekommen, so wäre die Liga, die den Sieg von Lepanto erfocht, niemals wieder getrennt worden. Einen unermeßlichen Kreis der Tätigkeit eröffneten ihm die Unruhen in den Niederlanden, in Frankreich, die Reibungen der Parteien in Deutschland. Unermüdlich war er in Entwürfen wider die Protestanten. Die Empörungen, welche Königin Elisabeth in Irland zu bekämpfen hatte, wurden fast immer von Rom aus unterhalten. Der Papst hatte kein Hehl, daß er es zu einer allgemeinen Unternehmung gegen England zu bringen wünsche. Jahr für Jahr unterhandeln seine Nunzien hierüber mit Philipp II., mit den Guisen. Es wäre nicht ohne Interesse, alle diese Unterhandlungen und Versuche, die oft denjenigen nicht bekannt wurden, deren Ruin sie bezweckten, und zuletzt zu der großen Unternehmung der Armada geführt haben, einmal zusammenzustellen. Mit dem lebhaftesten Eifer betrieb sie Gregor. Die Ligue von Frankreich, die

Heinrich III. und Heinrich IV. so gefährlich wurde, hat ihren Ursprung in dem Verhältnis dieses Papstes zu den Guisen.

Ist es nun wahr, daß Gregor XIII. dem Staate mit seinen Verwandten nicht sehr zur Last fiel, so ergibt sich doch aus so umfassenden, ihrer Natur nach kostspieligen Unternehmungen, daß er die Hilfsquellen desselben darum nicht minder in Anspruch nahm. Hat er sich doch selbst jene Expedition Stukleys, die hernach in Afrika scheiterte, so geringfügig sie war, eine bedeutende Summe kosten lassen. Noch Karl IX. schickte er einst 400 000 Duk. aus einer unmittelbaren Beisteuer der Städte des Kirchenstaates. Öfter unterstützte er den Kaiser, den Großmeister der Malteser mit Geldsummen. Aber auch seine friedlichen Bestrebungen forderten einen namhaften Aufwand. Man berechnete, daß die Unterstützung junger Leute zu ihren Studien ihm 2 Millionen gekostet habe. Wie hoch mußten ihm allein die 22 Kollegien der Jesuiten zu stehen kommen, die ihm ihren Ursprung verdankten!

Bei der Geldwirtschaft des Staates, die trotz der steigenden Einnahme doch niemals einen freien Überschuß darstellte, mußte er sich hiedurch oft genug in Verlegenheit gesetzt finden.

Die Venezianer machten kurz nach seiner Thronbesteigung einen Versuch, ihn zu einer Anleihe zu bewegen. Mit steigender Aufmerksamkeit hörte Gregor dem ausführlichen Vortrage des Gesandten zu; als er endlich sah, wo er hinaus wollte, rief er aus: „Wo bin ich, Herr Botschafter? Die Kongregation versammelt sich alle Tage, um Geld herbeizuschaffen, und findet nie ein taugliches Mittel."

Die Staatsverwaltung Gregors XIII. ward nun von vorzüglicher Wichtigkeit. Man war bereits dahin gekommen, die Alienationen sowie die Erhebung neuer Auflagen zu verdammen: man sah das Bedenkliche, ja Verderbliche eines solchen Systems vollkommen ein. Gregor gab der Kongregation auf, ihm Geld zu schaffen, aber weder durch geistliche Konzessionen, noch durch neue Auflagen, noch durch den Verkauf kirchlicher Einkünfte.

Welches Mittel aber war außerdem noch zu erdenken? Es ist sehr merkwürdig, welche Vorkehrungen man traf, und welche Wirkungen diese hernach hervorbrachten.

Gregor, der immer einem unbedingten Rechtsbegriffe folgte, meinte zu finden, daß das kirchliche Fürstentum noch viele Gerechtsame besitze, die er nur geltend zu machen brauche, um neue Hilfsquellen zu gewinnen. Er war nicht gemeint, Privilegien zu schonen, die ihm im Wege standen. Ohne alle Rücksicht hob er unter anderen das Recht auf, das die Venezianer besaßen, aus der Mark und Ravenna Getreide mit gewissen Begünstigungen auszuführen. Er sagte, es sei billig, daß der Ausländer soviel Auflagen zahle wie der Eingeborene. Da sie sich nicht sogleich fügten, so ließ er ihre Magazine zu Ravenna mit Gewalt eröffnen, deren Inhalt versteigern, die

Eigentümer verhaften. Jedoch dies wollte noch wenig sagen; es bezeichnet nur den Weg, auf dem er zu gehen gedachte. Bei weitem wichtiger war, daß er in dem Adel seines Landes eine Menge Mißbräuche wahrzunehmen glaubte, die man zum Vorteile der Staatskasse abstellen könne. Sein Kammerkommissar, Rudolf Bonfigliuolo, brachte eine weitgreifende Ausdehnung und Erneuerung von lehnsherrlichen Rechten, an die man kaum noch gedacht hatte, in Antrag. Er gab an, ein großer Teil der Schlösser und Güter der Barone des Kirchenstaates sei dem Papste heimgefallen, die einen durch den Abgang der eigentlich belehnten Linie, die anderen, weil der Zins, zu dem sie verpflichtet, nicht abgetragen worden. Nichts konnte dem Papste, der schon einige ähnliche Güter durch Heimfall oder um Geld erworben, gelegener kommen. Er schritt sogleich ans Werk. In den Gebirgen der Romagna entriß er Castelnovo den Isei von Cesena, Corcana den Sassatelli von Imola. Lonzana auf schönem Hügel, Savignano in der Ebene wurden den Rangonen von Modena konfisziert. Alberto Pio trat Bertinoro freiwillig ab, um den Prozeß zu vermeiden, mit dem ihn die Kammer bedrohte; allein sie begnügte sich nicht damit: sie entriß ihm auch noch Verucchio und andere Ortschaften. Er präsentierte hierauf seinen Zins alle Peterstage: doch ward derselbe niemals wieder angenommen. Dies geschah allein in der Romagna. Ebenso verfuhr man aber auch in den übrigen Probinzen. Nicht allein Güter, von denen die Lehnspflicht nicht geleistet worden, nahm man in Anspruch: es gab andere, die ursprünglich den Baronen nur verpfändet worden; längst aber war dieser Ursprung in Vergessenheit geraten; als ein freies Eigentum war das Gut von Hand in Hand gegangen und um vieles verbessert worden; jetzt gefiel es dem Papste und seinem Kammerkommissar, sie wieder einzulösen. So bemächtigten sie sich des Schlosses Sitiano, indem sie die Pfandsumme von 14000 Skudi niederlegten, eine Summe, die den damaligen Wert bei weitem nicht erreichte.

Der Papst tat sich auf diese Unternehmungen viel zugute. Er glaubte einen Anspruch mehr auf die Gnade des Himmels zu erwerben, sobald es ihm gelang, die Einkünfte der Kirche nur um 10 Skudi zu vermehren, vorausgesetzt ohne neue Auflagen. Er berechnete mit Genugtuung, daß man den Ertrag des Kirchenstaates in kurzem auf gerichtlichem Wege um 100000 Skudi vermehrt habe; wie viel mehr werde man hiedurch zu Unternehmungen gegen Ketzer und Ungläubige fähig! An dem Hofe stimmte man ihm großenteils bei. „Dieser Papst heißt der Wachsame" (es ist dies die Bedeutung von Gregorius), sagte der Kardinal von Como: „er will wachen und das Seine wiedererwerben."

In dem Lande dagegen, unter der Aristokratie, machten diese Maßregeln einen anderen Eindruck.

Viele große Familien fanden sich plötzlich aus einem

Besitz vertrieben, den sie für höchst rechtmäßig gehalten. Andere sahen sich bedroht. Täglich durchsuchte man in Rom alte Papiere und fand alle Tage einen neuen Anspruch heraus. Bald glaubte sich niemand mehr sicher, und viele entschlossen sich, ihre Güter eher mit den Waffen zu verteidigen, als sie dem Kammerkommissar auszuantworten. Einer dieser Feudatare sagte dem Papst ins Gesicht: verlieren sei verlieren; wenn man sich wehre, empfinde man dabei wenigstens eine Art von Vergnügen.

Bei dem Einfluß des Adels auf seine Bauern und auf die Nobili in den benachbarten Städten brachte dies eine Gärung in dem ganzen Lande hervor.

Es kam hinzu, daß der Papst durch andere schlecht berechnete Maßregeln einigen Städten sehr fühlbaren Verlust zugefügt hatte. Unter anderen hatte er die Zölle von Ankona erhöht, in der Meinung, die Erhöhung falle auf die Kaufleute und nicht auf das Land. Hiemit brachte er dieser Stadt einen Schlag bei, den sie niemals hat verwinden können: der Handel zog sich plötzlich weg; es half nur wenig, daß die Auflage zurückgenommen und namentlich den Ragusanern ihre alten Freiheiten erneuert wurden.

Höchst unerwartet und eigentümlich ist der Erfolg, den dies hervorbrachte.

Der Gehorsam in jedem, am meisten aber in einem so friedlichen Lande beruht auf einer freiwilligen Unterordnung. Hier waren die Elemente der Bewegung nicht beseitigt, nicht unterdrückt; durch die darüber ausgebreitete Herrschaft der Regierung waren sie nur verdeckt. Sowie die Unterordnung an einer Stelle nachließ, traten diese Elemente sämtlich hervor und erschienen in freiem Kampfe. Das Land schien sich plötzlich zu erinnern, wie kriegerisch, waffenfertig, in Parteiungen unabhängig es jahrhundertelang gewesen: es fing an, dies Regiment von Priestern und Doktoren zu verachten; es fiel in einen Zustand zurück, der seine Natur war.

Nicht als hätte man sich der Regierung geradehin entgegengesetzt, sich gegen sie empört: es war genug, daß allenthalben die alten Parteien erstanden.

Die ganze Romagna war aufs neue von ihnen geteilt. In Ravenna waren Rasponi und Leonardi, in Rimini Ricciardelli und Tignoli, in Cesena Venturelli und Bottini, in Forli Numai und Sirugli, in Imola Vicini und Sassatelli wider einander: die erstgenannten waren immer Gibellinen, die anderen Guelfen: auch nachdem die Interessen sich so ganz verändert, erwachten doch die Namen wieder. Oft hatten die Parteien verschiedene Quartiere, verschiedene Kirchen inne, — sie unterschieden sich durch kleine Abzeichen: der Guelfe trug die Feder am Hut immer auf der rechten, der Gibelline auf der linken Seite; — bis in das kleinste Dorf ging die Spaltung; keiner hätte seinem Bruder das Leben geschenkt, wenn dieser sich zur entgegengesetzten Faktion bekannt hätte. Es haben einige sich ihrer Weiber durch Mord entledigt, um eine Frau aus einem Geschlecht nehmen zu können, das zu ihrer Partei gehörte. Die Pacifici nützten nichts mehr, auch deshalb, weil man aus Gunst minder taugliche Leute in diese Genossenschaft hatte eintreten lassen. Die Faktionen sprachen selbst Recht unter sich. Oft erklärten sie die für unschuldig, die von den päpstlichen Gerichtshöfen waren verurteilt worden. Sie erbrachen die Gefängnisse, um ihre Freunde zu befreien; ihre Feinde dagegen suchten sie auch hier auf, und den anderen Tag sah man zuweilen die abgeschnittenen Köpfe derselben an dem Brunnen aufgesteckt.

Da nun die öffentliche Macht so schwach war, bildeten sich in der Mark, der Campagna, in allen Provinzen die Haufen von ausgetretenen Banditen zu kleinen Armeen.

An ihrer Spitze zogen Alfonso Piccolomini, Roberto Malatesta und andere junge Männer aus den vornehmsten Geschlechtern einher. Piccolomini nahm das Stadthaus von Monte-abboddo' ein; alle seine Gegner ließ er aufsuchen und vor den Augen ihrer Mütter und Weiber hinrichten: von dem Namen Gabuzio allein mußten ihrer neun sterben; indessen hielt sein Gefolge Tänze auf dem Marktplatz. Als Herr des Landes durchzog er das Gefilde. Er hatte einmal das Wechselfieber; doch hielt ihn das nicht auf: an den schlimmen Tagen ließ er sich in einer Sänfte vor seinen Truppen hertragen. Den Einwohnern von Corneto kündigte er an, sie möchten sich beeilen, mit ihrer Ernte fertig zu werden: er werde kommen und die Saaten seines Feindes Latino Orsino verbrennen. Er für seine Person hielt noch auf eine gewisse Ehre; er nahm einem Kurier seine Briefe ab; das Geld, das derselbe bei sich führte, berührte er nicht. Desto gieriger, räuberischer bewiesen sich seine Gefährten. Von allen Seiten kamen die Abgeordneten der Städte nach Rom und baten um Hilfe. Der Papst vermehrte seine Streitkräfte; er gab dem Kardinal Sforza eine umfassendere Vollmacht, als jemand seit dem Kardinal Albornoz besessen: nicht allein ohne Rücksicht auf ein Privilegium, sondern selbst ohne an Rechtsordnungen gebunden zu sein, ja ohne allen Prozeß, manu regia sollte er verfahren dürfen. Giacomo Buoncompagno ging ins Feld; auch gelang es wohl, die Haufen zu zerstreuen, das Land von denselben zu reinigen; sowie sie sich aber entfernt hatten, erhob sich das alte Unwesen hinter ihnen wie zuvor.

Zu der Unheilbarkeit desselben trug noch ein besonderer Umstand vieles bei.

Dieser Papst, der oft für allzu gutmütig gilt, hatte doch, wie seine fürstlichen, so auch seine kirchlichen Gerechtsamen mit großer Strenge wahrgenommen. Weder den Kaiser, noch den König von Spanien schonte er; auf seine Nachbarn nahm er keine Rücksicht. Nicht allein mit Venedig lag er in tausend Zwistigkeiten, über die Sache von Aquileja, über die Visitation ihrer Kirchen und andere Punkte, — die Gesandten können nicht genug beschreiben, wie er bei jeder Berührung dieser Angelegenheiten auffährt, welch eine innere Bitterkeit er zeigt: — ebenso ging es in Toskana und Neapel; Ferrara fand keine Gunst; Parma hatte vor kurzem in seinen Streithändeln bedeutende Summen verloren. Alle diese Nachbarn sahen den Papst mit Vergnügen in so unangenehmen Verwickelungen: ohne weiteres nahmen sie die Banditen in ihrem Lande auf, die dann, sobald es die Gelegenheit gab, wieder nach dem Kirchenstaat zurückkehrten. Der Papst bat sie nur vergebens, dies nicht ferner zu tun. Sie fanden es besonders, daß man sich zu Rom aus niemandem etwas mache und hernach von jedermann Rücksichten verlange.

Und so vermochte denn Gregor seiner Ausgetretenen niemals Herr zu werden. Es ward keine Auflage bezahlt; das Sussidio blieb aus. In dem Lande griff ein allgemeines Mißvergnügen um sich. Selbst Kardinäle warfen die Frage auf, ob es nicht besser sei, sich an einen anderen Staat anzuschließen.

An die Fortsetzung der Maßregeln des Kammerkommissars war unter diesen Umständen nicht zu denken. Im Dezember 1581 berichtet der venezianische Gesandte ausdrücklich, der Papst habe alle Prozeduren in Konfiskationssachen eingestellt.

Er mußte gestatten, daß Piccolomini nach Rom kam und ihm eine Bittschrift überreichte. Es überlief ihn ein Grauen, als er sie las, diese lange Reihe von Mordtaten, die er vergeben sollte, und er legte sie auf den Tisch. Allein man sagte ihm, von drei

Dingen sei eins notwendig: entweder müsse sein Sohn Giacomo den Tod von der Hand des Piccolomini erwarten, oder er müsse diesen selber umbringen, oder aber man müsse dem Piccolomini Vergebung angedeihen lassen. Die Beichtväter zu S. Johann Lateran erklärten, obwohl sie das Beichtgeheimnis nicht brechen dürften, so sei ihnen doch erlaubt, soviel zu sagen: wenn nicht etwas geschehe, so stehe ein großes Unglück bevor. Es kam hinzu, daß Piccolomini von dem Großherzog von Toskana offen begünstigt ward, wie er denn im Palast Medici wohnte. Endlich entschloß sich der Papst, aber mit tief gekränktem Herzen, und unterzeichnete das Breve der Absolution.

Die Ruhe stellte er aber damit immer noch nicht her. Seine eigene Hauptstadt war voll von Banditen. Es kam so weit, daß der Stadtmagistrat der Konservatoren einschreiten und der Polizei des Papstes Gehorsam verschaffen mußte. Ein gewisser Marianazzo schlug die angebotene Verzeihung aus: „Es sei ihm vorteilhafter," sagte er, „als Bandit zu leben; da habe er größere Sicherheit."

Der alte Papst, lebenssatt und schwach, sah zum Himmel und rief: du wirst aufstehen, Herr, und dich Zions erbarmen.

Sixtus V.

Es sollte zuweilen scheinen, als gebe es in den Verwirrungen selbst eine geheime Kraft, die den Menschen bildet und emporbringt, der ihnen zu steuern fähig ist.

Während in der ganzen Welt erbliche Fürstentümer oder Aristokratien die Herrschaft von Geschlecht zu Geschlecht überlieferten, behielt das geistliche Fürstentum das ausgezeichnete, daß es von der untersten Stufe der menschlichen Gesellschaft zu dem höchsten Range in derselben führen konnte. Eben aus dem niedrigsten Stande erhob sich jetzt ein Papst, der die Kraft und ganz die Natur dazu hatte, alle dem Unwesen ein Ende zu machen.

Bei den ersten glücklichen Fortschritten der Osmanen in den illyrischen und dalmatischen Provinzen flohen viele Einwohner derselben nach Italien. Man sah sie ankommen, in Gruppen geschart an dem Ufer sitzen und die Hände gegen den Himmel ausstrecken. Unter solchen Flüchtlingen ist wahrscheinlich auch der Ahnherr Sixtus' V., Zanetto Peretti, herübergekommen: er war von slawischer Nation. Wie es aber Flüchtlingen geht, weder er noch auch seine Nachkommen, die sich in Montalto niedergelassen, hatten sich in ihrem neuen Vaterlande eines besonderen Glückes zu rühmen: Piergentili Peretti, der Vater Sixtus' V., mußte sogar Schulden halber diese Stadt verlassen; erst durch seine Verheiratung wurde er instand gesetzt, einen Garten in Grotte a Mare bei Fermo zu pachten. Es war das eine merkwürdige Lokalität: zwischen den Gartengewächsen entdeckte man die Ruinen eines Tempels der etruskischen Juno, der Cupra; es fehlte nicht an den schönsten Südfrüchten, wie denn Fermo sich eines milderen Klimas erfreut als die übrige Mark. Hier ward dem Peretti am 13. Dezember 1521 ein Sohn geboren. Kurz vorher war ihm im Traume vorgekommen, als werde er, indem er seine mancherlei Widerwärtigkeiten beklage, durch eine heilige Stimme mit der Versicherung getröstet, er werde einen Sohn bekommen, der sein Haus glücklich machen solle. Mit aller Lebhaftigkeit eines träumerischen, durch das Bedürfnis erhöhten, schon ohnehin den Regionen des Geheimnisvollen zugewandten Selbstgefühls ergriff er diese Hoffnung: er nannte den Knaben Felix.

In welchem Zustande die Familie war, sieht man wohl, wenn z. B. das Kind in einen Teich fällt und die Tante, die an dem Teiche wäscht, es herauszieht; der Knabe muß das Obst bewachen, ja die Schweine hüten; die Buchstaben lernt er aus den Fibeln kennen, welche andere Kinder, die über Feld nach der Schule gegangen und von da zurückkommen, bei ihm liegen lassen; der Vater hat nicht die fünf Bajokki übrig, die der nächste Schulmeister monatlich fordert. Glücklicherweise hat die Familie ein Mitglied in dem geistlichen Stande, einen Franziskaner, Fra Salvatore, der sich endlich erweichen läßt, das Schulgeld zu zahlen. Da ging auch der junge Felix mit den übrigen zum Unterricht; er bekam ein Stück Brot mit; zu Mittag pflegte er dies an dem Brunnen sitzend zu verzehren, der ihm das Wasser dazu gab. Trotz so kümmerlicher Umstände waren doch die Hoffnungen des Vaters auch bald auf den Sohn übergegangen; als dieser sehr früh, im zwölften Jahr — denn noch verbot kein tridentinisches Konzilium so frühe Gelübde — in den Franziskanerorden trat, behielt er den Namen Felix bei. Fra Salvatore hielt ihn streng; er brauchte die Autorität eines Oheims, der zugleich Vaterstelle vertritt; doch schickte er ihn auch auf Schulen. Oft studierte Felix, ohne zu Abend gegessen zu haben, bei dem Schein einer Laterne im Kreuzgang oder, wenn diese ausging, bei der Lampe, die vor der Hostie in der Kirche brannte; es findet sich nicht gerade etwas bemerkt, was eine ursprüngliche religiöse Anschauung oder eine tiefere wissenschaftliche Richtung in ihm andeutete; wir erfahren nur, daß er rasche Fortschritte gemacht habe, sowohl auf der Schule zu Fermo als auf den Schulen und Universitäten zu Ferrara und Bologna: mit vielem Lob erwarb er die akademischen Würden. Besonders entwickelte er ein dialektisches Talent. Die Mönchsfertigkeit, verworrene theologische Fragen zu behandeln, machte er sich in hohem Grade eigen. Bei dem Generalkonvent der Franziskaner im Jahre 1549, der zugleich mit literarischen Wettkämpfen begangen wurde, bestritt er einen Telesianer, Antonio Persico aus Kalabrien, der sich damals zu Perugia viel Ruf erworben, mit Gewandtheit und Geistesgegenwart. Dies verschaffte ihm zuerst ein gewisses Ansehen; der

Protektor des Ordens, Kardinal Pio von Carpi, nahm sich seitdem seiner eifrig an.

Sein eigentliches Glück aber schreibt sich von einem anderen Vorfall her.

Im Jahre 1552 hielt er die Fastenpredigten in der Kirche S. Apostoli zu Rom mit dem größten Beifall. Man fand seinen Vortrag lebhaft, wortreich, fließend, ohne Floskeln, sehr wohlgeordnet; er sprach deutlich und angenehm. Als er nun einst dort, bei vollem Auditorium, in der Mitte der Predigt innehielt, wie es in Italien Sitte ist, und nachdem er ausgeruht, die eingelaufenen Eingaben ablas, welche Bitten und Fürbitten zu enthalten pflegten, stieß er auf eine, die versiegelt auf der Kanzel gefunden worden und ganz etwas anderes enthielt. Alle Hauptsätze der bisherigen Predigten Perettis, vornehmlich in bezug auf die Lehre von der Prädestination, waren darin verzeichnet; neben einem jeden stand mit großen Buchstaben: du lügst. Nicht ganz konnte Peretti sein Erstaunen verbergen; er eilte zum Schluß; sowie er nach Hause gekommen, schickte er den Zettel an die Inquisition. Gar bald sah er den Großinquisitor, Michele Ghislieri, in seinem Gemach anlangen. Die strengste Prüfung begann. Oft hat Peretti später erzählt, wie sehr ihn der Anblick dieses Mannes, mit seinen strengen Brauen, den tiefliegenden Augen, den scharfmarkierten Gesichtszügen, in Furcht gesetzt habe. Doch faßte er sich, antwortete gut und gab keine Blöße. Als Ghislieri sah, daß der Frate nicht allein un=

schuldig, sondern in der katholischen Lehre so bewandert und fest war, wurde er gleichsam ein anderer Mensch: er umarmte ihn mit Tränen; er ward sein zweiter Beschützer.

Auf das entschiedenste hielt sich seitdem Fra Felice Peretti zu der strengen Partei, die soeben in der Kirche emporkam. Mit Ignatio, Felino, Filippo Neri, welche alle drei den Namen von Heiligen erworben, war er in vertrautem Verhältnis. Daß er in seinem Orden, den er zu reformieren suchte, Widerstand fand und von den Ordensbrüdern einmal aus Venedig vertrieben wurde, vermehrte nur sein Ansehen bei den Vertretern der zur Macht gelangenden Gesinnung. Er ward bei Paul IV. eingeführt und oft in schwierigen Fällen zu Rate gezogen: er arbeitete als Theolog in der Kongregation für das tridentinische Konzilium, als Konsultor bei der Inquisition; an der Verurteilung des Erzbischofs Carranza hatte er großen Anteil; er hat sich die Mühe nicht verdrießen lassen, in den Schriften der Protestanten die Stellen aufzusuchen, welche Carranza in die seinen aufgenommen: das Vertrauen Pius' V. erwarb er völlig. Dieser Papst ernannte ihn zum Generalvikar der Franziskaner — ausdrücklich in der Absicht, um ihn zur Reformation des Ordens zu autorisieren, — und in der Tat fuhr Peretti gewaltig durch: er setzte die Generalkommissare ab, die bisher die höchste Gewalt in demselben besessen; er stellte die alte Verfassung her, nach welcher diese den Provinzialen zustand, und führte die strengste Visitation aus. Pius sah seine Erwartungen nicht allein erfüllt, sondern noch übertroffen; die Zuneigung, die er für Peretti hatte, hielt er für eine Art von göttlicher Eingebung: ohne auf die Afterreden zu hören, die denselben verfolgten, ernannte er ihn zum Bischof von S. Agatha, im Jahre 1570 zum Kardinal.

Auch das Bistum Fermo ward ihm erteilt. In dem Purpur der Kirche kam Felice Peretti in sein Vaterland zurück, wo er einst Obst bewacht und Vieh gehütet; doch waren die Vorhersagungen seines Vaters und seine eigenen Hoffnungen noch nicht völlig erfüllt.

Es ist zwar unzählige Mal wiederholt worden, welche Ränke Kardinal Montalto — so nannte man ihn jetzt — angewendet habe, um zur Tiara zu gelangen; wie demütig er sich angestellt, wie er gebeugt, hustend und am Stocke einhergeschlichen: — der Kenner wird von vornherein erachten, daß daran nicht viel Wahres ist: nicht auf diese Weise werden die höchsten Würden erworben.

Montalto lebte still, sparsam und fleißig für sich hin. Sein Vergnügen war, in seiner Vigna bei Santa Maria Maggiore, die man noch besucht, Bäume, Weinstöcke zu pflanzen und seiner Vaterstadt einiges Gute zu erweisen. In ernsteren Stunden beschäftigten ihn die Werke des Ambrosius, die er 1580 herausgab. So vielen Fleiß er auch darauf wandte, so war seine Behandlung doch etwas willkürlich. Übrigens erschien sein Charakter gar nicht so harmlos, wie man gesagt hat: bereits eine Relation von 1574 bezeichnet Montalto als gelehrt und klug, aber auch als arglistig und boshaft. Doch zeigte er eine ungemeine Selbstbeherrschung. Als sein Neffe, der Gemahl der Vittoria Accorambuona, ermordet worden, war er der erste, der den Papst bat, die Untersuchung fallen zu lassen.

Diese Haltung, die jedermann bewunderte, hat vielleicht am meisten dazu beigetragen, ihm den Weg zum Papsttum zu öffnen. Denn da der Mord einem der nächsten Verwandten des Hauses Medici, Paolo Giordano Orsino Schuld gegeben wurde, so hielt man dafür, daß nun Montalto mit diesem Hause unversöhnlich zerfallen sei. Man wollte nicht glauben, daß das Haus Medici daran denken könne, einen Mann zum Papsttum zu erheben, der dadurch in den Stand kommen würde, die ihm widerfahrene Beleidigung zu rächen. Dennoch war eben dies der Fall. Schon lange stand der Großherzog von Toskana mit Montalto in freundschaftlichen Beziehungen: von dessen Bruder, Kardinal Ferdinand Medici, erfahren wir durch ihn selbst, daß er von Anfang an sein Augenmerk in erster Linie eben auf Montalto gerichtet hatte. An sich hätte Kardinal Farnese, Neffe Pauls III., der älteste in dem Kollegium, beliebt beim Volke, mit dem Könige von Spanien verwandt, die größte Aussicht gehabt. Aber gerade ihn wollten die Medici, die mit dem Farnesen fast in offener Feindschaft lebten, um keinen Preis zu dem Papsttum gelangen lassen. Sie hatten hiebei den Kardinal Este, der dem Hause von Frankreich ebenso nahe stand, wie Farnese dem spanischen, auf ihrer Seite. Ein eigentlicher Gegensatz zwischen Spanien und Frankreich hat jedoch bei dieser Wahl nicht stattgefunden. Philipp II. war nicht für Farnese, und nur gering war der Einfluß des französischen Gesandten in Rom. Die vornehmste politische Einwirkung auf die Wahl entsprang aus dem Verhältnis der großen italienischen Familien untereinander. Medici und Este waren beide gegen Farnese. Um nun aber nicht von vornherein Montalto unmöglich zu machen, mußte Ferdinand Medici seine Hinneigung zu demselben nicht allein verbergen, sondern verleugnen; denn so angesehen war Farnese, daß er anfangs die Exklusion Montaltos wahrscheinlich hätte durchsetzen können. Für diesen Plan wurde nun nichts förderlicher, als jener Streit zwischen Montalto und dem Hause Medici, den man für unausgetragen und unversöhnlich hielt. Farnese verwarf Montalto nicht im voraus, weil er nicht daran glaubte, daß die Medici ihn unterstützen könnten. Ungestört durch Farnese, konnte Kardinal Ferdinand sein Ansehen und das praktische Talent, das ihm allezeit eigen gewesen ist, insgemein für Montalto anwenden. Die Kardinäle waren, wie immer, nach den verschiedenen Päpsten, von denen sie erhoben worden, deren Kreaturen sie waren, in Faktionen gespalten. Kardinal Altemps nun, einer der Nepoten Pius' IV.,

Sohn der Schwester desselben, Chiara, um den sich die Kardinäle dieses Pontifikats gruppierten, wurde zuerst von Ferdinand Medici gewonnen. Altemps fürchtete, daß in dem Widerstreit der Parteien der ihm verhaßteste seiner Kollegen, Ceneda, zur Tiara aufsteigen könne. Um diesen auszuschließen, ging er nach einigen Bedenken auf den Vorschlag des Medici ein, nur mit der Bedingung, daß auch er die Ehre von der Wahl haben und der Gunst des künftigen Papstes versichert werden müsse. Dann wandte man sich an den Nepoten Papst Pius' V., dem dessen Kreaturen folgten, den Kardinal Alessandrino. Zu den von diesem Papst erhobenen gehörte aber auch Montalto. Mit Vergnügen ging Alessandrino auf die Wahl desselben ein. Hierauf war nur noch übrig, auch die zahlreichen Kreaturen des letzten Papstes, die Gregorianer, für Montalto zu gewinnen. Der Führer derselben, Kardinal San=Sisto, nahm Anstand, sich für ihn zu erklären. Aber er war seiner Faktion nicht vollkommen Meister. Eine gute Anzahl der Gregorianer, namentlich die Nepoten des letzten Papstes, wurden von Medici gewonnen. Dann bedeutete man San=Sisto, die Wahl werde durchgehen, er möge wollen oder nicht, so daß auch er sich anschloß. Selbst Farnese wagte nicht, zu widerstehen. Montalto hatte sich auf den Rat Medicis still gehalten: er war von allem unterrichtet; doch war die Wahl ohne sein Zutun durchgesetzt. Als man sich am 24. April in der Kapelle vereinigte, wurde er

nicht durch ein Skrutinium, sondern, wie man sich
ausdrückte, durch Adoration zum Oberhaupte der
Kirche gewählt. Er wußte, wie viel er hiebei dem
Kardinal Medici verdankte, und hat ihm wohl gesagt,
er solle dafür sein bevorzugter Sohn sein. Kardinal
Ferdinand bat den neuen Papst, vor allen keine An=
hänger Farneses in den wichtigen Beamtungen zu
verwenden, was dieser bewilligte; bei den nächsten
Einrichtungen hatte Medici allenthalben seine Hand.
Auch für Kardinal Altemps ward gesorgt. Für die
Sicherheit Paolo Giordanos waren schon besondere
Festsetzungen getroffen worden; man nahm sogleich
noch auf andere Bedacht. Der neue Papst erklärte,
seine Angehörigen seien zugleich die Angehörigen des
Hauses Medici. Bei der Durchführung der Wahl hat
man nicht allein auf die bedeutenden Eigenschaften
Montaltos, den großen Ruf, den er sich erworben
hatte, Rücksicht genommen; es ist beachtet worden,
wie es in der unverfälschten Erzählung des Vorgangs
ausdrücklich heißt, daß er nach den Umständen — er
zählte 64 Jahre — noch in ziemlich frischem Alter
und von starker und guter Komplexion war. Jeder=
mann gestand, daß man unter den damaligen Um=
ständen vor allem eines kräftigen Mannes bedurfte.

Und so sah sich Fra Felice an seinem Ziele. Es
mußte auch ein menschenwürdiges Gefühl sein, einen
so erhabenen und legalen Ehrgeiz erfüllt zu sehen.
Ihm stellte sich alles vor die Seele, worin er jemals
eine höhere Bestimmung zu erkennen gemeint hatte.

Er wählte zu seinem Sinnspruch: „Von Mutterleibe an bist du, o Gott, mein Beschützer."

Auch in allen seinen Unternehmungen glaubte er fortan von Gott begünstigt zu werden. Sowie er den Thron bestiegen, erklärte er seinen Beschluß, die Banditen und Missetäter auszurotten. Sollte er dazu an sich nicht Kräfte genug haben, so wisse er, daß ihm Gott Legionen von Engeln zu Hilfe schicken werde.

Mit Entschlossenheit und Überlegung ging er sogleich an dies schwere Werk.

Ausrottung der Banditen.

Das Andenken Gregors war ihm zuwider: die Maßregeln desselben mochte er nicht fortsetzen. Er entließ den größten Teil der Truppen, die er vorfand; die Sbirren verminderte er um die Hälfte. Dagegen entschloß er sich zu einer unnachsichtigen Bestrafung der ergriffenen Schuldigen.

Es war längst verboten, kurze Waffen, besonders eine gewisse Art von Büchsen zu tragen. Vier junge Menschen aus Cora, nahe Verwandte unter einander, ließen sich dennoch mit solchen Gewehren ergreifen. Den anderen Tag war die Krönung, und ein so freudiges Ereignis nahm man zum Anlaß, für sie zu bitten. Sixtus entgegnete: „Solange er lebe, müsse jeder Verbrecher sterben." Noch an demselben Tage sah man sie alle vier an einem Galgen bei der Engelsbrücke aufgehängt.

Ein junger Transtiberiner war zum Tode verurteilt, weil er sich den Sbirren widersetzt hatte, die ihm einen Esel wegführen wollten. Alles war voll Mitleiden, wie der Knabe weinend wegen so geringer Verschuldung auf den Richtplatz geführt wurde; man stellte dem Papst seine Jugend vor. „Ich will ihm ein paar Jahre von den meinen zulegen," soll er gesagt haben: er ließ das Urteil vollstrecken.

Diese ersten Taten Sixtus' V. setzten jedermann in Furcht; sie gaben den Verordnungen, die er nunmehr erließ, einen gewaltigen Nachdruck.

Barone und Gemeinden wurden angewiesen, ihre Schlösser und Städte von den Banditen rein zu halten: den Schaden, den die Banditen anrichten würden, sollten der Herr oder die Gemeinde, in deren Gebiet er vorfalle, selber zu ersetzen haben.

Man hatte die Gewohnheit, auf den Kopf eines Banditen einen Preis zu setzen. Sixtus verordnete, daß diese Preise nicht mehr von der Kammer, sondern vielmehr von den Verwandten des Banditen, oder, wenn diese zu arm, von der Gemeinde, aus der er stamme, gezahlt werden sollten.

Es leuchtet ein, daß er das Interesse der Herren, der Gemeinden, der Verwandten für seine Zwecke in Anspruch zu nehmen suchte. Das Interesse der Banditen selbst bemühte er sich zu erwecken. Er versprach einem jeden, der einen Genossen tot oder lebendig einliefern würde, nicht nur die eigene Begnadigung, sondern auch die Begnadigung einiger seiner Freunde, die er nennen könne, und überdies ein Geldgeschenk.

Nachdem diese Anordnungen getroffen worden und man ihre strenge Handhabung an ein paar Beispielen erlebt hatte, bekam die Verfolgung der Banditen in kurzem eine andere Gestalt.

Es war ein Glück, daß es bald im Anfange mit ein paar Oberhäuptern gelang.

Es ließ den Papst nicht schlafen, daß der Prete Guercino, der sich König der Campagna nannte, der einmal den Untertanen des Bischofs von Viterbo verboten hatte, ihrem Herrn zu gehorchen, noch immer sein Handwerk fortsetzte und soeben neue Plünderungen vorgenommen hatte. „Er betete," sagt Galesinus, „Gott möge den Kirchenstaat von diesem Räuber befreien;" — den anderen Morgen lief die Nachricht ein, Guercino sei gefangen. Der Kopf ward mit einer vergoldeten Krone an der Engelsburg ausgestellt; der Überbringer empfing seinen Preis, 2000 Skudi; das Volk lobte die gute Rechtspflege Seiner Heiligkeit.

Dennoch wagte ein anderer, della Fara, einst des Nachts die Wächter an der Porta Salara herauszuklopfen; er nannte sich und bat sie, dem Papst und dem Governatore seinen Gruß zu bringen. Hierauf gebot Sixtus den Verwandten desselben, ihn herbeizuschaffen; bei eigener Leibesstrafe gebot er es ihnen. Es verging kein Monat, so brachte man den Kopf des Fara ein.

Zuweilen war es fast noch etwas anderes, als Gerechtigkeit, was man gegen die Banditen übte.

Bei Urbino hatten sich ihrer dreißig auf einer Anhöhe verschanzt; der Herzog ließ Maultiere, mit Lebensmitteln beladen, in ihre Nähe treiben; sie verfehlten nicht, den Zug zu plündern. Aber die Lebensmittel waren vergiftet: die Räuber starben sämtlich. Bei der Nachricht hievon, sagt ein Geschichtschreiber Sixtus' V., empfand der Papst große Zufriedenheit.

In Rom führte man Vater und Sohn zum Tode, obwohl sie ihre Unschuld fortwährend beteuerten. Die Hausmutter stellte sich in den Weg; sie bat nur um einen geringen Verzug: sie könne die Unschuld der Ihrigen augenblicklich beweisen. Der Senator schlug es ihr ab. „Weil ihr denn nach Blut dürstet," rief sie, „so will ich euch sättigen", und stürzte sich aus dem Fenster des Kapitols. Indessen kamen jene beiden auf den Richtplatz. Jeder wollte den Tod zuerst erleiden: der Vater wollte nicht den Sohn, der Sohn nicht den Vater sterben sehen; das Volk schrie auf vor Mitleid; der wilde Henker schalt auf ihren unnützen Verzug.

Da galt kein Ansehen der Person. Der Graf Johann Pepoli, aus einem der ersten Häuser von Bologna, der aber an dem Banditenwesen viel Anteil genommen, ward in dem Gefängnisse stranguliert; seine Güter, sein bares Geld zog der Fiskus ein. Kein Tag war ohne Hinrichtung: aller Orten, in Wald und Feld traf man auf Pfähle, auf denen Banditenköpfe staken. Nur diejenigen von seinen Legaten und Governatoren lobte der Papst, die ihm hierin genugtaten und ihm viel Köpfe einsendeten. Es ist zugleich etwas Orientalisch-barbarisches in dieser Justiz.

Gab es noch Räuber, die von ihr nicht erreicht wurden, so fielen sie wohl durch ihre eigenen Genossen. Die Versprechungen des Papstes hatten die Banditen uneins gemacht: keiner traute dem anderen; sie mordeten sich untereinander.

Dergestalt verging kein Jahr, so waren die Bewegungen des Kirchenstaates, wenn nicht in ihren Quellen erstickt, doch in ihrem Ausbruch bezwungen.

Im Jahre 1586 hatte man die Nachricht, daß auch die letzten Anführer, Montebrandano und Arara, getötet worden.

Glücklich fühlte sich der Papst, wenn ihm nun die eintreffenden Gesandten bemerkten, sie seien in seinem Staate allenthalben durch ein sicheres, friedliches Land gereist.

Momente der Verwaltung.

So wie aber der Mißbrauch, den der Papst bekämpfte, noch einen anderen Ursprung hatte als allein den Mangel an Aufsicht, so hing auch der Erfolg, den er dabei hatte, noch mit anderen Schritten, die er tat, zusammen.

Man sieht zuweilen Sixtus V. als den alleinigen Gründer der Ordnung des Kirchenstaates an; man schreibt ihm Einrichtungen zu, die lange vor ihm bestanden; als einen unvergleichlichen Meister der

Finanzen, einen höchſt vorurteilsfreien Staatsmann, einen Hersteller der Altertümer rühmt man ihn. Er hatte eine Natur, die ſich dem Gedächtnis der Menſchen einprägte und fabelhaften, großartig lautenden Erzählungen Glauben verſchaffte.

Iſt nun dem auch nicht völlig ſo, wie man ſagt, ſo bleibt ſeine Verwaltung doch immer ſehr merk‍würdig.

In einem beſonderen Verhältnis ſtand ſie gegen die gregorianiſche. Gregor war in ſeinen allgemeinen Maßregeln ſtreng, durchgreifend, einſeitig; einzelne Fälle des Ungehorſams ſah er nach. Eben dadurch, daß er auf der anderen Seite die Intereſſen gegen ſich aufregte und doch auf der anderen eine Straf‍loſigkeit ohnegleichen einreißen ließ, veranlaßte er die unheilvolle Entwickelung, die er erlebte. Sixtus da‍gegen war im einzelnen unerbittlich: über ſeine Ge‍ſetze hielt er mit einer Strenge, die an Grauſamkeit grenzte: in allgemeinen Maßregeln dagegen finden wir ihn mild, nachgiebig und verſöhnend. Unter Gregor hatte der Gehorſam nichts genützt und die Widerſetzlichkeit nichts geſchadet. Unter Sixtus hatte man alles zu fürchten, ſobald man ihm Widerſtand zeigte; dagegen durfte man Beweiſe ſeiner Gnade erwarten, wenn man in gutem Vernehmen mit ihm ſtand. Nichts förderte ſeine Abſichten beſſer.

Gleich von Anfang ließ er alle die Mißhelligkeiten fallen, in welche der Vorgänger ſeiner kirchlichen Anſprüche halber mit den Nachbarn geraten war.

Er erklärte, ein Papst müsse die Privilegien, welche den Fürsten gewährt worden, erhalten und vermehren. Den Mailändern z. B. gab er die Stelle in der Rota zurück, die ihnen Gregor XIII. entreißen wollte. Als die Venetianer endlich ein Breve zum Vorschein brachten, das für ihre Ansprüche in der Sache von Aquileja entscheidend lautete, zeigte er sich höchlich zufrieden. Jene anstößige Klausel in der Bulle In coena Domini war er entschlossen zu tilgen. Die Kongregation über die kirchliche Gerichtsbarkeit, von der die meisten Streitigkeiten ausgegangen, hob er geradezu auf. Gewiß, es liegt etwas Großartiges darin, daß jemand aus freier Bewegung bestrittene Rechte fallen läßt. Ihm brachte dieses Verfahren sofort die glücklichsten Erfolge zuwege. Der König von Spanien meldete dem Papst in einem eigenhändigen Schreiben, er habe seinen Ministern in Mailand und Neapel befohlen, päpstlichen Anordnungen nicht minder zu gehorchen, als seinen eigenen. Sixtus war bis zu Tränen gerührt, daß der größte Monarch der Welt ihn, wie er sich ausdrückte, einen armen Mönch, dergestalt ehre. Toskana zeigte sich ergeben, Venedig befriedigt. Jetzt nahmen diese Nachbarn eine andere Politik an. Von allen Seiten schickte man dem Papste Banditen zu, die sich in die benachbarten Grenzen geflüchtet hatten. Venedig verpönte ihnen die Rückkehr in den Kirchenstaat und verbot seinen Schiffen, bei Berührung der Küsten desselben Ausgetretene aufzunehmen. Der Papst war entzückt darüber. Er sagte, er werde es der Republik ein andermal gedenken; er werde, so drückt er sich aus, sich die Haut für sie abziehen lassen, sein Blut für sie vergießen. Eben darum ward er der Banditen Herr, weil sie nirgends mehr Aufnahme und Hilfe fanden.

So hielt er sich denn auch in seinem Lande von jenen strengen Anordnungen, die Gregor zum Vorteil der Kammer vorgeschrieben, weit entfernt. Nachdem er die schuldigen Feudatare gestraft, suchte er die übrigen Barone eher an sich zu ziehen und zu gewinnen. Die beiden großen Familien Colonna und Orsini verband er durch Heiraten zugleich mit seinem Hause und unter einander. Gregor hatte den Colonnesen Schlösser weggenommen: Sixtus regulierte selbst ihren Haushalt und machte ihnen Vorschüsse. Er gab dem Kontestabile M. A. Colonna die eine, dem Duca Virginio Orsino die andere von seinen Enkel=Nichten. Er gewährte ihnen eine gleiche Mitgift und sehr ähnliche Begünstigungen; ihre Präzedenzstreitigkeiten glich er dadurch aus, daß er immer dem Ältesten von beiden Häusern den Vortritt zusprach. Prächtig nahm sich dann Donna Camilla aus, die Schwester des Papstes, zwischen ihren Kindern, so edlen Schwiegersöhnen und verheirateten Enkelinnen.

Sixtus hatte überhaupt seine Freude daran, Privilegien auszuteilen.

Vornehmlich der Mark zeigte er sich als ein wohlwollender Landsmann. Den Ankonitanern gab er einige ihrer alten Gerechtsamen wieder; in Macerata errichtete er für die ganze Provinz einen höchsten Gerichtshof; das Kollegium der Advokaten dieser Provinz zeichnete er durch neue Zugeständnisse aus; Fermo erhob er zum Erzbistum, Tolentino zum Bistum; den Flecken Montalto, in dem seine Vorfahren zuerst Wohnung genommen, erhob er durch eine eigene Bulle zur Stadt und zum Bistum: „Denn es hat," sagt er, „unserer Herkunft ihren glücklichen Ursprung gegeben." Schon als Kardinal hatte er eine gelehrte Schule daselbst gestiftet; jetzt als Papst gründete er an der Universität Bologna das Kollegium Montalto für fünfzig Schüler aus der Mark, von denen Montalto allein acht und auch das kleine Grotte a Mare zwei zu präsentieren hatte.

Auch Loreto beschloß er zur Stadt zu erheben. Fontana stellte ihm die Schwierigkeiten davon vor. „Mache dir keine Gedanken, Fontana," sagte er, „schwerer ward es mir, mich zu entschließen, als mir die Ausführung fallen wird." Ein Teil des Landes wurde den Rekanatesen abgekauft: Täler wurden ausgefüllt, Hügel geebnet; hierauf bezeichnete man die Straßen; die Kommunitäten der Mark wurden ermuntert, jede ein Haus daselbst zu bauen; Kardinal Gallo setzte neue Stadtbeamte in der heiligen Kapelle ein. Zugleich seinem Patriotismus und seiner Devotion gegen die heilige Jungfrau tat der Papst hiedurch Genüge.

Auch allen anderen Städten in den anderen Probinzen widmete er seine Fürsorge. Er traf Einrichtungen, um dem Anwachsen ihrer Schulden zu steuern, und beschränkte ihre Alienationen und Verbürgungen; ihr gesamtes Geldwesen ließ er genau untersuchen. Von seinen Anordnungen schreibt es sich her, daß die Gemeinden nach und nach wieder in Aufnahme kamen.

Allenthalben förderte er den Ackerbau. Er unternahm, die Chiana von Orvieto, die pontinischen Sümpfe auszutrocknen. Die letzten besuchte er selbst; der Fiume Sisto, vor Pius VI. das Beste, was für dieselben geschehen, verdankt ihm seinen Ursprung.

Und so hätte er denn auch gern die Gewerbe emporgebracht. Ein gewisser Peter von Valencia, ein römischer Bürger, hatte sich erboten, Seidenfabriken in Gang zu bringen. Es bezeichnet diesen Papst, mit welch einer durchfahrenden Verordnung er ihm zu Hilfe zu kommen suchte. Er befahl, in seinem ganzen Staat, in allen Gärten und Vignen, auf allen Wiesen und Waldstrecken, in allen Tälern und Hügeln, wo kein Getreide wachse, Maulbeerbäume zu pflanzen; für jeden Rubbio Landes setzte er fünf fest; im Unterlassungsfalle bedrohte er die Gemeinde mit einer bedeutenden Geldstrafe. Auch die Wollarbeiten suchte er zu befördern, „damit die Armen," sagte er, „etwas zu verdienen bekommen"; dem ersten Unternehmer gab er eine Unterstützung aus der Kammer: er sollte dafür eine bestimmte Anzahl Stücke Tuch einzuliefern haben.

Man würde den Vorgängern Sixtus' V. Unrecht tun, wenn man Gedanken dieser Art einzig ihm zuschreiben wollte. Auch Pius V. und Gregor XIII. begünstigten Landbau und Gewerbe. Nicht sowohl dadurch unterschied sich Sixtus, daß er einen ganz neuen Weg einschlug, als vielmehr dadurch, daß er auf dem schon eingeschlagenen rascher und nachdrücklicher verfuhr. Eben daher rührt es, daß er den Menschen im Gedächtnis blieb.

Wenn man sagt, daß er die Kongregationen der Kardinäle gestiftet, so ist das nicht so eigentlich zu verstehen. Die sieben wichtigsten, für Inquisition, Index, die Sachen des Konziliums, der Bischöfe, der Mönche, für Segnatura und Konsulta, fand er bereits vor. Auch der Staat war bei denselben nicht ganz außer acht gelassen; die beiden letztgenannten umfaßten Justiz und Verwaltung. Sixtus beschloß nun, den bestehenden noch acht neue Kongregationen hinzuzufügen, von denen sich jedoch nur noch zwei mit den Angelegenheiten der Kirche — die eine mit der Gründung neuer Bistümer, die andere mit der Handhabung und Erneuerung kirchlicher Gebräuche — beschäftigen sollten; die übrigen sechs wurden für einzelne Zweige der Verwaltung bestimmt: für Annona, Straßenbau, Abschaffung drückender Auflagen, Bau von Kriegsfahrzeugen, die Druckerei im Vatikan, die Universität zu Rom. Man sieht, wie wenig systematisch der Papst hiebei zu Werke ging, wie sehr er vorübergehende Interessen mit allgemeinen gleichstellte; nichtsdestominder hat er es damit gut getroffen, und seine Einrichtung hat sich mit leichten Abänderungen jahrhundertelang erhalten.

Von den Kardinälen selbst stellte er übrigens einen hohen Begriff auf. Es sollen alles ausgezeichnete Männer sein: ihre Sitten musterhaft, ihre Worte Orakel, ihre Aussprüche eine Norm des Lebens und Denkens für andere: das Salz der Erde, der Leuchter auf dem Kandelaber. Man muß darum nicht glauben, daß er bei den Ernennungen jedesmal sehr gewissenhaft verfahren sei. Für Gallo, den er zu dieser Würde erhob, wußte er nichts anzuführen, als daß derselbe sein Diener sei, dem er aus vielen Gründen wohlwolle, der ihn einmal auf einer Reise sehr gut aufgenommen habe. Auch hier aber gab er eine Regel, die man später, wenn nicht immer befolgt, doch meistenteils in Gedanken gehabt hat. Er setzte die Zahl der Kardinäle auf siebzig fest: „Gleichwie Moses," sagte er, „siebzig Greise aus allem Volke gewählt, um sich mit ihnen zu beraten."

Nicht selten hat man auch diesem Papste die Zerstörung des Nepotismus zugeschrieben. Näher betrachtet, verhält es sich aber auch damit anders. Schon unter Pius IV., Pius V und Gregor XIII., wie wir sahen, waren die Begünstigungen der Nepoten sehr unbedeutend geworden. Gebührt einem von ihnen in dieser Hinsicht ein besonderes Lob, so ist es Pius V., der die Alienationen kirchlicher Länder ausdrücklich verpönte. Wie gesagt, diese frühere Art des

Nepotismus war schon vor Sixtus V. abgekommen. Unter den Päpsten des folgenden Jahrhunderts bildete sich aber eine andere Form desselben aus. Es gab immer zwei bevorzugte Nepoten, von denen der eine, zum Kardinal erhoben, die oberste Verwaltung kirch= licher und politischer Geschäfte in die Hand bekam, der andere von weltlichem Stande, reich verheiratet, mit liegenden Gründen und Luoghi di Monte aus= gestattet, ein Majorat stiftete und sich ein fürstliches Haus gründete. Fragen wir nun, wann diese Form eingetreten, so finden wir, daß sie sich allmählich ausgebildet, zuerst aber unter Sixtus V. angebahnt hat. Kardinal Montalto, den der Papst zärtlich liebte, so daß er sogar seine natürliche Heftigkeit gegen ihn mäßigte, bekam Eintritt in die Konsulta und an den auswärtigen Geschäften wenigstens Anteil; dessen Bruder Michele ward Marchese und gründete ein wohlausgestattetes Haus.

Wollte man aber glauben, Sixtus habe hiemit ein Nepotenregiment eingeführt, so würde man sich doch völlig irren. Der Marchese hatte keinerlei Einfluß, der Kardinal wenigstens keinen wesentlichen. Es würde dies der Sinnesweise dieses Papstes wider= sprochen haben. Seine Begünstigungen haben etwas Naives und Vertrauliches: sie verschaffen ihm eine Grundlage von öffentlichem und privatem Wohl= wollen; aber niemals gibt er das Heft aus den Händen: immer regiert er selbst. So sehr er die Kongregationen zu begünstigen schien, so sehr er selbst freimütige Äußerungen herausforderte, so ward er doch allemal ungeduldig und heftig, sobald sich jemand dieser Erlaubnis bediente. Seinen Willen setzte er immer eigensinnig durch. „Bei ihm," sagt Giov. Gritti, „hat beinahe niemand eine beratende, geschweige eine entscheidende Stimme." Bei allen jenen persönlichen und provinziellen Gunstbezeigungen hatte seine Verwaltung doch schlechthin einen durchgreifenden, strengen, eigenmächtigen Charakter: nirgends wohl mehr als in ihrem finanziellen Teile.

Finanzen.

Das Haus Chigi zu Rom verwahrt ein kleines eigenhändiges Gedenkbuch Papst Sixtus' V., das er sich als Mönch gehalten hat. Mit großem Interesse schlägt man es auf. Was ihm in seinem Leben wichtiges begegnet ist, wo er jedesmal in den Fasten gepredigt, welche Kommissionen er empfangen und ausgeführt hat, auch die Bücher, die er besaß, welche einzeln und welche zusammengebunden, endlich seinen ganzen kleinen mönchischen Haushalt hat er darin sorgfältig aufgezeichnet. Da liest man z. B., wie sein Schwager Baptista 12 Schafe für ihn kaufte; wie er, der Frate, erst 12, dann noch einmal 2 Floren 20 Bolognen darauf bezahlte, so daß sie sein Eigentum waren; der Schwager hatte sie bei sich, wie es in Montalto herkömmlich, um die halbe Nutzung. In dieser Weise geht es fort. Man sieht, wie er seine kleinen Ersparnisse zu Rate hielt, wie sorgfältig er

Rechnung darüber führte, wie dann die Summen allmählich bis zu ein paar hundert Floren anwuchsen; mit Vergnügen und Teilnahme verfolgt man dies; es ist die nämliche haushälterische Gesinnung, welche dieser Franziskaner kurz darauf auf die Verwaltung des päpstlichen Staates übertrug. Seine Sparsamkeit ist eine Eigenschaft, deren er sich in jeder Bulle, wo es die Gelegenheit irgend zuläßt, und in vielen Inschriften rühmt. In der Tat hat weder vor noch nach ihm ein Papst mit ähnlichem Erfolge verwaltet.

Bei seiner Thronbesteigung fand er eine völlige Erschöpfung vor; bitter beschwert er sich über Papst Gregor, der zugleich von den Pontifikaten seines Vorgängers und seines Nachfolgers einen guten Teil aufgebraucht habe. Er bekam eine so schlechte Vorstellung von demselben, daß er einmal Messen für ihn angeordnet hat, weil er ihn im Traume jenseitige Strafe hatte leiden sehen; das Einkommen war bereits im voraus bis zum nächsten Oktober verpfändet.

Desto angelegener ließ er es sich sein, die Kassen zu füllen. Es gelang ihm über alles Erwarten. Als ein Jahr seines Pontifikates um war, im April 1586, hatte er bereits eine Million Skudi in Gold gesammelt, im November 1586 eine zweite, im April 1588 eine dritte. Es macht dies über fünftehalb Millionen Skudi in Silber. Sowie er eine Million beisammen hatte, legte er sie in der Engelsburg nieder, indem er sie, wie er sich ausdrückte, der heiligen Jungfrau Maria, Mutter Gottes, und den heiligen

Aposteln Peter und Paul widmete. „Er überschaue," sagt er in seiner Bulle, „nicht allein die Fluten, auf denen das Schifflein Petri jetzt zuweilen schwanke, sondern auch die von fernher drohenden Stürme: unerbittlich sei der Haß der Ketzer; der gewaltige Türke, Assur, die Rute des Zornes Gottes, drohe den Gläubigen; von dem Gott, auf den er sich hiebei verlasse, werde er zugleich unterwiesen, daß der Hausvater auch bei Nacht zu wachen habe. Er folge dem Beispiel der Väter des Alten Testaments, von denen auch immer eine gute Summe Geldes im Tempel des Herrn aufbewahrt worden." Er setzte, wie man weiß, die Fälle fest, in denen es allein erlaubt sein solle, sich dieses Schatzes zu bedienen. Es sind folgende: wenn man einen Krieg zur Eroberung des heiligen Landes oder einen allgemeinen Feldzug wider die Türken unternehme — wenn Hungersnot oder Pestilenz eintrete — in offenbarer Gefahr, eine Provinz des katholischen Christentums zu verlieren — bei einem feindlichen Einfall in den Kirchenstaat — oder wenn eine Stadt, die dem römischen Stuhle gehöre, wiedererworben werden könne. Beim Zorn des allmächtigen Gottes und der heiligen Apostel Peter und Paul verpflichtete er seine Nachfolger, sich an diese Fälle zu binden.

Wir lassen einen Augenblick den Wert dieser Bestimmungen auf sich beruhen; zunächst fragen wir, welche Mittel Sixtus anwandte, um einen für jene Zeiten so erstaunenswerten Schatz zusammenzubringen.

Eine Aufsammlung des reinen Einkommens war es nicht: Sixtus selbst hat oft gesagt, der päpstliche Stuhl habe dessen nicht über 200 000 Skudi.

Auch ist es seinen Ersparnissen nicht geradehin zuzuschreiben. Er hat deren gemacht: er bestritt seine Tafel mit 6 Paoli den Tag; er schaffte viele unnütze Stellen am Hofe ab; er verminderte die Truppen. Aber wir haben nicht allein das Zeugnis des Venezianers Delfino, daß dies alles die Ausgaben der Kammer um nicht mehr als um 150 000 Skudi verringerte; Sixtus selbst hat einmal die Erleichterungen, die ihm die Kammer verdankte, nur auf 146 000 Skudi berechnet.

Und so stieg ihm mit allen Ersparnissen nach seinen eigenen Erklärungen das reine Einkommen doch nur auf viertehalbhunderttausend Skudi. Kaum zu den Bauten, die er ausführte, geschweige denn zu einem so kolossalen Thesaurieren reichte ihm dies hin.

Wir betrachteten oben die sonderbare Geldwirtschaft, die sich in diesem Staate eingerichtet hatte: dieses Steigen der Auflagen und Lasten, ohne daß sich das reine Einkommen vermehrte, diese Mannigfaltigkeit der Anleihen durch Ämterverkauf und Monti, die wachsende Belastung des Staates um der Bedürfnisse der Kirche willen. Es leuchtet ein, welche Übelstände damit verknüpft waren, und wenn man die Lobeserhebungen vernimmt, die Sixtus V. so reichlich gespendet worden, so sollte man dafür halten, er habe das Übel abzustellen gewußt. Wie erstaunt man, wenn man findet, daß er gerade den nämlichen Weg auf das rücksichtsloseste verfolgte und diese Geldwirtschaft auf eine Weise fixierte, daß ihr niemals wieder Einhalt zu tun war!

Eine seiner vornehmsten Finanzquellen war der Verkauf der Ämter. Erstens erhöhte er von vielen, die bereits verkauft worden waren, die Preise. Ein Beispiel sei das Amt eines Schatzmeisters der Kammer. Es war bisher für 15 000 Skudi veräußert worden; er verkaufte es zuerst an einen Justinian für 50 000 Skudi; als er diesen zum Kardinal gemacht, verkaufte er es an einen Pepoli für 72 000 Skudi; als er auch diesem den Purpur gegeben, zweigte er von den Einkünften des Amtes die volle Hälfte, 5000 Skudi, ab, die er einem Monte zuwies; um so vieles geschmälert verkaufte er es noch immer für 50 000 Skudi Gold. — Zweitens fing er an, Ämter zu verkaufen, die man früher immer umsonst gegeben hatte: Notariate, Fiskalate, die Stellen des Generalkommissars, des Sollizitators der Kammer, des Armenadvokaten, oft zu bedeutenden Preisen: das Generalkommissariat um 20 000, die Notariate um 30 000 Skudi. — Endlich aber errichtete er auch eine Menge neuer Ämter, oft sehr bedeutende darunter, ein Schatzmeisteramt der Dataria, die Präfektur der Gefängnisse, 24 Referendariate, 200 Kavalierate, Notariate in den Hauptorten des Staates; er verkaufte sie sämtlich.

Allerdings brachte er auf diese Weise sehr bedeutende Summen zusammen; der Verkauf der Ämter hat ihm 608510 Skudi Gold, 401805 Skudi Silber, mithin zusammen gegen anderthalb Millionen Silber eingetragen; allein wenn die käuflichen Stellen schon früher ein Ungemach dieses Staates waren — es lag darin, wie berührt, eine Mitteilung der Regierungsrechte, auf den Grund einer Anleihe, die man eben deshalb gegen die Zahlungspflichtigen mit aller Strenge geltend machte, ohne die Verrichtungen des Amtes abzuwarten, — um wie vieles wurde dies Übel hiedurch vermehrt! Eben daher kam es, daß man das Amt, wie gesagt, als einen Besitz betrachtete, welcher Rechte gebe, nicht als eine Pflicht, welche Bemühungen auferlege.

Überdies aber vermehrte Sixtus nun auch die Monti außerordentlich. Er errichtete drei Monti non vacabili und acht Monti vacabili, mehr als irgendeiner seiner Vorgänger.

Wir sahen, daß die Monti immer auf neue Auflagen angewiesen werden mußten. Auch Sixtus V. fand kein anderes Mittel, obwohl er sich anfangs davor scheute. Als er im Konsistorium der Kardinäle zum erstenmal von einer Anlegung des Schatzes sprach, entgegnete ihm Kardinal Farnese, auch sein Großvater Paul III. habe dies beabsichtigt, doch habe er eingesehen, es werde nicht ohne Vermehrung der Auflagen möglich sein: deshalb sei er davon abgestanden. Heftig fuhr ihn Sixtus an. Die Andeutung, daß ein früherer Papst weiser gewesen, brachte ihn in Harnisch. „Das machte," erwiderte er, „unter

Papst Paul III. gab es einige große Verschleuderer, die es, Gott sei Dank, bei unseren Zeiten nicht gibt." Farnese errötete und schwieg. Allein es kam, wie er gesagt hatte. Im Jahre 1587 nahm Sixtus V. keine Rücksichten mehr. Den mühevollsten Erwerb, z. B. derjenigen, welche die Tiberschiffe mit Büffeln und Pferden stromaufwärts ziehen ließen, die unentbehrlichsten Lebensbedürfnisse, z. B. Brennholz und die Foglietta Wein im kleinen Verkehr, beschwerte er mit neuen Auflagen und gründete unverzüglich Monti darauf. Er verschlechterte die Münzen, und da sich hierauf sogleich ein kleines Wechslergeschäft an allen Straßenecken bildete, benutzte er auch dies, um die Befugnis dazu zu verkaufen. So sehr er die Mark begünstigte, so belastete er doch den Handel von Ankona mit neuen zwei Prozent auf die Einfuhr. Die kaum auflebende Industrie mußte ihm wenigstens indirekt Vorteil bringen. Er hatte einen portugiesischen Juden, der aus Furcht vor der Inquisition aus Portugal entwichen war, des Namens Lopez, an der Hand, der das Vertrauen des Datars, der Signora Camilla und endlich auch des Papstes selber gewann, und der ihm diese und ähnliche Operationen angab. Nach jener Abfertigung Farneses wagte kein Kardinal mehr zu widersprechen. Als von dem erwähnten Impost auf den Wein die Rede war, sagte Albano von Bergamo: „Ich billige alles, was Eurer Heiligkeit gefällt; doch würde ich es noch mehr billigen, wenn ihr diese Auflage mißfiele."

Und so brachte sich Sixtus so viele neue Einkünfte zuwege, daß er in den Monti eine Anleihe von drittehalb Millionen Skudi Gold, genau 2424725, aufnehmen und mit Zinsen ausstatten konnte.

Gestehen wir aber ein, daß diese Staatswirtschaft etwas Unbegreifliches hat.

Durch die neuen Auflagen und so viele Ämter werden dem Lande neue und ohne Zweifel sehr drückende Lasten aufgebürdet: die Ämter sind auf Sporteln angewiesen, was den Gang der Justiz und der Administration nicht anders als hemmen kann; die Auflagen fallen auf den Handel im großen und auf den kleinen Verkehr und müssen der Regsamkeit schaden. Und wozu dient zuletzt der Ertrag?

Rechnen wir zusammen, was Monti und Ämter im ganzen eingebracht haben, so beträgt das ungefähr eben die Summe, die in das Kastell eingeschlossen ward: fünftehalb Millionen Skudi, wenig mehr. Alle Unternehmungen, die diesen Papst berühmt gemacht, hätte er mit dem Ertrag seiner Ersparnisse ausführen können.

Daß man Überschüsse sammelt und aufspart, läßt sich begreifen; daß man Anleihen macht, um einem Bedürfnis der Gegenwart abzuhelfen, ist Regel; daß man aber Anleihen macht und Lasten aufbürdet, um einen Schatz für künftige Bedürfnisse in ein festes Schloß einzuschließen, ist höchst außerordentlich.

Dennoch ist es dies, was die Welt an Papst Sixtus V. immer am meisten bewundert hat.

Es ist wahr, die Maßregeln Gregors XIII. hatten etwas Gehässiges, Gewaltsames und eine sehr schlechte Rückwirkung. Dessenungeachtet sollte ich glauben, wenn er es dahin gebracht hätte, daß die päpstliche Kasse sowohl neuer Auflagen als der Anleihe in Zukunft hätte entbehren können, so würde dies eine sehr wohltätige Wirkung hervorgerufen, der Kirchenstaat vielleicht eine glücklichere Entwickelung genommen haben.

Allein es fehlte Gregor, zumal in den späteren Jahren, an der Kraft, seine Gedanken durchzusetzen.

Gerade durch diese vollführende Kraft zeichnete sich Sixtus aus. Sein Thesaurieren durch Anleihen, Ämterverkauf und neue Auflagen häufte Last auf Last; wir werden die Folgen davon beobachten; aber daß es gelang, blendete die Welt, und für den Augenblick gab es wirklich dem Papsttum eine neue Bedeutung.

In der Mitte von Staaten, denen es meistenteils an Geld fehlte, bekamen die Päpste durch den Besitz eines Schatzes eine größere Zuversicht auf sich selbst, ein ungewohntes Ansehen bei den übrigen.

In der Tat gehörte diese Staatsverwaltung recht eigentlich mit zu dem katholischen Systeme jener Zeit.

Indem sie alle finanziellen Kräfte des Staates in die Hände des kirchlichen Oberhauptes legte, machte sie denselben erst vollkommen zu einem Organe geistlicher Gewalt.

Denn wozu anders konnte dies Geld angewendet

werden als zur Verteidigung und Ausbreitung des katholischen Glaubens?

Sixtus V. lebte und webte in Entwürfen, die dahin zielten. Zuweilen betrafen sie den Orient und die Türken, öfter den Okzident und die Protestanten. Zwischen den beiden Systemen, dem katholischen und dem protestantischen, brach ein Krieg aus, an dem die Päpste den lebhaftesten Anteil nahmen.

Wir betrachten ihn in dem folgenden Buche. Zunächst bleiben wir noch einen Augenblick bei Rom stehen, welches von neuem eine allgemeine Wirkung auf die Welt auszuüben wußte.

Bauunternehmungen Sixtus' V.

Es war das drittemal, daß sich Rom auch äußerlich als die Hauptstadt einer Welt darstellte.

Man kennt die Pracht und Größe des antiken Roms; aus Trümmern und Erzählungen hat man es sich mannigfalt zu vergegenwärtigen gesucht. Auch das Mittelalter verdiente wohl einmal einen ähnlichen Fleiß. Herrlich war auch dies mittlere Rom mit der Majestät seiner Basiliken, dem Dienste seiner Grotten und Katakomben, den Patriarchien des Papstes, in denen die Denkmäler des frühesten Christentums aufbewahrt wurden, dem noch immer prächtigen Kaiserpalast, der den deutschen Königen gehörte, den befestigten Burgen, welche sich in der Mitte so vieler Gewalten unabhängige Geschlechter trotzig eingerichtet hatten.

Während der Abwesenheit der Päpste in Avignon war dies mittlere Rom so gut verfallen, wie das antike längst in Trümmern lag.

Als Eugenius IV. im Jahre 1443 nach Rom zurückkehrte, war es eine Stadt der Kuhhirten geworden: die Einwohner unterschieden sich nicht von den Bauern und Hirten der Landschaft. Man hatte längst die Hügel verlassen: in der Ebene, an den Beugungen der Tiber wohnte man; auf den engen Straßen gab es kein Pflaster; durch Balkone und Bogen, welche Haus an Haus stützten, waren sie noch mehr verdunkelt; man sah das Vieh wie auf dem Dorfe herumlaufen. Von S. Sylvester bis an die Porta del Popolo war alles Garten und Sumpf; man jagte da wilde Enten. An das Altertum war beinahe auch die Erinnerung verschwunden. Das Kapitol war der Berg der Ziegen, das Forum Romanum das Feld der Kühe geworden; an einige Monumente, die noch übrig waren, knüpfte man die seltsamsten Sagen. Die Peterskirche war in Gefahr zusammenzustürzen.

Als endlich Nikolaus die Obedienz der gesamten Christenheit wiedergewonnen, faßte er, reich geworden durch die Beiträge der zum Jubiläum strömenden Pilgrime, den Gedanken, Rom dergestalt mit Gebäuden zu schmücken, daß jedermann mit der Anschauung erfüllt werden sollte, dies sei die Hauptstadt der Welt.

Es war aber dies nicht das Werk eines einzigen

Mannes. Die folgenden Päpste haben jahrhundertelang daran mitgearbeitet.

Ich will ihre Bemühungen, die man in ihren Lebensbeschreibungen aufgezeichnet findet, hier nicht im einzelnen wiederholen. Am bedeutendsten waren sowohl durch ihren Erfolg als selbst durch ihren Gegensatz die Epochen Julius' II. und unseres Sixtus.

Unter Julius II. wurde die untere Stadt an den Ufern der Tiber, wohin sie sich gezogen, völlig erneuert. Nachdem Sixtus IV. die beiden Teile jenseit und diesseit des Flusses durch jene solide einfache Brücke von Travertino, die noch heute seinen Namen führt, besser verbunden hatte, baute man zu beiden Seiten mit dem größten Eifer. Jenseit begnügte sich Julius nicht mit dem Unternehmen der Peterskirche, die unter ihm mächtig emporstieg; er erneuerte auch den vatikanischen Palast. In der Vertiefung zwischen dem alten Bau und dem Landhause Innocenz' VIII., dem Belvedere, legte er die Loggien an, eins der wohlerfundensten Werke, die es geben mag. Unfern von da wetteiferten seine Vettern, die Riari, und sein Schatzmeister Agostino Chigi, wer von beiden ein schöneres Haus aufrichten würde. Ohne Zweifel behielt Chigi den Preis; das seine ist die Farnesina, bewundernswürdig schon in der Anlage, von Raphaels Hand aber unvergleichlich ausgeschmückt. Diesseit verdanken wir Julius II. die Vollendung der Cancelleria mit ihrem Cortile, das in reinen, glücklich entworfenen Verhältnissen ausgeführt ist, dem schönsten Gehöfte der Welt. Seine Kardinäle und Barone strebten ihm nach: Farnese, dessen Palast sich durch seinen großartigen Eingang den Ruf des vollkommensten unter den römischen Palästen erworben hat; Franz de Rio, der von dem seinen rühmte, er werde stehen, bis die Schildkröte die Erde durchwandle. Mit allen Schätzen der Literatur und Kunst war das Haus der Medici erfüllt; auch die Orsinen schmückten ihren Palast auf Campofiore innen und außen mit Statuen und Bildwerken aus. Den Denkmalen dieser schönen Zeit, in der man es versuchte, dem Altertum gleichzukommen, — um Campofiore und den farnesischen Platz her — widmet der Fremde nicht immer die Aufmerksamkeit, die sie verdienen. Es war Wetteifer, Genius, Blüte: ein allgemeiner Wohlstand. Da das Volk zunahm, so baute man sich auf dem Campo Marzo, um das Mausoleum des Augustus her, an. Unter Leo entwickelte sich dies noch mehr: aber schon Julius hatte Gelegenheit, jenseits die Lungara, gegenüber diesseits die Strada Julia zu ziehen. Man sieht noch die Inschrift, in der ihn die Konservatoren rühmen, daß er neue Straßen abgemessen und eröffnet habe, „der Majestät der neu erworbenen Herrschaft gemäß".

Durch die Pest, durch die Eroberung sank die Volksmenge wieder; die Bewegungen unter Paul IV. fügten der Stadt aufs neue großen Schaden zu; erst nachher nahm sie sich wieder auf: mit dem erneuten

Gehorsam der katholischen Welt stieg auch die Anzahl der Einwohner.

Schon Pius IV. dachte darauf, die verlassenen Hügel wieder anzubauen. Auf dem Kapitolin gründete er den Palast der Konservatoren; auf dem Viminal erhob ihm Michel Angelo aus den Trümmern der diokletianischen Thermen die Kirche S. Maria degli Angeli; die Porta Pia auf dem Quirinal trägt noch heute sein Abzeichen. Auch Gregor XIII. baute hier.

Es waren dies aber der Natur der Sache nach vergebliche Bemühungen, solange die Hügel des Wassers entbehrten.

Eben hier tritt Sixtus V. hervor. Es hat ihm vor allen übrigen Päpsten in der Stadt ein ruhmvolles Andenken gestiftet, daß er dies Bedürfnis ins Auge faßte und das mangelnde Wasser in kolossalen Aquädukten herbeizuführen beschloß. Er tat es, wie er sagt, „damit diese Hügel, noch zu den christlichen Zeiten durch Basiliken verherrlicht, ausgezeichnet durch gesunde Luft, anmutige Lage, angenehme Aussicht wieder bewohnt werden mögen". „Darum," fügt er hinzu, „haben wir uns durch keine Schwierigkeiten, keine Unkosten abschrecken lassen." In der Tat sagte er den Architekten von allem Anfang, er wolle ein Werk, das sich mit der alten Pracht des kaiserlichen Roms messen könne. Zweiundzwanzig Meilen weit, von dem Agro Colonna her, führte er allen Hindernissen zum Trotz die Aqua Martia zum Teil unter der Erde, zum Teil auf hohen Bogen nach Rom. Mit großer Genugtuung sah endlich der Papst den Strahl dieses Wassers sich in seine Vigna ergießen; er führte es weiter nach S. Susanna auf den Quirinal; er nannte es nach seinem Eigennamen Aqua Felice; mit nicht geringem Selbstgefühl ließ er bei der Fontäne Moses abbilden, wie bei dem Schlage seines Stabes das Wasser aus dem Felsen strömt.

Für jene Gegend und die ganze Stadt war dies ein großer Vorteil. Die Aqua Felice gibt in 24 Stunden 20 537 Kubikmeter Wasser und speist 27 Fontänen.

Wirklich fing man hierauf an, die Höhen wieder anzubauen. Durch besondere Privilegien lud Sixtus dazu ein. Er ebnete den Boden bei Trinita de' Monti und legte den Grund zu der Treppe am spanischen Platz, welche die nächste Kommunikation von der unteren Stadt nach dieser Anhöhe bildet. Hier legte er Via Felice und Borgo Felice an: er eröffnete die Straßen, die noch heute nach S. Maria Maggiore führen, von allen Seiten: er hatte die Absicht, alle Basiliken durch breite und große Wege mit dieser zu verbinden. Die Poeten rühmen, Rom verdoppele sich gleichsam und suche seine alten Wohnungen wieder auf.

Jedoch war es diese Anbauung der Höhen nicht allein, wodurch sich Sixtus V. von den früheren Päpsten unterschied. Er faßte zugleich Absichten, die den älteren geradezu entgegenliefen.

Mit einer Art von Religion betrachtete man unter Leo X. die Trümmer des alten Roms; man nahm mit Entzücken den göttlichen Funken des antiken Geistes an ihnen wahr; wie ließ sich jener Papst die Erhaltung derselben empfohlen sein, „dessen, was von der alten Mutter des Ruhmes und der Größe von Italien noch allein übrig geblieben"!

Von diesem Geiste war Sixtus V. himmelweit entfernt. Für die Schönheit der Überreste des Altertums hatte dieser Franziskaner keinen Sinn. Das Septizonium des Severus, ein höchst merkwürdiges Werk, das sich durch alle Stürme so vieler Jahrhunderte bis auf ihn erhalten, fand keine Gnade vor seinen Augen. Er zerstörte es von Grund aus und brachte einige Säulen davon nach St. Peter. Er war ebenso heftig im Zerstören als eifrig im Bauen. Jedermann fürchtete, er werde auch darin kein Maß finden. Man höre, was der Kardinal von Santa Severina erzählt: es würde unglaublich scheinen, wenn er es nicht selbst erlebt hätte. „Da man sah," sagt er, „daß sich der Papst ganz und gar zur Zerstörung der römischen Altertümer hinneigte, so kam eines Tages eine Anzahl römischer Edelleute zu mir und bat mich, das Meine zu tun, um Seine Heiligkeit von einem so ausschweifenden Gedanken abzubringen." An den Kardinal wandten sie sich, der damals ohne Zweifel selbst als der größte Zelot anzusehen war. Kardinal Colonna schloß sich an ihn an. Der Papst antwortete ihnen, er wolle die häßlichen Antiquitäten wegschaffen, die übrigen aber, die dies bedürften, restaurieren. Man denke, was ihm häßlich vorkommen mochte! Er hatte die Absicht, das Grab der Cäcilia Metella, schon damals den einzigen bedeutenden Rest der republikanischen Zeiten, ein bewundernswürdiges, erhabenes Denkmal, geradehin zu zerstören. Wie viel mag unter ihm zugrunde gegangen sein!

Konnte er sich doch kaum entschließen, den Laokoon und den belvederischen Apoll im Vatikan zu dulden. Die antiken Bildsäulen, mit denen die römischen Bürger das Kapitol geschmückt hatten, litt er nicht daselbst. Er erklärte, er werde das Kapitol zerstören, wenn man sie nicht entferne. Es war ein Jupiter tonans, zwischen Minerva und Apoll. Die beiden anderen mußten in der Tat entfernt werden; nur die Minerva ward geduldet. Aber Sixtus wollte, daß sie Rom, und zwar das christliche, bedeuten solle. Er nahm ihr den Speer, den sie trug, und gab ihr ein ungeheures Kreuz in die Hände.

In diesem Sinne restaurierte er die Säulen des Trajan und des Antonin; aus jener ließ er die Urne wegnehmen, welche, wie man sagte, die Asche des Kaisers enthielt; er widmete sie dem Apostel Petrus, die andere dem Apostel Paulus, deren Bildsäulen seitdem in dieser luftigen Höhe über den Häusern der Menschen einander gegenüberstehen. Er meinte, damit dem christlichen Glauben einen Triumph über das Heidentum zu verschaffen.

Die Aufstellung des Obelisken vor St. Peter lag ihm darum so sehr am Herzen, weil er „die Monumente des Unglaubens an dem nämlichen Orte dem

Kreuze unterworfen zu sehen wünschte, wo einst die Christen den Kreuzestod hatten erleiden müssen".

In der Tat ein großartiges Unternehmen, das er aber ganz auf seine Weise ausführte: mit einer sonderbaren Mischung von Gewaltsamkeit, Größe, Pomp und zelotischem Wesen.

Dem Baumeister, Domenico Fontana, der sich unter seinen Augen vom Maurerlehrburschen hinaufgearbeitet hatte, drohte er sogar Strafen an, wenn es ihm mißlänge und er den Obelisken beschädige.

Es war alles schwer: ihn dort, wo er stand — bei der Sakristei der alten Peterskirche — von seiner Basis zu erheben, ihn niederzusenken, auf eine neue Stelle zu führen und hier wieder aufzurichten.

Man schritt dazu mit dem Gefühle, daß man ein Werk unternehme, welches alle Jahrhunderte hindurch berühmt sein werde. Die Arbeiter, ihrer 900 an der Zahl, begannen damit, daß sie die Messe hörten, beichteten und die Kommunion empfingen. Dann traten sie in den Raum, der für die Arbeit durch einen Zaun abgesondert worden. Der Meister nahm einen höheren Sitz ein. Der Obelisk war mit Strohmatten und Bohlen bekleidet, die von festen eisernen Ringen umfaßt waren; 35 Winden sollten die ungeheure Maschine in Bewegung setzen, die ihn mit gewaltigen hänfenen Tauen emporzuheben bestimmt war; an jeder arbeiteten zwei Pferde und zehn Menschen. Endlich gab eine Trompete das Zeichen. Gleich der erste Ruck griff vortrefflich: der

Obelisk erhob sich von der Basis, auf der er seit 1500 Jahren ruhte; bei dem zwölften war er $2^3/_4$ Palm erhoben und festgehalten; der Baumeister sah die ungeheure Masse, mit ihrer Bekleidung über eine Million römischer Pfund schwer, in seiner Gewalt. Man hat sorgfältig angemerkt, daß es am 30. April 1586 war, nachmittags gegen drei Uhr, um die zwanzigste Stunde. Vom Kastell S. Angelo gab man Freudensignale; alle Glocken der Stadt wurden geläutet; die Arbeiter trugen ihren Meister mit unaufhörlichem Lebehoch triumphierend um die Umzäunung.

Sieben Tage darnach senkte man den Obelisk mit nicht minderer Geschicklichkeit: hierauf führte man ihn auf Walzen an seine neue Stelle. Erst nach Ablauf der heißen Monate wagte man, zu seiner Wiederaufrichtung zu schreiten.

Der Papst wählte zu diesem Unternehmen den 10. September, einen Mittwoch, welchen Tag er immer glücklich gefunden, den nächsten vor dem Feste der Erhöhung des Kreuzes, dem der Obelisk gewidmet werden sollte. Auch diesmal begannen die Arbeiter ihr Tagewerk damit, daß sie sich Gott empfahlen; sie fielen auf die Knie, als sie in die Umzäunung traten. Fontana hatte seine Einrichtungen nicht ohne Rücksicht auf die letzte Erhebung eines Obelisken, die von Ammianus Marcellinus beschrieben worden, getroffen; doch hatte er die Kraft von 140 Pferden voraus. Auch hielt man es für ein besonderes Glück, daß der Himmel an diesem Tage bedeckt war. Alles ging erwünscht vonstatten. In drei großen Absätzen wurde der Obelisk bewegt: eine Stunde vor Sonnenuntergang senkte er sich auf sein Piedestal, auf den Rücken der vier bronzenen Löwen, die ihn zu tragen scheinen. Der Jubel des Volkes war unbeschreiblich; der Papst fühlte die vollkommenste Genugtuung; so viele von seinen Vorgängern hatten es gewollt, in so vielen Schriften hatte man es gewünscht: er hatte es nunmehr ausgeführt. In seinem Diarium ließ er anmerken, daß ihm das größte und schwierigste Werk gelungen sei, welches der menschliche Geist erdenken könne; er ließ Medaillen darauf prägen; er empfing Gedichte in allen Sprachen darüber; den auswärtigen Mächten gab er davon Kunde.

Sonderbar lautete die Inschrift, in der er sich rühmt, er habe dies Denkmal den Kaisern Augustus und Tiberius entrissen und dem heiligsten Kreuze gewidmet. Er ließ ein Kreuz darauf errichten, in das ein Stück Holz von dem angeblich wahren Kreuze Christi eingeschlossen war. Es drückt dies seine ganze Gesinnung aus. Die Monumente des Heidentums sollten selber zur Verherrlichung des Kreuzes dienen.

Mit ganzer Seele widmete er sich diesen seinen Bauten. Ein Hirtenknabe, in Garten und Feld aufgewachsen, liebte er die Städte; von einer Villegiatura wollte er nichts wissen; er sagte, „seine Erholung sei, viele Dächer zu sehen". Ich verstehe, seine

Bauunternehmungen machten ihm das größte Vergnügen.

Viele tausend Hände waren unaufhörlich beschäftigt; keine Schwierigkeit schreckte ihn ab.

Noch immer fehlte die Kuppel am St. Peter, und die Baumeister forderten zehn Jahre zu ihrer Vollendung. Sixtus wollte sein Geld dazu hergeben, doch an dem Werke auch selber noch seine Augen weiden. Er stellte 600 Arbeiter an; auch die Nacht ließ er nicht feiern; im 22. Monat wurde man fertig. Nur erlebte er nicht, daß das bleierne Dach gelegt wurde.

Aber auch in Werken dieser Art setzte er seiner Gewaltsamkeit keine Grenzen. Die Überbleibsel des päpstlichen Patriarchiums bei dem Lateran, die doch keineswegs geringfügig und ausnehmend merkwürdig waren, Altertümer der Würde, die er selbst bekleidete, ließ er ohne Erbarmen niederreißen, um an der Stelle derselben seinen Lateranpalast zu errichten, den man nicht einmal brauchte und der sich nur als eins der ersten Beispiele der einförmigen Regelmäßigkeit moderner Architektur eine sehr zweideutige Aufmerksamkeit erworben hat.

Wie so ganz hatte sich das Verhältnis geändert, in welchem man zu dem Altertume stand! Man wetteiferte früher und auch jetzt mit demselben; aber früher suchte man es in der Schönheit und Anmut der Form zu erreichen: jetzt bemühte man sich, in massenhaften Unternehmungen ihm gleichzukommen oder es zu überbieten. In dem geringsten Denkmal verehrte man früher eine Spur des antiken Geistes: jetzt hätte man diese Spuren lieber vertilgt. Man folgte einer Idee, die man allein gelten ließ, neben der man keine andere anerkannte. Es ist die nämliche, die sich in der Kirche die Herrschaft erworben, die den Staat zu einem Organ der Kirche gemacht hat. Diese Idee des modernen Katholizismus durchdringt alle Adern des Lebens in seinen verschiedensten Richtungen.

Veränderung der geistigen Richtung überhaupt.

Denn man darf nicht etwa glauben, nur der Papst sei von diesem Geiste beherrscht worden; in jedem Zweige tut sich am Ende des Jahrhunderts eine Richtung hervor, derjenigen entgegengesetzt, welche den Anfang desselben bezeichnete.

Ein Hauptmoment ist, daß das Studium der Alten, von dem damals alles ausgegangen, nunmehr unendlich zurückgetreten war. Auch jetzt erschien wieder ein Aldus Manutius zu Rom und wurde Professor der Beredsamkeit; aber weder für sein Griechisch, noch selbst für sein Latein fanden sich Liebhaber. Zur Stunde seiner Vorlesungen sah man ihn mit einem und dem anderen seiner Zuhörer vor dem Portal der Universität auf- und abgehen; es waren die einzigen, welche ihm Teilnahme bewiesen. Wie hatte das Studium des Griechischen im Anfange des Jahrhunderts so unglaublichen Fortgang! Am Ende desselben gab es in Italien keinen namhaften Hellenisten mehr.

Nun möchte ich dies nicht durchaus als Verfall bezeichnen: in gewisser Beziehung hängt es mit dem notwendigen Fortschritt der wissenschaftlichen Entwickelung zusammen.

Wenn nämlich früher die Wissenschaft unmittelbar aus den Alten geschöpft wurde, so war dies jetzt nicht mehr möglich. Auf der einen Seite hatte der Stoff ungeheuer zugenommen. Welch eine ganz andere Masse naturhistorischer Kenntnisse brachte z. B. Ulisse Aldrovandi durch die unablässige Bemühung eines langen Lebens auf vielen Reisen zusammen, als irgendein Alter besitzen können; in seinem Museum hatte er es auf eigentliche Vollständigkeit abgesehen: was ihm an Naturalien abging, ersetzte er durch Bilder; jedes Stück bekam seine ausführliche Beschreibung. Wie hatte sich die Erdkunde so über jeden Begriff der antiken Welt erweitert! Auf der anderen Seite begann auch eine tiefer eingehende Forschung. Die Mathematiker suchten anfangs nur die Lücken auszufüllen, welche die Alten gelassen. Commandin z. B. glaubte zu finden, daß Archimedes etwas über den Schwerpunkt entweder gelesen oder sogar verfaßt haben müsse, was alsdann verloren gegangen; er ließ sich dies einen Anlaß sein, den Gegenstand selbst zu untersuchen. Aber eben hiedurch ward man um vieles weiter geführt; noch an der Hand der Alten riß man sich von ihnen los; man machte Entdeckungen, die jenseit des von ihnen beschriebenen Kreises lagen und einer weiteren Forschung neue Bahnen eröffneten.

Veränderung der geistigen Richtung überhaupt. 465

Vornehmlich widmete man sich mit selbständigem Eifer der Erkenntnis der Natur. Man schwankte noch einen Augenblick zwischen der Anerkennung des Geheimnisses in den Dingen und der mutig ergründeten Untersuchung der Erscheinungen. Doch war die letzte, die wissenschaftlichere Richtung schon überwiegend. Schon ward ein Versuch gemacht, das Pflanzenreich rationell abzuteilen: in Padua lebte ein Professor, den man den Kolumbus des menschlichen Leibes nannte. Auf allen Seiten strebte man weiter: die Werke des Altertums schlossen die Wissenschaft nicht mehr ein.

Es folgte, wenn ich nicht irre, von selbst, daß das Studium der Antike, dem man sich in Hinsicht des Objekts nicht mehr mit voller Hingebung überlassen durfte, auch in Hinsicht der Form nicht mehr die Wirkung hervorbringen konnte, die es früher gehabt.

In den gelehrten Werken fing man an, es auf die Anhäufung des Stoffes abzusehen. Im Anfang des Jahrhunderts hatte Cortesius das Wesentliche der scholastischen Philosophie, so unfügsam es sich auch zeigen mochte, in einem wohlgeschriebenen klassischen Werke, das voll von Geist und Witz ist, mitgeteilt; jetzt stellte ein Natal Conte einen antiken Stoff, der die geistreichste, großartigste Behandlung zugelassen hätte, den mythologischen, in einem ungenießbaren Quartanten zusammen. Dieser Autor hat auch eine Geschichte geschrieben; die Sentenzen, mit denen er sein Buch ausstattet, leitet er fast immer unmittelbar aus den Alten her und zitiert die Stellen; doch ist er dabei von allem Sinn für eigentliche Darstellung entfernt geblieben. Es schien den Zeitgenossen schon hinreichend, das Material der Tatsachen in Massen aufzuhäufen. Man darf sagen, ein Werk wie die Annalen des Baronius, so ganz formlos — lateinisch, aber ohne alle Spur von Eleganz selbst nur im einzelnen Ausdruck — wäre im Anfange des Jahrhunderts nicht einmal denkbar gewesen.

Indem man dergestalt, wie in den wissenschaftlichen Bestrebungen, so noch vielmehr in der Form und Darstellung die Bahn des Altertums verließ, traten in dem Leben der Nation Veränderungen ein, die auf alles literarische und künstlerische Bemühen unberechenbaren Einfluß ausgeübt haben.

Einmal ging das republikanische, sich selbst überlassene Italien, auf dessen eigentümlichen Zuständen die früheren Entwickelungen, auch des Geistes selbst, beruht hatten, nunmehr zugrunde. Die ganze Freiheit und Naivität des geistigen Zusammenseins schwand. Man bemerke, daß sich die Titulaturen einführten. Schon um das Jahr 1520 sahen einige mit Verdruß, daß jedermann Herr genannt sein wollte; man schrieb es dem Einfluß der Spanier zu. Um das Jahr 1550 verdrängen bereits schwerfällige Ehrenbezeigungen die einfache Anrede in Brief und Gespräch. Gegen das Ende des Jahrhunderts nahmen die Titel Marchese und Duca überhand: jedermann wollte sie haben; alles wollte Exzellenz sein. Man hat gut sagen, daß dies nicht viel bedeute; hat es doch noch jetzt seine Wirkung, nachdem dies Wesen längst veraltet ist: um wie viel mehr damals, als man es aufbrachte! Aber auch in jeder anderen Hinsicht wurden die Zustände strenger, fester, abgeschlossener: mit der heiteren Unbefangenheit der früheren Verhältnisse, der Unmittelbarkeit der gegenseitigen Berührungen war es vorüber.

Liege es, woran es wolle, sei es sogar eine in der Natur der Seele begründete Veränderung, soviel ist offenbar, daß in allen Hervorbringungen, schon gegen die Mitte des Jahrhunderts hin, ein anderer Geist weht, daß auch die Gesellschaft, wie sie lebt und wesentlich ist, andere Bedürfnisse hat.

Von allen Erscheinungen, die diesen Wechsel bezeichnen, vielleicht die auffallendste ist die Umarbeitung, welche Berni mit dem Orlando innamorato des Bojardo vorgenommen hat. Es ist das nämliche Werk und doch ein ganz anderes. Aller Reiz, alle Frische des ursprünglichen Gedichts ist verwischt. Wenn man ein wenig tiefer eingeht, so wird man finden, daß der Autor allenthalben statt des Individuellen ein allgemein-gültiges, statt des rücksichtslosen Ausdruckes einer schönen und lebendigen Natur eine Art von gesellschaftlichem Decorum untergeschoben hat, wie sie die damalige und die spätere italienische Welt forderte. Er traf es damit vollkommen. Mit einem unglaublichen Beifall wurde sein Werk aufgenommen; die Überarbeitung hat das ursprüngliche Gedicht durchaus verdrängt. Und wie rasch hatte sich diese Umwandlung vollzogen! Seit der ersten Ausgabe waren noch nicht fünfzig Jahre verflossen.

Man kann diesen veränderten Grundton, dieses Aber eines anderen Geistes in den meisten Hervorbringungen jener Zeit verfolgen.

Es ist nicht gerade Mangel an Talent, was die großen Gedichte von Alamanni und Bernardo Tasso so ungenießbar, so langweilig macht, wenigstens bei dem letzten nicht. Aber gleich ihre Konzeption ist kalt. Nach den Forderungen eines zwar keineswegs sehr tugendhaften, aber ernst gewordenen, gehaltenen Publikums wählten sie sich tadellose Helden: Bernardo den Amadis, von dem der jüngere Tasso sagt: „Dante würde das verwerfende Urteil, das er über die Ritterromane ausspricht, zurückgenommen haben, wenn er den Amadis von Gallien oder von Gräcia gekannt hätte; so voll von Adel und Standhaftigkeit sei diese Gestalt"; Alamanni bearbeitete Giron le courtoys, den Spiegel aller Rittertugend. Sein ausgesprochener Zweck ist dabei, der Jugend an diesem Beispiel zu zeigen, wie man Hunger und Nachtwachen, Kälte und Sonnenschein zu ertragen, die Waffen zu führen, gegen jedermann Gerechtigkeit und Frömmigkeit zu beweisen und den Feinden zu vergeben habe. Da sie nun bei diesem moralisch=didaktischen Absehen eben auch auf die Weise des Berni verfahren und

Veränderung der geistigen Richtung überhaupt.

ihrer Fabel den poetischen Grund, den sie hat, recht mit Absicht entreißen, so ist erfolgt, daß ihre Arbeiten überaus weitschweifig und trocken ausgefallen sind.

Es schien, wenn man so sagen darf, als hätte die Nation die Summe poetischer Vorstellungen, die ihr aus ihrer Vergangenheit, aus den Ideen des Mittelalters hervorgegangen, verbraucht, verarbeitet und nicht einmal ein Verständnis derselben übrig. Sie suchte etwas Neues. Aber weder wollten die schöpferischen Genien erscheinen, noch bot das Leben frische Stoffe dar. Bis gegen die Mitte des Jahrhunderts ist die Prosa — lehrhaft ihrer Natur nach — noch geistreich, warm, beugsam und anmutig. Allmählich erstarrt und erkaltet sie aber auch.

Wie in der Poesie, war es in der Kunst. Sie verlor die Begeisterung, die ihr ehemals ihre geistlichen, gar bald auch die, welche ihr ihre profanen Gegenstände eingeflößt. Hauptsächlich nur in den Venezianern blieb etwas davon übrig. Wie so völlig fallen die Schüler Raphaels, einen einzigen ausgenommen, von Raphael ab! Indem sie ihn nachahmen, verlieren sie sich in das gemachte Schöne, theatralische Stellungen, affektierte Grazie, und ihren Werken sieht man es an, in wie kalter, unschöner Stimmung sie entworfen sind. Die Schüler Michel Angelos machten es nicht besser. Die Kunst wußte nichts mehr von ihrem Objekt: sie hatte die Ideen aufgegeben, welche sie sonst sich angestrengt hatte in Gestalt zu bringen; nur die Äußerlichkeiten der Methode waren ihr übrig.

In dieser Lage der Dinge, als man sich von dem Altertum bereits entfernt hatte, seine Formen nicht mehr nachahmte, seiner Wissenschaft entwachsen war, — als zugleich die altnationale Poesie und religiöse Vorstellungsweise von Literatur und Kunst verschmäht wurden, — trat die neue Erhebung der Kirche ein; sie bemächtigte sich der Geister mit ihrem Willen oder wider denselben; sie brachte auch in allem literarischen und künstlerischen Wesen eine durchgreifende Veränderung hervor.

Es hatte aber die Kirche, wenn ich nicht irre, eine ganz andere Einwirkung auf die Wissenschaft als auf die Kunst.

Philosophie und Wissenschaft überhaupt erlebten noch einmal eine sehr bedeutende Epoche. Nachdem man den echten Aristoteles wiederhergestellt, begann man, wie es in anderen Zweigen von anderen Alten geschah, sich in der Philosophie auch von ihm loszureißen; zu einer freien Erörterung der höchsten Probleme ging man fort. Der Natur der Sache nach konnte die Kirche dies nicht begünstigen. Sie selber setzte bereits die obersten Prinzipien auf eine Weise fest, die keinen Zweifel zuließ. Hatten sich aber die Anhänger des Aristoteles häufig zu antikirchlichen, naturalistischen Meinungen bekannt, so war auch von seinen Bestreitern etwas Ähnliches zu befürchten. Sie wollten, wie sich einer von ihnen ausdrückte, die

Dogmen bisheriger Lehrer mit der originalen Handschrift Gottes, der Welt und der Natur der Dinge, vergleichen. Ein Unternehmen, dessen Erfolg unabsehlich war, bei dem es, sei es Entdeckungen, sei es Irrtümer von sehr verfänglichem Inhalt geben mußte, das deshalb die Kirche nicht aufkommen ließ. Obwohl sich Telesius nicht eigentlich über die Physik erhob, blieb er doch sein lebelang auf seine kleine Vaterstadt eingeschränkt; Campanella hat als ein Flüchtling leben, die Tortur hat er ausstehen müssen; der Tiefsinnigste von allen, Giordano Bruno, ein wahrer Philosoph, ward nach vielen Verfolgungen und langen Irrfahrten endlich, wie es in der Urkunde heißt, „nicht allein als ein Ketzer, sondern als ein Häresiarch, der einige Sachen geschrieben, welche die Religion anbetreffen und die sich nicht geziemen," von der Inquisition in Anspruch genommen, eingezogen, nach Rom geschafft und zum Tode im Feuer verurteilt. Wer hätte da noch zu freier Geistesregung den Mut fühlen sollen? Von den Neueren, die dies Jahrhundert hervorgebracht hat, fand nur einer, Francesco Patrizi, Gnade in Rom. Auch er griff den Aristoteles an, jedoch nur deshalb, weil die Lehrsätze dieses Alten der Kirche und dem Christentum zuwider seien. Im Gegensatz mit den aristotelischen Meinungen suchte er eine echte philosophische Tradition nachzuweisen, von dem angeblichen Hermes Trismegistus an, bei dem er eine deutlichere Erklärung der Dreieinigkeit zu finden glaubte, als selbst in den mosaischen Schriften, durch die folgenden Jahrhunderte; diese suchte er aufzufrischen, zu erneuern und an die Stelle der aristotelischen zu setzen. In allen Dedikationen seiner Werke stellte er diese seine Absicht, den Nutzen, die Notwendigkeit ihrer Ausführung vor. Es ist ein sonderbarer Geist, nicht ohne Kritik, doch bloß für das, was er verwirft, nicht für das, was er annimmt. Er ward nach Rom berufen und behauptete sich hier durch die der Kirche zusagende Eigentümlichkeit und Richtung seiner Arbeiten, nicht eben durch die Wirkung derselben, die nur gering war, in großem Ansehen.

Mit den philosophischen Untersuchungen waren damals physische und naturhistorische fast ununterscheidbar verschmolzen. Das ganze System bisheriger Vorstellungen war in Frage gestellt worden. In der Tat ist in den Italienern dieser Epoche eine große Tendenz; Suchen, Vordringen, erhabene Ahnung. Wer will sagen, wohin sie gelangt sein würden? Allein die Kirche zeichnete ihnen eine Linie vor, die sie nicht überschreiten durften. Wehe dem, der sich über dieselbe hinauswagte!

Wirkte dergestalt, es kann daran kein Zweifel sein, die Restauration des Katholizismus auf die Wissenschaft reprimierend, so fand in der Kunst und Poesie vielmehr das Gegenteil hievon statt. Sie ermangelten eines Inhaltes, des lebendigen Gegenstandes; die Kirche gab ihnen denselben wieder.

Wie sehr die Erneuerung der Religion sich der Gemüter bemächtigte, sieht man an dem Beispiele Torquato Tassos. Sein Vater hatte sich einen moralisch=tadellosen Helden ausgesucht; er ging einen Schritt weiter als dieser. Wie noch ein anderer Dichter dieses Zeitalters die Kreuzzüge zu seinem Gegenstand gewählt, „darum, weil es besser sei, ein wahres Argument christlich zu behandeln, als in einem erlogenen einen wenig christlichen Ruhm zu suchen," so tat auch Torquato Tasso: er nahm sich einen Helden nicht der Fabel, sondern der Geschichte, einen christlichen Helden. Gottfried ist mehr als Äneas; er ist wie ein Heiliger, satt der Welt und ihres vergänglichen Ruhmes. Es würde indes ein sehr trockenes Werk gegeben haben, wenn sich der Dichter mit der Darstellung einer solchen Persönlichkeit hätte begnügen wollen. Tasso ergriff zugleich die sentimental=schwärmerische Seite der Religion, was denn sehr wohl zu dem Feenwesen stimmt, dessen bunte Fäden er in sein Gewebe einschlug. Das Gedicht ist hie und da etwas lang ausgefallen; nicht allenthalben ist der Ausdruck recht durchgearbeitet; doch ist es ein Gedicht — voll Phantasie und Gefühl, nationaler Gesinnung, Wahrheit des Gemüts, wodurch Tasso die Gunst und die Bewunderung seiner Landsleute bis auf den heutigen Tag in hohem Grade behauptet hat. Welch ein Gegensatz aber gegen Ariost! Die Dichtkunst war früher von der Kirche abgefallen: der verjüngten Religion unterwirft sie sich wieder.

Unfern von Ferrara, wo Tasso sein Poem verfaßt,

in Bologna, erhob sich gleich nachher die Schule der Caracci, deren Emporkommen eine allgemeine Umwandlung in der Malerei bezeichnet.

Fragen wir, worauf diese beruhte, so nennt man uns die anatomischen Studien der bolognesischen Akademie, ihre eklektische Nachahmung, die Gelehrsamkeit ihrer Kunstmanier. Und gewiß ist der Eifer, mit welchem sie auf ihre Weise den Erscheinungen der Natur beizukommen trachteten, ein großes Verdienst. Nicht minder wichtig aber scheint mir zu sein, welche Aufgaben sie wählten, wie sie dieselben geistig angriffen.

Lodovico Caracci beschäftigte sich viel mit dem Christusideal. Nicht immer, aber zuweilen wie in der Berufung des Matthäus, gelingt es ihm, den milden und ernsten Mann voll Wahrheit und Wärme, Huld und Majestät darzustellen, der hernach so oft nachgebildet worden. Für seine Sinnesweise ist es bezeichnend, wie er verfährt, wenn er selber nachahmt. Die Transfiguration Raphaels hat er einmal offenbar vor Augen; aber indem er ihre Motive benutzt, fügt er noch ein eigenes hinzu: er läßt seinen Christus lehrend die Hand gegen Moses erheben.

Agostino Caraccis Meisterstück ist der heilige Hieronymus, ein Alter, nahe dem Tode, der sich nicht mehr bewegen kann und mit dem letzten Lebensodem nur noch inbrünstig nach der Hostie verlangt, die ihm gereicht wird.

Von Annibale Caracci muß man wohl sagen, daß er in seinen berühmtesten Werken das Christusideal Lodovicos auf einer anderen Stufe wiederholt. Im Leiden erscheint es in dem Ecce Homo bei den Borghese, mit starkem Schatten, von feiner, durchsichtiger Haut, in Tränen. Bewunderungswürdig, jugendlich groß stellt es sich selbst in der Erstarrung des Todes dar in der Pieta, einem Werke, in welchem noch übrigens das trostlose Ereignis mit neuem Gefühl ergriffen und ausgesprochen ist.

Obwohl sich diese Meister auch profanen Gegenständen widmeten, so ergriffen sie doch, wie wir sehen, die heiligen mit besonderem Eifer; hier ist es dann nicht ein so ganz äußerliches Verdienst, was ihnen ihre Stelle gibt; die Hauptsache wird sein, daß sie von ihrem Gegenstande wieder lebendig erfüllt sind, daß ihnen die religiösen Vorstellungen, die sie vergegenwärtigen, wieder etwas bedeuten.

Eben diese Tendenz unterscheidet auch ihre Schüler. Auf die Erfindung Agostinos, jene Idee des Hieronymus, wandte Domenichino einen so glücklichen Fleiß, daß er in Mannigfaltigkeit der Gruppierung und Vollendung des Ausdrucks den Meister vielleicht noch übertraf. Aber auch, was er selber erfand, ist in diesem Sinne. Seinen Kopf des heiligen Nilus finde ich herrlich, gemischt aus Schmerz und Nachdenken, seine Prophetinnen voll Jugend, Unschuld und Tiefsinn. Hauptsächlich liebte er, die Wonne des Himmels mit der Qual der Erde in Gegensatz zu stellen, wie so sehr

in der Madonna del Rosario die himmlische gnaden=
reiche Mutter mit dem bedürftigen Menschen.

Zuweilen ergreift auch Guido Reni diesen Gegen=
satz, wäre es auch nur, daß er die in ewiger Schönheit
prangende Jungfrau abgehärmten mönchischen Heili=
gen gegenüberstellt. Guido hat Schwung und eigene
Konzeption. Wie herrlich ist seine Judith, aufgegangen
im Gefühle der gelungenen Tat und des Dankes, wel=
chen sie himmlischer Hilfe schuldig ist! Wer kennt nicht
seine Madonnen, entzückt und etwas verschwimmend
in ihrem Entzücken? Auch für seine Heiligen schuf er
sich ein sentimental=schwärmerisches Ideal.

Hiemit haben wir jedoch noch nicht die ganze Eigen=
tümlichkeit dieser Richtung bezeichnet; sie hat noch
eine andere, nicht so anziehende Seite. Die Erfin=
dungen dieser Maler bekommen auch zuweilen etwas
Seltsam=Fremdartiges. Die schöne Gruppe der heili=
gen Familie z. B. wird wohl einmal dahin aus=
gebildet, daß der St. Johannes dem Jesukind förm=
lich den Fuß küßt; oder die Apostel erscheinen, um
der Jungfrau, was man sagt, zu kondolieren, darauf
vorbereitet, sich die Tränen abzuwischen. Wie oft wird
ferner das Gräßliche ohne die mindeste Schonung vor=
gestellt! Der S. Agnete des Domenichino sehen wir
das Blut unter dem Schwert hervorbringen. Guido
faßt den bethlehemitischen Kindermord in seiner
ganzen Abscheulichkeit: die Weiber, welche sämtlich
den Mund zum Geschrei öffnen, die greulichen Scher=
gen, welche die Unschuld morden.

Man ist wieder religiös geworden, wie man es früher war; aber es waltet ein großer Unterschied ob. Früher war die Darstellung sinnlich naiv; jetzt hat sie oftmals etwas Barockes und Gewaltsames.

Dem Talent des Guercino wird niemand seine Bewunderung versagen. Aber was ist das für ein Johannes, den die Galerie Sciarra von ihm aufbewahrt: mit breiten nervigen Armen, kolossalen nackten Knien, dunkel und allerdings begeistert; doch könnte man nicht sagen, ob seine Begeisterung himmlischer oder irdischer Art ist. Den Pietro Martyre stellt Guercino vor, geradezu wie ihm noch das Schwert im Kopfe steckt. Neben jenem aquitanischen Herzog, der von St. Bernard mit der Kutte begleitet wird, läßt er noch einen Mönch auftreten, der einen Knappen bekehrt, und man sieht sich einer beabsichtigten Devotion unerbittlich übergeben.

Wir wollen hier nicht untersuchen, inwiefern durch diese Behandlung — zuweilen unsinnlich ideal, zuweilen hart und unnatürlich — die Grenzen der Kunst hinwiederum überschritten wurden; genug, wenn wir bemerken, daß die Kirche sich der wiederhergestellten Malerei völlig bemächtigte. Sie belebte dieselbe durch einen poetischen Anhauch und die Grundlage positiver Religion; aber sie gab ihr zugleich einen geistlichen, priesterlichen, modern-dogmatischen Charakter.

Leichter mußte ihr dies noch in der Baukunst werden, die unmittelbar in ihren Diensten stand. Ich weiß nicht, ob jemand den Fortgang untersucht hat, der in den modernen Bauwerken von der Nachahmung der Antike bis zu dem Kanon führte, den Barozzi für die Erbauung der Kirchen erfand, und der sich seitdem zu Rom und in der ganzen katholischen Kirche erhalten hat. Die Leichtigkeit und freie Genialität, mit der das Jahrhundert begann, hat sich auch hier zu Ernst und Pomp und devoter Pracht umgestaltet.

Nur von einer Kunst blieb es lange zweifelhaft, ob sie sich den Zwecken der Kirche werde unterwerfen lassen.

Die Musik hatte sich um die Mitte des 16. Jahrhunderts in die verschlungenste Künstlichkeit verloren. Verlängerungen, Proportionen, Nachahmungen, Rätsel, Fugen machten den Ruhm eines Tonsetzers. Auf den Sinn der Worte kam es nicht mehr an; man findet eine ganze Anzahl Messen aus jener Zeit, die nach dem Thema bekannter weltlicher Melodien abgefaßt sind: die menschliche Stimme ward nur als Instrument behandelt.

Kein Wunder, wenn das tridentinische Konzilium an der Aufführung so beschaffener Musikstücke in der Kirche Anstoß nahm. Infolge der Verhandlungen desselben setzte Pius IV. eine Kommission nieder, um geradezu über die Frage zu beratschlagen, ob die Musik in der Kirche zu dulden sei oder nicht. Die Entscheidung war doch sehr zweifelhaft. Die Kirche forderte Verständlichkeit der Worte, Übereinstimmung des musikalischen Ausdrucks mit denselben; die Musiker behaupteten, bei den Gesetzen ihrer Kunst sei das nicht zu erreichen. Karl Borromeo war in der Kommission, und bei der strengen Gesinnung dieses Kirchenhauptes konnte leicht ein scharfer Spruch erfolgen.

Glücklicherweise erschien wieder einmal der rechte Mann zur rechten Zeit.

Unter den damaligen Tonsetzern von Rom war Pier Luigi Palestrina.

Der strenge Paul IV. hatte ihn aus der päpstlichen Kapelle gestoßen, weil er verheiratet war; zurückgezogen und vergessen in einer armseligen Hütte zwischen den Weingärten des Monte Celio hatte er seitdem gelebt. Er war ein Geist, den mißliche Verhältnisse nicht zu beugen vermochten. Eben in dieser Einsamkeit widmete er sich seiner Kunst mit einer Hingebung, welche der schöpferischen Kraft, die in ihm war, freie und originale Hervorbringungen gestattete. Hier schrieb er die Improperien, die noch alle Jahre in der sixtinischen Kapelle die Feier des stillen Freitags verherrlichen. Den tiefen Sinn eines Schrifttextes, seine symbolische Bedeutung, seine Anwendung auf Gemüt und Religion hat vielleicht nie ein Musiker geistiger aufgefaßt.

Wenn irgendein Mensch geeignet war, zu versuchen, ob diese Methode auch auf das umfassende Werk einer Messe angewendet werden könne, so war es dieser Meister: die Kommission trug es ihm auf.

Palestrina fühlte ganz, daß es ein Versuch war, auf dem sozusagen Leben und Tod der großen Musik der

Messen beruhte; mit selbstbewußter Anstrengung ging er daran; auf seiner Handschrift hat man die Worte gefunden: „Herr erleuchte meine Augen!"

Nicht sogleich gelang es ihm: die beiden ersten Arbeiten mißrieten; endlich aber, in glücklichen Momenten, brachte er die Messe zustande, die unter dem Namen der Messe des Papstes Marcellus bekannt ist, mit der er jede Erwartung übertraf. Sie ist voll einfacher Melodie und kann sich doch in Mannigfaltigkeit mit früheren Messen vergleichen: Chöre trennen sich und vereinigen sich wieder; unübertrefflich ist der Sinn des Textes ausgedrückt: das Kyrie ist Unterwerfung, das Agnus Demut, das Credo Majestät. Papst Pius IV., vor dem sie aufgeführt wurde, war hingerissen. Er verglich sie mit den himmlischen Melodien, wie sie der Apostel Johannes in der Entzückung gehört haben möge.

Durch dies eine große Beispiel war nun die Frage auf immer entschieden: eine Bahn war geöffnet, auf der die schönsten, auch für die Andersgläubigen rührendsten Werke hervorgebracht worden sind. Wer kann sie hören ohne Begeisterung? Es ist, als ob die Natur Ton und Stimme bekäme, als ob die Elemente sprächen und die Laute des allgemeinen Lebens sich in freier Harmonie der Anbetung widmeten, bald wogend wie das Meer, bald im jauchzenden Jubel aufsteigend gen Himmel. In dem Allgefühl der Dinge wird die Seele zu religiösem Entzücken emporgehoben.

Gerade diese Kunst, die sich von der Kirche vielleicht am weitesten entfernt hatte, schloß sich nun am engsten an sie an. Nichts konnte für den Katholizismus wichtiger sein. Hatte er doch selbst in das Dogma, wenn wir nicht irren, innere Anschauung und etwas Schwärmerisches aufgenommen. In den wirksamsten Büchern der Buße und Erbauung bildete es einen Grundton. Geistliche Sentimentalität und Hingerissenheit waren der vorzüglichste Gegenstand der Poesie und Malerei. Unmittelbarer, dringender, unwiderstehlicher als jede Unterweisung und jede andere Kunst, in dem Reiche eines idealen Ausdrucks auch zugleich reiner, angemessener, stellte dies die Musik dar und umfing damit die Gemüter.

Die Kurie.

Waren auf diese Weise alle Elemente des Lebens und des Geistes von der kirchlichen Richtung ergriffen und umgewandelt, so war auch der Hof zu Rom, an dem sie alle miteinander zusammentrafen, sehr verändert.

Schon unter Paul IV. nahm man es wahr; das Beispiel Pius' V. hatte eine ungemeine Wirkung; unter Gregor XIII. stellte es sich jedermann vor Augen. „Zum Besten der Kirche," sagte Paolo Tiepolo 1576, „trägt es unendlich viel bei, daß mehrere Päpste hinter einander von tadellosem Lebenswandel gewesen sind; auch alle anderen sind dadurch besser geworden, oder sie haben wenigstens den Anschein davon angenommen. Kardinäle und Prälaten besuchen die Messe fleißig; ihr Hausstand sucht alles zu vermeiden, was anstößig sein könnte; die ganze Stadt hat von der alten Rücksichtslosigkeit abgelassen: in Sitten und Lebensweise ist sie um vieles christlicher als früher. Man kann behaupten, daß Rom in Sachen der Religion von der Vollkommenheit, welche die menschliche Natur überhaupt erreichen kann, nicht gar entfernt ist."

Nicht als ob nun dieser Hof aus Frömmlern und Kopfhängern zusammengesetzt gewesen wäre; er bestand ohne Zweifel aus ausgezeichneten Leuten — die sich aber jene streng-kirchliche Sinnesweise in hohem Grade angeeignet hatten.

Vergegenwärtigen wir ihn uns, wie er zu den Zeiten Sixtus' V. war, so saßen unter den Kardinälen nicht wenige, die einen großen Anteil an den Weltgeschäften genommen: Gallio von Como, der unter zwei Pontifikaten die Regierung als erster Minister geleitet, mit dem Talent, durch Fügsamkeit zu herrschen; jetzt machte er sich nur noch durch die Anwendung seiner großen Einkünfte zu kirchlichen Stiftungen bemerklich; — Rusticucci, mächtig schon unter Pius V., auch unter Sixtus nicht ohne großen Einfluß, ein Mann voll Scharfsinn und Herzensgüte, arbeitsam, aber um so bedächtiger und unbescholtener in seinen Sitten, da er auf den Pontifikat hoffte; — Salviati, der sich durch eine wohlgeführte Verwaltung von Bologna berühmt gemacht, untadelhaft und einfach, noch mehr streng als bloß ernst; — Santorio, Kardinal von Santa Severina, der Mann der Inquisition, in allen geistlichen Geschäften schon lange von leitendem Einfluß, hartnäckig in seinen Meinungen, streng gegen seine Diener, selbst gegen seine Verwandten voll Härte, wieviel mehr gegen andere, unzugänglich für jedermann; — im Gegensatz mit ihm Madrucci, der immer das Wort der Politik des Hauses Österreich, sowohl der spanischen als der deutschen Linie, hatte, den man den Cato des Kollegiums nannte, doch nur in Gelehrsamkeit und unbescholtener Tugend, nicht in zensorischer Anmaßung, denn er war die Bescheidenheit selbst. Noch lebte Sirleto, von allen Kardinälen seinerzeit ohne Zweifel zugleich der wissenschaftlichste und sprachkundigste, eine lebendige Bibliothek, wie Muret sagte, der aber, wenn er von seinen Büchern aufstand, auch wohl die Knaben herauf rief, die ihr Bündel Holz im Winter zu Markte gebracht, sie in den Geheimnissen des Glaubens unterrichtete und ihnen dann ihre Bündel abkaufte: durchaus gutmütig und barmherzig. Einen großen Einfluß hatte das Beispiel Carlo Borromeos, dessen Andenken sich nach und nach zu dem Rufe eines Heiligen verklärte. Federico Borromeo war von Natur reizbar und heftig; aber dem Muster seines Oheims gemäß führte er ein geistliches Leben und ließ sich durch die Mortifikationen, die er nicht selten erfuhr, nicht aus der Fassung bringen. Besonders aber erinnerte Agostino Valier an ihn: ein Mann von ebenso edler und reiner Natur als ungewöhnlicher Gelehrsamkeit, der nur seinem Gewissen folgte und nunmehr in hohem Alter das Bild eines Bischofs aus den ersten Jahrhunderten darzustellen schien.

Nach dem Beispiel der Kardinäle bildete sich die übrige Prälatur, die ihnen in Kongregationen zur Seite stand und einmal ihren Platz einzunehmen bestimmt war.

Unter den Mitgliedern des höchsten Gerichtshofes, den Auditori di Rota, taten sich damals besonders zwei hervor, zwar von entgegengesetztem Charakter: Mantica, der nur zwischen Büchern und Akten lebte, durch seine juridischen Werke dem Forum und der Schule diente und sich kurz, ohne viele Umstände, auszudrücken pflegte, und Arigone, der seine Zeit nicht so sehr den Büchern als der Welt, dem Hofe und den Geschäften widmete, Urteil und Geschmeidigkeit zeigte: aber beide gleich bemüht, sich den Ruf der Unbescholtenheit und Religiosität zu erhalten. Unter den Bischöfen, die sich am Hofe aufhielten, bemerkte man vor allen die, welche sich in Nuntiaturen versucht hatten: Torres, der einen großen Anteil an dem Abschluß der Liga Pius' V. wider die Türken gehabt; Malaspina, der die Interessen der katholischen Kirche in Deutschland und im Norden wahrgenommen; Bolognetti, dem die schwierige Visitation venezianischer Kirchen übertragen ward: alle durch Gewandtheit und Eifer für ihre Religion emporgekommen.

Einen bedeutenden Rang nahmen die Gelehrten ein: Bellarmin, Professor, Grammatiker, der größte Kontroversist der katholischen Kirche, dem man ein apostolisches Leben nachrühmt; ein anderer Jesuit, Maffei, der die Geschichten der portugiesischen Eroberungen in Indien, besonders aus dem Gesichtspunkt der Ausbreitung des Christentums im Süden und Osten, und das Leben des Loyola, Phrase für Phrase, mit bedachtsamer Langsamkeit und abgewägter Eleganz ausführte; zuweilen Fremde, wie unser Clavius, der tiefe Wissenschaft mit unschuldigem Leben verband und jedermanns Verehrung genoß; oder Muret, ein Franzose, der beste Latinist jener Zeit: nachdem er lange die Pandekten auf eine originelle und klassische Weise erläutert hatte — er war ebenso witzig als beredt — ward er noch in seinem Alter Priester, widmete sich theologischen Studien und las alle Tage Messe; der spanische Kanonist Azpilcueta, dessen Responsa am Hofe und in der ganzen katholischen Welt wie Orakel betrachtet wurden; Papst Gregor XIII. hatte man oft stundenlang vor seinem Hause halten und sich mit ihm unterreden sehen: dabei verrichtete er doch auch in den Spitälern die niedrigsten Dienste.

Unter diesen merkwürdigen Persönlichkeiten erwarb sich Filippo Neri, Stifter der Kongregation des Oratoriums, ein großer Beichtvater und Seelsorger, einen tiefen und ausgebreiteten Einfluß: er war gutmütig, scherzhaft, streng in der Hauptsache, in den Neben=

dingen nachsichtig; er befahl nie, er gab nur Ratschläge, er bat gleichsam; er dozierte nicht, er unterhielt sich; er besaß den Scharfsinn, welcher dazu gehört, die besondere Richtung jedes Gemütes zu unterscheiden. Sein Oratorium erwuchs ihm aus Besuchen, die man ihm machte, durch die Anhänglichkeit einiger jüngeren Leute, die sich als seine Schüler betrachteten und mit ihm zu leben wünschten. Der berühmteste unter ihnen ist der Annalist der Kirche, Cäsar Baronius. Filippo Neri erkannte sein Talent und hielt ihn an, ohne daß er anfangs große Neigung dazu gehabt hätte, die Kirchengeschichte in dem Oratorium vorzutragen. Dreißig Jahre lang hat Baronius diese Arbeit fortgesetzt; auch als er Kardinal geworden, stand er noch immer vor Tage auf, um daran fortzuarbeiten. Er speiste mit seinen Hausgenossen regelmäßig an einem Tische; er ließ nur Demut und Gottergebenheit an sich wahrnehmen. Wie in dem Oratorium, so war er in dieser Würde auf das engste mit Tarugi verbunden, der sich als Prediger und Beichtvater viel Ansehen verschafft hatte und eine ebenso unschuldige Gottesfurcht zeigte; ihre Freundschaft hielt ihnen bis zum Tode aus; glücklich sind sie darin zu preisen; nebeneinander sind sie beerdigt worden. Ein dritter Schüler Filippos war Silvio Antoniano, der zwar eine freiere literarische Tendenz hatte, sich mit poetischen Arbeiten beschäftigte und, als ihm später ein Papst die Abfassung seiner Breven auftrug, dies mit ungewohnter literarischer Geschicklichkeit tat, aber übrigens von den sanftesten Sitten war, demütig und leutselig, lauter Güte und Religion.

Alles, was an diesem Hof emporkam, Politik, Staatsverwaltung, Poesie, Kunst, Gelehrsamkeit, trug die nämliche Farbe.

Welch ein Abstand von der Kurie im Anfange des Jahrhunderts, wo die Kardinäle den Päpsten den Krieg machten, die Päpste sich mit Waffen gürteten, Hof und Leben alles von sich wiesen, was an ihre christliche Bestimmung erinnerte! Wie still und klösterlich hielten jetzt die Kardinäle aus! Daß Kardinal Tosco, der einmal die nächste Aussicht dazu hatte, dennoch nicht Papst wurde, kam vor allem daher, weil er sich ein paar lombardische Sprichwörter angewöhnt, die den Leuten anstößig vorkamen. So ausschließend in seiner Richtung, so leicht zu verletzen war der öffentliche Geist.

Verschweigen wir aber nicht, daß er, wie in Literatur und Kunst, so auch im Leben noch eine andere, für unser Gefühl unerfreuliche Seite entwickelte. Wunder begannen wieder, die sich lange nicht gezeigt. Bei S. Silvestro fing ein Marienbild an zu sprechen, was denn einen so allgemeinen Eindruck auf das Volk machte, daß die wüste Gegend um die Kirche gar bald angebaut ward. In dem Rione de' monti erschien ein wundertätiges Marienbild in einem Heuschober, und die Umwohner hielten dies für eine so augenscheinliche Gunst des Himmels, daß sie sich mit den Waffen widersetzten, als man es wegführen wollte; ähnliche Erscheinungen finden wir in Narni, Todi, San Severino, und von dem Kirchenstaat breiten sie sich weiter in der ganzen katholischen Welt aus. Auch die Päpste schreiten aufs neue zu Heiligsprechungen, welche sie eine geraume Zeit unterlassen hatten. Nicht viele Beichtväter waren so einsichtsvoll wie Filippo Neri: eine dumpfe Werkheiligkeit ward begünstigt; die Vorstellung von göttlichen Dingen vermischte sich mit phantastischem Aberglauben.

Dürfte man nun wenigstens die Überzeugung hegen, daß damit auch in der Menge eine volle Hingebung unter die Vorschriften der Religion eingetreten sei!

Schon die Natur des Hofes aber brachte es mit sich, daß sich neben den geistlichen auch die lebendigsten weltlichen Bestrebungen regten.

Die Kurie war nicht allein ein kirchliches Institut; sie hatte einen Staat, sie hatte indirekt einen großen Teil der Welt zu beherrschen. In dem Grade, daß jemand an dieser Gewalt Anteil nahm, erwarb er Ansehen, Glücksgüter, Wirksamkeit und alles, wonach die Menschen zu begehren pflegen. Die menschliche Natur konnte sich nicht so verändert haben, daß man nach den Kampfpreisen der Gesellschaft und des Staates nur auf geistlichem Wege getrachtet hätte. Man griff es hier an wie im ganzen an anderen Höfen, nur wieder auf eine diesem Boden entsprechende sehr eigentümliche Weise.

Von allen Städten der Welt hatte Rom damals wahrscheinlich die beweglichste Bevölkerung. Unter Leo X. war sie bereits auf mehr als 80 000 Seelen gestiegen, unter Paul IV., vor dessen Strenge alles flüchtete, auf 45 000 gesunken; gleich nach ihm erhob sie sich wieder in ein paar Jahren auf 70 000, unter Sixtus V. bis über 100 000. Das Merkwürdigste war, daß die Angesessenen zu einer so großen Anzahl in keinem Verhältnisse standen. Es war mehr ein langes Beisammenwohnen als ein Eingebürgertsein; man konnte es mit einer Messe, mit einem Reichstag vergleichen: ohne Bleiben und Festigkeit, ohne zusammenhaltende Blutsverwandtschaften. Wie viele wandten sich hieher, weil sie in ihrem Vaterlande kein Fortkommen finden konnten! Gekränkter Stolz trieb die einen, schrankenloser Ehrgeiz die anderen an. Viele fanden, daß man hier am freiesten sei. Ein jeder suchte auf seine Weise emporzusteigen.

Noch war nicht alles so sehr in einen Körper zusammengewachsen: die Landsmannschaften waren noch so zahlreich und so gesondert, daß man die Verschiedenheit der nationalen und provinzialen Charaktere sehr wohl bemerkte. Neben dem aufmerksamen, gelehrigen Lombarden unterschied man den Genueser, der alles mit seinem Geld durchsetzen zu können glaubte, den Venezianer, der fremde Geheimnisse zu entdecken beflissen war. Man sah den sparsamen, vielredenden Florentiner, den Romanesken, der mit instinktartiger Klugheit nie seinen Vorteil aus den

Augen verlor, den anspruchsvollen und zeremoniösen Neapolitaner. Die Nordländer zeigten sich einfach und suchten zu genießen; selbst unser Clavius mußte sich über sein doppeltes, allemal sehr gut besetztes Frühstück verspotten lassen; die Franzosen hielten sich abgesondert und gaben ihre vaterländischen Sitten am schwersten auf; in seine Sottana und seinen Mantel gehüllt, trat der Spanier einher, voll von Prätensionen und ehrgeizigen Absichten, und verachtete alle anderen.

Es war nichts, was nicht ein jeder begehrt hätte. Mit Vergnügen erinnerte man sich, daß Johann XXIII., als man ihn fragte, weshalb er nach Rom gehe, geantwortet hatte, er wolle Papst werden, und daß er es geworden war. Soeben waren Pius V. und Sixtus V. aus dem geringsten Stande zu der obersten Würde emporgekommen. Ein jeder hielt sich zu allem fähig und hoffte auf alles.

Man hat damals oft bemerkt, und es ist vollkommen wahr, daß Prälatur und Kurie etwas Republikanisches hatten; es lag eben darin, daß alle Anspruch machen konnten an alles, daß man fortwährend von geringem Anfang zu den höchsten Würden stieg; allein die sonderbarste Verfassung hatte doch diese Republik: der allgemeinen Berechtigung stand die absolute Gewalt eines einzelnen gegenüber, von dessen Willkür jede Begabung, jede Beförderung abhing. Und wer war alsdann dieser? Es war der, welcher durch eine schlechthin unberechenbare Kombination aus den Kämpfen der Wahl als Sieger hervorging. Wenig bedeutend bisher, bekam er plötzlich die Fülle der Macht in seine Hand. Seine Persönlichkeit zu verleugnen konnte er sich um so weniger veranlaßt fühlen, da er der Überzeugung lebte, durch eine Einwirkung des heiligen Geistes zu der höchsten Würde erkoren worden zu sein. In der Regel begann er gleich mit einer durchgreifenden Veränderung. Alle Legaten, alle Gobernatoren in den Provinzen wechselten. In der Hauptstadt gab es einige Stellen, die ohnehin immer den jedesmaligen Nepoten zufielen. War nun auch wie in den Zeiten, die wir zunächst betrachten, der Nepotismus in Schranken gehalten, so begünstigte doch jeder Papst seine alten Vertrauten und Angehörigen; es ist so natürlich, daß er es sich nicht nehmen ließ, mit ihnen weiter zu leben — der Sekretär, der dem Kardinal Montalto lange gedient, war auch dem Papst Sixtus der bequemste, — die Anhänger der Meinung, der sie angehörten, brachten sie notwendig mit sich empor. In allen Aussichten, Erwartungen, in dem Wege zur Gewalt und in kirchlichen wie weltlichen Würden bewirkte daher jeder Eintritt eines neuen Papstes eine Art von Umwälzung. „Es ist," sagt Commendone, „als würde in einer Stadt die fürstliche Burg verlegt und als würden die Straßen sämtlich nach ihr hin gerichtet; wie viele Häuser müßten niedergerissen, wie oft müßte mitten durch einen Palast der Weg genommen werden: neue Gassen und Durchgänge fingen an, sich zu beleben." Nicht übel bezeichnet diese Vergleichung die Gewaltsamkeit der Umwandlung und die Stabilität der jedesmaligen Einrichtungen.

Mit Notwendigkeit bildete sich hiedurch ein Zustand eigentümlichster Art.

Da dies so oft geschah, die Päpste so viel älter auf den Thron kamen als andere Fürsten, in jedem Moment eine neue Veränderung eintreten und die Gewalt in andere Hände übergehen konnte, so lebte man wie in einem unaufhörlichen Glücksspiel, unberechenbar, wie dieses, aber unabläjjig in Hoffnung erhaltend.

Emporzukommen, befördert zu werden, wie ein jeder es wünschte, hing besonders von persönlichen Begünstigungen ab: bei der außerordentlichen Beweglichkeit alles persönlichen Einflusses mußte der berechnende Ehrgeiz eine dementsprechende Gestalt annehmen und sehr besondere Wege einschlagen.

In unseren handschriftlichen Sammlungen findet sich eine ganze Anzahl von Anweisungen, wie man sich an diesem Hofe zu halten habe. Es scheint mir der Beobachtung nicht unwert, wie man es treibt, wie ein jeder sein Glück zu machen sucht. Unerschöpflich in Bildsamkeit ist die menschliche Natur: je bedingter die Verhältnisse, um so unerwarteter sind die Formen, in welche sie sich wirft.

Nicht alle können den nämlichen Weg einschlagen. Wer nichts besitzt, muß sich zu Diensten bequemen.

Noch bestehen die freien literarischen Hausgenossenschaften bei Fürsten und Kardinälen. Ist man genötigt, sich in ein solches Verhältnis zu fügen, so strebt man, sich vor allem der Gunst seines Herrn zu versichern. Man sucht sich ein Verdienst um ihn zu erwerben, in seine Geheimnisse einzudringen, ihm unentbehrlich zu werden. Man erduldet alles: auch erlittenes Unrecht verschmerzt man lieber. Wie leicht, daß bei dem Wechsel des Papsttums auch ihm sein Gestirn aufgeht, das dann seinen Glanz über die Diener ausbreitet! Das Glück steigt und fällt: die Person bleibt die nämliche.

Andere können schon von vornherein nach einem kleinen Amte trachten, das ihnen bei Eifer und Tätigkeit eine gewisse Aussicht eröffnet. Freilich ist es allemal mißlich — dort, wie zu jeder anderen Zeit, in jedem anderen Staat —, erst auf den Nutzen und dann auf die Ehre sehen zu müssen.

Wie viel besser sind die Wohlhabenden daran! Aus den Monti, an denen sie teilnehmen, läuft ihnen von Monat zu Monat ein sicheres Einkommen ein; sie kaufen sich eine Stelle, durch welche sie unmittelbar in die Prälatur treten und nicht allein ein selbstständiges Dasein erwerben, sondern auch ihr Talent auf eine glänzende Weise entfalten können. Wer da hat, dem wird gegeben. An diesem Hofe nützt es doppelt, etwas zu besitzen, weil der Besitz an die Kammer zurückfällt, so daß der Papst selbst bei der Beförderung ein Interesse hat.

In dieser Stellung braucht man sich nicht mehr so unbedingt an einen Großen anzuschließen; eine so erklärte Parteilichkeit könnte dem Fortkommen vielmehr sogar schaden, wenn ihr das Glück nicht entspräche. Man hat vor allem darauf zu sehen, daß man niemanden beleidige. Bis in die feinsten, leisesten Berührungen wird diese Rücksicht durchgeführt und beobachtet. Man hütet sich z. B., jemandem mehr Ehre zu erweisen, als ihm gerade zukommt: Gleichheit des Betragens gegen verschiedene wäre Ungleichheit und könnte einen üblen Eindruck machen. Auch von den Abwesenden spricht man nicht anders als gut, nicht allein, weil die Worte, einmal gesprochen, nicht mehr in unserer Gewalt sind; sie fliegen, niemand weiß wohin: sondern auch, weil die wenigsten einen scharfen Untersucher lieben. Von seinen Kenntnissen macht man einen gemäßigten Gebrauch und hütet sich, jemandem damit beschwerlich zu fallen. Man vermeidet, eine schlimme Neuigkeit zu bringen: ein Teil des ungünstigen Eindrucks fällt auf den Überbringer zurück. Hiebei hat man nur andererseits die Schwierigkeit, nicht so viel zu schweigen, daß die Absicht bemerkt wird.

Von diesen Pflichten befreit es nicht, daß man höher steigt, selbst nicht, daß man Kardinal geworden ist: man hat sie dann in seinem Kreise nur um so sorgfältiger zu beobachten. Wie dürfte man verraten, daß man einen aus dem Kollegium für minder würdig hielte, zu dem Papsttum zu gelangen! Es war keiner so gering, daß ihn die Wahl nicht hätte treffen können.

Vor allem kommt es dem Kardinal auf die Gunst des jedesmaligen Papstes an. Glück und Ansehen, die allgemeine Beflissenheit und Dienstwilligkeit hängen davon ab. Jedoch nur mit großer Vorsicht wird er sie suchen. Über die persönlichen Interessen eines Papstes beobachtet man ein tiefes Stillschweigen; doch spart man indes keine Mühe, um sie zu ergründen und sich insgeheim danach zu richten. Nur seine Nepoten, ihre Treue und ihr Talent darf man ihm je zuweilen loben: dies hört er in der Regel gern. Um die Geheimnisse des päpstlichen Hauses zu erfahren, bedient man sich der Mönche, die unter dem Vorwande der Religion weiter vordringen, als sich jemand einbildet.

Bei der Wirksamkeit und dem raschen Wechsel der persönlichen Verhältnisse sind besonders die Gesandten zu außerordentlicher Aufmerksamkeit verpflichtet. Wie ein guter Pilot merkt der Botschafter auf, woher der Wind bläst; er spart kein Geld, um Kundschafter zu halten; alle sein Aufwand wird ihm durch eine einzige gute Nachricht eingebracht, die ihm den gelegenen Moment anzeigt, dessen er für seine Unterhandlung bedarf. Hat er dem Papst eine Bitte vorzutragen, so ist sein Bemühen, die anderweiten Interessen desselben unvermerkt mit einzuflechten. Vor allem sucht er sich des Nepoten zu bemächtigen und ihn zu überzeugen, daß er von keinem anderen so sehr wie von seinem Hofe Reichtümer und fortdauernde Größe zu erwarten habe. Auch der Gewogenheit der Kardinäle sucht er sich zu versichern. Er wird keinem das Papsttum versprechen; doch wird er ihnen allen mit Hoffnung schmeicheln. Keinem wird er ganz ergeben sein, doch auch dem Feindseliggesinnten zuweilen eine Begünstigung zuwenden. Er ist wie ein Jäger, der dem Sperber das Fleisch zeigt, aber ihm davon nur wenig, nur nach und nach gibt.

So leben und verkehren sie untereinander: Kardinäle, Botschafter, Prälaten, Fürsten, öffentliche und geheime Machthaber: voll Zeremonie, für welche Rom der klassische Boden wurde, Ergebenheit, Unterordnung, aber Egoisten durch und durch, nur immer begierig, etwas zu erreichen, durchzusetzen, dem anderen abzugewinnen.

Sonderbar, wie der Wettstreit um das, was alle wünschen, Macht, Ehre, Reichtum, Genuß, der sonst Feindseligkeit und Fehde veranlaßt, sich hier als Dienstbeflissenheit geberdet, wie man der fremden Leidenschaft schmeichelt, deren man sich gewissermaßen selbst bewußt ist, um zum Ziele der eigenen zu gelangen; die Enthaltsamkeit ist voll von Begier, die Leidenschaft schreitet behutsam einher.

Wir sahen die Würde, den Ernst, die Religion, welche an dem Hofe herrschten; wir sehen nunmehr auch seine weltliche Seite: Ehrgeiz, Habsucht, Verstellung und Arglist.

Wollte man dem römischen Hof eine Lobrede halten,

so würde man von diesen Elementen, die ihn bilden, nur das erste, wollte man ihm den Krieg machen, so würde man nur das zweite anerkennen. Sowie man sich zu einer reinen und unbefangenen Beobachtung erhebt, wird man beide gleich wahr, ja bei der Natur der Menschen, der Lage der Dinge gleich notwendig finden.

Die welthistorische Entwickelung, die wir betrachteten, hat die Forderung von Würde, Unbescholtenheit und Religion lebendiger als jemals geltend gemacht; sie fällt mit dem Prinzip des Hofes zusammen; dessen Stellung zur Welt beruht darauf. Es folgt mit Notwendigkeit, daß vor allem diejenigen emporkommen, deren Wesen dieser Forderung am meisten entspricht; die öffentliche Gesinnung würde sich nicht allein verleugnen, sondern zerstören, wenn sie dies nicht bewirkte. Aber daß es nun geschieht, daß mit den geistlichen Eigenschaften so unmittelbar die Güter des Glückes verbunden sind, ist ein ungeheurer Reiz des Geistes dieser Welt.

Wir können nicht zweifeln an der Originalität der Gesinnung, wie sie unsere aufmerksamen und gescheiten Berichterstatter uns nicht selten schildern. Aber wie viele werden sich lediglich anbequemen, um durch den Schein das Glück zu fesseln! In wie vielen anderen werden sich die weltlichen Tendenzen in dem Dunkel halb entwickelter Motive mit den geistlichen durchdringen!

Es verhält sich mit der Kurie wie mit der Literatur

und Kunst. Es war alles von der Kirche abgefallen und Richtungen, die an das Heidnische streiften, hingegeben. Durch jene welthistorische Entwickelung ist das Prinzip der Kirche wieder erwacht: wie mit neuem Anhauch hat es die Kräfte des Lebens berührt und dem gesamten Dasein eine andere Farbe verliehen. Welch ein Unterschied zwischen Ariost und Tasso, Giulio Romano und Guercino, Pomponazzo und Patrizi! Eine große Epoche liegt zwischen ihnen. Dennoch haben sie auch etwas Gemeinschaftliches, und die Späteren beruhen mit auf den Früheren. Auch die Kurie hat die alten Formen behauptet und von dem alten Wesen vieles übrig behalten. Doch hinderte das nicht, daß nicht ein anderer Geist sie beherrschte. Was dieser nicht völlig hat umgestalten, in sich selbst verwandeln können, dem hat er wenigstens seinen Impuls gegeben.

Indem ich die Mischung der verschiedenen Elemente betrachte, erinnere ich mich eines Schauspiels der Natur, das sie vielleicht in einer Art von Abbild und Gleichnis zu vergegenwärtigen mag.

Bei Terni sieht man die Nera zwischen Wald und Wiesen in ruhigem, gleichem Flusse durch das entferntere Tal daherkommen. Von der anderen Seite stürzt der Velin, zwischen Felsen gedrängt, mit ungeheuerer Flucht und endlich in prächtigem Falle, schäumend und in tausend Farben spielend, von den Anhöhen herab; unmittelbar erreicht er die Nera und teilt ihr augenblicklich seine Bewegung mit.

Tosend und schäumend, in reißender Geschwindigkeit fluten die vermischten Gewässer weiter.

So hat der neu erwachte Geist der katholischen Kirche allen Organen der Literatur und Kunst, ja dem Leben überhaupt einen neuen Antrieb gegeben. Die Kurie ist zugleich devot und unruhig, geistlich und kriegslustig: auf der einen Seite voll Würde, Pomp, Zeremonie, auf der anderen in berechnender Klugheit, nie ermüdender Herrschsucht ohnegleichen. Ihre Frömmigkeit und ihre ehrgeizigen Entwürfe, beide beruhend auf der Idee einer ausschließenden Rechtgläubigkeit, fallen zusammen. So macht sie noch einmal einen Versuch, die Welt zu überwinden.